Hillenkamp | 40 Probleme aus dem Strafrecht

→ Besonderer Teil

Eigentum von

David Fardi

Frankfurt 2005.

40 PROBLEME AUS DEM STRAFRECHT → BESONDERER TEIL

Bearbeitet von
Dr. Dr. h.c. Thomas Hillenkamp
Professor an der Universität Heidelberg

Zehnte,
überarbeitete Auflage

Luchterhand

Bibliografische Information Der Deutschen Bibliothek
Die Deutsche Bibliothek verzeichnet diese Publikation in der Deutschen Nationalbibliografie; detaillierte bibliografische Daten sind im Internet über **http://dnb.ddb.de** abrufbar.

www.luchterhand-fachverlag.de

Umschlag: Andreas Ruers, futurweiss kommunikationen, Wiesbaden
Satz: Fotosatz Froitzheim AG, Bonn
Druck und Verarbeitung: Wilhelm & Adam, Heusenstamm
Printed in Germany, Juni 2004

∞ Gedruckt auf säurefreiem, alterungsbeständigem und chlorfreiem Papier.

Vorwort zur zehnten Auflage

Die zehnte Auflage berücksichtigt Literatur und Rechtsprechung bis einschließlich Februar 2004. Anders als in der Vorauflage, die die Umstellung auf das 6. Strafrechtsreformgesetz vom 26. Januar 1998 (BGBl I 164) zu leisten hatte, konnte ich mich in dieser Auflage im wesentlichen auf die Aktualisierung und Ergänzung der überkommenen und auch der zur neuen Gesetzeslage mittlerweile etablierten Probleme beschränken. Der leicht angewachsene Umfang beruht einerseits auf einer stärkeren Ausdifferenzierung einiger Probleme, andererseits auf der Aufnahme neuer Beispiele und Argumente.

Der dem Benutzer dieses Bandes gegebene Rat, die hier als Gedächtnisstütze verwendeten Bezeichnungen der verschiedenen »Theorien« nur dort zu übernehmen, wo sie allgemein gebräuchlich sind, bleibt aufrechterhalten. Natürlich kommt es nicht auf die Kenntnis dieser Bezeichnungen, sondern auf die der inhaltlichen Kontroverse und der sie bestimmenden Argumente an. Sie zu erkennen, zu verstehen und in die eigene Argumentation einflechten zu können, ist allein wichtig, hierbei zu helfen, Ziel dieses Buches.

Allen an der Neuauflage Beteiligten – den Referendarinnen Carola Heitlinger, Sybille Knörzer, Christiane Mühe und Katrin Schubert, den studentischen Hilfskräften Anke Barnick, Joachim Kannegießer, Holger Scherer und Marius Wördehoff sowie meiner Sekretärin Frau Brigitte Seib – danke ich herzlich für die tatkräftige Unterstützung.

Heidelberg, im Februar 2004 T. H.

Inhalt

Teil II: Straftaten gegen die Allgemeinheit

A. Straftaten gegen den Staat

B. Straftaten gegen die Rechtspflege

C. Straftaten gegen die Sicherheit des Rechtsverkehrs

D. Gemeingefährliche Delikte und Verkehrsdelikte

Teil III: Straftaten gegen Vermögenswerte

A. Straftaten gegen das Eigentum

B. Straftaten gegen das Vermögen

Abkürzungsverzeichnis

a. A.	anderer Ansicht
a. a. O.	am angegebenen Ort
AbfallG	Abfallgesetz
abl.	ablehnend
Abs.	Absatz
abw.	abweichend
a. E.	am Ende
a. F.	alte Fassung
AG	Amtsgericht
ähnl.	ähnlich
allg.	allgemein
Alt.	Alternative
Anh.	Anhang
Anm.	Anmerkung
AO	Abgabenordnung
Art.	Artikel
AT	Allgemeiner Teil
Aufl.	Auflage
ausführl.	ausführlich
BA	Blutalkohol
BayObLG	Bayerisches Oberstes Landesgericht
BayObLGSt	Entscheidungen des bayerischen Oberlandesgerichts in Strafsachen
BB	Der Betriebs-Berater
Bd.	Band
Begr.	Begründung
Beil.	Beilage
Bem.	Bemerkung
BGB	Bürgerliches Gesetzbuch
BGBl	Bundesgesetzblatt
BGH	Bundesgerichtshof
BGHSt	Entscheidungen des Bundesgerichtshofes in Strafsachen
BGHZ	Entscheidungen des Bundesgerichtshofes in Zivilsachen
Bspr.	Besprechung
BT	Besonderer Teil
BT-DS	Bundestags-Drucksache
BtMG	Betäubungsmittelgesetz
bzw.	beziehungsweise
CR	Computer und Recht
Dall.	Dallinger
DAR	Deutsches Autorecht
DB	Der Betrieb
ders.	derselbe
d. h.	das heißt

dies.	dieselbe(n)
diff.	differenzierend
Diss.	Dissertation
DJT	Deutscher Juristentag
DJZ	Deutsche Juristen-Zeitung
DÖV	Die Öffentliche Verwaltung
DR	Deutsches Recht
DRiZ	Deutsche Richterzeitung
DStR	Deutsches Strafrecht
dt.	deutsch
eigenst.	eigenständig
einf.	einführend
einl.	einleitend
einschr.	einschränkend
EKMR	Europäische Kommission für Menschenrechte
EMRK	Konvention zum Schutze der Menschenrechte und Grundfreiheiten
etc.	et cetera
f. / ff.	folgende
Festschr.	Festschrift
Fn.	Fußnote
GA	Goltdammer's Archiv für Strafrecht
Gedenkschr.	Gedenkschrift
gem.	gemäß
GenSta	Generalstaatsanwalt
GerS	Der Gerichtssaal
GG	Grundgesetz
GS	Großer Senat
GWB	Gesetz gegen Wettbewerbsbeschränkungen
h. A.	herrschende Ansicht
HansOLG	Hanseatisches Oberlandesgericht
HESt	Höchstrichterliche Entscheidungen in Strafsachen
h. M.	herrschende Meinung
HRR	Höchstrichterliche Rechtsprechung
hrsg.	herausgegeben
i. E.	im Einzelnen
i. e. S.	im engeren Sinne
insbes.	insbesondere
intern.	international
i. R.	im Rahmen
i. S. d.	im Sinne der, des
i. V. m.	in Verbindung mit
JA	Juristische Arbeitsblätter
Jahrb.	Jahrbuch
JK	Jurakartei

JR	Juristische Rundschau
Jura	Juristische Ausbildung
JuS	Juristische Schulung
JW	Juristische Wochenschrift
JZ	Juristenzeitung
KG	Kammergericht
krit.	kritisch
LG	Landgericht
LH	Lehrheft
LJPA	Landesjustizprüfungsamt
LK	Leipziger Kommentar
LM	Lindenmaier-Möhring, Nachschlagewerk des BGH
m.	mit
m. a. W.	mit anderen Worten
MDR	Monatsschrift für Deutsches Recht
MedR	Medizinrecht
MschrKrim	Monatsschrift für Kriminologie und Strafrechtsreform
m. w. N.	mit weiteren Nachweisen
Nachw.	Nachweis(e)
nahest.	nahestehend
NdsRpfl.	Niedersächsische Rechtspflege
n. F.	neue Fassung
NJW	Neue Juristische Wochenschrift
Nr.	Nummer
NStE	Neue Entscheidungssammlung für Strafrecht
NStZ	Neue Zeitschrift für Strafrecht
NStZ-RR	NStZ-Rechtsprechungs-Report
NuR	Natur und Recht
NZM	Neue Zeitschrift für Miet- und Wohnungsrecht
NZV	Neue Zeitschrift für Verkehrsrecht
o. ä.	oder ähnlich(e, es)
OGHSt	Entscheidungen des Obersten Gerichtshofes in Strafsachen
OLG	Oberlandesgericht
OLGSt	Entscheidungen der Oberlandesgerichte zum Straf- und Strafverfahrensrecht
Osn. Rechtsw. Abhdlg.	Osnabrücker Rechtswissenschaftliche Abhandlungen
PdW	Prüfe dein Wissen
PFzOLG	Pfälzisches Oberlandesgericht
R	Rechtsprechung des Deutschen Reichsgerichts in Strafsachen
Recht	Das Recht
RG	Reichsgericht
RGSt	Entscheidungen des Reichsgerichts in Strafsachen
RGZ	Entscheidungen des Reichsgerichts in Zivilsachen

Rn.	Randnummer
Rspr.	Rechtsprechung
RStGB	Reichsstrafgesetzbuch
s.	siehe
S.	Seite
SchG	Scheckgesetz
SchlHA	Schleswig-Holsteinische Anzeigen
SchwZStr	Schweizerische Zeitschrift für Strafrecht
SJZ	Schweizerische Juristen-Zeitung
SK	Systematischer Kommentar
s. o.	siehe oben
sog.	sogenannt(e, er)
st.	ständige
StA	Staatsanwalt(schaft)
StGB	Strafgesetzbuch
StPO	Strafprozeßordnung
str.	streitig
6. StrRG	6. Strafrechtsreformgesetz vom 26.01.1998 (BGBl I 164)
StV	Strafverteidiger
StVG	Straßenverkehrsgesetz
StVO	Straßenverkehrsordnung
s. u.	siehe unten
TechnikR	Technikrecht
u.	und
u. a.	unter anderem
übereinst.	übereinstimmend
Univ.	Universität
Urt.	Urteil
u. U.	unter Umständen
UWG	Gesetz gegen den unlauteren Wettbewerb
v.	von
VerkMitt	Verkehrsrechtliche Mitteilungen
VerkSichG	Verkehrssicherungsgesetz
vgl.	vergleiche
VO	Verordnung
Vorb.	Vorbemerkung
VRS	Verkehrsrechtssammlung
VVDStRL	Veröffentlichungen der Vereinigung der Deutschen Staatsrechtslehrer
VwVfG	Verwaltungsverfahrensgesetz
wistra	Zeitschrift für Wirtschaft-Steuer-Strafrecht
WiVerw.	Wirtschaftsverwaltung
WRP	Wettbewerb in Recht und Praxis
ZAkDR	Zeitschrift der Akademie für Deutsches Recht
z. B.	zum Beispiel

Ziff.	Ziffer
ZPO	Zivilprozeßordnung
ZRP	Zeitschrift für Rechtspolitik
zsfsd.	zusammenfassend
ZStW	Zeitschrift für die gesamte Strafrechtswissenschaft
zust.	zustimmend(er)
zw.	zweifelnd
z. Z.	zur Zeit

Literaturverzeichnis

AK	*Kommentar zum StGB,* Reihe Alternativkommentare, Band 3, 1986
Arzt-Weber	*Arzt-Weber,* Strafrecht, Besonderer Teil, 2000
Baumann-Arzt-Weber	*Baumann-Arzt-Weber,* Strafrechtsfälle und Lösungen, 6. Aufl. 1986
BE	*Bochumer Erläuterungen zum 6. Strafrechtsreformgesetz,* von *Schlüchter,* 1998
Blei	*Blei,* Strafrecht II, Besonderer Teil, 12. Aufl. 1983
Blei PdW I	*Blei,* Strafrecht, Besonderer Teil/1, Prüfe dein Wissen, Heft 10/1 – Straftaten gegen die Person, gegen die Sittenordnung und gegen das Vermögen –, 10. Aufl. 1996
Blei PdW II	*Blei,* Strafrecht, Besonderer Teil/2, Prüfe dein Wissen, Heft 10/2 – Straftaten gegen die öffentliche Ordnung sowie den Staat und seine Einrichtungen –, 6. Aufl. 1999
Bockelmann I	*Bockelmann,* Strafrecht, Besonderer Teil/1 – Vermögensdelikte –, 2. Aufl. 1982
Bockelmann II	*Bockelmann,* Strafrecht, Besonderer Teil/2 – Delikte gegen die Person –, 1977
Bockelmann III	*Bockelmann,* Strafrecht, Besonderer Teil/3 – Ausgewählte Delikte gegen Rechtsgüter der Allgemeinheit –, 1980
Einführung 6. StrRG	*Einführung in das 6. Strafrechtsreformgesetz 1998,* von *Dencker, Struensee, Nelles, Stein,* 1998
Eser III	*Eser,* Strafrecht, Juristischer Studienkurs, Band III, 2. Aufl. 1981
Eser IV	*Eser,* Strafrecht, Juristischer Studienkurs, Band IV, 4. Aufl. 1983
Gössel	*Gössel,* Fälle und Lösungen nach höchstrichterlichen Entscheidungen, Strafrecht, 8. Aufl. 2001
Gössel I	*Gössel,* Strafrecht, Besonderer Teil, Band 1, 1987
Gössel II	*Gössel,* Strafrecht, Besonderer Teil, Band 2, 1996
Gropp-Küpper-Mitsch	*Gropp-Küpper-Mitsch,* Fallsammlung zum Strafrecht, 1. Aufl. 2003
Haft	*Haft,* Strafrecht, Besonderer Teil, Die wichtigsten Tatbestände des Besonderen Teiles des Strafgesetzbuches, 7. Aufl. 1998
Hauf I	*Hauf,* Strafrecht, Besonderer Teil I, Vermögensdelikte, 2. Aufl. 2002
Hauf II	*Hauf,* Strafrecht, Besonderer Teil II, Straftaten gegen Persönlichkeitswerte, 1997
v. Heintschel-Heinegg I	*v. Heintschel-Heinegg,* Prüfungstraining Strafrecht, Band 1, 1992
v. Heintschel-Heinegg II	*v. Heintschel-Heinegg,* Prüfungstraining Strafrecht Band 2, 1992
Hilgendorf	*Hilgendorf,* Fallsammlung zum Strafrecht, Allg. und Bes. Teil, 3. Aufl. 1998

Hillenkamp AT	*Hillenkamp*, 32 Probleme aus dem Strafrecht, Allgemeiner Teil, 11. Aufl. 2003
Hohmann-Sander I	*Hohmann-Sander*, Strafrecht, Besonderer Teil I, Eigentums- und Vermögensdelikte, 2. Aufl. 2000
Hohmann-Sander II	*Hohmann-Sander*, Strafrecht, Besonderer Teil II, Delikte gegen die Person und gegen die Allgemeinheit, 2000
Joecks	*Joecks*, Strafgesetzbuch Studienkommentar, 4. Aufl. 2003
Kindhäuser I	*Kindhäuser*, Strafrecht, Besonderer Teil I, Straftaten gegen Persönlichkeitsrechte, Staat und Gesellschaft, 1. Aufl. 2003
Kindhäuser II	*Kindhäuser*, Strafrecht, Besonderer Teil II, Straftaten gegen Vermögensrechte, 3. Aufl. 2003
Kindhäuser GLW I	Kindhäuser, Strafrecht, Besonderer Teil I, Delikte gegen die Person und die Allgemeinheit, Reihe Grundlagenwissen, 2. Aufl. 2003
Kindhäuser GLW II	*Kindhäuser*, Strafrecht, Besonderer Teil II, Vermögensdelikte, 1. Aufl. 2002
Kindhäuser LPK	*Kindhäuser*, Strafgesetzbuch, Lehr und Praxiskommentar, 1. Aufl. 2002
Kohlrausch-Lange	*Kohlrausch-Lange*, Strafgesetzbuch mit Erläuterungen und Nebengesetzen, 43
Krey	*Krey*, Strafrecht, Band I, Besonderer Teil, ohne Vermögensdelikte, 12. Aufl. 2002
Krey-Hellmann	*Krey-Hellmann*, Strafrecht, Band II, Besonderer Teil, Vermögensdelikte, 13. Aufl. 2002
Kühl HRR	*Kühl*, Höchstrichterliche Rechtsprechung zum Strafrecht, Besonderer Teil, 2002
Küper	*Küper*, Strafrecht, Besonderer Teil, 5. Aufl. 2002
Küpper BT/1	*Küpper*, Strafrecht, Besonderer Teil, Delikte gegen Rechtsgüter der Person und Gemeinschaft, 2. Aufl. 2000
Lackner-Kühl	*Lackner-Kühl*, Strafgesetzbuch, 24. Aufl. 2003
LK	*Strafgesetzbuch, Leipziger Kommentar*, 10. u. 11. Aufl. 1988 u. 1992 ff.
Maurach	*Maurach*, Deutsches Strafrecht, Besonderer Teil, 5. Aufl. 1969 mit Nachtrag 1970
Maurach-Schroeder-Maiwald I	*Maurach-Schroeder-Maiwald*, Strafrecht, Besonderer Teil, Teilband 1, Straftaten gegen Persönlichkeits- und Vermögenswerte, 9. Aufl. 2003
Maurach-Schroeder-Maiwald II	*Maurach-Schroeder-Maiwald*, Strafrecht, Besonderer Teil, Teilband 2, Straftaten gegen Gemeinschaftswerte, 8. Aufl. 1999
Mitsch II/1	*Mitsch*, Strafrecht, Besonderer Teil 2, Vermögensdelikte (Kernbereich), Teilband 1, 2. Auflage 2003
MK	*Münchner Kommentar* zum StGB, Band 1 und 3, 1. Aufl. 2003
NK	*Nomos Kommentar* zum StGB, Band 2, Bes. Teil, 1995 ff.
Otto	*Otto*, Grundkurs Strafrecht, Die einzelnen Delikte, 6. Aufl. 2002
Otto, Übungen	*Otto*, Übungen im Strafrecht, 5. Aufl. 2001

Pfeiffer-Maul-Schulte	*Pfeiffer-Maul-Schulte*, Strafgesetzbuch, Kommentar anhand der Rechtsprechung des BGH, 1969
Preisendanz	*Preisendanz*, Strafgesetzbuch, 30. Aufl. 1978
Rengier I	*Rengier*, Strafrecht, Besonderer Teil I, Vermögensdelikte, 6. Aufl. 2003
Rengier II	*Rengier*, Strafrecht, Besonderer Teil II, Delikte gegen die Person und die Allgemeinheit, 5. Aufl. 2003
Roxin-Schünemann-Haffke	*Roxin-Schünemann-Haffke*, Strafrechtliche Klausurenlehre, 4. Aufl. 1982
Samson I	*Samson*, Wiederholungs- und Vertiefungskurs, Band 7, Strafrecht I, 7. Aufl. 1988
Samson II	*Samson*, Wiederholungs- und Vertiefungskurs, Band 8, Strafrecht II, 5. Aufl. 1985
Schmidhäuser	*Schmidhäuser*, Strafrecht, Besonderer Teil, 2. Aufl. 1983
Schmidt-Priebe I	*Schmidt-Priebe*, Strafrecht, Besonderer Teil I, Straftaten gegen die Person und die Allgemeinheit, 2. Aufl. 2003
Schmidt-Priebe II	*Schmidt-Priebe*, Strafrecht, Besonderer Teil II, Straftaten gegen das Vermögen, 2. Aufl. 2003
Schönke-Schröder	*Schönke-Schröder-Cramer-Eser-Lenckner-Stree-Heine-Perron-Sternberg-Lieben*, Strafgesetzbuch Kommentar, 26. Aufl 2001
SK	*Systematischer Kommentar* zum Strafgesetzbuch, Band 2, Besonderer Teil, von *Rudolphi, Günther, Horn, Samson, Hoyer*, Stand: 2003
Tiedemann	*Tiedemann*, Fälle und Entscheidungen zum Strafrecht, Besonderer Teil, 3. Aufl. 1983
Tröndle-Fischer	*Tröndle-Fischer*, Strafgesetzbuch, 51. Aufl. 2003
Wagner	*Wagner*, Fälle zum Strafrecht, Besonderer Teil, 4. Aufl. 1998
Welzel	*Welzel*, Das Deutsche Strafrecht, 11. Aufl. 1969
Wessels I	*Wessels*, Strafrecht, Besonderer Teil/1, Straftaten gegen Persönlichkeits- und Gemeinschaftswerte, 21. Aufl. 1997
Wessels II	*Wessels*, Strafrecht, Besonderer Teil/2, Straftaten gegen Vermögenswerte, 20. Aufl. 1997
Wessels-Hettinger	*Wessels-Hettinger*, Strafrecht, Besonderer Teil/1, Straftaten gegen Persönlichkeits- und Gemeinschaftswerte, 27. Aufl. 2003
Wessels-Hillenkamp	*Wessels-Hillenkamp*, Strafrecht, Besonderer Teil/2, Straftaten gegen Vermögenswerte, 26. Aufl. 2003

Die jeweiligen Zitate entstammen den hier aufgeführten Auflagen, Abweichungen sind im Text kenntlich gemacht, z. B. *Dreher* (37. Aufl. 1977).

Teil I:
Straftaten gegen Persönlichkeitswerte

A. Straftaten gegen das Leben

1. Problem (§§ 211, 212 StGB)
In welchem Verhältnis stehen § 211 StGB und § 212 StGB zueinander?

Beispiel:

G leistete als Angehöriger des »Judenreferats« Beihilfe zu Vernichtungsmaßnahmen gegen zahlreiche Juden. Er wußte, daß die Opfer aus Rassenhaß umgebracht wurden, handelte selbst aber ohne diesen Beweggrund. Ist G wegen Beihilfe zum Mord oder wegen Beihilfe zum Totschlag zu bestrafen? (BGHSt 22, 375)

Ausgangspunkt:

Die Antwort auf die Frage hängt davon ab, ob der Rassenhaß als niedriger Beweggrund i. S. d. § 211 StGB – der nach h. M. ein besonderes (täter-, wertbezogenes) persönliches Merkmal i. S. d. § 28 StGB ist – die Strafbarkeit des Täters begründet (Folge: §§ 211, 27, 28 I StGB), oder nur die Strafe schärft (Folge: §§ 212, 27, 28 II StGB). Die Entscheidung hierüber ist davon abhängig, in welchem Verhältnis die §§ 211, 212 StGB zueinander stehen. Die in der 2. Auflage hierzu noch aufgeführten Ansichten von Eb. Schmidt – § 212 StGB als Privilegierung von § 211 StGB – und Hall – § 211 StGB als qualifizierter, § 212 StGB als privilegierter Tatbestand zu einem nur gedachten allgemeinen Tötungstatbestand (s. hierzu de lege ferenda Kargl, JZ 2003, 1141 ff.) – haben keinerlei Anhängerschaft gefunden – offen für die Meinung Schmidts allerdings Timpe, JZ 1990, 98 – und bedürfen keiner Erörterung mehr.

I. (hier sog.) **Selbständigkeitstheorie**

§ 212 StGB und § 211 StGB sind zwei selbständige Tatbestände. Die Mordmerkmale wirken daher strafbegründend.

Vertreten von:

seit BGHSt 1, 370 st. Rspr.: 2, 255; 6, 330; 22, 375; 36, 233 f.; BGH StV 1984, 69; BGH NJW 1996, 2241; BGH NStZ-RR 2002, 139; BGH bei Altvater, NStZ 2004, 25 (zum wechselvollen Inhalt des Begriffs »selbständig« in der Rspr. des BGH s. Küper, JZ 1991, 761 ff., 862 ff., 910 ff.); vorher schon: OLG Frankfurt HESt 2, 222; OLG Braunschweig MDR 1948, 184; offen gelassen in BGHSt 36, 231 (die Bezeichnung der Verdeckungsabsicht als »Qualifikationsgrund« in BGHSt 41, 9 und die Rede von den »Mordqualifikationen« in BGHSt 41, 362 dürften sprachlich unbedacht sein); zust.: LK-Busch (9. Aufl.), § 48 Rn. 31; Pfeiffer-Maul-Schulte, § 211 Rn. 1; Woesner, NJW 1978, 1025.

1. Argument
Wer in einer in § 211 StGB beschriebenen Weise einen Menschen tötet, wird nach dem Gesetz als »Mörder«, wer vorsätzlich tötet als »Totschläger« bestraft. Das Gesetz stellt also selbst zwei selbständige Tatbestände mit verschiedenem Unrechtsgehalt auf.

2. Argument
Daß der Mörder mehr Schuld auf sich lädt als der Totschläger, reicht nicht hin, um in den Mordmerkmalen lediglich schulderhöhende Umstände zu sehen, weil das Gesetz die in § 211 StGB aufgeführten Begehungsweisen der Tötung nicht als schwere Fälle des Totschlags, sondern als eine andere Straftat, eben als Mord kennzeichnet.

3. Argument
Daß die vorsätzliche Tötung auch ein Merkmal des § 211 StGB ist, spricht nicht gegen die Selbständigkeit beider Bestimmungen. So sind beispielsweise auch Raub und Diebstahl unstreitig selbständige Delikte, obwohl § 242 StGB in § 249 StGB enthalten ist.

4. Argument
Der Gesetzgeber des StGB hat Qualifikationen stets im Anschluß an den Grundtatbestand geregelt. Die Gegenmeinung mißachtet diese sonst vorzufindende Systematik des Gesetzes und damit den gesetzgeberischen Willen.

II. (hier sog.) **Qualifikationstheorie**

§ 212 StGB ist der Grundtatbestand, § 211 StGB dessen Qualifikation. Die Mordmerkmale wirken daher strafschärfend.

Vertreten von:

Arzt-Weber, § 2 Rn. 26, 40 ff.; Arzt, JZ 1973, 681; Baier, JA 2002, 928; Beulke, NStZ 1990, 279; Beulke/Hillenkamp, JuS 1975, 313; Bockelmann II, § 1 Vorb.; Eser III, Fall 1 A 13; Eumann, JuS 1996, 855; Fischer/Gutzeit, JA 1998, 43 f.; Geppert, JK 90, StGB § 211/18; Gössel I, § 1 Rn. 16 ff.; Haft, 82 f.; Hauf II, 5; v. Heintschel-Heinegg I, Rn. 120; Hirsch, Tröndle-Festschr. (1989), 34 f.; Hohmann, JuS 1995, 139; Hohmann-Sander I, § 1 Rn. 1; Joecks, vor § 211 Rn. 13; Kindhäuser I, § 1 Rn. 2 ff.; ders., GLW Nr. 1.7; Krahl, JuS 2003, 61; Krey, Rn. 27; Küper, JZ 1991, 910 ff.; ders., ZStW 104 (1992), 563; Küpper BT/1, I § 1 Rn. 69 ff.; ders., JuS 1991, 641 f.; Kunz, Jura 1995, 489; Lackner-Kühl, vor § 211 Rn. 22; LK-Jähnke, vor § 211 Rn. 43 ff.; LK-Roxin, § 28 Rn. 71; Maurach-Schroeder-Maiwald I, § 2 Rn. 24 ff., 49 ff.; Mitsch, JuS 1996, 26 f.; MK-Schneider, vor §§ 211 ff. Rn. 138 f., § 211 Rn. 211; Momsen, NStZ 1998, 488; Murmann, JuS 1998, 634; NK-Neumann, vor § 211 Rn. 141 ff.; Nuzinger/Sauer, JuS 1999, 984 f.; Otto, § 2 Rn. 14 ff.; ders., Jura 1994, 142 f.; ders., Jura 2003, 614 f.; Preisendanz, § 211 Vorb. II; Ranft, Jura 1994, 662; Rengier II, § 4 Rn. 1 f.; ders., JuS 1991, 940; Rotsch, JA 1992, 11 ff.; Roxin-Schünemann-Haffke, 125; Samson I, 201; Schmidhäuser, 2/6; ders., NStZ 1989, 56; Schmidt-Priebe I, 41 ff.; Schönke-Schröder-Eser, Vorb. §§ 211 ff. Rn. 5; Schroth, 48; SK-Horn, § 211 Rn. 2; Sowada, Jura 1994, 43; Stoffers, JuS 1993, 840; Tiedemann, 19; Vietze, Jura 2003, 395 ff.; Welzel, § 38; ders., JZ 1952, 73; Wessels-Hettinger, Rn. 69 f.

1. Argument
§ 211 StGB beschreibt die vorsätzliche Tötung unter erschwerenden, § 216 StGB die vorsätzliche Tötung unter privilegierenden Umständen. Auf ihr gemeinsames Grundelement, die vorsätzliche Tötung eines Menschen, beschränkt sich § 212 StGB. Alle drei Tatbestände schützen mit dem Leben dasselbe Rechtsgut

gegen dessen Vernichtung. Dann aber kann sachlich kein Zweifel bestehen, daß der Totschlag das allgemeine Grunddelikt aller vorsätzlichen Tötungsfälle ist.

2. Argument
Nach der gesetzlichen Fassung, nach der Mord die Tötung eines Menschen unter Verwirklichung bestimmter Modalitäten, Totschlag die Tötung eines Menschen ohne diese Modalitäten ist, sind beide Tatbestände so aufeinander bezogen, daß damit die Annahme ihrer Selbständigkeit unvereinbar ist.

3. Argument
Im gemeinen Recht konnte sich die Lehre von der Artverschiedenheit von Mord und Totschlag darauf stützen, daß der Mord durch den Vorbedacht, der Totschlag dagegen durch den Affekt positiv definiert war. Diese positive und selbständige Bestimmung auch des Totschlages gibt es heute aber nicht mehr, so daß dieser Lehre der Boden entzogen ist.

4. Argument
Aus den Begriffen »Mörder« und »Totschläger« kann nichts für die Selbständigkeit beider Delikte hergeleitet werden, weil mit diesen Begriffen die bei ihrer Einfügung (1941) verbreitete, heute aber zu Recht abgelehnte Lehre vom Tätertyp gefördert und nicht das systematische Verhältnis dieser Tatbestände zueinander geklärt werden sollte.

5. Argument
Der Gesetzgeber hat den Mord vor dem Totschlag geregelt, weil er das gravierendste Delikt voranstellen, nicht aber weil er das Verhältnis beider zueinander präjudizieren wollte. Daß zwischen beiden aufgrund der nur beim Mord zu findenden »absoluten« Androhung lebenslanger Freiheitsstrafe ein die Selbständigkeitsthese erzwingender qualitativer Sprung bestehen soll, ist zudem nach der die Strafhöhe relativierenden Einfügung des § 57 a StGB und der von der Rechtsprechung selbst entwickelten Rechtsfolgenlösung nicht anzuerkennen.

6. Argument
Die Rechtsprechung ist in sich widersprüchlich und führt zu ungerechten Ergebnissen:

a) So wird sie ihrer These von der Selbständigkeit untreu, wenn sie in Fällen »gekreuzter« persönlicher Mordmerkmale (z. B. Täter: Verdeckungsabsicht, Teilnehmer: niedriger Beweggrund) dem Teilnehmer die Strafmilderung gem. § 28 I StGB versagt (wie z. B. BGHSt 23, 39). Dieses – sachlich richtige – Ergebnis läßt sich nicht aus Abs. 1, sondern nur aus Abs. 2 des § 28 StGB herleiten.

b) Ferner trifft den ohne eigenes Mordmerkmal zu einem Mord mit täterbezogenem Merkmal Anstiftenden ein milderer Strafrahmen (§§ 211, 26, 28 I, 49 I StGB: Freiheitsstrafe nicht unter 3 Jahren) als den Anstifter zu einem Totschlag (§§ 212, 26 StGB: Freiheitsstrafe nicht unter 5 Jahren). Ebenso profitiert der aus niedrigem Beweggrund Anstiftende, wenn der Täter nur aus § 212 StGB bestraft wird (BGHSt 1, 368).

7. Argument
Bleiben – bei sicher feststehender vorsätzlicher Tötung – Zweifel am Vorliegen eines Mordmerkmals, könnte der BGH weder vom Mord noch vom Totschlag überzeugt sein und müßte nach dem Grundsatz in dubio pro reo freisprechen: ein unsinniges Ergebnis.

Beispiele:

1. Im Ausgangsfall ist G nach der Selbständigkeitstheorie wegen Beihilfe zum Mord schuldig, weil der niedrige Beweggrund der Haupttäter deren Strafbarkeit nach § 211 StGB begründet und G diesen Tatumstand kennt. Da Rassenhaß ein besonderes persönliches Merkmal ist, wird die Strafe gem. §§ 28 I, 49 I StGB gemildert. Die Qualifikationstheorie sieht dagegen das Motiv der Täter als strafschärfendes persönliches Merkmal an und durchbricht daher über § 28 II StGB die Akzessorietät: Gleichgültig, ob G die Beweggründe der Täter kannte oder nicht, haftet er – weil bei ihm ein solches Motiv fehlt – nur aus §§ 212, 27 StGB.

2. T tötet O, um eine Straftat zu verdecken. G hilft T aus Habgier. – Nach der Selbständigkeitstheorie ist G als Gehilfe zum Mord strafbar. Da das bei T nach dieser Ansicht strafbegründende Mordmerkmal der Verdeckungsabsicht bei G fehlt, müßte konsequenterweise die Strafmilderung nach § 28 I StGB unabhängig von G's eigener Motivation eingreifen. Diese Konsequenz hat der BGH (St 23, 39) gescheut und ohne Strafmilderung verurteilt. Das ist – mit anderer Begründung – auch das Ergebnis der Qualifikationstheorie: Gem. § 28 II StGB ist das strafschärfende Merkmal Verdeckungsabsicht G nicht zuzurechnen; Zwischenergebnis: §§ 212, 27, 28 II StGB. Da er aber selbst aus Habgier handelt, ist – nochmalige Anwendung des § 28 II StGB – Beihilfe zum Mord gegeben (immer vorausgesetzt, daß Verdeckungsabsicht und Habgier besondere persönliche, also täter-, wertbezogene Merkmale sind, str., s. LK-Roxin, § 28 Rn. 74 ff.).

3. T begeht einen Totschlag. Der allein tatinteressierten und aus Habgier handelnden M will das Gericht die Tötung über § 25 II StGB zurechnen und sie wegen Mordes verurteilen. – Die Qualifikationstheorie erlaubt die Verurteilung, da Mittäterschaft auf der Basis des gemeinsam verwirklichten Grundtatbestandes des § 212 StGB problemlos möglich ist. Diese Begründung ist der Selbständigkeitstheorie versagt. Auf ihrem Boden hatte deshalb BGHSt 6, 329 auch Bedenken, Totschlag und Mord zu Mittäterschaft zu verbinden. In BGHSt 36, 231 (= NStZ 1990, 277 m. insoweit zust. Anm. Beulke) setzt sich der BGH über diese Bedenken (im Anschluß an Beulke/Hillenkamp, JuS 1975, 309, 313) mit dem Hinweis darauf hinweg, daß die rechtliche Selbständigkeit beider Tatbestände Mittäterschaft nicht hindere, wo – wie bei Diebstahl und Raub – der Unrechtsgehalt des einen (§ 212 StGB) im Unrechtsgehalt des anderen (§ 211 StGB) enthalten und deshalb nicht von zwei völlig verschiedenen Taten zu reden sei (krit. zu der darin liegenden Inkonsequenz gegenüber dem Bekenntnis zur Selbständigkeitstheorie Beulke, Geppert, Küpper, Timpe, Vietze jeweils a. a. O. sowie Küper, JZ 1991, 866 ff.).

2. Problem (§ 216 StGB)
Wie ist die als solche straflose aktive Selbstmordbeihilfe von einer Tötung auf Verlangen (§ 216 StGB) abzugrenzen?

Beispiel:

O ist fest entschlossen, sich das Leben zu nehmen, als ihre Eltern ihr den Verkehr mit ihrem Geliebten T verbieten. T beschließt, mit O in den Tod zu gehen. Er schließt einen Schlauch an den Auspuff seines Pkw's, führt ihn ins Wageninnere und nimmt mit O im Auto Platz. Dann gibt er so lange Gas, bis er das Bewußtsein verliert. O stirbt, T wird gerettet. Ist T gem. § 216 StGB zu bestrafen? (Vgl. BGHSt 19, 135)

Ausgangspunkt:

Die Tötungstatbestände setzen nach h. M. (Schönke-Schröder-Eser, Vorb. §§ 211 ff. Rn. 33) die Tötung eines anderen Menschen voraus. Selbstmord ist daher tatbestandslos, Teilnahme hieran folglich jedenfalls so lange straflos, als von einem freien und eigenverantworteten Schritt zu reden ist. Andererseits ist eine Fremdtötung selbst dann strafbar, wenn der Täter auf Verlangen des Opfers handelt. Für die Strafbarkeit entscheidend ist daher, ob lediglich Beihilfe zur Selbsttötung oder ob täterschaftliche Tötung auf Verlangen vorliegt. Da § 216 StGB die Unterordnung des Täters unter das Verlangen des Opfers und damit strukturell auch eine Mitherrschaft des Opfers voraussetzt, ist umstritten, ob die Abgrenzung hier wie sonst nach der subjektiven Teilnahmetheorie oder der Tatherrschaftslehre erfolgen kann oder ob hier nicht besondere Regeln gelten müssen. Am einseitig fehlgeschlagenen Doppelselbstmord spitzt sich diese Frage zu.

I. (hier sog.) **Subjektive Theorie**

Die Abgrenzung zwischen Täterschaft und Teilnahme ist nach subjektiven Kriterien vorzunehmen. Für § 216 StGB gilt insoweit nichts besonderes.

Vertreten von:

Baumann-Weber-Mitsch, Strafrecht Allgemeiner Teil (11. Aufl. 2003), § 29 Rn. 70; Baumann-Arzt-Weber, 52 f.; RG JW 1921, 579 (m. zust. Anm. Merkel); RGSt 70, 313; BGHSt 13, 166; gegen die Behauptung, die Tatbestandsstruktur des § 216 StGB verbiete eine Abgrenzung nach subjektiven Kriterien auch Bringewat, JuS 1975, 157 f.

1. Argument
Es ist weder angebracht noch notwendig, für den »Sonderfall« des § 216 StGB von der subjektiven Theorie abzugehen, da diese Lehre auch den in diesem Bereich erscheinenden Problemfällen gerecht wird.

2. Argument
Gerade die Entscheidung BGHSt 13, 162 zeigt, daß sich allein die subjektiven Abgrenzungskriterien im Bereich des § 216 StGB bewähren, und zwar selbst und gerade dann, wenn sich die Abgrenzung dadurch erschwert, daß sie im Unterlassungsbereich vorzunehmen ist.

II. (hier sog.) Allgemeine Tatherrschaftslösung

Für die Unterscheidung kommt es darauf an, wer das zum Tode führende Gesamtgeschehen tatsächlich beherrscht hat. Dabei ist auf den Gesamtplan und die danach zu ermittelnde Funktion der Tatbeiträge abzustellen.

Vertreten von:

Gössel, 137 f.; Herzberg, Täterschaft und Teilnahme (1977), 79; ders., JA 1985, 137; ders., NJW 1986, 1635; ders., JuS 1988, 771; ders., NStZ 1989, 559, nach dem – entgegen Neumann und Roxin (s. u. III.) – § 216 StGB nicht an der Eigenverantwortlichkeit des Sterbewilligen (Fälle der Quasi-Mittäterschaft) scheitert; G. Hirsch, ZRP 1986, 241 f.; Kutzer, NStZ 1994, 112; LK-Busch (9. Aufl.), § 49 Rn. 23; Maurach-Schroeder-Maiwald I, § 1 Rn. 21 f.; MK-Schneider, § 216 Rn. 42 ff., 48 f.; Schroeder, ZStW 106 (1994), 574 ff.; BGHSt 19, 135; BGH Dall. MDR 1966, 382; BGH JZ 1987, 474 m. zust. Bspr. Brandts/Schlehofer, JZ 1987, 442; BGH JR 1988, 336; BGH NJW 2003, 2326; OLG München NJW 1987, 2941; OLG Nürnberg NJW 2003, 454; ähnl. Kühl, JR 1988, 339 f. und LK-Jähnke, § 216 Rn. 12 ff. in der Sache mit Anklängen an die »Ganzheitstheorie« (s. Hillenkamp AT, 19. Problem); krit. Tröndle-Fischer, § 216 Rn. 4 f.; stets von Tatherrschaft geht Schilling, JZ 1979, 159 ff. aus.

1. Argument
Entscheidend ist, wie der Tote über sein Schicksal verfügt hat. Gab er sich in die Hand des anderen, um duldend von ihm den Tod entgegenzunehmen, hatte dieser die Tatherrschaft. Behielt er dagegen bis zuletzt die freie Entscheidung über sein Schicksal, dann tötete er sich selbst, wenn auch mit fremder Hilfe.

2. Argument
Jede speziell für § 216 StGB entwickelte Abgrenzungslösung, die sich an den Fällen des einseitig fehlgeschlagenen Doppelselbstmordes mit der Tendenz orientiert, den unglückseligen Überlebenden straffrei zu stellen, läuft Gefahr, § 216 StGB unversehens so zu interpretieren, daß auch andere, von der Tragik der Umstände Unberührte risikolos dem Verlangen nachgeben dürfen. Nicht die dogmatische Aushöhlung von § 216 StGB, sondern § 60 StGB ist die richtige Antwort auf derartige Konfliktfälle.

3. Argument
Daß es auf dem Boden der allgemeinen Tatherrschaftslehre einem vollständig bewegungsunfähigen, aber bewußtseinsklaren moribunden Schwerstbehinderten weitgehend verwehrt ist, ohne strafrechtliche Verstrickung Dritter aus dem Leben zu scheiden, und daß für ihn dadurch das Lebensrecht zu einer schwer erträglichen Lebenspflicht werden kann, ist einzuräumen, kann aber keinen Anspruch auf straffreie aktive Sterbehilfe begründen, da dieser auch aus dem in Art. 1 I GG angelegten Recht auf ein menschenwürdiges Sterben nicht hergeleitet werden kann.

4. Argument
Die modifizierte Tatherrschaftslösung befriedigt nicht, weil

a) selbst ein den Tod herbeiführendes und bis zuletzt mit Tötungsvorsatz fortgesetztes Einwirken auf den Körper des Opfers straffrei bleibt, wenn nur das freiwillige Sich-Ausliefern des Opfers Selbsttötung ist. Das ist eine nicht zu verantwortende Zurücknahme des Strafrechtsschutzes gegenüber dem Suizidgefährdeten,

b) sie den Fall der Quasi-Mittäterschaft aus dem Strafbarkeitsbereich herausläßt, obwohl nur die Teilnahme i. e. S. mangels strafbarer Haupttat, aber eben nicht die (mit-)täterschaftliche Tötung eines anderen straffrei ist.

5. Argument
Die subjektive Teilnahmelehre ist zur Abgrenzung ungeeignet, weil

a) § 216 StGB tatbestandlich die Unterordnung unter den fremden Willen gerade voraussetzt und das Gesetz damit eine Abschichtung nach dem Maß der Unterordnung nicht gestattet,

b) eine Unterscheidung nach subjektiven Merkmalen insbesondere in Fällen des einseitig fehlgeschlagenen Doppelselbstmordes undurchführbar ist, da hier die bewußte Verknüpfung des beiderseitigen Schicksals gerade zu einer Übereinstimmung der inneren Haltung führt.

III. (hier sog.) **Modifizierte Tatherrschaftslösung**

Die Abgrenzung hängt von der Herrschaft über den todbringenden Augenblick ab. Selbstmord begeht, wer im kritischen Moment, nach dem es kein Zurück mehr gibt, die Entscheidung über sein Leben in eigener Hand hält und die Schwelle selbst überschreitet; § 216 StGB liegt vor, wenn das Opfer den letzten irreversiblen Akt dem anderen anvertraut, sich also über die Schwelle hinüberstoßen läßt.

Vertreten von:

Bockelmann II, § 4 II 3; Bottke, Suizid und Strafrecht (1982), 239; Chatzikostas, Die Disponibilität des Rechtsgutes Leben (2001), 39 f., 272 ff.; Engländer, JZ 2003, 747; Eser III, Fall 3 A 33; ders., MedR 1985, 8; Geilen, Jura 1979, 203; Gössel I, § 2 Rn. 61–64; Haft, 83; Jakobs, Kaufmann-Festschr. (1993), 467; ders., Tötung auf Verlangen, Euthanasie und Strafrechtssystem (1998), 24 f.; Joecks, § 216 Rn. 13; Kindhäuser I, § 4 Rn. 9 f.; Krey, Rn. 104 ff.; Küpper BT/1, I § 1 Rn. 60 f.; LK-Lange (9. Aufl.), § 216 Rn. 2; Mitsch, JuS 1996, 310; Neumann, JA 1987, 244; NK-Neumann, vor § 211 Rn. 47 ff. § 216 Rn. 5 ff.; Otto, § 6 Rn. 49 ff.; ders., Tröndle-Festschr. (1989), 162 f.; Paehler, MDR 1964, 649; Rengier II, § 8 Rn. 8 ff.; Roxin, Täterschaft und Tatherrschaft (7. Aufl. 2000), 566 ff.; ders., NStZ 1987, 347 f.; ders., Pötz-Festschr. (1993), 183 ff.; ders., in: Roxin-Schroth, Medizinstrafrecht (2. Aufl. 2001), 111 f.; Roxin-Schünemann-Haffke, 196 f.; Samson I, 239 f.; Schmidt-Priebe I, 59 f.; Scholderer, JuS 1989, 919; Thoss, JA 2001, 954; ähnl.: das Opfer muß nach dem Tatbeitrag des anderen noch die freie Entscheidung über Leben und Tod haben, wenn von Selbstmord die Rede sein soll: Blei, § 7 II; ders., PdW I, Nr. 44 f.; Hauf II, 36; Lackner-Kühl, § 216 Rn. 3; Schönke-Schröder-Eser, § 216 Rn. 11; Schroth, 60; Welzel, § 38 III; Wessels-Hettinger, Rn. 162 ff. Ob die Herrschaft des Suizidenten nur über noch rettende Gegenmaßnahmen für die Herrschaft über den todbringenden Augenblick ausreicht, ist umstr.: verneinend z. B. NK-Neumann, vor § 211 Rn. 53 f. m. w. N.

1. Argument
Die Tatherrschaft, für die sonst eine (Mit-)Herrschaft im Ausführungsstadium genügt, verengt sich aufgrund der Tatbestandsstruktur des § 216 StGB auf die Alleinherrschaft über den entscheidenden Augenblick: Alle diesem Moment vorangehenden Tätigkeitsakte können dem Beteiligten die Herrschaft über Leben und Tod noch nicht verschaffen, weil der Getötete bis zur kritischen Sekunde sein Leben in der Hand behält (sonst läge keine Tötung auf Verlangen vor!).

2. Argument
Die Beschränkung der Herrschaftsfrage auf den letzten Augenblick ist deshalb sinnvoll, weil nur der, der dem Lebensmüden die unwiderrufliche Entscheidung abnimmt, die Verantwortung für den Tod zu tragen hat; diese Verantwortung bleibt dem Opfer, wenn es selbst den letzten Entschluß durchsteht.

3. Argument
Nach der allgemeinen Tatherrschaftslösung werden vor dem entscheidenden Moment liegende Faktoren einbezogen, die in ihrer Zufälligkeit keine sinnvollen Kriterien für die Frage der Strafbarkeit sein können: So muß der BGH im Ausgangsfall den Täter bestrafen, weil er die todbringende Handlung bis zu seiner Bewußtlosigkeit fortsetzen sollte, müßte ihn aber freisprechen, wenn er das Gaspedal mit einem Stein festgeklemmt hätte. Für die allein entscheidende Frage, ob im letzten Augenblick bei O eine § 216 StGB ausschließende Herrschaft über ihren eigenen Tod vorlag, ergibt sich daraus aber kein Unterschied.

4. Argument
Wenn die allgemeine Tatherrschaftslehre in dem Bereich des § 216 StGB auch die gemeinschaftliche Todesbewirkung, die sich nach allgemeinen Teilnahmeregeln als Mittäterschaft darstellen würde, einbezieht, verkennt sie, daß man in zurechenbarer Weise nur jemanden töten kann, der sich nicht selbst voll verantwortlich handelnd tötet.

5. Argument
Die Rollentheorie verkennt, daß sowohl bei über Anstiftung hinausgehender aktiver Mitwirkung des Opfers § 216 StGB, als auch bei fehlender Mitwirkung Selbstmord vorliegen kann. So ist § 216 StGB gegeben, auch wenn das Opfer dem Täter die Waffe in die Hand gedrückt hat, ein Selbstmord dagegen, wenn der Lebensmüde lediglich im Raume bleibt, in den vom Dritten angestelltes Gas einströmt.

IV. (hier sog.) **Rollentheorie**

Tötung auf Verlangen ist gegeben, wenn sich das Opfer auf die im Gesetz beschriebene Rolle als Quasi-Anstifter beschränkt. Geht es darüber hinaus und wirkt aktiv fördernd an der Tötungshandlung mit (Quasi-Mittäterschaft), bleibt der Teilnehmer straflos.

Vertreten von:

Dreher, MDR 1964, 337; Tröndle-Fischer (50. Aufl. 2001), § 216 Rn. 3.

1. Argument
Nach der Struktur des § 216 StGB ist das Opfer Anstifter durch ausdrückliches und ernsthaftes Verlangen, der Tötende angestifteter Täter. An dieser Rollenverteilung ändert sich so lange nichts, als das Opfer die Tötung nur geschehen läßt, mag es die Tötung auch als eigene wollen und das Geschehen psychisch beherrschen. Geht das Opfer aber durch aktive Förderung der Tötungshandlung über diese tatbestandlich fixierte Rolle hinaus, entfällt § 216 StGB (nicht, weil der Tötende nicht mehr Täter, sondern), weil das Opfer nicht mehr (nur) Anstifter ist.

2. Argument
Für § 216 StGB ist es nicht nur kennzeichnend, daß der Täter die Tat nicht als eigene will, sondern ebenso, daß das Opfer mindestens auch die Tatherrschaft hat, denn da es eine Tötung auf Verlangen sein muß, kann das Opfer der Tat jederzeit Einhalt gebieten. Weder die subjektive noch die Tatherrschaftslösung können daher die Abgrenzungsfrage lösen.

V. (hier sog.) **Psychologische Theorie**

Wäre das Opfer zur Vornahme des konkreten Tötungsaktes psychisch auch selbst in der Lage gewesen, ist Selbstmordbeihilfe, wäre es hierzu psychisch nicht disponiert gewesen, Tötung auf Verlangen gegeben.

Vertreten von:

Arzt-Weber, § 3 Rn. 40; SK-Horn, § 216 Rn. 11.

1. Argument
§ 216 StGB dient dem Schutz derjenigen potentiellen Selbstmörder, die die Hemmung, selbst Hand an sich zu legen, nicht zu überwinden vermögen und sich deshalb in die Hand eines anderen begeben. Täter nach § 216 StGB ist daher nur, wer die noch funktionierende Sperre – die Scheu, sich selbst zu töten – einreißt, Teilnehmer am Selbstmord dagegen, wer etwas tut, was der Selbstmörder psychisch ebensogut selbst hätte tun können.

2. Argument
Wer selbst alles ihm physisch Mögliche tut, um seinen Tod herbeizuführen und die entscheidende letzte Ursache einen anderen nur deshalb setzen läßt, weil er zu ihrem Vollzug nur physisch, nicht aber psychisch außer Stande ist, bleibt trotz der faktischen Beherrschung des Geschehens durch den anderen Selbstmörder, weil nicht die – für § 216 StGB vorausgesetzte – Selbsttötungshemmung, sondern nur die praktische Durchführungsschwierigkeit überwunden wird.

3. Argument
Wenn nach den Tatherrschaftslösungen für Tatherrschaft des Selbstmörders charakteristisch sein soll, daß er »bis zuletzt die freie Entscheidung über sein Schicksal« behält, so ist dem entgegenzuhalten, daß auch das Opfer des § 216 StGB sich bis zuletzt frei entscheiden kann und nach der Tatbestandsstruktur notwendig eine Art »Willensherrschaft« besitzt. Das Herrschaftskriterium kann deshalb die Abgrenzungsfrage nicht lösen.

Beispiele:

1. Im Ausgangsfall würde, da sich T als der weniger Entschlossene der O weitgehend unterordnete und der O Beistand leisten wollte (BGHSt 19, 135 nachlesen!), mangels Täterwillens nach der subjektiven Theorie Selbstmordbeihilfe anzunehmen sein. Der BGH hat auf dem Boden der für § 216 StGB anerkannten allgemeinen Tatherrschaftslehre Tötung auf Verlangen bejaht, weil O nach dem Gesamtplan die auf den Tod zielende Handlung des T (Gasgeben) fortdauernd duldend hinnehmen, T seine Handlung bis zum bitteren Ende fortsetzen sollte (s. auch Schroeder, ZStW 106, 1994, 578). Dagegen berücksichtigen die Anhänger der modifizierten Tatherrschaftslösung, daß O im kritischen Moment, im Augenblick des unwiderruflich schwindenden Bewußtseins, die Entscheidung noch in der Hand hatte, da sie die Wagentür öffnen und sich herausfallen lassen konnte. Zur demnach eintretenden Straflosigkeit T's aus § 216 StGB kommen auch die beiden übrigen Theorien: die Rollentheorie, weil O durch Verriegelung ihrer Tür (s. BGH a. a. O.) selbst fördernd über bloße Anstiftung hinausgegangen, die psychologische Theorie, weil aus O's Entschlossenheit und Drängen zu entnehmen ist, daß keinerlei Selbsttötungshemmung mehr bestand und sie zum Gasgeben psychisch ebenso in der Lage gewesen wäre. Die aufgezeigten Lösungen setzen alle voraus, daß die – im BGH-Fall 16jährige – O sich frei verantwortet am Selbstmordgeschehen beteiligt hat, was sich bei einer aus Liebeskummer und Konflikt mit den Eltern heraus handelnden Jugendlichen weder nach der Exkulpations-, noch nach der Einwilligungslehre (s. zu beiden Roxin, Pötz-Festschr., 1993, 178 f.; dort auch zu einem neuartigen Ansatz von Merkel, in: Hegselmann/Merkel, Zur Debatte über Euthanasie, 2. Aufl. 1992, 71 ff.) von selbst versteht. Handelte O unfrei, ist ihr Tötungsverlangen unwirksam und T (alleiniger mittelbarer) Täter einer Tötung nach § 212 StGB.

2. O ist lebensmüde. Sie bittet T, den Gashahn zu öffnen, weil sie das selbst nicht über sich bringe, und dann den Raum zu verlassen. T tut das allein aus Mitleid mit O und um ihr zu helfen. O verliert nach einer Stunde das Bewußtsein und wird später tot aufgefunden. – Nach der subjektiven Theorie liegt Beihilfe zum Selbstmord vor. Ebenso nach beiden Tatherrschaftslösungen: nach der allgemeinen, weil T's Tatbeitrag endet, bevor mit dem ersten Einatmen die zerstörerische Einwirkung beginnt (s. Herzberg a. a. O., 1977, S. 81), nach der *modifizierten*, weil O bis zum letzten Moment den Raum verlassen kann. Die Rollentheorie muß dagegen aus § 216 StGB bestrafen: O beschränkt sich auf das Tötungsverlangen. Nach der psychologischen Theorie ist die Entscheidung zweifelhaft: Für § 216 StGB spricht, daß T die bei O zunächst funktionierende Sperre einreißt, indem er die O physisch, aber nicht psychisch mögliche Handlung vornimmt. O ihrerseits bleibt hinter ihren physischen Möglichkeiten in ihrer Beteiligung zurück. Für Selbstmord spricht dagegen, daß die letzte entscheidende Ursache, das einstündige Ausharren und bewußte Einatmen des Gases, von O selbst vollzogen wurde und damit im entscheidenden Zeitraum ihre Selbsttötungshemmung doch nicht mehr zu funktionieren scheint. Den Ausschlag für § 216 StGB muß wohl aber doch geben, daß T der O die entscheidende Weichenstellung abgenommen und O damit dazu verholfen hat, ihren Tod mehr oder weniger passiv verharrend auf sich zukommen zu lassen (zu den eine ähnliche Problematik aufweisenden Fällen der Herrschaft über rettende Gegenmaßnahmen s. Roxin, Pötz-Festschr., 1993, 185 einerseits, NK-Neumann, vor § 211 Rn. 53 f. andererseits).

3. Der schwerkranke 70jährige O spritzte sich 20 ml Scophedal, um seinem Leben ein Ende zu setzen. Als er aufgrund der Dosis bereits in tiefen Schlaf versunken war, spritzte ihm sein ihn so antreffender Neffe N weitere 0,3 ml Scophedal, um das Leben des O mit Sicherheit zu beenden. Er tat dies, weil sein Onkel ihn zuvor gebeten hatte, ihm beim Setzen der Spritze zu helfen, falls er es selbst nicht mehr könne. – Der BGH (NJW 1987, 1092) ist hier auf dem Boden der allg. Tatherrschaftstheorie ohne weitere Problematisierung von einer Täterschaft zu § 216 StGB ausgegangen, weil O durch die annähernde Bewußtlosigkeit jede Beeinflussungsmöglichkeit verloren und daher N die alleinige Tatherrschaft über den weiteren Verlauf gehabt habe (zust. Herzberg, JuS 1988, 771). Obwohl dem auf den ersten Blick die modifizierte Tatherrschaftslehre zustimmen müßte, weil ohne N's Eingreifen der Tod des O unsicher und N daher das entscheidende Geschehen beherrschender Quasi-Mittäter war, will Roxin (NStZ 1987, 347) auf dem Boden dieser Lehre im Gesamt der Tat das Handeln des O als den entscheidenden und eigenverantwortlichen Selbsttötungsakt sehen, der im Gefüge des § 216 StGB auch den Quasi-Mittäter in die bloße Gehilfenrolle abdränge. Diese namentlich auf die Eigenverantwortlichkeit des Selbsttötungsaktes (s. dazu insbes. Neumann, JA 1987, 244 u. Hohmann/König, NStZ 1989, 304) abhebende Erweiterung des Straflosigkeitsbereichs der Selbstmordteilnahme dürften aber nicht alle Vertreter der modifizierten Tatherrschaftslehre mittragen. Eindeutiger zur Straflosigkeit führen die drei restlichen Lösungsansätze: die subjektive Theorie, weil N rein altruistisch den vom Onkel schon eingeschlagenen Weg nur sicherer machen und daher lediglich helfen wollte, die Rollentheorie, weil O durch die Einleitung des Suizides deutlich über die Anstifterrolle hinausgegangen ist und damit i. S. d. psychologischen Theorie bewiesen hat, daß er psychisch die Schwelle zum Tode selbst zu überschreiten vermochte.

4. **Hinweis:**
Die Abgrenzungsfrage ist hier für die aktive Teilnahme eines Nichtgaranten dargestellt. Zum Teil zusätzliche, zum Teil andere Überlegungen kommen ins Spiel, wenn ein Garant handelt oder die Selbstmordabwendung unterläßt, vgl. dazu Arzt-Weber, § 3 Rn. 42 ff.; zur Abgrenzung bei nur fahrlässiger Beteiligung s. BGH NStZ 2003, 537; OLG Nürnberg JZ 2003, 745; Herzberg, NStZ 2004, 1; Roxin, Schreiber-Festschr. (2003), 399. Zu abw. Konsequenzen führen die die Tatbestandsmäßigkeit des Selbstmordes bejahenden Meinungen Bringewats, ZStW 87 (1975), 623 ff. u. Schmidhäusers, 2/37; s. gegen diese und ähnliche (Schilling, JZ 1979, 159 ff.) Konstruktionen BGHSt 32, 371 f. m. w. N.

3. Problem (§ 221 StGB)
Erfordert das Versetzen in eine hilflose Lage nach § 221 I Nr. 1 StGB eine räumliche Aufenthaltsveränderung des Opfers?

Beispiel:

T schließt den O im Winter in einer einsamen unbeheizten Berghütte ein. Er will O dort einige Tage gefangen halten. Wegen der starken Kälte gerät der geschwächte O nach zwei Tagen, wie von T vorausgesehen, in akute Gefahr zu erfrieren. Durch eine glückliche Fügung werden jedoch die Hilferufe des O von Tourenskifahrern wahrgenommen, die Rettung herbeirufen können. – Ist T (auch) wegen Aussetzung nach § 221 I Nr. 1 StGB zu bestrafen?

Ausgangspunkt:

T hat vorsätzlich eine hilflose Lage des O verursacht und ihn in konkrete Lebensgefahr gebracht. Das spricht dafür, ihn wegen Versetzens in eine hilflose Lage nach § 221 I Nr. 1 StGB zu bestrafen. Allerdings hat T den O lediglich eingeschlossen, den Aufenthaltsort des O also nicht verändert und ihn daher möglicherweise nicht »ausgesetzt«. Die durch das 6. StrRG geschaffene Neufassung des § 221 I StGB spricht jedoch in Nr. 1 gerade nicht mehr von »aus-«, sondern nur noch von »versetzen«. Deshalb ist fraglich geworden, ob hierfür eine Veränderung des Aufenthaltsortes des Opfers notwendig ist, wie sie die h. M. für die Vorgängervorschrift verlangt hatte.

I. (hier sog.) **Ortsveränderungstheorie**

Für das Versetzen in eine hilflose Lage ist ein Verbringen des Opfers in eine hilfsbedürftige Situation und damit eine Ortsveränderung erforderlich. Das bloße Verursachen einer hilflosen Lage genügt nicht.

Vertreten von:

BE-Nolte, § 221 Rn. 4; Haft, 101; Hohmann-Sander II, § 5 Rn. 4; Krey, Rn. 134 f.

1. Argument
»Versetzen« in eine hilflose Lage meint schon begrifflich nicht bloß »Verursachen« einer solchen. Erforderlich ist vielmehr ein Verbringen des Opfers in eine derartige Situation, also eine Ortsveränderung.

2. Argument
Durch das Erfordernis einer Ortsveränderung wird verhindert, daß § 221 I Nr. 1 StGB zu weit gerät und zu einem allgemeinen Lebens- und Leibesgefährdungstatbestand wird.

3. Argument
Die Neuregelung des § 221 I StGB verdeutlicht durch die Gliederung der beiden Tathandlungen in zwei verschiedene Ziffern die schon nach altem Recht bestehende Unterscheidung von Aussetzungs- und Verlassens- bzw. Im-Stich-Lassens-Alternative. Das Wort »versetzt« läßt sich wie bisher verstehen und kann mit der früheren Aussetzungsalternative gleichgestellt werden, zumal der Gesetzgeber die amtliche Bezeichnung des Delikts als »Aussetzung« beibehalten hat.

4. Argument
Der Verzicht auf eine Veränderung des Aufenthaltsortes zur Erfüllung der Versetzensalternative würde die Beschränkungen des § 221 I Nr. 2 StGB (Garantenstellung und schon vor der Täterhandlung bestehende hilflose Lage des Opfers) praktisch leerlaufen lassen. Denn der klassische Fall des »Im-Stich-Lassens« ist das räumliche Verlassen des Opfers.

II. (hier sog.) **Verursachungstheorie**

Für das Versetzen eines Menschen in eine hilflose Lage genügt das Verursachen einer entsprechenden Situation beim Opfer durch bestimmenden Einfluß des Täters. Eine Veränderung des Aufenthaltsortes des Opfers ist nicht erforderlich.

Vertreten von:

Baier, JA 2000, 300, 305; Gropp-Küpper-Mitsch, 161; Hörnle, Jura 1998, 169, 177; Joecks, § 221 Rn. 6; Kindhäuser I, § 5 Rn. 10; ders., GLW Nr. 1.72; ders., LPK, § 211 Rn. 1; Küper, ZStW 111 (1999), 30, 40 ff.; Küpper BT/1, I § 1 Rn. 86; ders., JuS 2000, 225; Lackner-Kühl, § 221 Rn. 3; LK-Jähnke, § 221 Rn. 13; Laue, Die Aussetzung (2002), 72 ff.; Lucks, Der Aussetzungstatbestand (2003), 69 ff.; Maurach-Schroeder-Maiwald I, § 4 Rn. 6; MK-Hardtung, § 211 Rn. 11; NK-Neumann, § 221 Rn. 11; Otto, § 10 Rn. 2; Schmidt-Priebe I, 68; Schönke-Schröder-Eser, § 221 Rn. 4; Schroth, 62; ders., NJW 1998, 2861, 2863; I. Sternberg-Lieben/Fisch, Jura 1999, 45 f.; Struensee, in: Einführung 6. StrRG, 36 f.; Tröndle-Fischer, § 221 Rn. 6; Wessels-Hettinger, Rn. 199. Im Ausgangspunkt auch Jäger, JuS 2000, 31, 32; Küper, 35; Rengier II, § 10 Rn. 7, 12 u. SK-Horn-Wolters, § 221 Rn. 4, die jedoch zugunsten der Nr. 2 Fälle ausnehmen, in denen die hilflose Lage durch bloßes räumliches Verlassen herbeigeführt wird. Nach Arzt-Weber, § 36 Rn. 8 kommt der nach dem Wortlaut weit zu verstehenden Versetzensalternative keine eigenständige Bedeutung neben dem Im-Stich-Lassen zu.

1. Argument
Eine Beschränkung des »Versetzens« auf Fälle mit Ortsveränderung ist nach dem Wortlaut der Neuregelung nicht mehr geboten, weil durch diesen Ausdruck – anders als durch den früheren Begriff des Aussetzens – neben einer Orts- auch die bloße Zustandsveränderung erfaßt wird.

2. Argument
Ein Wille des Gesetzgebers, an der herrschenden Interpretation der Vorgängervorschrift, nach der eine Ortsveränderung des Opfers notwendig war, auch für die Neuregelung festzuhalten, ist nicht ersichtlich. Angesichts der tatsächlichen Textänderung fehlt es daher an einem Anhaltspunkt für eine einschränkende Auslegung, zumal sich die Neuregelung in ihrer sprachlichen Fassung nicht an das bisherige Recht und an die vorausgegangenen Entwürfe angeschlossen hat.

3. Argument
Gegen das Erfordernis einer Ortsveränderung des Opfers für die Versetzensalternative spricht die allgemeine Erweiterung, die der Tatbestand der Aussetzung erfahren hat, insbesondere der Verzicht auf eine räumliche Entfernung des Täters vom Opfer in der Alternative des Im-Stich-Lassens.

4. Argument
Da die Alternative des Im-Stich-Lassens gegenüber der früheren Verlassensalternative eindeutig keine räumliche Isolierung des Opfers mehr verlangt, würde es zu einem inneren Widerspruch im Gefüge des § 221 I StGB führen, wollte man für die Versetzensalternative eine Aufenthaltsänderung des Opfers fordern.

5. Argument
Eine Umgehung der engeren Regelung des § 221 I Nr. 2 StGB läßt sich auch dadurch vermeiden, daß Fälle des räumlichen Verlassens allein dieser Alternative zugeordnet werden.

Beispiele:

1. Im Ausgangsfall ist T nach der Verursachungstheorie aus § 221 I Nr. 1 StGB zu bestrafen. Das gilt auch dann, wenn man mit der engeren Variante (Jäger, JuS 2000, 31, 33 f.; Küper, 35; Rengier II, § 10 Rn. 7, 12; SK-Horn-Wolters, § 221 Rn. 4) Fälle ausnimmt, in denen die hilflose Lage durch räumliches Verlassen herbeigeführt wird. Denn die hilflose Lage ist hier durch das Einschließen des O, nicht aber durch das Sich-Entfernen des T entstanden. Die Vertreter der Ortsveränderungstheorie müssen hingegen ein »Versetzen« verneinen und können T nur nach der Alternative des Im-Stich-Lassens gem. § 221 I Nr. 2 StGB bestrafen, vorausgesetzt, sie lassen mit der ganz h. M. eine Garantenstellung aus Ingerenz (hier durch das rechtswidrige Einschließen des O) genügen (a. A. zu § 221 StGB a. F. Schünemann, in: Gimbernat u. a. [Hrsg.], Internationale Dogmatik der objektiven Zurechnung und der Unterlassungsdelikte, 1995, 49, 59 f.).

2. O begibt sich allein und schlecht ausgerüstet auf eine Bergtour. Unterwegs trifft er den ortskundigen Bergsteiger T. Dieser rät dem O dringend davon ab, mit seiner ungenügenden Ausrüstung weiter aufzusteigen. O läßt sich von der Warnung jedoch nicht überzeugen und schließt sich dem T gegen dessen Willen an. Die ersten Passagen kann O einigermaßen mithalten. Bald schon aber kann er nicht mehr weiter und bleibt an ungeschützter Stelle sitzen. T, der sieht, daß bald schlechtes Wetter aufziehen wird, und erkennt, daß O den Weg ins Tal allein nicht finden kann, möchte unbedingt den Gipfel erreichen, entfernt sich und überläßt den O seinem Schicksal. O verläuft sich und gerät – wie von T vorausgesehen – in akute Lebensgefahr. Durch Zufall wird er jedoch von anderen Bergsteigern entdeckt und gerettet. – T hat durch sein Entfernen die Lage des O verschlechtert und einen Zustand der Hilflosigkeit verursacht, so daß ein Versetzen in eine hilflose Lage naheliegt. Daran kann man jedoch mit dem Argument zweifeln, O habe sich schon vor dem Weggehen des T deshalb in einer hilflosen Lage befunden, weil er wegen seiner Unerfahrenheit auf fremde Hilfe angewiesen war (so für einen entsprechenden Fall Jäger, JuS 2000, 31, 33 f.; Rengier II, § 10 Rn. 12; a. A. Wessels-Hettinger, Rn. 204). Überwindet man diese Hürde, ist weiter fraglich, ob die Verwirklichung der Versetzensalternative überhaupt durch bloßes Verlassen des Opfers möglich ist. Das wird überwiegend verneint, da in solchen Fällen ein Unterlassen der Beistandsleistung, also ein Im-Stich-Lassen i. S. d. § 221 I Nr. 2 StGB vorliege und daher nur diese Alternative in Betracht komme (Jäger, JuS 2000, 31, 33 f.; Küper, 35; Rengier II, § 10 Rn. 12; SK-Horn-Wolters, § 221 Rn. 4). Im Beispiel würde danach § 221 I Nr. 1 StGB von vornherein ausscheiden. Mangels Garantenstellung des T käme auch die Alternative des Im-Stich-Lassens nicht in Betracht. Nach a. A. (Wessels-Hettinger, Rn. 201, 204) kann hingegen eine Person, die das Opfer verläßt, die Versetzensalternative erfüllen. Nach der Verursachungstheorie wäre dann im Beispiel T aus § 221 I Nr. 1 StGB zu bestrafen. Daß durch eine solche Lösung jedoch die besonderen Voraussetzungen des § 221 I Nr. 2 StGB, insbesondere das Erfordernis einer Garantenstellung, umgangen werden, ist für manche Vertreter der Verursachungstheorie (Küper, Rengier, SK-Horn a. a. O.) Grund, jene Fälle von der Versetzens-Alternative auszunehmen. Danach scheidet eine Bestrafung des

T wegen Aussetzung aus, da auch die Alternative des Im-Stich-Lassens mangels Garantenstellung nicht eingreift. Zum selben Ergebnis gelangen auch die Vertreter der Ortsveränderungstheorie, für die gerade das Vermeiden von Wertungswidersprüchen zur Alternative des Im-Stich-Lassens ein wesentliches Argument bildet (Krey, Rn. 134 f.).

B. Straftaten gegen das ungeborene Leben

4. Problem (§ 218 StGB)

Ist vollendeter oder nur versuchter Schwangerschaftsabbruch gegeben, wenn das aufgrund der Abtreibungshandlung geborene lebende, aber lebensunfähige Kind getötet wird?

Beispiel:

Die im 6. Monat schwangere T nimmt ein Abtreibungsmittel; dadurch kommt es zur Geburt eines lebenden, aber lebensunfähigen Kindes. T erdrosselt das Kind in einem durch den Geburtsvorgang und den Schock über das lebende Kind bewirkten schuldausschließenden Zustand. Hat sich T strafbar gemacht?

Ausgangspunkt:

Kommt ein lebensfähiges Kind zur Welt, ist nach ganz h. M. der Abtreibungsversuch endgültig fehlgeschlagen. Neben §§ 211 ff. StGB kommt dann nur versuchter Schwangerschaftsabbruch in Betracht (BGHSt 13, 21). Ist das Kind lebensunfähig und stirbt ohne weitere Einwirkung kurz nach der Geburt, ist nach ebenso h. M. (nur) vollendete Abtreibung gegeben (BGHSt 10, 5; 31, 351 f.; BGH Dall. MDR 1953, 597). Strittig ist dagegen der in BGHSt 10, 291 und hier behandelte Fall, in dem das lebensunfähige Kind vor seinem natürlichen Tode getötet wird. Ist auch dann – neben dem vollendeten Tötungsdelikt – vollendete Abtreibung gegeben?

I. (hier sog.) **Versuchslösung**

Neben dem vollendeten Tötungsdelikt liegt lediglich versuchte Abtreibung vor.

Vertreten von:

Blei, § 10 III 1; ders., PdW I, Nr. 64; Bockelmann II, § 8 I 1 b; Eser III, Fall 4 A 34; Koch, in: Eser/Koch, Schwangerschaftsabbruch im intern. Vergleich, T 1 (1988), 107; Krey, Rn. 6; Lackner-Kühl, § 218 Rn. 4, 21; LK-Kröger, § 218 Rn. 13; LK-Lay (9. Aufl.), § 218 Rn. 26 f.; MK-Gropp, § 218 Rn. 19 mit Rn. 60; Maurach-Schroeder-Maiwald I, § 6 Rn. 28; Rengier II, § 11 Rn. 22; Roxin, JA 1981, 545; Schmidhäuser, 3/9; Schmidt-Priebe I, 2; Schönke-Schröder-Eser, § 218 Rn. 24; SK-Rudolphi, § 218 Rn. 13; Welzel, § 41 1 b; Wessels-Hettinger, Rn. 241.

1. Argument
Tritt nicht – wie vorgestellt – die Abtötung einer Leibesfrucht, sondern der Tod eines Kindes erst durch eine spätere vorsätzliche Tötungshandlung ein, so liegt eine wesentliche Abweichung vom vorgestellten Kausalverlauf vor.

2. Argument
Es läßt sich zwar nicht leugnen, daß die Abtreibungshandlung ursächlich dafür ist, daß der Tod des Kindes zu dieser Zeit und unter diesen Umständen eintreten konnte, eine solche Kausalität reicht aber für die Annahme vollendeter Abtrei-

bung nicht. Vielmehr liegt eine tatbestandsrelevante Kausalität nur vor, wenn das Kind durch die zu frühe Geburt oder die durch die Abtreibungshandlung erlittenen Verletzungen stirbt.

3. Argument
Auch wenn das Kind lebensunfähig war und deshalb hätte sterben müssen, hat es den Tod doch nicht infolge mangelnder Lebensfähigkeit, sondern aufgrund selbständiger Tötungshandlung gefunden, bevor es zum Eintritt des unter § 218 StGB fallenden Abtötungserfolges gekommen ist. Dann aber kann nur versuchter Schwangerschaftsabbruch vorliegen.

4. Argument
Der reale Todeserfolg kann nicht zweimal (bei §§ 211 ff. und bei § 218 StGB), sondern nur einmal i. S. d. Tatvollendung zum Ansatz kommen, und zwar bei dem Delikt, dessen Objektsqualität das Opfer bei Vornahme der Tötungshandlung aufwies, also beim Tötungsdelikt.

II. (hier sog.) **Vollendungslösung**

Es ist eine vollendete Abtreibung neben dem vollendeten Tötungsdelikt gegeben.

Vertreten von:

Arzt-Weber, § 5 Rn. 28; Baumann-Arzt-Weber, 29 f.; Haft, 95, 99; LK-Jähnke (10. Aufl.), § 218 Rn. 11; Tröndle-Fischer, § 218 Rn. 6; BGHSt 10, 291; 31, 352; offengelassen in BGHSt 13, 24; zust. Bockelmann II, a. a. O. für den Fall, daß der Täter mit der Möglichkeit einer Lebendgeburt und anschließenden Tötung gerechnet hat; ebenso NK-Merkel, § 218 Rn. 84, der das für den Normalfall hält, der dann aber – um den Todeserfolg nicht doppelt zu verwerten – neben vollendetem Totschlag im Konkurrenzweg i. E. wie die Selbständigkeitstheorie nur wegen versuchten Schwangerschaftsabbruchs bestrafen will.

1. Argument
Daß nach einem Fehlschlag des zur Abtötung der Leibesfrucht vorgenommenen Eingriffs das Kind gleich nach der Geburt getötet wird, liegt innerhalb des nach der Lebenserfahrung Voraussehbaren und ist deshalb eine nur unwesentliche Abweichung im Kausalverlauf.

2. Argument
Die Abbruchshandlung ist ursächlich für den Tod, weil ohne sie der Tod unter diesen konkreten Umständen nicht eingetreten wäre. Die ursächliche Wirkung wird auch nicht durch die vorsätzliche Tötungshandlung beseitigt: Eine Unterbrechung des Kausalzusammenhangs oder ein Regreßverbot ist in derartigen Fällen nicht anzuerkennen, weil der Täter an die Ausgangshandlung und den durch sie geschaffenen Zustand anknüpft.

3. Argument
Daß unter sonst gleichen Bedingungen nur versuchte Abtreibung vorliegt, wenn ein lebensfähiges Kind zur Welt kommt, bedeutet keinen Widerspruch zur Vollendungslösung, weil das andere Ergebnis dort nicht auf dem Gedanken einer wesentlichen Abweichung, sondern darauf beruht, daß mit der Geburt eines lebens-

fähigen Kindes der Abbruch endgültig fehlgeschlagen und ein für § 218 StGB geeignetes Tatobjekt nicht vorhanden ist.

Beispiele:

1. Im Ausgangsfall liegt – da es für die Menschqualität auf die Lebensfähigkeit und -erwartung nicht, sondern nur auf ein vom Organismus der Mutter wenigstens kurze Zeit unabhängiges Leben ankommt – unstreitig § 212 StGB vor. T kann aber mangels Schuldfähigkeit hieraus nicht bestraft werden. Nach der Versuchslösung bleibt es bei Straflosigkeit, da T wegen des begangenen Abbruchsversuchs nicht bestraft wird, § 218 IV 2 StGB. In die Versuchslösung führen unterschiedliche Wege. Zum einen läßt sich die Vollendung über die Relevanztheorie mangels tatbestandsrelevanter Kausalität oder wegen eines atypischen Kausalverlaufs die objektive Zurechnung und daher schon der objektive Tatbestand verneinen. Zum anderen kann man wegen einer wesentlichen Abweichung des Kausalverlaufs einen Tatbestandsirrtum (Kausalitätsirrtum) i. S. des § 16 I StGB annehmen. Die Vollendungslösung kann T dagegen bestrafen, da nach ihr vollendeter Schwangerschaftsabbruch (§ 218 I 1, III StGB) vorliegt: Wenn eine vorsätzliche und schuldhafte Tötung nur eine unwesentliche Abweichung sein soll, muß es auch eine unter den Tatumständen noch eher vorhersehbare schuldlose Tötung sein. Daß der Abtreibungserfolg i. S. d. § 218 StGB zu einem Zeitpunkt eintritt, in dem T nicht mehr verantwortlich ist, nützt T nichts, weil sie wegen der schuldhaften Verursachung des Erfolges durch die Einnahme des Abtreibungsmittels haftet.

2. T öffnet mit einer Stricknadel, die ihr ihre Mutter G zu diesem Zweck zur Verfügung gestellt hatte, die Fruchtblase, um ihre Schwangerschaft zu unterbrechen. Als daraufhin ein lebendes, aber lebensunfähiges Kind zur Welt kommt, ertränkt T das Kind in einem Wassereimer. – T hat sich unstreitig gem. § 212 StGB schuldig gemacht: Auch das lebensunfähige Kind untersteht selbstverständlich dem Schutz der Tötungsdelikte, s. o. bei 1. Nach der Versuchslösung liegt daneben ein für T strafloser versuchter (§ 218 III, IV 1, 2 StGB), nach der Vollendungslösung ein vollendeter Abbruch der Schwangerschaft vor. G ist bei der Versuchslösung gem. §§ 218 I (nicht § 218 III: § 28 II StGB!), IV 1, 22, 23, 27 StGB strafbar, wobei sich ebenfalls aus § 28 II StGB (bzw. aus § 29 StGB, wenn man § 218 IV 2 StGB als Schuldausschließungsgrund ansieht, s. Roxin-Schünemann-Haffke, 151 f.) ergibt, daß ihr das Privileg der Straffreiheit nach § 218 IV 2 StGB nicht zukommt. Nach der Vollendungslösung wäre G dagegen wegen Beihilfe zur vollendeten Abtreibung (§§ 218 I, 27, 28 II StGB) strafbar, weil die für T unwesentliche Abweichung im Rahmen des § 218 StGB auch für die Gehilfin unwesentlich sein dürfte. Ob darüber hinaus auch eine Beihilfe zu § 212 StGB vorliegt, ist zweifelhaft. Für die Versuchslösung, die schon für T eine wesentliche Abweichung annimmt, dürfte sich T's Verhalten nach der Geburt als der G nicht zurechenbarer Exzeß darstellen. Die Vollendungslösung hat es dagegen schwer, diese Konsequenz zu ziehen, weil mit dem Urteil »unwesentliche Abweichung« zugleich nahegelegt wird, daß Beihilfe zur Abtreibung nach der Lebenserfahrung leicht zur Beihilfe zum Totschlag werden kann und der Gehilfe deshalb auch dafür haftet. Häufig wird sich dann das weitere Problem der Kausalität der Beihilfe stellen, s. dazu Hillenkamp, AT, 27. Problem.

C. Straftaten gegen die körperliche Unversehrtheit

5. Problem (§ 224 StGB)

Setzt die mit einem anderen Beteiligten gemeinschaftlich zu begehende Körperverletzung nach § 224 I Nr. 4 StGB mittäterschaftliches Handeln voraus oder genügt das Zusammenwirken des Täters mit einem Teilnehmer?

Beispiel:

T schickt sich an, dem Nachbarjungen N wegen eines Streichs den Hintern zu versohlen. Seine Frau F, die schon häufiger unter diversen Streichen des N zu leiden hatte, reicht ihrem Mann den Teppichklopfer und verfolgt teilnahmslos die Bestrafung. Hat sich T nach § 224 I Nr. 4 StGB strafbar gemacht, wenn beide wußten, daß sie zur Züchtigung nicht berechtigt waren?

Ausgangspunkt:

Da T kein Züchtigungsrecht gegenüber dem Nachbarkind zustand, hat er eine rechtswidrige Körperverletzung begangen, zu der F Beihilfe geleistet hat. Das legt es nahe, eine mit einem anderen Beteiligten zusammen begangene Körperverletzung und damit die Qualifikation des § 224 I Nr. 4 StGB zu bejahen. Allerdings verlangt das Gesetz eine gemeinschaftliche Begehung und daher möglicherweise mittäterschaftliches Handeln. Da Grund der Qualifikationen in § 224 StGB die Gefährlichkeit der dort bezeichneten Begehungsweisen ist, besteht Einigkeit, daß für § 224 I Nr. 4 StGB ein Zusammenwirken von mindestens zwei Personen unmittelbar am Tatort notwendig ist. Das 6. StrRG hat den ursprünglichen Wortlaut der Qualifikation »von mehreren gemeinschaftlich« in »mit einem anderen Beteiligten gemeinschaftlich« geändert. Zweifelhaft ist, ob die neue Formulierung auch das Zusammenwirken von Täter und Teilnehmer erfaßt oder ob – wie es die überwiegende Meinung zur alten Regelung verlangte (s. hierzu Küper, 56 f.) – Mittäterschaft vorliegen muß.

I. (hier sog.) **Mittäterschaftsneutrale Gefährlichkeitstheorie**

Für die gemeinschaftliche Körperverletzung nach § 224 I Nr. 4 StGB reicht das Zusammenwirken des Täters mit einem Teilnehmer am Tatort aus.

Vertreten von:

Arzt-Weber, § 6 Rn. 56; BE-Schumacher, § 224 Rn. 11; Dannecker, Jus 2002, 1089; Geppert, JK 00, StGB § 224 I Nr. 4/1; Gropp-Küpper-Mitsch, 141; B. Heinrich, JR 2003, 214 f.; Hörnle, Jura 1998, 169, 178; Hohmann-Sander II, § 7 Rn. 29; Joecks, § 224 Rn. 33; Kindhäuser I, § 9 Rn. 20; ders., LPK, § 224 Rn. 17; ders., GLW Nr. 2.41; Küper, 57; ders., GA 2003, 378 ff.; Küpper BT/1, I § 2 Rn. 13; Lackner-Kühl, § 224 Rn. 7; Laubenthal, JA 2004, 40; Lesch, JA 1998, 474, 475; LK-Lilie, § 224 Rn. 34 f.; Maurach-Schroeder-Maiwald I, § 9 Rn. 17; MK-Hardtung, § 224 Rn. 24 ff.; Otto, § 16 Rn. 10; Rengier II, § 14 Rn. 15; ders., ZStW 111 (1999), 1, 10;

Schmidt-Priebe I, 87; Schönke-Schröder-Stree, § 224 Rn. 11; Schroeder, JuS 2002, 140; SK-Horn-Wolters, § 224 Rn. 24 a ff.; Stree, NStZ 2003, 203 f.; Struensee, in: Einführung 6. StrRG, 47; Tröndle-Fischer, § 224 Rn. 11; Wallschläger, JA 2002, 393 f.; Wessels-Hettinger, Rn. 281; BGHSt 47, 383.

Einschränkungen zum Grundsatz:

- Nur ein Zusammenwirken von wenigstens zwei (vom Opfer wahrgenommenen, str. s. MK-Hardtung, § 224 Rn. 26) Beteiligten am Tatort reicht aus (nicht also z. B. nur vorbereitende Beteiligung, auch wenn sie Mittäterschaft begründet): LK-Lilie, § 224 Rn. 35; Schönke-Schröder-Stree, § 224 Rn. 11; SK-Horn-Wolters, § 224 Rn. 24.
- Nur einverständliches Zusammenwirken reicht aus (nicht also z. B. Nebentäterschaft oder dem Haupttäter unbekannt bleibende Beihilfe): B. Heinrich, JR 2003, 214; Joecks, § 224 Rn. 35; Küper, 57; LK-Lilie, § 224 Rn. 35; MK-Hardtung, § 224 Rn. 25; Schönke-Schröder-Stree, § 224 Rn. 11; Wallschläger, JA 2002, 394.
- Nur psychische Teilnahme (Anstiftung/psychische Beihilfe, außer technischer Rathilfe, Küper, GA 2003, 380 f.) reicht nicht aus, wenn sie nicht wenigstens mit jederzeitiger (dem Opfer offenbarter) Eingriffsbereitschaft verbunden ist: B. Heinrich, JR 2003, 215; Jäger, JuS 2003, 31, 35; Küper, GA 2003, 379 ff.; Lackner-Kühl, § 224 Rn. 7; LK-Lilie, § 224 Rn. 35; SK-Horn-Wolters, § 224 Rn. 26; Stree, NStZ 2003, 204; jedenfalls bei erwartetem Eingreifen ausreichend nach BGHSt 47, 387; gegen jede Einschränkung Wallschläger, JA 2002, 394.
- Zu Einschränkungen bei Beteiligung durch garantenpflichtwidriges Unterlassen s. Küper, 57; Schönke-Schröder-Stree, § 224 Rn. 11, jeweils m. w. N.

1. Argument
Der Gesetzgeber hat im Rahmen des 6. StrRG durch die Wendung »mit einem anderen Beteiligten« schon im Wortlaut klargestellt, daß Mittäterschaft nicht mehr vorausgesetzt ist, denn nach der Legaldefinition in § 28 II StGB sind Beteiligte auch bloße Teilnehmer.

2. Argument
Das Merkmal »gemeinschaftlich« spricht nicht für Mittäterschaft, sondern bezieht sich lediglich auf das Erfordernis eines einverständlichen Zusammenwirkens des Täters mit einem Beteiligten am Tatort.

3. Argument
Bei der Frage, was »Beteiligung« und »gemeinschaftliche Begehung« im Kontext des § 224 I Nr. 4 StGB bedeuten, handelt es sich im Grunde nicht um die Anwendung dieser Figuren des Allgemeinen Teils auf § 224 StGB, sondern um das tatbestandsinterne Problem der Auslegung dieses Tatbestandes. Dann aber ist nicht ihre technische Bedeutung i. S. der §§ 25 ff. StGB, sondern die sich aus dem Zusammenhang mit der in § 224 I Nr. 4 StGB vorausgesetzten Gefährlichkeit maßgebend. Das gilt auch deshalb, weil das mit mehreren Beteiligten konfrontierte Opfer, um dessen Gefährdung es geht, weder in der Lage ist, die Unterscheidung nach Täterschaft und Teilnahme zu treffen, noch, nach einer solchen Entscheidung ein unterschiedliches Bedrohungsgefühl oder Abwehrverhalten zu entwickeln.

4. Argument
Da letztlich beide Standpunkte nicht formal auf die Kategorien der Beteiligungslehre, sondern auf einschränkende Kriterien abheben, die die Gefahr für das Opfer erhöhen, ist das Beharren auf den Voraussetzungen der Mittäterschaft formal.

5. Argument
Der Grund der Strafschärfung – die erhöhte Gefährlichkeit der Begehungsweise – trifft grundsätzlich auch in Fällen fehlenden mittäterschaftlichen Handelns zu, wenn die Beteiligten zusammenwirken und am Tatort anwesend sind. Einschränkungen sind insofern allenfalls bei Anstiftung und psychischer Beihilfe zu machen.

6. Argument
Die oft hauchdünne und umstrittene Grenze zwischen Mittäterschaft und Teilnahme ist nicht geeignet, einen Maßstab für strafbarkeitsentscheidende Gefährlichkeitsgrade zu setzen.

II. (hier sog.) **Mittäterschaftstheorie**

Die gemeinschaftliche Körperverletzung nach § 224 I Nr. 4 StGB setzt das Zusammenwirken von mindestens zwei Mittätern am Tatort voraus.

Vertreten von:

Krey, Rn. 252 b ff.; NK-Paeffgen, § 224 Rn. 23; Paeffgen, StV 2004, 77; Renzikowski, NStZ 1999, 382; Schroth, 75; ders., NJW 1998, 2861 f.; ders., JZ 2003, 215 f.; SK-Horn (6. Aufl. 2000), § 224 Rn. 25 f.; unklar, aber in diese Richtung formulierend BGH NStZ 2000, 194; NK-Paeffgen, § 224 Rn. 23 f. betont die Erforderlichkeit der Tatortpräsenz der Mittäter und verlangt darüber hinaus einen Beitrag, der die Gefährlichkeit steigert; zu Unterlassungsfällen s. Krey, Rn. 252 d; NK-Paeffgen, § 224 Rn. 25.

1. Argument
Nur der Beteiligte kann eine Körperverletzung gemeinschaftlich mit einem anderen begehen, der als Mittäter agiert. Bloße Teilnehmer begehen die Tat nicht, sondern leisten zu ihr Hilfe oder stiften zu ihr an.

2. Argument
Das Merkmal »gemeinschaftlich« weist auf das Erfordernis einer mittäterschaftlichen Begehungsweise hin.

3. Argument
Aus den Materialien ergibt sich kein Anhaltspunkt, daß der Gesetzgeber mit der Neufassung des § 224 I Nr. 4 StGB an der herrschenden Rechtspraxis etwas hat ändern wollen. Deshalb ist davon auszugehen, daß er an dem bisher überwiegend befürworteten Erfordernis mittäterschaftlichen Handelns festhalten wollte.

4. Argument
Strafgrund der Qualifikation des § 224 I Nr. 4 StGB ist die erhöhte Gefährlichkeit für das Opfer, das sich am Tatort mit zwei (oder mehr) Angreifern konfrontiert

sieht, die ihm unmittelbar gegenüberstehen. Dabei ist funktionelles Zusammenwirken in Form der Mittäterschaft besonders gefährlich.

5. Argument
Die mittäterschaftsneutrale Gefährlichkeitstheorie führt zu Rechtsunsicherheit, da nach ihr nicht klar ist, ob auch psychische Beihilfe und Anstiftung genügen. Diese Teilnahmeformen können aber mangels einer typischen Gefährlichkeit für § 224 I Nr. 4 StGB nicht ausreichen.

6. Argument
Der Gesetzgeber hat den Strafrahmen des § 224 StGB im Zuge des 6. StrRG nicht unwesentlich erhöht. Dies und das Bedürfnis einer Unrechtsgleichheit zu den übrigen Alternativen des § 224 StGB sprechen für eine restriktive Auslegung und das Erfordernis mittäterschaftlichen Handelns.

7. Argument
In § 177 II 2 Nr. 2 StGB knüpft der Gesetzgeber an ein »von mehreren gemeinschaftlich« erfolgendes Vorgehen einen Straferschwerungsgrund und legt damit zugrunde, daß mittäterschaftliches Handeln besonders gefährlich ist. Das hat auch bei der Körperverletzung zu gelten. Denn es ist nicht ersichtlich, daß der Gesetzgeber die besondere Gefährlichkeit in beiden Vorschriften nach unterschiedlichen Maßstäben beurteilt wissen will.

Beispiele:

1. Im Ausgangsfall muß die Mittäterschaftstheorie eine Bestrafung des T nach § 224 I Nr. 4 StGB verneinen, da F nur als Gehilfin einzustufen ist. Ob T wegen gefährlicher Körperverletzung nach § 224 I Nr. 2 StGB (gefährliches Werkzeug) bestraft werden kann, hängt davon ab, ob der Teppichklopfer in der konkreten Art seiner Anwendung (Schläge auf das Gesäß) geeignet war, erhebliche Verletzungen zu verursachen (Intensität der Schläge entscheidend: Tatfrage). Dagegen ist T nach der mittäterschaftsneutralen Gefährlichkeitstheorie aus § 224 I Nr. 4 StGB zu bestrafen. Das gilt auch dann, wenn man die Anwendung der Qualifikation auf Fälle mit gefahrerhöhender Wirkung für das Opfer beschränken will (Jäger, JuS 2000, 31, 36; Lackner-Kühl, § 224 Rn. 7; Wessels-Hettinger, Rn. 281; noch enger allerdings B. Heinrich, JR 2003, 215). Denn das Zur-Verfügung-Stellen des Teppichklopfers durch F hat die Intensität des Angriffs verstärkt und Verteidigungsmöglichkeiten des N geschwächt. F ist hiernach einer Beihilfe zu § 224 I Nr. 4 StGB schuldig.

2. T schlägt auf O ein. Der in der Nähe stehende G feuert T derart engagiert an, daß dieser seine Schläge intensiviert. Ist T wegen gefährlicher, gemeinschaftlich mit einem anderen Beteiligten begangener Körperverletzung zu bestrafen? – Nach der Mittäterschaftstheorie kann T nicht wegen gemeinschaftlicher Körperverletzung bestraft werden. Denn der anfeuernde G ist kein Mittäter, sondern lediglich (psychischer) Gehilfe. Nach der mittäterschaftsneutralen Gefährlichkeitstheorie ist es hingegen grundsätzlich möglich, den mit einem Teilnehmer zusammenwirkenden Körperverletzer aus der Qualifikation des § 224 I Nr. 4 StGB zu bestrafen. Vorausgesetzt ist dabei allerdings, daß Gehilfe und Täter einverständlich zusammenwirken und damit »gemeinschaftlich« handeln. Bei bloßer Entgegennahme von Applaus ist dies zweifelhaft (s. Jäger, JuS 2000, 31, 36), bei einem sichtbaren Eingehen auf die Unterstützung wie bei T jedoch der Fall. Nach der mittäterschaftsneu-

tralen Gefährlichkeitstheorie macht sich T daher gem. § 224 I Nr. 4 StGB strafbar, wenn man die unstreitig erforderliche Anwesenheit von mindestens zwei Beteiligten am Tatort als qualifizierenden Grund ausreichen läßt (für die Annahme eines minder schweren Falls bei bloß psychischer Beihilfe Hohmann-Sander II, § 7 Rn. 29). Wer hingegen einschränkend eine Gefahrerhöhung und eine Schwächung der Abwehrmöglichkeiten des Opfers verlangt und daher regelmäßig das bloße Zusammenwirken des Täters mit einem psychischen Teilnehmer (Anstifter/psychischen Gehilfen) für eine gemeinschaftliche Körperverletzung nicht ausreichen läßt (Jäger, Lackner-Kühl, Wessels-Hettinger a. a. O.), kann T nicht aus § 224 I Nr. 4 StGB bestrafen.

3. T überredete M und G, gemeinsam dem ihm verhaßten Gastwirt W einen Denkzettel zu verpassen. Als M und G sich einverstanden erklärten, führte T sie zur Gastwirtschaft und brach für jeden unterwegs eine Latte aus einem Zaun, mit der sie W verprügeln sollten. Als M und G die Wirtschaft betraten, wollte W fliehen. G versperrte ihm den Weg. M schlug daraufhin auf W ein, bis T, der draußen geblieben war, um von W nicht erkannt zu werden, zum Rückzug aufforderte. – Hier kommt es für die Antwort auf die Frage, ob sich M und G einer gefährlichen Körperverletzung nach § 224 I Nr. 4 StGB schuldig gemacht haben, zunächst darauf an, ob man G zum Mittäter oder Gehilfen erklärt. Da er selbst nicht zuschlug, sondern M das Einschlagen auf W nur ermöglichte, ist es nicht unvertretbar, lediglich Beihilfe anzunehmen. Das schließt nach der mittäterschaftsneutralen Gefährlichkeitstheorie hier § 224 I Nr. 4 StGB nicht aus. Für die Mittäterschaftstheorie ist § 224 I Nr. 4 StGB dagegen nicht gegeben. Das gilt auch dann, wenn man T aufgrund seiner Planung und »Regie« sowie seinem Tatinteresse zum Mittäter erklärt; denn nach der Mittäterschaftstheorie ist erforderlich, daß mindestens zwei (Mit-)Täter dem Gegner gegenübertreten. Nur dann kann ein am Tatgeschehen nicht unmittelbar beteiligter Dritter Mittäter zu § 224 I Nr. 4 StGB sein (s. BGH NStZ 2000, 195). Erklärt man M und G zu Mittätern, ist nach beiden Ansichten § 224 I Nr. 4 StGB gegeben; an dieser Tat hat sich T dann mittäterschaftlich beteiligt.

D. Straftaten gegen die persönliche Freiheit

6. Problem (§ 239 StGB)
Liegt Freiheitsberaubung auch dann vor, wenn das Opfer die Einsperrung nicht bemerkt oder sich gar nicht fortbewegen will?

Beispiel:

T sperrte am Sonntagmorgen die von ihm geschwängerte O in einem Zimmer ein, in dem O noch im Bett lag. T wollte damit erreichen, daß O auf jeden Fall noch da sei, wenn er mit einer Abtreiberin zurückkam. Als er zurückkehrte, lag O, die gar nicht die Absicht hatte, das Zimmer zu verlassen, noch im Bett. Ist T gem. § 239 StGB zu bestrafen? (BGHSt 14, 314)

Ausgangspunkt:

Die geschilderte Situation ähnelt dem untauglichen Versuch: Wer den Willen nicht hat, sich fortzubewegen, kann an der Ausübung dieses Willens nicht gehindert werden, erscheint also als untaugliches Objekt. Es drängt sich daher auf, lediglich einen nach § 239 II StGB strafbaren Versuch anzunehmen. Allerdings entsteht eine reale Gefährdung: Sobald das Opfer weg will, kann es das nicht. Ob diese – für einen tauglichen Versuch ja an sich auch noch typische – Gefährdung bei § 239 StGB schon zur Vollendung führt, hängt maßgeblich von der genaueren Bestimmung des Rechtsgutes ab, um die der Streit deshalb in erster Linie geht. Durch das 6. StrRG hat sich allerdings die Gewichtung verändert, da es bei der Kontroverse – wegen der nun in § 239 II StGB angeordneten Pönalisierung des Versuchs – nicht mehr ausschließlich um Strafbarkeit oder Straflosigkeit geht.

I. (hier sog.) **Aktualitätstheorie**

Vollendete Freiheitsberaubung liegt erst dann vor, wenn das Opfer sich fortbewegen will.

Vertreten von:

Arzt-Weber § 9 Rn. 13; Joecks, § 239 Rn. 11; Kohlrausch-Lange, § 239 Bem. II 1; NK-Sonnen, § 239 Rn. 6 ff.; Schumacher, Stree- u. Wessels-Festschr. (1993), 434 f.; SK-Horn-Wolters, § 239 Rn. 3; Tröndle-Fischer, § 239 Rn. 5; RGSt 33, 236; diff. Otto, § 28 Rn. 2 f.: das Opfer muß sich bewußt werden, daß es den Ort nicht verlassen kann; dann soll es allerdings gleichgültig sein, ob es ihn verlassen will; ders., Übungen (2. Aufl. 1984), 114 f.; zust. Park-Schwarz, Jura 1995, 295 f.; eine Erweiterung auf den »mutmaßlichen« bzw. »hypothetischen Willen« findet sich bei Bloy, ZStW 96 (1984), 720 ff., Schumacher, a. a. O. u. SK-Horn-Wolters, § 239 Rn. 4.

1. Argument
§ 239 StGB schützt nicht schon ein Freiheitspotential, sondern den natürlichen Willen des Opfers, den Aufenthaltsort zu wechseln. Deshalb liegt Freiheitsberaubung erst vor, wenn das Opfer an der Betätigung eines solchen aktuell vorhande-

nen Willens gehindert wird. Nur dann liegt ein willensbeugender Eingriff in die Autonomie des Opfers vor, der der nahe verwandten Nötigung entspricht.

2. Argument
Die Gegenmeinungen machen aus einem Versuch Vollendung und aus § 239 I StGB systemwidrig ein Freiheitsgefährdungsdelikt. Der »Freiheit beraubt« ist erst, wer sich wegbegeben will, aber nicht wegbegeben kann; erst dann ist der notwendige Erfolg dieses Verletzungsdelikts und damit die Vollendung eingetreten.

3. Argument
Es besteht zwar die Vermutung, daß niemand eingeschlossen werden möchte, auch wenn er es nicht bemerkt oder nicht fort will. In der Mißachtung dieses mutmaßlichen Willens liegt aber nur eine für den Versuch charakteristische Gefährdung der körperlichen Bewegungsfreiheit.

4. Argument
Eine – ohnedies fragwürdige – Kompensation der bis zum 1. 4. 1998 fehlenden Versuchsstrafbarkeit durch eine weite Auslegung i. S. d. Potentialitäts- und Aktualisierbarkeitstheorie ist nicht mehr nötig. Für den Opferschutz genügt die Strafbarkeit des Versuchs.

5. Argument
Daß Schlafende ihren Gewahrsam i. S. d. § 242 StGB nicht verlieren, ist kein Gegenargument. Wer schläft, will auch während dieser Zeit seine Sachen behalten. Fortbewegen will er sich aber gerade nicht.

II. (hier sog.) **Potentialitätstheorie**

Freiheitsberaubung ist auch gegenüber demjenigen möglich, der seine Lage nicht bemerkt oder sich nicht fortbewegen will.

Vertreten von:

Blei, § 19 I; ders., PdW I, Nr. 116; Bockelmann II, § 18 A I 1 c; Geppert, JuS 1975, 387; Gössel I, § 21 Rn. 1; Haft, 122; Hauf II, 89 f.; Kargl, JZ 1999, 72; Kindhäuser I, § 15 Rn. 5; ders., LPK, § 239 Rn. 3; ders., GLW Nr. 3.51 f.; Kühl, HRR, 83; Küper, 133 ff.; Lackner-Kühl, § 239 Rn. 1; LK-Träger-Schluckebier, § 239 Rn. 1, 9; Mitsch, JuS 1993, 223; MK-Wiek-Noedt, § 239 Rn. 12 f.; Preisendanz, § 239 Bem. 1; Schmidhäuser, 4/25 f.; Schmidt-Priebe I, 239; Schroth, 89; Welzel, § 43 II 1 a, b; RGSt 7, 260; 61, 239; BGHSt 14, 314; 32, 183; BGH NStZ 1993, 387; OLG Köln NJW 1986, 333 (zweifelhaft ist, ob der BGH auch Schlafende, Bewußtlose etc. einbeziehen will oder hier wie Theorie III entscheiden würde: in der unveröffentlichten Entscheidung BGH 1 StR 136/65 ist die Frage für Bewußtlosigkeit offengelassen, s. LK-Träger-Schluckebier, Rn. 7; für Einbeziehung spricht aber BGHSt 25, 237 zu § 237 StGB); im Ergebnis auch Fahl, Jura 1998, 461; ders., JA 1999, 288, der auf den Begriff »einsperren« abhebt; manche Vertreter dieser Theorie nehmen – insoweit wie die Aktualisierbarkeitslehre – Kleinstkinder vom Schutz aus, so z. B. Geppert, JK 94, StGB § 235/1; Haft, 122; Küper, 133.

1. Argument
§ 239 StGB schützt die potentielle persönliche Fortbewegungsfreiheit. In diese wird aber auch eingegriffen, wenn der Betroffene von ihr zur Zeit der Tat und während der Dauer der Einschließung keinen Gebrauch machen will. Das gilt jedenfalls dann, wenn man mit potentieller Freiheit die Verfügbarkeit eines elementaren Bewegungsraumes meint, die dem Opfer unabhängig davon garantiert werden soll, ob es sie tatsächlich oder hypothetisch nutzen will.

2. Argument
Auch Kranke und Ruhebedürftige müssen am Schutz des § 239 StGB teilhaben. Diesen Schutz kann die Aktualitätstheorie nicht gewährleisten, weil denen, die zwar aufstehen können, die aber wegen ihres Zustandes lieber liegenbleiben möchten, der aktuelle Fortbewegungswille fehlt.

3. Argument
Der Gesetzgeber hat im Rahmen des 6. StrRG das Wort »Gebrauch« aus dem Normtext entfernt und damit klargestellt, daß durch § 239 I StGB ein Freiheitspotential geschützt wird.

4. Argument
Wer entgegen der Potentialitätstheorie auf die Willenswidrigkeit abstellt, suspendiert zu Unrecht die gesetzliche Kontrolle über den objektiven Unrechtstatbestand zugunsten der individuellen Opferentscheidung.

5. Argument
Wo als Angriffsobjekt ein natürlicher Fortbewegungswille als potentieller oder nur mutmaßlicher Wille fehlt (wie z. B. beim Kleinstkind), ist als Schutzgut auf den potentiellen Willen des Sorgepflichtigen oder Hüters des Opfers abzustellen.

6. Argument
Die Einbeziehung selbst derer in den Schutzbereich des § 239 StGB, die (vorübergehend) den Betätigungswillen nicht zu aktualisieren vermögen, entspricht der angesichts der verfassungsrechtlichen Bedeutung des Freiheitsrechtes gebotenen weiten Auslegung des Tatbestandes und verhindert, daß Menschen in derartigen Zuständen unter Verletzung des Respektes vor ihrer Persönlichkeit wie eine Sache straflos eingesperrt oder beliebig hin und her transportiert werden können.

7. Argument
Wenn Bewußtlose, sinnlos Betrunkene etc. nach h. M. Gewahrsam i. S. d. § 242 StGB trotz faktisch fehlenden und nicht aktualisierbaren Beherrschungswillens behalten sollen, ist nicht einzusehen, warum demgegenüber der Schutz der persönlichen Freiheit geringer zu veranschlagen sein soll.

8. Argument
Die Aktualitätstheorie müßte bei Anwendung des § 239 III Nr. 1 StGB konsequenterweise die Stunden, in denen das Opfer schläft, abziehen. Wer einen Menschen wenig mehr als eine Woche einsperrt, könnte nicht nach § 239 III Nr. 1 StGB bestraft werden, weil das Opfer viele Stunden in Schlaf verfallen ist: ein unsinniges und auch von niemandem vertretenes Ergebnis.

III. (hier sog.) **Aktualisierbarkeitstheorie**

Für Freiheitsberaubung reicht der potentielle Fortbewegungswille aus, wenn er für das Opfer aktualisierbar ist.

Vertreten von:

Bohnert, JuS 1977, 746; Eser III, Fall 14 A 61; Hohmann-Sander II, § 11 Rn. 4 ff.; Krey, Rn. 315; Küpper BT/1, I § 3 Rn. 2 f.; Rengier II, § 22 Rn. 1 f.; Schönke-Schröder-Eser, § 239 Rn. 3; BayObLG JZ 1952, 237; ähnl., aber weiter diff.: Maurach-Schroeder-Maiwald I, § 14 Rn. 2, 4; Meyer-Gerhards, JuS 1974, 568; Wessels-Hettinger, Rn. 370. Die Argumente 1, 2, 3 u. 4 der unter II dargestellten Theorie gelten auch hier. Die Einschränkung wird entgegen den dort aufgeführten Argumenten 5–8 mit den folgenden Argumenten begründet:

1. Argument
Nach § 239 StGB soll nur der Mensch geschützt sein, der einer persönlichen Freiheit i. S. d. Vorschrift, d. h. der Freiheit, sich fortzubewegen, überhaupt teilhaftig ist. Dann aber muß Potentialität einschränkend als aktualisierbare Potentialität definiert werden.

2. Argument
Wer die Selbstbestimmung über seinen Aufenthalt nicht hat (z. B. der Säugling) oder wem die Fähigkeit (vorübergehend) fehlt, sich frei zu bewegen (z. B. dem Schlafenden, Bewußtlosen, sinnlos Betrunkenen etc.), besitzt die Fortbewegungsfreiheit für die Dauer dieses Zustandes nicht einmal potentiell. Er scheidet deshalb als Tatobjekt des § 239 StGB aus.

3. Argument
Der Versuch, die fehlende Fortbewegungsfähigkeit des Opfers durch den Willen von Personen zu ersetzen, die als Vertreter oder Hüter des Opfers bestellt sind, ist eine dem Strafrecht fremde zivilistische Überlegung, die daran vorbeigeht, daß § 239 StGB gerade auf die natürliche Fähigkeit des Betroffenen zur Fortbewegung abstellt.

Beispiele:

1. Im Ausgangsfall (s. einl. auch Küper, 136 ff.) hat T nach der Aktualitätstheorie nur den (untauglichen) Versuch einer Freiheitsberaubung begangen. Das gilt für die von Otto vertretene Variante allerdings nur, solange O vom Eingesperrt-Sein nichts weiß. Wird sie sich dessen bewußt, ist die Tat hiernach selbst dann vollendet, wenn O das Zimmer nicht verlassen will. Fehlt dieser Wille, kann Anlaß bestehen, an eine Einwilligung zu denken, die sich allerdings wohl nicht erst auf das Eingesperrt-Sein, sondern schon auf das Eingesperrt-Werden erstrecken müßte, um Tatbestand oder Rechtswidrigkeit objektiv auszuschließen, s. hierzu die Überlegungen in BGH NStZ 1993, 387. Potentialitätstheorie und Aktualisierbarkeitstheorie bestrafen T wegen vollendeter Freiheitsberaubung jedenfalls dann, wenn O den Sonntagmorgen wach im Bett verbracht hat.

2. Der Einbrecher T verschließt vorsorglich das Schlafzimmer des tiefschlafenden Ehepaares O, um ungestört stehlen zu können. Als er fertig ist, schließt er die Tür wieder auf. Die O's sind zwischenzeitlich nicht erwacht, wovon T auch ausgegan-

gen war (Beispiel nach LK-Schäfer, 10. Aufl. 1986, Rn. 10; s. auch Geppert/Bartl, Jura 1985, 221). – Die Aktualitätstheorie straft auch hier nicht aus § 239 StGB, in diesem Fall übereinstimmend mit der Aktualisierbarkeitstheorie, weil die Tiefschlafenden ihren Bewegungswillen nicht zu aktualisieren vermochten. Da T nicht von einem Erwachen der Eheleute ausging, kommt insoweit auch kein nach § 239 II StGB strafbarer Versuch in Betracht. Für die Potentialitätstheorie ist das dagegen kein Grund, § 239 StGB zu verneinen. War für T nicht auszuschließen, daß die O's in der fraglichen Zeit erwachen und die Einsperrung für diesen Fall gedacht, verlagern allerdings auch Vertreter der Aktualisierbarkeitstheorie trotz des objektiv gleichbleibenden Zustandes die Vollendung vor (vgl. z. B. Eser a. a. O. A 63, Maurach-Schroeder-Maiwald I, Meyer-Gerhards, Wessels-Hettinger a. a. O.).

7. Problem (§ 240 StGB)
Ist die Drohung mit einer Unterlassung Nötigung auch dann, wenn keine Rechtspflicht zum Handeln besteht?

Beispiel:

T, Personalchef eines Kaufhauses, erklärt in einer Zeit großer Arbeitslosigkeit der jungen Bewerberin O, er werde sie nicht einstellen, wenn sie sich ihm nicht vorher geschlechtlich hingebe. O geht darauf ein, um die Stelle zu bekommen. Ist T nach § 240 StGB strafbar?

Ausgangspunkt:

T droht nicht durch, sondern mit Unterlassen. Ob dies eine Drohung mit einem empfindlichen Übel ist, ist deshalb zweifelhaft, weil man – etwas zynisch – behaupten könnte, da O keinen Anspruch auf Einstellung habe, sei das Angebot, sie unter einer Bedingung einzustellen, nicht – wie § 240 StGB es verlangt – eine Freiheitsbeschränkung, sondern sogar eine Freiheitserweiterung. Schuldet allerdings der Drohende ohne Bedingung zu tun, was zu unterlassen er ankündigt, gilt dies nicht. Daher gibt es Überlegungen, bei bestehender Handlungspflicht – möglicherweise analog § 13 StGB – von einer tatbestandsmäßigen Drohung auszugehen, sonst aber nicht. Denkbar ist aber auch, hiervon ganz unabhängig von einer Drohung schon immer zu sprechen, wo sich das Angekündigte als Übel darstellt und die Lösung dann erst in § 240 II StGB zu suchen.

I. (hier sog.) **Garantenpflichttheorie**

Eine Nötigung durch Drohung mit Unterlassung kann nur dann vorliegen, wenn der Täter als Garant verpflichtet ist, die Handlung vorzunehmen, mit deren Unterlassung er droht.

Vertreten von:

Haffke, ZStW 84 (1972), 71 Fn. 135; Joecks, § 240 Rn. 23 ff.; Schünemann, MSchrKrim 53 (1970), 261; Tiedemann, Wettbewerb und Strafrecht (1976), 20 ff. mit Differenzierung a. a. O. 22 f. (Die bei Theorie II aufgeführte Rechtsprechung sowie einige dort genannte Autoren werden bisweilen für die engere Meinung I zitiert. Da dort aber immer nur allgemein von [Rechts-]Pflicht ohne ausdrückliche Beschränkung auf Garanten die Rede ist, sind sie hier nicht aufgeführt; auf Garantenpflicht einengend aber BGH NStZ 1982, 287.)

1. Argument
Auf die Drohung mit Unterlassung sind die für die unechten Unterlassungsdelikte geltenden Grundsätze entsprechend anzuwenden, weil nur eine Rechtspflicht aus Garantenstellung das angedrohte Unterlassen den übrigen Nötigungsmitteln gleichzustellen vermag.

2. Argument
Wenn man für die Subsumtion von Kompulsivgewalt durch Unterlassen unter § 240 StGB allgemein eine Garantenstellung fordert, ist es widersprüchlich, sich für die Drohung mit Unterlassen mit weniger zu begnügen, weil die vis compulsiva mit der Drohung strukturell identisch ist.

3. Argument
Wer einem Ertrinkenden androht, ihn nur gegen das Versprechen eines bedeutenden Vermögensvorteils zu retten, mag aus § 323 c StGB oder wegen Wuchers strafbar sein, Täter einer Nötigung (Erpressung) ist er nicht.

4. Argument
Droht der Täter mit dem Unterlassen einer Handlung, die er nicht vorzunehmen verpflichtet ist, schränkt er nicht einen vorhandenen Freiheitsraum ein, sondern macht lediglich die Erweiterung desselben von inkonnexen Bedingungen abhängig. Das mag sittlich anstößig sein, unterfällt aber nicht dem Schutzzweck des § 240 StGB.

II. (hier sog.) **Allgemeine Pflichttheorie**

Eine Nötigung durch Drohung mit Unterlassung kann nur dann gegeben sein, wenn den Täter eine (nicht notwendig aus einer Garantenstellung erwachsende) Rechtspflicht zum Handeln trifft.

Vertreten von:

Arzt-Weber, § 9 Rn. 51 (in extremer Drucksituation auch ohne Rechtspflicht); Baumann u. a., Alternativentwurf BT (1970), § 116 mit Begr.; Blei, § 18 III 1b; Bockelmann II, § 23 I 1 b, aa; Dreher-Tröndle (40. Aufl. 1981), § 253 Rn. 5; Frohn, StV 1983, 366; Horn, NStZ 1983, 497; Jakobs, Peters-Festschr. (1974), 75 ff.; Kindhäuser I, § 13 Rn. 21, 25; NK-Kindhäuser, § 253 Rn. 58 ff.; Roxin, JuS 1964, 377; Schubarth, JuS 1981, 727; ders., NStZ 1983, 313 (falls – im Ausnahmefall – das Schwergewicht wirklich im Unterlassen liegt); SK-Horn-Wolters, § 240 Rn. 16, 43 f.; Wessels-Hettinger, Rn. 407, 414 ff.; RGSt 14, 264; 63, 425; BGH GA 1960, 277; HansOLG Hamburg MDR 1974, 330; HansOLG Hamburg NJW 1980, 2592 m. zust. Anm. Ostendorf; wohl auch Timpe, Die Nötigung (1989), 149, 160 f.; vgl. auch BGH NJW 1976, 1414; offengelassen in BayObLGSt 1960, 299 und Krey, Rn. 387; diff. Wessels I, Rn. 399 ff., dem Lampe, Stree- u. Wessels-Festschr. (1993), 452 ff. im Ansatz zustimmt; mit eigenständiger Begründung i. E. übereinst. Pelke, Die strafrechtliche Bedeutung der Merkmale »Übel« und »Vorteil« (1990), 145 ff., 179 f.; nahest. i. E. auch Zopfs, JA 1998, 817 ff., der für eine Drohung die Macht über das Setzen des

Übels verlangt und eine solche u. a. dann annimmt, wenn der Täter gegenüber dem Opfer verpflichtet ist, das drohende Übel abzuwenden (»normative Setzungsmacht«); zust. Hartmann, JA 1998, 948.

1. Argument
Aus dem Autonomieprinzip folgt, daß der Täter frei ist, für seine Handlung einen Preis zu fordern, wenn keine Pflicht besteht zu handeln. Besteht dagegen eine Pflicht zu handeln, darf er die Vornahme unabhängig vom Grund dieser Pflicht an keine Bedingung knüpfen.

2. Argument
Wer die freiwillige Beseitigung eines den anderen belastenden Übels ankündigt (im Ausgangsfall: Arbeitslosigkeit zu beenden), erweitert die Freiheit des anderen auch dann, wenn er daran Bedingungen knüpft, vorausgesetzt, daß er zur Beseitigung nicht auch ohne Bedingung verpflichtet ist. Nötigung ist aber Freiheitsbeschränkung, nicht Freiheitserweiterung.

3. Argument
Wer sich die Beseitigung eines Übels abkaufen lassen darf, dem muß es unbenommen bleiben, bei der Ankündigung des Übels Bedingungen zu nennen, unter denen er von der zulässigen Verwirklichung des Übels Abstand zu nehmen bereit ist.

4. Argument
Die Verwerflichkeitstheorie verfehlt mit § 240 StGB in den Fällen des Abverlangens unsittlicher Handlungen den Unrechtskern. Dieser liegt nicht im Bereich von Nötigung oder Beleidigung, sondern in einem Angriff auf die sexuelle Selbstbestimmungsfreiheit. Ist die Tat nach den §§ 174 ff. StGB nicht strafbar, dürfen die §§ 240, 185 StGB nicht als Lückenbüßer mißbraucht werden.

5. Argument
Verzichtet man auf die Eingrenzung schon des Tatbestandes durch das Pflichtmerkmal, trägt man zu weiterem Bestimmtheitsverlust des ohnehin konturenarmen Nötigungstatbestandes bei und verlagert auch diese Problematik in die gegen moralisierende Wertungen nicht geschützte Verwerflichkeitsprüfung.

6. Argument
Die Verwerflichkeitstheorie krankt daran, daß sie die tatbestandlichen Grenzen des § 240 I StGB über Gebühr ausdehnt, um sodann über den Umweg des § 240 II StGB wieder herauszufiltern, was ihren Vertretern nicht strafwürdig erscheint. Diese Methode verdient keine Zustimmung, weil die Anforderungen, die nach Wortlaut und Rechtsgut an den Tatbestand zu stellen sind, nicht deshalb herabgesetzt werden dürfen, weil es auf einer weiteren Wertungsstufe noch ein korrigierendes Regulativ gibt. Zudem versagt diese Methode, wo – wie z. B. in § 181 StGB – ein solches Regulativ fehlt.

III. (hier sog.) **Verwerflichkeitstheorie**

Eine Drohung mit Unterlassung kann auch dann Nötigung sein, wenn den Täter keinerlei Handlungspflicht trifft. Entscheidend ist allein, ob eine solche Drohung verwerflich ist oder nicht.

Vertreten von:

Bergmann, Das Unrecht der Nötigung (1983), 130 ff.; Eser III, Fall 12 A 56; Gössel I, § 18 Rn. 68; ders., 84 f.; Haft, 127; Hillenkamp, JuS 1994, 770; ders., JuS 1997, 822 f., Hohmann-Sander II, § 12 Rn. 24; Kohlrausch-Lange, § 240 Bem. I; Knodel, Der Begriff der Gewalt im Strafrecht (1962), 115; Lackner-Kühl, § 240 Rn. 14; LK-Träger-Altvater, § 240 Rn. 62 ff.; Niese, Streik und Strafrecht (1954), 22 f.; Otto, § 27 Rn. 24; ders., JK 99, StGB § 253/5; Schönke-Schröder-Eser, § 240 Rn. 10, 20; Schroth, 86 ff.; Stoffers, JR 1988, 496 f.; Thoss, Jura 2002, 353; Tröndle-Fischer, § 240 Rn. 34; Volk, Tröndle-Festschr. (1989), 228 f.; RG GA 40 (1892), 55; RGSt 72, 76; OLG Stuttgart NStZ 1982, 161; nahest. Geilen, JK 80, StGB § 240/3; Küpper BT/1, I § 3 Rn. 54 (dem Opfer muß eine Verschlechterung seiner Situation drohen, ebenso LK-Herdegen, § 253 Rn. 4); Maurach-Schroeder-Maiwald I, § 13 Rn. 28; Rengier II, § 23 Rn. 51 f. (erforderlich sei das In-Aussicht-Stellen einer Einbuße vorhandener Werte); Schmidt-Priebe I, 217; diff. NK-Toepel, § 240 Rn. 128 ff.; Schroeder, JR 1977, 358; ders., JZ 1983, 287; Volk, JR 1981, 274. Der Verwerflichkeitstheorie hat sich BGHSt 31, 195 mit der Konkretisierung angeschlossen, daß das Nötigungsunrecht durch das Selbstbehauptungs- und das Autonomieprinzip zu begrenzen sei; zust. MK-Gropp-Sinn, § 240 Rn. 83 ff.; die Selbstbehauptung konkretisierend Klein, zum Nötigungstatbestand (1988), 136 ff. Mit gleichem Ausgangspunkt, jedoch zu einer engeren Sicht neigend BGHSt 44, 75 f.; die bisherige Rspr. bestätigend BGHSt 44, 251. Dem Selbstverantwortungsprinzip zust. Arzt, MschrKrim 1984, 113; ders., JZ 1984, 429 und schon in Welzel-Festschr. (1974), 836; ders., Lackner-Festschr. (1987), 663; das Autonomieprinzip modifizierend Roxin, JR 1983, 335 ff.

1. Argument
Für das Verbotensein der Nötigung ist weder entscheidend, ob man die angedrohte Handlung vornehmen, noch ob man eine Handlung – wie angedroht – unterlassen darf, denn die für die Nötigung ausschlaggebende Frage ist nicht, was man tun oder unterlassen, sondern womit man drohen darf. Wäre es anders, hinge die Sachfrage häufig vom Formulierungsgeschick des Täters ab, da sich sachlich Identisches sprachlich als Tun wie als Unterlassen darstellen läßt.

2. Argument
Es ist mehr als bloße Warnung vor einem ohne Zutun des Täters eintretenden Übel, nämlich Drohung mit einem Übel, wenn der Täter ein an sich rechtmäßiges Verhalten (die Unterlassung nicht gebotenen Tuns) sozialwidrig als Mittel zur Erreichung seines Zieles einsetzt.

3. Argument
Macht jemand die Einstellung einer Frau von ihrer geschlechtlichen Hingabe abhängig (Drohung mit Unterlassung der Einstellung), so liegt dieser Fall im Unwert nicht anders, als wenn jemand die Abstandnahme von einer beabsichtigten Entlassung (Drohung mit positivem Tun, nämlich der Entlassung) an eine solche Bedingung knüpft.

4. Argument
Aus den Sachgesetzlichkeiten der Nötigung folgt, daß die Pflichttheorien auch die Vorspiegelung einer nicht vorhandenen Handlungspflicht ausreichen lassen müssen, es also auf die Handlungspflicht gar nicht ankommen lassen. Damit wird aber die verlangte Harmonie mit der Unterlassungsdogmatik preisgegeben. Sie wäre

im übrigen auch nicht sachgerecht, weil bei einer Drohung mit Unterlassen anders als bei einer Drohung durch Unterlassen ein Begehungsdelikt vorliegt.

5. Argument
Wer nicht verpflichtet ist, bedingungslos zu helfen, ist noch nicht allein deshalb im Recht, weil er Hilfe unter Bedingungen anbietet. Auf die Bedingungen kommt es an. Sind sie inadäquat, wird dem Bedrängten eine neue Last überbürdet. Der Drohende spielt Schicksal mit dem Betroffenen und so zugleich mit dem Schicksal des Betroffenen.

Beispiele:

1. Im Ausgangsfall (s. dazu auch Kühl, HRR 95) hat T weder nach der engeren Garantenpflichttheorie noch nach der allgemeinen Pflichttheorie eine Nötigung begangen, weil eine Pflicht, O einzustellen, nicht bestand. Nach der Verwerflichkeitstheorie ist T dagegen – auch wenn man eine »Verschlechterung« der Lage für das Opfer verlangt, s. Küpper u. LK-Herdegen, a. a. O. – aus § 240 StGB zu bestrafen. Das gilt auch bei Zugrundelegung des Autonomieprinzips (s. Roxin, JR 1983, 336; mangels In-Aussicht-Stellens einer »Einbuße an vorhandenen Werten« will jedoch Rengier a. a. O. nicht bestrafen). Nach der Forderung »besonnener Selbstbehauptung« kommt es auf Umstände wie die Dringlichkeit der Notlage des Opfers und sein Alter an (s. Arzt, Welzel-Festschr., 1974, 836).

2. Der Medizinstudent T wird zufällig Zeuge eines Verkehrsunfalls, bei dem sein früherer Vermieter O, der T den Verkehr mit seiner Tochter verboten hatte, verletzt wird. T droht dem stöhnenden O, jede Hilfsmaßnahme zu unterlassen, falls er nicht augenblicklich sein Verbot zurücknehme. O tut das. – Hier geht T nur nach der Garantenpflichttheorie straffrei aus (wenn er O Hilfe leistet – und zwar ohne weitere Verzögerung –, sonst § 323 c StGB). Der allgemeinen Pflichttheorie genügt dagegen die aus § 323 c StGB herzuleitende allgemeine Hilfspflicht, um Nötigung zu bejahen. Das tut auch die Verwerflichkeitstheorie, weil es verwerflich ist, die Hilfeleistung von der Zustimmung zum Verkehr mit einer Angehörigen des Nötigungsopfers abhängig zu machen.

3. Der Händler H schreibt an seine Lieferanten: »Unsere diesjährige Inventur findet am 29. 12. statt. Wir bitten Sie, pünktlich zur Zählung zu erscheinen. Für die Umsätze des nächsten Jahres werden nur noch Firmen berücksichtigt, die bei der Inventur mitgeholfen haben.« Lieferant L kommt aus Angst, seine Aufträge zu verlieren, der Bitte des H nach (zur klausurmäßigen Lösung s. Hillenkamp, JuS 1997, 821 ff.). – Da kein Händler (nach Kündigung) verpflichtet ist, seine Waren bei bestimmten Lieferanten auch künftig einzukaufen, ist die Drohung mit dem berechtigte Gewinnerwartungen zerstörenden Übel, bisher geführte Artikel nicht weiterzuführen, nach beiden Pflichttheorien nicht tatbestandsmäßig. Die hierzu differenzierenden Stimmen von Wessels I (Rn. 401) und Lampe (a. a. O., 456 f.) gelangen allerdings trotz fehlender Pflicht zur Drohung, weil beim »Auslisten« bisher geführter Ware schon schwer zwischen Tun und Unterlassen zu unterscheiden (krit. hierzu jetzt Wessels-Hettinger, Rn. 414) und die Ankündigung des »Auslistens« auch die Enttäuschung einer für Drohung und Verhaltenszwang notwendigen Erwartungshaltung sei. Da den Lieferanten eine Verschlechterung ihrer Lage angedroht wird, die »besonnene Selbstbehauptung« zur wirtschaftlichen Selbstschädigung werden ließe, stimmen dieser letzteren Bewertung auch die nur mit Einschränkungen der Verwerflichkeitstheorie folgenden Autoren zu. Dann läuft

alles auf die Frage der Verwerflichkeit solchen »Anzapfens« hinaus, die von Lampe (a. a. O., 457 ff.), von dem dieses Beispiel stammt (S. 449), u. Hillenkamp, JuS 1997, 823 unter Einbeziehung von Vorschriften des GWB und des UWG letztlich verneint wird. Dieses Ergebnis läßt sich auch aus dem Autonomieprinzip herleiten, weil H dem L nur zu entziehen droht, was zu gewähren in seinem freien Belieben steht und weil die »Verschlechterung seiner Verhältnisse« dem L dabei nur als Folge dieses internen Entzugs und nicht eines von außen kommenden Übels droht (s. Roxin, JR 1983, 335 f.). Folgt man dem, scheitert auch eine Erpressung, die man statt einer Nötigung in Betracht ziehen kann, weil und wenn die zur Inventur eingesetzte Arbeitskraft nicht durch den Erhalt der Gewinnchance kompensiert wird (zur Problematik s. Hillenkamp, JuS 1997, 822 f.; zur parallelen Frage im Bereich der Erpressung s. im übrigen LK-Herdegen, § 253 Rn. 4 und BGH NJW 1976, 1414 gegen HansOLG Hamburg MDR 1974, 330: die zivilrechtliche Rückgabepflicht des Diebes nach §§ 861, 985 BGB reichen dem BGH und dem HansOLG für Nötigung aus. Dazu, daß das Abhängigmachen einer Auftragsvergabe von der Zahlung eines Schmiergeldes Drohen mit einem empfindlichen Übel sein kann, s. BGHSt 44, 251 m. Anm. Otto, JK 99, StGB § 253/5).

E. Straftaten gegen sonstige persönliche Rechtsgüter

8. Problem (§ 123 StGB)
Ist ein Eindringen i. S. d. § 123 StGB bei beabsichtigtem Mißbrauch einer generellen Eintrittserlaubnis gegeben?

Beispiel:

Der minderjährige T betritt das Kaufhaus O in der Absicht, einen Ladendiebstahl zu begehen. Sein Vater V, der das erkennt, hindert T hieran nicht. Haben sich T und V bereits hiermit eines Hausfriedensbruchs schuldig gemacht?

Ausgangspunkt:

T's Verhalten unterscheidet sich äußerlich nicht von dem eines redlichen Kunden, mit dessen Betreten des Kaufhauses der Inhaber durch die generell erklärte Eintrittserlaubnis einverstanden ist und der deshalb schon tatbestandlich nicht »eindringt«. Bestrafte man T gleichwohl, weil er »böse Absichten« hat, liegt der Vorwurf eines »Gesinnungsstrafrechts« nahe. Dem läßt sich freilich entgegnen, daß T den (mutmaßlichen) Willen des Inhabers verletze, zum Ladendiebstahl entschlossenen »Kunden« den Zutritt zu verwehren. Ob es auf das den Hausfrieden äußerlich wahrende Bild oder auf die Verletzung des inneren Willens ankommt, ist der das Rechtsgut des § 123 StGB betreffende Angelpunkt des Streits. Zu V's Strafbarkeit stellt sich zusätzlich die Frage, ob Hausfriedensbruch auch in der 1. Variante durch Unterlassen begehbar ist.

I. (hier sog.) **Willensverletzungstheorie**

Wer in Verfolgung widerrechtlicher oder unerwünschter Zwecke einen Raum betritt, zu dem eine generelle Zutrittserlaubnis besteht, dringt in diesen Raum ein.

Vertreten von:

Gassmann, MDR 1964, 374 f.; Gössel I, § 38 Rn. 37; ders., 181 f.; LK-Schäfer (10. Aufl. 1978), § 123 Rn. 32 f.; Maurach-Schroeder BT/1 (6. Aufl. 1977), § 30 II 3 a; Preisendanz, § 123 Bem. 3a; OLG Braunschweig NdsRpfl. 1953, 54 f.; OLG München WRP 1964, 310; OLG Hamm WRP 1964, 136; HansOLG Hamburg WRP 1965, 228; BGH NStZ-RR 1997, 97; zw. BGH NJW 1982, 189; die im Zusammenhang mit der hier erörterten Streitfrage gelegentlich auch für die Willensverletzungstheorie in Anspruch genommenen Urteile RGSt 12, 132; 20, 155; 35, 395; BGH MDR 1968, 551; BayOblG JR 1969, 466 betreffen durchweg das Betreten von solchen Räumen, die nicht aufgrund genereller Erlaubnis betreten werden durften; daß dann bei rechtswidriger Absicht in der Regel Hausfriedensbruch vorliegt, ist h. M.; s. zur Problemunterscheidung Amelung-Schall, JuS 1975, 567; Schröder, JR 1969, 468.

1. Argument
Eindringen setzt die Überwindung eines gewissen Widerstandes des Berechtigten voraus. Einen solchen Widerstand überwindet aber auch, wer nur die »geistige Barriere« eines erkennbar entgegenstehenden Willens des Berechtigten übersteigt.

2. Argument
Nicht das äußere Bild des Betretens – mit oder ohne Waffe, gewaltsam oder mit List, offen oder durch Einschleichen –, sondern die Verletzung des erkennbaren Willens des Hausrechtsinhabers ist das für das Tatbestandsmerkmal Eindringen konstitutive Element.

3. Argument
Der Wille des Berechtigten steht nicht erst der Verwirklichung des unerlaubten Zweckes, sondern bereits dem Betreten des geschützten Raumes mit einer rechtswidrigen Absicht entgegen.

4. Argument
Käme es auf das äußere Erscheinungsbild an, würde man den raffinierter vorgehenden Bankräuber, der seine Waffen verbirgt oder den listigeren Dieb, der sich vornehm gekleidet in die Schmuckwarenabteilung begibt, gegenüber dem plumperen, der dasselbe gleich mit gezückter Waffe oder wenig vertrauenswürdig bekleidet und mit Stock ausgerüstet tut, ungerechtfertigterweise privilegieren.

II. (hier sog.) **Funktionsstörungstheorie**

Die Verfolgung eines widerrechtlichen oder unerwünschten Zweckes reicht für sich allein nicht aus, um das Betreten zum Eindringen zu machen. Eindringen ist erst gegeben, wenn das äußere Erscheinungsbild des Betretens deutlich von dem Verhalten abweicht, das durch die generelle Eintrittserlaubnis gedeckt ist.

Vertreten von:

AK-Ostendorf, § 123 Rn. 29; Alwart, JZ 1986, 568; Arzt-Weber, § 8 Rn. 12; Bernsmann, Jura 1981, 408; Blei, § 30 II 2; ders., PdW I, Nr. 170; ders., JA 1974, 535; Bokkelmann III, § 19 C I 1 u. 2 b; Britz, JuS 1997, 149; Eser III, Fall 14 A 26; Freund, JuS 2001, 478; Geppert, JK 86, StGB, § 123/4; ders., Jura 1989, 381 f.; Haft, 16; Hanack, JuS 1964, 354; Hauf II, 148; Hilgendorf, 95; Ingelfinger, JuS 1998, 533 f.; Jerouschek-Kölbel, JuS 2001, 785; Joecks, § 123 Rn. 30 f.; Kindhäuser I, § 33 Rn. 27; ders., LPK, § 123 Rn. 21 f.; ders., GLW Nr. 7.58; Kohlrausch-Lange, § 123 Bem. III 1; Krey, Rn. 450; Kühl, HRR, 9; Küpper BT/1, I § 5 Rn. 11; Lackner-Kühl, § 123 Rn. 7; LK-Lilie, § 123 Rn. 53; Lagodny, Jura 1992, 661; Maurach-Schroeder-Maiwald I, § 30 Rn. 14; Mewes, Jura 1991, 631; Meurer-Dietmeier, JuS 1999, L 15; Meyer, Ausschluß der Autonomie durch Irrtum (1984), 181 f.; Mitsch, JuS 1998, 308 f.; NK-Ostendorf, § 123 Rn. 29; Ostendorf, JuS 1980, 665 f.; Ossenbrügge, BB 1964, 1154; Pütz, JA 1996, 975 f.; Ranft, Jura 1993, 89; Rengier II, § 30 Rn. 11 f.; Schall, Die Schutzfunktionen der Strafbestimmung gegen den Hausfriedensbruch (1974), 152 ff.; Schmidhäuser, 6/16; Schmidt-Priebe I, 271 f.; Schönke-Schröder-Lenckner, § 123 Rn. 26; Schroth, 109; Seier, JA 1978, 623 f.; SK-Rudolphi, § 123 Rn. 26; Tröndle-Fischer, § 123 Rn. 15, 18; Welzel, § 44 I 1 b; Wessels-Hettinger, Rn. 590 f.; LG Frankfurt NJW 1963, 1022; OLG Hamm WRP 1964, 311; OLG Düsseldorf NJW 1982, 2678;

OLG Zweibrücken NStZ 1985, 456 m. zust. Anm. Amelung; s. auch Hellmann, JuS 1996, 523; nach Steinmetz, JuS 1985, 95 f. setzt Funktionsstörung den zeitgleich mit dem Betreten verwirklichten strafbaren Versuch einer Straftat voraus.

1. Argument
Bei dem Publikum allgemein zugänglichen Geschäfts- bzw. Arbeitsräumen ist für eine Hausrechtsverletzung die Störung des planmäßigen Ablaufs des Arbeitsprozesses erforderlich. Eine solche Störung fehlt, wo das Betreten in seinem äußeren Erscheinungsbild dem Willen des Berechtigten entspricht, es also an einem erkennbaren Widerspruch zur Organisation des Arbeitsprozesses fehlt.

2. Argument
Erst wenn der unerwünschte Besucher seine Einstellung oder Eigenschaft, die ihn zur unerwünschten Person macht, zu erkennen gibt, stört er den funktional organisierten Arbeitsablauf und verletzt alsdann das Hausrecht des Inhabers.

3. Argument
Das Ausnehmen bestimmter Personen von der generellen Eintrittserlaubnis ist nur insoweit sinnvoll, als der Hausrechtsinhaber bei Beobachtung des Eindringens sagen könnte, daß dieser Person das Betreten nicht gestattet sei, denn der in § 123 StGB geschützte entgegenstehende mutmaßliche Wille des Hausrechtsinhabers ist nur insoweit schutzwürdig, als er im Falle gegenwärtiger Kontrolle geäußert und realisiert werden könnte. Das aber ist bei bloß innerlich bleibender unlauterer Absicht dem Hausrechtsinhaber nicht möglich.

4. Argument
Die Gegenmeinung dehnt den Strafrechtsschutz zu weit aus, wenn sie bei sogar nicht einmal rechtswidrigen Absichten ein Eindringen bejaht, bzw. verlagert den Strafrechtsschutz zu weit vor, wenn sie z. B. das unter dem Aspekt des § 242 StGB noch straflose Auskundschaften einer Diebstahlsgelegenheit durch § 123 StGB erfaßt.

5. Argument
Auf einen mutmaßlichen Willen darf man nicht abstellen, wo – wie bei der generellen Zutrittserlaubnis – das Einverständnis ausdrücklich oder konkludent erklärt ist.

6. Argument
Kriminalpolitisch bedenkliche Lücken wirft die Gegenmeinung der Funktionsstörungslehre zu Unrecht vor, hat es doch der Hausrechtsinhaber selbst in der Hand, einen Besucher zum Verlassen der Räume aufzufordern, sobald er dessen »böse Absicht« erkennt; insofern reicht dann der Schutz des § 123 I 2. Alt. StGB völlig aus.

Beispiele:

1. Im Ausgangsfall hat T nach der Willensverletzungstheorie bereits einen Hausfriedensbruch begangen, nach der Funktionsstörungstheorie dagegen nicht. Für Steinmetz a. a. O. hängt die Beurteilung davon ab, ob bereits mit dem Betreten ein versuchter Diebstahl gegeben ist, woran es i. d. R. fehlt. Bejaht man einen Hausfriedensbruch bei T, erfüllt – da § 123 StGB nach h. M. kein eigenhändiges Delikt ist

(s. Schönke-Schröder-Lenckner, § 123 Rn. 35 m. w. N.) – auch das pflichtwidrige Nichthindern einer zu überwachenden Person am Eindringen nach §§ 123 I 1. Alt., 13 StGB den Tatbestand. Ob der das täterschaftliche Begehungsunrecht nicht hindernde Garant allerdings selbst Täter oder nur Gehilfe ist, ist dann als Folgeproblem strittig (s. Hillenkamp AT, 20. Problem). – Abwandlung: Nachdem T nichts Stehlenswertes gefunden hat, entschließt er sich spontan, mit einer mitgeführten Spielzeugpistole eine Kassiererin zu zwingen, ihm das Geld aus der Kasse zu überlassen. – Da der Hausfriedensbruch ein Dauerdelikt ist, besteht die Tat des T nach der Willensverletzungstheorie lediglich fort. Für die Funktionsstörungslehre fehlt es an den Voraussetzungen eines Eindringens durch positives Tun, weil es zum störenden Verhalten erst kommt, nachdem T das Kaufhaus ohne Tatbestandsverwirklichung betreten hat (Kühl-Schramm, JuS 2003, 683). Diese Lehre kann daher die 1. Alternative nur bejahen, wenn man es für möglich hält, daß auch das Eindringen durch garantenpflichtwidriges Unterlassen erfüllbar ist. Das ist umstritten, s. Küper, 118 f.; Schönke-Schröder-Lenckner, § 123 Rn. 13 m. w. N. Bejaht man das, hat V hieran allerdings schon deshalb nicht teilgenommen, weil er bei der spontanen Tat des T nicht mehr dabei war bzw. von ihr nichts wußte.

2. Bankräuber T stürmt maskiert und mit Pistolen in beiden Händen in die Schalterhalle einer Großbank (s. zum Fall v. Heintschel-Heinegg II, 242). – Hier ist nach beiden Theorien § 123 StGB gegeben (die Funktionsstörungstheorie wird in Anlehnung an vergleichbare Fälle bisweilen auch Maskentheorie genannt). Abw. will auch in solchen Fällen Bohnert, GA 1983, 20 m. Fn. 60 Hausfriedensbruch verneinen. Gegen Hausfriedensbruch würde auch Kargl, JZ 1999, 930 plädieren, der das »Eindringen« ganz vom Willen des Hausrechtsinhabers löst und die Überwindung physischer Grenzen verlangt. Ebenso zu entscheiden ist der Fall OLG Düsseldorf NJW 1982, 2679: Hier hatten gegen den Abriß alter Wohnhäuser demonstrierende Personen das dem Publikumsverkehr geöffnete Stadtplanungsamt mit zwei Zinkbadewannen voll Bauschutt betreten, die sie im Amt entleeren wollten.

3. T benutzt die Hamburger U-Bahn ohne Bahnsteigkarte und Fahrausweis, nachdem er unter einem Schild »Zutritt nur mit gültigem Fahrausweis oder Bahnsteigkarte« hindurchgegangen war. – Auf den ersten Blick scheint hier nur die Willensverletzungstheorie Hausfriedensbruch bejahen zu können, da T keine »äußere Störung« des U-Bahnbetriebes bewirkt. Das AG Hamburg NStZ 1988, 221 hat daher § 123 StGB auch verneint, Albrecht, NStZ 1988, 224 ihm zugestimmt. Nach Herzberg, Jura 1986, 103 f. liegt dagegen die Parallele nicht im Mißbrauch genereller Zutrittserlaubnis, sondern im Einschleichen ohne Eintrittskarte. Hausfriedensbruch sei daher zu bejahen. Zur Frage, ob § 265 a StGB erfüllt ist, s. außer den zuvor genannten Alwart, JZ 1986, 563 u. HansOLG Hamburg NStZ 1988, 221 sowie Schall, JR 1992, 1 ff. zu HansOLG Hamburg JR 1992, 40; Fallbearbeitung bei Gropp-Küpper-Mitsch, Fall 13. – Besteigt T die U-Bahn aus Demonstrationszwecken ohne Fahrausweis mit dem Schild »Für den Nulltarif«, gehört er auch äußerlich nicht mehr zu dem Personenkreis, für den die generelle Zutrittserlaubnis gilt, so daß auch nach der Funktionsstörungstheorie Hausfriedensbruch vorliegen dürfte, s. Ranft, Jura 1993, 89.

Teil II:
Straftaten gegen die Allgemeinheit

A. Straftaten gegen den Staat

9. Problem (§ 113 StGB)

Ist ein Rückgriff auf § 240 StGB möglich, wenn der Täter nur mit einem empfindlichen Übel droht?

Beispiel:

Der steckbrieflich gesuchte Raubmörder T wird vom Polizeibeamten O gestellt. Als O ihn festnehmen will, versucht sich T zu widersetzen, indem er dem korrekt vorgehenden O unter Hinweis auf eine frische Platzwunde am Hinterkopf mit einer Dienstaufsichtsbeschwerde droht, weil er ihn bei der Festnahme unnötig verletzt habe. T weiß, daß O schon einmal wegen zu harten Zugreifens disziplinarrechtlich bestraft worden ist. Kann T gem. § 240 StGB bestraft werden?

Ausgangspunkt:

Obwohl § 113 StGB in der Drohungsalternative eine qualifizierte Drohung »mit Gewalt« und daher mehr als § 240 StGB – Drohung mit einem zwar empfindlichen, im übrigen aber beliebigen Übel – verlangt, verdrängt § 113 StGB als Privilegierung auch in dieser Alternative den strengeren § 240 StGB. Das kommt der Empfehlung gleich, bei Widerstand gegen Vollstreckungsbeamte nicht mit einem einfachen Übel, sondern gleich mit Gewalt zu drohen, um sicher im Bereich der Privilegierung zu bleiben, da bei einer Drohung mit weniger als Gewalt die Gefahr besteht, nach dem strengeren § 240 StGB bestraft zu werden. Um diese unsinnige Empfehlung abzumildern, wird um den Rückgriff auf § 240 StGB in Fällen unqualifizierter Drohung gestritten.

I. (hier sog.) Rückgriffstheorie

Ein Rückgriff auf § 240 StGB ist bei Drohung mit einem empfindlichen Übel erlaubt. Zugunsten des Täters ist dann aber § 113 III, IV StGB analog anzuwenden. Ferner darf der Strafrahmen des § 113 StGB nicht überschritten werden.

Vertreten von:

Bockelmann III, § 18 VIII; Dreher, NJW 1970, 1158; Hirsch, Klug-Festschr. (1983), 243; Hohmann-Sander II, § 26 Rn. 40; Krey, Rn. 496 m. Fn. 11 a; Lackner-Kühl, § 113 Rn. 26; LK-v. Bubnoff, § 113 Rn. 65; Maurach-Schroeder II (6. Aufl. 1981), § 70 I 3; Otto, § 91 Rn. 25; Rengier II, § 53 Rn. 28; Tröndle-Fischer, § 113 Rn. 1, § 240 Rn. 52; Wessels I, Rn. 618; OLG Hamm NStZ 1995, 547; vgl. auch BGH NJW 1976, 761 f.

1. Argument
§ 240 StGB kann nur dann durch den spezielleren § 113 StGB verdrängt werden, wenn dessen tatbestandliche Voraussetzungen gegeben sind. Das ist aber bei einer Drohung mit einem empfindlichen Übel nicht der Fall.

2. Argument
Der Vollstreckungsbeamte verdient genauso wie jeder andere Staatsbürger Schutz gegen Nötigung, den der Beamte nach der Gegenmeinung aber in Fällen der Drohung mit einem empfindlichen Übel nicht hätte.

3. Argument
Es wäre zwar unbillig, den Täter über § 240 StGB härter zu bestrafen als nach § 113 StGB, obwohl er ein milderes Nötigungsmittel anwendet. Diese Konsequenz läßt sich aber durch die Begrenzung des Strafrahmens des § 240 StGB durch den des § 113 StGB (bzw. Strafmilderung i. R. des § 240 StGB, so LK-v. Bubnoff, a. a. O.) und gegebenenfalls analoge Anwendung des § 113 III, IV StGB vermeiden. Im übrigen ist zu bedenken, daß bereits an der in § 113 StGB fehlenden Verwerflichkeitsklausel des § 240 II StGB die Strafbarkeit scheitern kann, § 240 StGB also nicht in jeder Beziehung die schärfere Strafvorschrift ist.

II. (hier sog.) **Spezialitätstheorie**

Ein Rückgriff auf § 240 StGB ist nicht gestattet, wo der Widerstand die in § 113 StGB vorausgesetzte Qualität nicht erreicht.

Vertreten von:

AK-Zielinski, § 113 Rn. 5; Arzt-Weber, § 45 Rn. 25; Backes/Ransiek, JuS 1989, 627; Blei, PdW II, Nr. 236; Eser III, Fall 13 A 70; Haft, 8; Joecks, § 113 Rn. 40; Kindhäuser I, § 36 Rn. 61; Küpper BT/1, II § 3 Rn. 53; NK-Paeffgen, § 113 Rn. 90; Schönke-Schröder-Eser, § 113 Rn. 43, 45, 68; Schmidhäuser, 22/27; Schmidt-Priebe I, 229; SK-Horn, § 113 Rn. 23; Welzel, § 73 III 2; Wessels-Hettinger, Rn. 629; Zopfs, GA 2000, 538 ff.; BGHSt 24, 266; 30, 236. Für Deiters, GA 2002, 269 ff., folgt die Unanwendbarkeit des § 240 StGB aus einem Exklusivitätsverhältnis: der Vollstreckungsbeamte sei nämlich bei Vornahme einer Vollstreckungshandlung als staatliches Organ kein »anderer« i. S. des § 240 StGB, Nötigung also schon tatbestandlich nicht gegeben. Dannecker, JuS 2002, 1094, geht von Spezialität des § 113 StGB aus, will aber daneben § 240 StGB anwenden, »wenn der Täter nicht nur mit Gewalt, sondern darüber hinaus auch mit einem anderen Übel droht«.

1. Argument
Die durch § 113 StGB bewirkte Privilegierung des Widerstandsleistenden darf nicht dadurch unterlaufen werden, daß dann, wenn im konkreten Fall der Widerstand die Qualität des § 113 StGB nicht erreicht, auf § 240 StGB zurückgegriffen wird.

2. Argument
§ 113 StGB privilegiert den Täter, weil er sich durch die gegen ihn gerichtete Vollstreckungstätigkeit in einer psychischen Zwangslage befindet, die seine Fähigkeit, sich i. S. d. Rechtsordnung zu motivieren, herabsetzt. In einer solchen Situation ist es nur geboten, besonders eklatante Widerstandsleistungen mit Strafe zu belegen. Wer unterhalb dieser Schwelle bleibende Tathandlungen über § 240 StGB auffängt, stellt sich gegen diese ratio des § 113 StGB.

3. Argument
Wer § 240 StGB auf Fälle anwendet, in denen das Nötigungsmittel milder ist als in § 113 StGB vorausgesetzt, eröffnet für den milderen Fall einen härteren Strafrahmen als für den gravierenden Fall.

4. Argument
§ 113 StGB geht historisch auf die gemeinrechtlich so bezeichnete »Widersetzlichkeit« zurück und hat damit andere Wurzeln als die Nötigung. Die Strafdrohung ist deshalb gegenüber jener der Nötigung keine mildere, sondern eine solche »sui generis«.

5. Argument
Der Widerstand zeichnet sich durch seine »defensive« Zielrichtung aus, die lediglich den status quo erhalten und anders als die Nötigung nicht den Willen des Opfers beherrschen will. Das spricht dafür, § 113 StGB als Delikt eigener Art anzusehen.

Beispiele:

1. Die Drohung mit einer Dienstaufsichtsbeschwerde ist zwar in der Regel nicht, kann aber im Einzelfall – wie hier – durchaus eine Drohung mit einem empfindlichen Übel sein (s. RGSt 56, 46; 60, 34; BGH NJW 1976, 761). Nach der Rückgriffstheorie ist T daher wegen versuchter oder vollendeter Nötigung – je nachdem, ob T's Drohung Erfolg hat oder nicht – zu bestrafen, wobei der Strafrahmen des § 113 StGB zu berücksichtigen ist. Nach der Spezialitätstheorie bleibt T dagegen straffrei. Bleibt es beim Versuch, ist Straffreiheit freilich auch mit der Rückgriffstheorie denkbar, wenn man alle »Vergünstigungen« des § 113 StGB – wozu auch die Straflosigkeit des Versuchs gehört – auf § 240 StGB überträgt.

2. T wird vom Kriminalbeamten O auf frischer Tat betroffen. Als O ihn nach § 127 StPO festnehmen will, droht T, der den O für einen zivilen Nachtwächter hält, er werde O's Frau durch gute Freunde so lange mit nächtlichem Telefonterror verängstigen lassen, bis sie darauf besteht, daß O seinen Beruf aufgebe und zu Hause bleibe. O nimmt T gleichwohl fest. – Hätte T den O als Kriminalbeamten erkannt, wäre er nach der Rückgriffstheorie wegen versuchter Nötigung strafbar, nach der Spezialitätstheorie dagegen straffrei. Weiß der Täter aber – wie hier – nicht, daß er einem Amtsträger gegenübersteht, soll nach h. M. der Rückgriff auf § 240 StGB deshalb möglich sein, weil der Privilegierungsgrund der psychischen Zwangslage (subjektiv) fehle und der Täter dann nicht besser stehen könne, als derjenige, der einen Nichtbeamten nötige. Es soll dann auch die analoge Anwendung von § 113 III und IV StGB sowie die Strafrahmenbeschränkung entfallen (diff. Schönke-Schröder-Eser, § 113 Rn. 51). T ist dementsprechend nach §§ 240, 22 StGB strafbar (s. Wessels-Hettinger I, Rn. 631).

3. Bei einer routinemäßigen Verkehrskontrolle hält der Chefredakteur T den ihm bekannten Polizeimeister O mit der Drohung, er werde ihn mit einem Artikel auf der ersten Seite über seine Frau, die einen Ladendiebstahl begangen hatte, fertigmachen, davon ab, die abgefahrenen Reifen zu kontrollieren. – Bei Lösung dieses Falles kommt es zunächst darauf an, ob eine Reifenüberprüfung i. R. einer Verkehrskontrolle eine Vollstreckungshandlung i. S. d. § 113 StGB ist. Verneint man das mit dem OLG Frankfurt NJW 1973, 1806, taucht das Problem der sperrenden Privilegierung nicht auf: § 240 StGB ist ohne Einschränkung anwendbar. Bejaht

man eine Vollstreckungshandlung – s. dazu BGHSt 25, 313 –, stellt sich das hier beschriebene Problem; zur Lösung dieses Falles s. Ehlen/Meurer, NJW 1974, 1776 f., die sich der Rückgriffstheorie anschließen. – Zu dem durch die Einführung der Versuchsstrafbarkeit in § 223 II StGB problematischer gewordenen Verhältnis des § 113 I 2. Alt. StGB (»tätlich angreift«) zu (versuchten) Körperverletzung s. Zopfs, GA 2000, 540 ff.

B. Straftaten gegen die Rechtspflege

10. Problem (§§ 153 ff. StGB)
Wann ist eine Aussage falsch i. S. d. §§ 153 ff. StGB?

Beispiel:

Der Zeuge T sagt vor Gericht unter Eid aus, er habe X am 9. 1. 2001 am Tatort gesehen. In Wirklichkeit hatte er ihn jedoch am 9. 2. 2001 dort angetroffen, beide Daten aber irrtümlich verwechselt. T war überzeugt, die Wahrheit auszusagen, hätte allerdings bei etwas mehr Nachdenken seinen Irrtum erkennen können. Hat er den Tatbestand des § 154 StGB erfüllt?

Ausgangspunkt:

Bevor man über die Falschheit einer Aussage urteilt, muß man sich über den allein der Wahrheitspflicht unterliegenden Gegenstand der Vernehmung – z. B. nicht: spontane Äußerungen, die nicht zur Sache gehören – und seine Natur – äußere Tatsache oder gegenwärtige oder vergangene innere Tatsache – Klarheit verschaffen, die u. U. auch durch die Art der Frage variieren können (s. u. Beispiel 3). Erst dann ist die Frage möglich, ob die Aussage »stimmt« oder nicht. Die Antwort hängt davon ab, welche Diskrepanz entscheidend sein soll: die zwischen Wort und Wissen, die zwischen Wort und Wirklichkeit oder die zwischen Wort und Pflicht (s. hierzu Küper, 29 ff.).

I. (hier sog.) Subjektive Theorie

Eine Aussage ist falsch, wenn sie dem Vorstellungsbild und Wissen des Aussagenden widerspricht (Widerspruch zwischen Wort und Wissen).

Vertreten von:

LK-Willms (10. Aufl. 1988), vor § 153 Rn. 9 ff.; Niethammer, Lehrbuch des Besonderen Teils des Strafrechts (1950), 65; Sauer, System des Strafrechts BT (1954), 215 ff.; Schaffstein, JW 1938, 146; Werner, Anm. zu BGH LM § 154 Nr. 5; RGSt 61, 159; 65, 27; 68, 281; 77, 372; OLG Bremen NJW 1960, 1827; ferner Gallas, GA 1957, 315, der für §§ 160, 163 StGB allerdings einen objektiven Wahrheitsbegriff vertritt; vom Begriffspaar objektiv/subjektiv löst sich auch Paulus, Gedenkschr. für Küchenhoff (1987), 435 ff., 453 f. m. w. N. zum Streitstand; falsch ist nach Paulus eine Aussage, die mit ihrem gesetzlich vorgeschriebenen oder prozessual zugelassenen Gegenstand nicht übereinstimmt.

1. Argument
Menschliche Erfahrung erfolgt immer über die Sinnesorgane. Gegenstand der Erfahrung ist deshalb nicht eine reale Tatsache, sondern der Sinneseindruck, die Vorstellung von dieser Tatsache. Nur diese Vorstellung, nicht aber die objektive Wirklichkeit ist daher vom Zeugen abfragbar.

2. Argument
Die staatliche Gemeinschaft kann vom einzelnen im Rahmen seiner Pflicht, sein Wissen zur Aufklärung rechtserheblicher Sachverhalte zur Verfügung zu stellen, nur fordern, was er geben kann: nicht die objektive Wahrheit, sondern das Bild, die Vorstellung, die er von einem Geschehen hat. Die Unmöglichkeit, mehr zu geben, ist schon im Tatbestand zu berücksichtigen, weil sonst an eine unerfüllbare Leistung die tatbestandliche Indizwirkung geknüpft würde.

3. Argument
Auch die Beweisrolle des Aussagenden verpflichtet ihn, ausschließlich zu sagen, was er aus eigenem Erleben über das Beweisthema weiß, nicht aber, was er für die objektive Wahrheit hält. Trifft er diese Wahrheit, kann die Aussage gleichwohl falsch sein, weil sie mit seinem eigenen Wissen in Widerspruch steht.

4. Argument
Es ist zwar richtig, daß nur eine objektiv falsche Aussage die Rechtspflege konkret gefährdet. Abstrakt gefährlich ist aber jede wider besseres Wissen gemachte Aussage, weil regelmäßig die Gefahr der Irreführung der Rechtspflege mit ihr verbunden ist. Diese abstrakte Gefährlichkeit gibt zusammen mit der das personale Unrecht ausmachenden Verletzung der Pflicht zur wahrhaftigen Aussage den Strafgrund der Aussagedelikte ab.

5. Argument
Nach § 66 c StPO hat der Zeuge zu beeiden, er habe »nach bestem Wissen« ausgesagt. Der Eid kann dann aber nur falsch sein, wenn der Aussagende selbst das Gesagte für falsch hält, mag es auch zufällig richtig sein.

6. Argument
Wenn die Vertreter der objektiven Aussagetheorie für den Fall, daß der Zeuge über seine Erinnerung, sein Wissen, seine Überzeugung berichtet, unabhängig von der objektiven Wahrheit als falsch bezeichnen, was der Erinnerung, dem Wissen, der Überzeugung nicht entspricht, so liegt darin die Selbstaufgabe der objektiven Theorie.

II. (hier sog.) **Objektive Aussagetheorie**

Eine Aussage ist falsch, wenn sie mit dem wirklichen Geschehen nicht übereinstimmt, ihr Inhalt der objektiven Wirklichkeit also widerspricht (Widerspruch zwischen Wort und Wirklichkeit).

Vertreten von:

Arzt-Weber, § 47 Rn. 40 ff.; Badura, GA 1957, 404; Blei, § 107 IV; Bockelmann III, § 1 IV 2; Eser III, Fall 17 A 43 ff.; Geppert, Jura 2002, 175; Haft, 46; Hilgendorf, 56; ders., GA 1993, 554 ff.; Hohmann-Sander II, § 21 Rn. 19; Hruschka/Kässer, JuS 1972, 710; Joecks, vor § 153 Rn. 5; Kargl, GA 2003, 803; Arthur Kaufmann, Baumann-Festschr. (1992), 120, 128 f.; Kindhäuser I, § 46 Rn. 14; ders., LPK, vor § 153 Rn. 7–9; ders., GLW Nr. 11.4; Kohlrausch-Lange, Vorb. IV 1–3 vor § 153; Krey, Rn. 552; Kühl, HRR, 63; Küpper BT/1, II § 2 Rn. 8; Lackner-Kühl, vor § 153 Rn. 3; LK-Ruß, vor § 153 Rn. 13; Maurach-Schroeder-Maiwald II, § 75 Rn. 16 f.; Preisendanz, § 153 Vorb. 2; Rengier II, § 49 Rn. 8; Schmidt-Priebe I, 312 f.;

Schönke-Schröder-Lenckner, vor §§ 153 ff. Rn. 6; Tröndle-Fischer, vor § 153 Rn. 5; Welzel, § 77 I 1 a; Wessels I, Rn. 723; Wolf, JuS 1991, 179 f.; RGSt 76, 96; BGH LM § 153 Nr. 6; BGHSt 7, 147; OLG Koblenz JR 1984, 422 m. krit. Anm. Bohnert; SK-Rudolphi, vor § 153 Rn. 43 vertritt eine modifizierte objektive Theorie, die in den Ergebnissen weitgehend der Pflichttheorie nahekommt (s. Rn. 41, 43 ff.); ähnlich H. E. Müller, Falsche Zeugenaussage und Beteiligungslehre (2000), 85 ff., der die Falschheit der Aussage durch einen Vergleich zwischen Wahrnehmungs- und Erinnerungsleistung ermittelt u. seine Auffassung »Wahrnehmungstheorie« nennt.

1. Argument
Zweck der Aussagedelikte ist der Schutz der Rechtspflege vor der Gefahr der Irreführung durch falsche Aussagen. Zu einer solchen Gefahr für die Rechtspflege können aber nur objektiv der Wirklichkeit widersprechende Aussagen werden, denn an die Wirklichkeit, nicht an die Vorstellung von ihr, knüpft die Rechtspflege an.

2. Argument
Aus § 160 StGB ergibt sich, daß das Gesetz von der objektiven Theorie ausgeht, weil hiernach einen falschen Eid leistet, wer die Wahrheit zu beschwören glaubt. Nur die objektive Theorie ist deshalb in der Lage, einen für alle Tatbestände gleich gültigen Begriff der Falschheit zu geben.

3. Argument
Die subjektive Theorie rekurriert auf die überwundene Anschauung der Aussagedelikte als Verstoß gegen inneren Anstand, Moral und Treu und Glauben, wenn sie statt auf Wahrheit auf Wahrhaftigkeit der Beweisaussage abstellt.

4. Argument
Die subjektive Theorie kann § 160 StGB nicht erklären und kommt bei Versuch und Fahrlässigkeit zu unbefriedigenden Ergebnissen:

a) Sagt der Täter ungewollt das Richtige, ist die Rechtspflege nicht gefährdet. Die subjektive Theorie muß trotzdem wegen Vollendung strafen.

b) Im Kernbereich der fahrlässigen Abweichung des Aussageinhalts von der Wirklichkeit versagt die subjektive Theorie, weil sich nur eine vorsätzliche, nicht aber eine fahrlässige Abweichung von der eigenen Überzeugung denken läßt.

5. Argument
Wenn nach der Pflichttheorie eine Aussage nicht falsch sein soll, wenn der Aussagende alles in seinen Kräften Stehende getan hat, wird die Sorgfaltspflichtwidrigkeit mit dem Tatbestandsmerkmal »falsch« gleichgesetzt, obwohl die Frage, ob eine Aussage falsch ist, eine ganz andere ist als die, ob sie sorgfaltswidrig zustande gekommen ist.

III. (hier sog.) **Pflichttheorie**

Eine Aussage ist falsch, wenn der Aussagende mit ihr seine Aussagepflicht, d. h. seine nach den Regeln des Prozeßrechts festgelegte Wahrheitspflicht (die darin besteht, das von ihm reproduzierbare Erlebnisbild zur Sache vollständig und objektiv richtig wiederzugeben und den Vernehmenden von der Qualität der Reproduktion richtig zu unterrichten) verletzt.

Vertreten von:

Otto, § 97 Rn. 8 ff.; ders., in: Strafrechtsdogmatik und Kriminalpolitik, hrsg. von Müller-Dietz (1971), 18; ders., Übungen (2. Aufl. 1984), 129 f.; ders., JuS 1984, 161 ff.; ders., Jura 1985, 383; Schmidhäuser, 23/10; ders., OLG Celle-Festschr. (1961), 207 ff.; nahest. Dedes, JR 1977, 444 f.; Geerds, Einzelner und Staatsgewalt im geltenden Strafrecht (1969), 35 f.; NK-Vormbaum, § 153 Rn. 79 ff.; Vormbaum, Der strafrechtliche Schutz des Strafurteils (1987), 255 ff.; s. auch den Hinweis auf SK-Rudolphi oben unter II; Küper, 33.

1. Argument
Der Rechtspflege ist weder mit einer (zufällig) objektiv richtigen noch mit einer vom Aussagenden im Zeitpunkt der Vernehmung für richtig gehaltenen Aussage gedient, wenn die Aussage nicht durch kritische Überprüfung und gewissenhafte Erforschung des Erinnerungsvermögens zustande gekommen ist. Nicht, ob eine Aussage objektiv oder subjektiv wahr, sondern ob sie in diesem Sinne pflichtgemäß ist, macht sie zu einer geeigneten Grundlage für die richterliche Beweiswürdigung.

2. Argument
Die für jedes Unrecht vorausgesetzte Pflichtwidrigkeit ist bei den Aussagedelikten in dem Wort »falsch« ausgedrückt. Falsch ist also die Aussage, die nicht pflichtgemäß ist. Deshalb muß sich der Begriff der Falschheit daran orientieren, was von der Aussageperson vom Richter als pflichtgemäße Äußerung erwartet werden kann.

3. Argument
Wäre nur die objektiv wahre Aussage eine pflichtgemäße, müßte jeder Zeuge vor seiner Aussage bemüht sein, diese objektive Wahrheit zunächst selbst zu erforschen und seine Forschungsergebnisse dann mitzuteilen. Die Wahrheitserforschung ist aber Aufgabe des Gerichts, dem bei dieser Aufgabe nur mit der Schilderung dessen gedient ist, was der Zeuge erlebt hat (sei es objektiv wahr oder falsch) und nicht mit dem, was der Zeuge erforscht hat, selbst wenn es objektiv der Wahrheit entspricht.

4. Argument
Wenn nach der subjektiven Theorie der Zeuge seiner Pflicht genügt hat, wenn er gesagt hat, wessen er sich im Augenblick der Aussage bewußt ist, wäre es unverständlich, daß der Richter, dem diese Aussage zweifelhaft vorkommt, weiterfragen und der Zeuge auf diese Fragen antworten muß, denn mehr als die Erfüllung der Pflicht kann der Richter nicht verlangen. Also muß der Zeuge zu mehr verpflichtet sein, als nur das zu sagen, was er im Augenblick der Aussage vom Geschehen noch weiß.

Beispiele:

1. Im Ausgangsfall hat T nach der subjektiven Theorie nicht falsch ausgesagt, da zwischen dem Aussageinhalt und T's Überzeugung im Zeitpunkt der Aussage kein Widerspruch bestand. T ist straflos (auch § 163 StGB setzt eine falsche Aussage voraus!). Da aber ein Widerspruch zwischen Wort und Wirklichkeit gegeben ist, hat T nach der objektiven Theorie falsch ausgesagt und ist aus § 163 StGB zu

bestrafen. Auch nach der Pflichttheorie ist T's Aussage mangels gewissenhafter Erforschung des Erinnerungsvermögens falsch.

2. Hätte T im Ausgangsbeispiel ausgesagt, er habe X am 9. 2. 2001 am Tatort gesehen, obwohl er – wie im Ausgangsfall – überzeugt war, ihn dort am 9. 1. gesehen zu haben, liegt nach der subjektiven Theorie vollendeter Meineid vor, obwohl T objektiv die Wahrheit trifft. Die objektive Theorie kann in diesem Fall lediglich versuchten Meineid annehmen, während die Pflichttheorie wieder zum vollendeten Meineid kommt, weil T sein Vorstellungsbild richtig wiederzugeben hat.

3. Sagt T im Ausgangsbeispiel, nach seiner Erinnerung und Überzeugung sei es der 9. 1. 2001 gewesen, an dem er X gesehen habe, so soll – wenn diese Aussageform nicht nur eine sprachlich andere Formulierung für die Behauptung der vergangenen Tatsache, sondern Ausdruck dafür sein soll, daß nur über eine bestimmte Erinnerung berichtet wird (s. Schönke-Schröder-Lenckner, vor §§ 153 ff. Rn. 7 f.; RGSt 68, 282; OLG Koblenz JR 1984, 423) – auch nach der objektiven Theorie diese Aussage trotz des der Wirklichkeit widersprechenden Datums nicht falsch sein, wenn das angegebene Datum T's Erinnerung und Überzeugung entspricht, weil dann diese innere Tatsache richtig wiedergegeben und gar nicht behauptet wird, daß der äußere Vorgang so gewesen sei. Objektive und subjektive Theorie stimmen dann also überein (s. dazu auch NK-Vormbaum, § 153 Rn. 62). Für die Pflichttheorie bleibt auch hier die entscheidende Frage, ob T sich hinreichend um die Erforschung seines Gewissens bemüht hat.

11. Problem (§§ 153, 154, 27, 13 StGB)
Unter welchen Voraussetzungen kann eine Prozeßpartei Beihilfe zu §§ 153, 154 StGB durch Unterlassen begehen, wenn sie die Falschaussage eines Zeugen nicht verhindert?

Beispiel:

T wird von O auf Rückzahlung eines Darlehens verklagt. Als T im Prozeß wahrheitswidrig bestreitet, das Darlehen bekommen zu haben, benennt O als Zeugin für die Darlehenshingabe T's Freundin F, die bei der Auszahlung dabei war. F bestätigt dem im Termin anwesenden T zuliebe bei ihrer Vernehmung T's Behauptung unter Eid. T unternimmt hiergegen nichts. Hat sich T gem. §§ 154, 27, 13 StGB strafbar gemacht?

Ausgangspunkt:

Das Problem, wann beim Nichthindern deliktischer Handlungen Dritter Unterlassungstäterschaft, wann Teilnahme durch Unterlassen vorliegt (s. Hillenkamp, AT, 20. Problem), stellt sich nicht, weil die Aussagedelikte einen durch bloßes Nichthindern nicht zu verwirklichenden Unrechtsgehalt voraussetzen (s. SK-Rudolphi, vor § 13 Rn. 41 m. w. N.). Es kommt also nur eine Beihilfe durch Unterlassen in Betracht. Die Annahme einer solchen Beihilfe setzt eine Garantenstellung voraus. Anknüpfungspunkt für eine solche ist in den Fällen der Meineidsbeihilfe regelmäßig (wenn auch nicht notwendig, s. zu weiteren Anknüpfungspunkten NK-Vormbaum, § 153 Rn. 114 f.; Tröndle-Fischer, § 154 Rn. 24) vorangegangenes gefährdendes Tun in Form des Bestreitens und (oder) des Benennens eines Zeugen. Welche Qualität das vorangegangene Tun haben muß, um eine Garantenstellung zu begründen, ist schon generell streitig (s. Hillenkamp, AT, 29. Problem). Dieser Grundsatzstreit kehrt hier in einer durch den Charakter der Aussagedelikte bedingten Einfärbung wieder. Er stellt sich natürlich nur dort, wo eine aktive Teilnahme ausscheidet, die – wo sie ernsthaft in Betracht kommt – sorgfältig vorab zu klären ist, s. Brammsen, StV 1994, 136 ff.; Heinrich, JuS 1995, 1116 ff., 1120 u. Prittwitz, StV 1995, 270 ff.

I. (hier sog.) **Theorie der allgemeinen Verhinderungspflicht**

Eine Pflicht, die Falschaussage des Zeugen zu verhindern, besteht schon dann, wenn eine Prozeßpartei selbst den Zeugen für bewußt unwahre Prozeßbehauptungen benannt oder durch ihr wahrheitswidriges Bestreiten die Vernehmung eines vom Prozeßgegner benannten Zeugen veranlaßt hat. Diese Grundsätze gelten für den Strafprozeß entsprechend.

Vertreten von:

Dahm, DR 1941, 1994; Meister, MDR 1948, 92 f.; Mittelbach, DR 1940, 2234; Schaffstein, JW 1938, 578; Schickert, DR 1940, 2058; Wolf, ZAkDR 1938, 351; RGSt 70, 84; 72, 22; 74, 39; 74, 285; 75, 274; RG DR 1943, 577; DR 1942, 1782; DR 1941, 1837; DR 1940, 2234; DR 1943, 748; BGHSt 1, 22; 3, 18; 4, 218; OLG Hamm HESt 2, 243; die Rechtsprechung referieren unkritisch Kohlrausch-Lange, § 154 Bem. VII.

1. Argument
Wer für einen anderen eine Gefahrenlage schafft, ist verpflichtet, den drohenden Erfolg abzuwenden. Wer durch seine Aussage oder sein sonstiges Verhalten als Partei für einen anderen die Gefahr herbeiführt, vor Gericht falsch auszusagen, ist zur Verhinderung dieser Falschaussage verpflichtet.

2. Argument
§ 138 ZPO verpflichtet die Parteien eines Rechtsstreites, sich vollständig und wahrheitsgemäß zu erklären. Daraus ergibt sich die Pflicht, an der Wahrheitsfindung mitzuwirken und damit unwahre Zeugenaussagen zu verhindern (RGSt 70, 84; später vom Reichsgericht und von den meisten Autoren als Argument aufgegeben).

3. Argument
Die Rechtsordnung verlangt, daß man eher Sühne für eigenes Unrecht auf sich nimmt, als tatenlos neues Unrecht von einem anderen geschehen zu lassen, das man im Ursprung selbst gefördert hat.

II. (hier sog.) **Theorie der prozeßinadäquaten Risikosteigerung**

Die Pflicht, eine Falschaussage zu verhindern, besteht nur dann, wenn die Prozeßpartei den Zeugen in eine dem Prozeß nicht mehr eigentümliche – prozeßinadäquate – Gefahr der Falschaussage gebracht hat. Wahrheitswidriges Bestreiten oder die Benennung eines Zeugen begründet eine solche Gefahr allein nicht.

Vertreten von:

Arzt-Weber, § 47 Rn. 150 f.; Bindokat, NJW 1960, 2319; Blei, § 107 VI; Deubner, NJW 1960, 1916; Ebert, JuS 1970, 402; Gaede, JuS 2003, 778; v. Heintschel-Heinegg II, 90; Hilgendorf, 140; Kindhäuser I, § 46 Rn. 31; ders., LPK, § 153 Rn. 8; ders., GLW Nr. 11.16; Küpper BT/1, II § 2 Rn. 30; Maurach, DStR 1944, 1; ders., SJZ 1949, 542; Maurach-Schroeder-Maiwald II, § 75 Rn. 82 f.; Preisendanz, § 154 Bem. 6; Rengier II, § 49 Rn. 69 ff.; Tröndle-Fischer, § 154 Rn. 24; Welzel, § 28 A I 4 a; Wessels-Hettinger, Rn. 786; BGHSt 2, 133 f.; 4, 328; 6, 322; 14, 229; 17, 323; BGH LM § 154 Nr. 53; BGH NJW 1953, 1399; 1958, 956; BGH NStZ 1993, 489 (m. krit. Anm. von Geppert, JK 94, StGB § 154 Rn. 24); OLG Hamm MDR 1948, 92; LG Essen NJW 1952, 116; LG Göttingen NJW 1954, 731; OLG Köln NJW 1957, 34; OLG Bremen NJW 1957, 1246; OLG Köln NStZ 1990, 594; OLG Hamm NJW 1992, 1977 (m. abl. Bspr. von Bartholme, JA 1993, 221; Brammsen, StV 1994, 135 ff.; Scheffler, GA 1993, 348 ff.; Tenter, wistra 1994, 247 ff. u. zust. Anm. Otto, JK 93, StGB § 153/2); OLG Düsseldorf NJW 1994, 272 (m. krit. Anm. Otto, JK 94, StGB, § 154/3); **enger**, nämlich auf ein gerade auf die spätere Falschaussage bezogen pflichtwidriges Vorverhalten abstellend: Haft, 47 f.; Herzberg, Die Unterlassung im Strafrecht und das Garantenprinzip (1972), 309 ff.; LK-Ruß, § 154 Rn. 17 ff.; Otto, § 97 Rn. 76; ders., JuS 1984, 169; ders., JK 91, StGB § 154/1; SK-Rudolphi, vor § 153 Rn. 53; **eher ganz abl.** Heinrich, JuS 1995, 1120; Lackner-Kühl, Rn. 7 vor § 153; NK-Vormbaum, § 153 Rn. 119; Vormbaum, Der strafrechtliche Schutz des Strafurteils (1987), 293; krit. Hillenkamp, Wassermann-Festschr. (1985), 865 u. H.E. Müller, Falsche Zeugenaussage und Beteiligungslehre (2000), 302 ff.

1. Argument
Die bloße Benennung eines Zeugen bzw. das vorherige wahrheitswidrige Bestreiten im Prozeß ist zwar ursächlich für die falsche Aussage des Zeugen, setzt ihn aber keiner gesteigerten, prozeßunangemessenen Gefahr aus, eine Falschaussage zu begehen.

2. Argument
Die Prozeßpartei hat dem Zeugen gegenüber, der seine Aussage in eigener Verantwortung macht, eine Garantenstellung nur, wenn ganz besondere, die Gefahr einer Falschaussage über das Normalmaß erheblich steigernde Umstände hinzukommen.

3. Argument
Einer Prozeßpartei kann nicht generell zugemutet werden, eine ihr günstige – wenn auch falsche – Zeugenaussage ihrerseits richtig zu stellen. Tut sie es, ist das ein Zeichen hoher Sittlichkeit, tut sie es nicht, so ist das zwar bedauerlich, aber noch kein strafwürdiges Vergehen.

4. Argument
§ 138 ZPO – der ohnehin nur für den Zivil-, nicht aber für den Strafprozeß gilt – will zwar die Wahrheit im Prozeß fördern; ein Verstoß gegen die in ihm begründete Wahrheitspflicht ist aber nicht unter Strafe gestellt. Daß eine solche Bestrafung über den Umweg der Pönalisierung bloßen Unterlassens als Meineidsbeihilfe eintreten soll, widerspricht dieser gesetzgeberischen Entscheidung.

5. Argument
Die insbesondere vom Reichsgericht vertretene weitreichende Verhinderungspflicht hat das Reichsgericht erst in den letzten Jahren der nationalsozialistischen Ära entwickelt. Der Gedankengang spiegelt den Geist jener Zeit wider und kann heute keine Geltung mehr beanspruchen.

III. (hier sog.) Theorie der Eigenverantwortlichkeit

Eine Prozeßpartei ist nicht verpflichtet, die Falschaussage eines mündigen Zeugen zu verhindern.

Vertreten von:

Bartholme, JA 1998, 207 ff.; Bockelmann, Strafrechtliche Untersuchungen (1957), 126 ff.; ders., NJW 1954, 697 ff. (in seinem Lehrbuch III, § 2 II 3 b verweist Bockelmann lediglich auf die allg. Teilnahmeregeln); Geppert, JK 94, StGB § 154/2; ders., Jura 2002, 179; Joecks, vor § 153 Rn. 11 ff.; Kelker, Jura 1996, 98; Krey, Rn. 579; Roxin, HRR, 136, 210; Schmidt-Priebe I, 327 f.; Schönke-Schröder-Lenckner, vor §§ 153 ff. Rn. 40; Tenter, wistra 1994, 247; Welp, Vorangegangenes Tun als Grundlage einer Handlungsäquivalenz der Unterlassung (1968), 307 ff.; i. E. übereinst., aber mit für den Strafprozeß abw. Begründung, auch Prittwitz, StV 1995, 274 f.; Seebode, NStZ 1993, 83 ff.; Sering, Beihilfe durch Unterlassen (2000), 151 ff.; Stumpf, Die Strafbarkeit des Strafverteidigers wegen Strafvereitelung (§ 258 StGB), 1999, 206 ff.; Schünemann, Grund und Grenzen der unechten Unterlassungsdelikte (1971), 213 f. und Seebode, a. a. O. berufen sich auch auf die von ihnen behauptete Untauglichkeit des Ingerenzgedankens für eine Strafbarkeitsbegründung.

1. Argument
Eine Garantenpflicht zur Erfolgsabwendung erwächst nicht aus der Herbeiführung einer Gefahr, die in nichts weiterem als in der Versuchung zur Begehung einer Straftat besteht. Wer sich, wie der Zeuge, selbst in diese Gefahr begibt, entscheidet eigenverantwortlich, ob er der Versuchung nachgibt oder nicht.

2. Argument
Der Zeuge kann nicht als Werkzeug in der Hand des »Versuchers« angesehen werden. Er hat nicht nur die Pflicht, sondern auch die Möglichkeit, wahrheitsgemäß auszusagen. Erst durch seine falsche Aussage wird die Rechtspflege gefährdet, nicht aber durch die Veranlassung seiner Vernehmung bzw. die Nichthinderung der Aussage.

3. Argument
Zwischen dem Bestreiten oder dem Zeugenbenennen und der falschen Aussage wird der Konnex erst durch den eigenen Entschluß des Zeugen zur Unwahrhaftigkeit hergestellt. Dann trifft aber nur ihn die Verantwortung für den Meineid, nicht aber den, der ihn auf die Probe gestellt hat.

4. Argument
Die in der Rechtsprechung behandelten Fälle zeigen, daß für eine Bestrafung wegen Meineidsbeihilfe durch Unterlassen so gut wie kein kriminalpolitisches Bedürfnis gegeben ist: Denn entweder lag in den Vorhandlungen schon eine aktive

Beteiligung – dann ist das spätere Unterlassen subsidiär –, oder die aktive Beteiligung wurde vermutet, konnte aber nicht nachgewiesen werden, dann wird die Bestrafung des späteren Unterlassens zur Verdachtsstrafe.

Beispiele:

1. Im Ausgangsfall beschränkt sich T's vorangegangenes Verhalten darauf, die Darlehenshingabe wahrheitswidrig zu bestreiten. Damit schuf er die jedem Prozeß typische Gefahr, daß der Prozeßgegner einen Zeugen für die umstrittene Behauptung benennt, der möglicherweise wahrheitswidrig aussagen wird. Diese Vorhandlung reicht der Theorie der prozeßinadäquaten Risikosteigerung nicht aus. Daß F eigenverantwortlich zwischen Wahrheit und Lüge wählen kann, ist für die Lehre von der Eigenverantwortlichkeit Grund, dem im Ergebnis zuzustimmen. Lediglich nach der älteren Auffassung ist T als Gehilfe zum Meineid zu bestrafen.

2. Ändert sich etwas, wenn T die F durch Intensivierung seines intimen Verhältnisses zu ihr während der Dauer des Prozesses in erhöhte Abhängigkeit zu ihm gebracht hat? – Lediglich für die Theorie der prozeßinadäquaten Risikosteigerung: Die Rechtsprechung hat jedenfalls in der Intensivierung ehewidriger Beziehungen während eines Scheidungsprozesses die verlangte prozeßinadäquate Gefahrschaffung gefunden (s. BGHSt 17, 321; dazu Kühl, HRR, 24 f.; Roxin HRR, 136, 210). Die von Herzberg und anderen verfochtene engere Linie dagegen verneint auch hier die Pflichtwidrigkeit gerade in bezug auf die Falschaussage und damit eine Garantenstellung.

3. Ändert sich etwas, wenn es sich bei F nicht um die Freundin, sondern um die Frau oder Tochter des T handelt? – An der Beantwortung der Frage, ob eine garantenpflichtbegründende Ingerenz vorliegt, ändert sich dadurch nichts. Wohl aber ist zusätzlich zu fragen, ob der Ehemann aus dem Ehe-, der Vater aus dem Verwandtschaftsverhältnis verpflichtet ist, einen Meineid des Ehegatten bzw. der Tochter zu verhindern, s. dazu BGHSt 6, 322; KG JR 1969, 27 m. Anm. Lackner; SK-Rudolphi, § 13 Rn. 52.

4. Ändert sich etwas, wenn es der Angeklagte in einem Strafprozeß ist, der die von ihm durch Benennung eines Zeugen verursachte und ihm günstige Falschaussage des Zeugen nicht hindert? – Das OLG Hamm NJW 1992, 1977 hat in einem solchen Fall auf der Basis der Theorie der prozeßinadäquaten Risikosteigerung zwei Angeklagte verurteilt, weil sie allein wußten, daß der benannte Zeuge in Wahrheit Mittäter und deshalb die Hoffnung nicht unbegründet war, daß er – um sich selbst zu schützen – zugunsten aller Beteiligten die Unwahrheit sagen würde. Die gegenüber dem Zivilprozeß zusätzliche Problematik besteht hier in dem durch eine solche Rechtsprechung mittelbar auf den Angeklagten ausgeübten Zwang, die ihn belastende Wahrheit zu offenbaren (s. dazu LG Münster StV 1994, 134 m. Bspr. Brammsen, StV 1994, 135 ff.), ein Zwang, der mit dem Prinzip des nemo tenetur se ipsum accusare kollidiert (s. hierzu Bartholme, Prittwitz, Scheffler u. Seebode, jeweils a. a. O.). Die im Dritten Reich vorherrschende Theorie der allg. Verhinderungspflicht hatte es mit der Verurteilung leichter, weil der Angeklagte nach damaliger Auffassung stärker in die Aufklärungspflicht miteinbezogen wurde. Für die Lehre von der Eigenverantwortlichkeit bleibt es im Strafprozeß (erst recht) bei der Straflosigkeit des den Meineid nicht hindernden Angeklagten; ein weiteres Beispiel aus einem Strafverfahren bietet OLG Düsseldorf

NJW 1994, 272 m. krit. Anm. Otto, JK 94, StGB § 154/3. Nach Heinrich, JuS 1995, 1120 ist – unabhängig vom Ausgangspunkt – eine Beihilfe durch Unterlassen »in einem Strafprozeß kaum denkbar«. S. zsfsd. zum Streitstand Bartholme, JA 1998, 204 ff.

12. Problem (§ 258 StGB) Wann ist die Bezahlung einer fremden Geldstrafe Strafvereitelung i. S. d. § 258 II StGB?

Beispiel:

Der Gewässerschutzbeauftragte G eines gemeindlichen Unternehmens wurde wegen Gewässerverunreinigung gem. § 324 StGB zu einer Geldstrafe von 90 Tagessätzen à 100,– DM verurteilt. Daraufhin führte der Bürgermeister T eine Entscheidung des Abwasserverbandes herbei, aufgrund derer dem G durch unmittelbare Zahlung der Geldstrafe aus Mitteln des Verbandes die Strafe abgenommen wurde. Ist T gem. § 258 II StGB strafbar? (vgl. BGHSt 37, 226 und OLG Frankfurt/M StV 1990, 112 m. Anm. Noack)

Ausgangspunkt:

Die Antwort hängt davon ab, ob das Verbot der Vollstreckungsvereitelung gewährleisten soll, daß das verhängte Strafübel den Verurteilten höchstpersönlich und – bei Geldstrafe – wirtschaftlich fühlbar trifft oder ob es – bescheidener – nur den Vorgang der Beitreibung der Geldstrafe störungsfrei halten will. Der Wortlaut legt die letztere engere Deutung zwar zunächst näher. Zu bedenken ist aber, daß § 258 II StGB möglicherweise nicht nur garantieren soll, daß der Staat ungestört zu »seinem Geld kommt«, sondern auch, daß sich die mit der Geldstrafe verfolgten Strafzwecke verwirklichen können. Solche teleologischen Erwägungen drängen zu einer weiteren Auslegung.

I. (hier sog.) **Strenge Höchstpersönlichkeitstheorie**

Vollstreckungsvereitelung begeht jeder, der dem Verurteilten die Geldstrafe so abnimmt, daß ihn die Vermögenseinbuße wirtschaftlich nicht trifft. Nicht nur die direkte Zahlung der Geldstrafe, sondern auch die Hingabe des Geldes als (vorherige) Schenkung oder (nachträgliche) Erstattung an den Verurteilten erfüllt daher den Tatbestand.

Vertreten von:

v. d. Decken, ZStW 1892, 113 ff.; Gropp-Küpper-Mitsch, 223 f.; Hillenkamp, Lackner-Festschr. (1987), 466 f.; ders., JR 1992, 74 ff.; Küpper BT/1, II § 3 Rn. 14; Lehmann, GA 19, 784 ff.; Ludwig, GerS 84, 311 ff.; im Grundsatz zust. LK-Häger, vor § 40 Rn. 31. Die Höchstpersönlichkeitstheorie vertreten ohne Differenzierung zwischen I und II: Lackner (18. Aufl. 1989), § 258 Bem. 2c; LK-Jagusch (8. Aufl. 1958), § 257 Anm. 2b; LK-Ruß, § 258 Rn. 24a; Mitsch, JA 1993, 304; Zipf, MDR 1965, 633; RGSt 30, 232; OLG Frankfurt/M StV 1990, 112; bei gleichem Ausgangspunkt einschr. für den Fall, daß die Drittzahlung uneigennützig, ohne Bezug zu der der Verurteilung zugrundeliegenden Handlung und in rein privater Beziehung und damit »sozialadäquat« erfolgt, Wodicka, NStZ 1991, 487 f.

1. Argument
Der Begriff Vollstreckung in § 258 II StGB meint mehr als die störungsfreie Realisierung der Geldbeitreibung. Er hat vor allem die Realisierung der Strafzwecke im Auge. Soll § 258 II StGB aber dies gewährleisten, muß er die Höchstpersönlichkeit der Strafwirkung garantieren. Diese ist nur erreichbar, wenn man die Drittzahlung der Geldstrafe in all ihren Erscheinungsformen – und d. h. auch in den die direkte Zahlung umgehenden Modalitäten – für strafbar erklärt.

2. Argument
Strafe ist immer auch die Zufügung eines Übels gegenüber dem Rechtsbrecher. Die Strafe soll ihn persönlich treffen, was für die Geldstrafe die Abschaffung der Vollstreckung in den Nachlaß und das Tagessatzsystem besonders verdeutlichen. Wäre ein Weiterreichen des Denkzettels Geldstrafe an einen Dritten beliebig möglich, würde die Höchstpersönlichkeit der Strafe und damit der in ihr liegende Schuldausgleich verloren gehen.

3. Argument
Der Einwand, persönliches Betroffensein sei erwünscht, aber nicht erzwingbar, trifft nicht, da mit § 258 II StGB nicht das Betroffensein, wohl aber das Betroffenwerden als Voraussetzung des mit der Strafe bezweckten Betroffenseins und damit garantiert werden soll, daß niemand die Voraussetzungen (zer-)stört, unter denen Strafe wirken kann, wie Strafe wirken soll.

4. Argument
Die general- und spezialpräventive Wirkung der Geldstrafe würde obsolet, wo der potentielle Täter davon ausgehen kann, daß ein hinter ihm stehender Arbeitgeber, Kopf einer kriminellen Vereinigung, politischer Sympathisant oder Verwandter die Geldstrafe straflos für ihn übernehmen und diese Aussicht in ein bloßes Kosten-Nutzen-Kalkül einbeziehen kann und wird. Damit würde der Schutz aller Rechtsgüter, soweit er üblicherweise durch Geldstrafe verwirklicht wird, empfindlich geschwächt.

5. Argument
Es ist unbestritten, daß das Absitzen einer Freiheitsstrafe für einen anderen Vollstreckungsvereitelung i. S. d. § 258 II StGB ist, obwohl hierdurch der äußere Vollstreckungsablauf, den die Vertretbarkeitstheorie allein schützen will, gegenüber dem in Wahrheit Verurteilten nicht behindert wird. Warum dann zwischen der Übernahme einer fremden Geldstrafe und dem Absitzen einer fremden Freiheitsstrafe ein Unterschied bestehen soll, ist nicht ersichtlich. Er läßt sich auch nicht auf die Verschiedenheit von Geld und Freiheit als Eingriffsgüter gründen. Denn Strafe erfährt nicht, wen sie persönlich nicht trifft, gleichgültig, ob sie in einer Einbuße von Vermögen oder von Freiheit besteht.

6. Argument
Läßt man Erstattungen oder sogar Schenkungen trotz Forderung nach Höchstpersönlichkeit zu, lädt man zu Umgehungspraktiken ein und schwächt die Garantie, daß die gewollte Vermögenseinbuße den Verurteilten wirklich trifft.

II. (hier sog.) Eingeschränkte Höchstpersönlichkeitstheorie

Die Übernahme einer fremden Geldstrafe ist grundsätzlich strafbar. Hat der Verurteilte die Geldstrafe aber aus seinem eigenen Vermögen bezahlt, liegt keine strafbare Übernahme vor, auch wenn durch das Drittverhalten die Vermögenseinbuße den Verurteilten wirtschaftlich letztlich nicht trifft.

1. Deshalb ist zwar die direkte Zahlung wie auch eine die Zahlung dem Verurteilten ermöglichende Schenkung, nicht aber die spätere spontane Erstattung oder der nachträgliche Verzicht auf Rückzahlung eines zunächst ernst gemeinten Darlehens strafbar.

Vertreten von:

Blei, § 109 IV 3; ders., PdW II, Nr. 297 f.; ders., JA 1976, 320; Brüggemann, GA 1968, 165; Krey I (7. Aufl. 1989), Rn. 620 ff.; Lange, Engisch-Festschr. (1969), 624; LK-Tröndle (10. Aufl. 1978), vor § 40 Rn. 39; Pfeiffer-Maul-Schulte, § 257 Bem. 4; Schönke-Schröder-Stree, § 258 Rn. 28 a; Scholl, NStZ 1999, 603 ff.; Stree, JZ 1964, 589 f.; RGZ 169, 267; BGHZ 23, 224. Nach Schünemann, in: Umweltschutz und technische Sicherheit im Unternehmen (1993), 171 f., ließe sich die nachträgliche Erstattung durch eine Ergänzung des § 140 StGB pönalisieren.

Die Argumente 1–4 unter I gelten auch hier. Die Abgrenzung zu I und zu II 2 wird wie folgt begründet:

1. Argument
Mit der Bezahlung der Geldstrafe durch den Verurteilten aus seinem eigenen Vermögen ist der Strafanspruch des Staates getilgt. Daher kann eine nachträgliche Vereitelung der Vollstreckung des Strafanspruchs durch Erstattung oder Rückzahlungsverzicht nicht mehr erfolgen.

2. Argument
Wer aus seinem eigenen Vermögen ohne Aussicht auf Erstattung oder im Darlehensfall auf Rückzahlungsverzicht zahlt, hat das Strafleiden wie vorgesehen erfahren. Er mußte die Geldstrafe notfalls unter Inkaufnahme von Veräußerungsverlusten oder Eingehung von Verbindlichkeiten aufbringen. Die nachträgliche Erstattung bzw. der Rückzahlungsverzicht können daran nichts mehr ändern, sofern sich der Rechtsbrecher bei Zahlung der Geldstrafe nicht auf ein solches nachträgliches Verhalten verlassen konnte. Daß das Vermögen auf Dauer reduziert bleibt, ist eine überzogene Forderung.

3. Argument
Eine Erstattung der Geldstrafe kann u. U. sogar geboten sein, sofern ein anderer dafür verantwortlich ist, daß beim Verurteilten keine Straffreiheit eingetreten ist (so z. B. bei verspätetem Absenden einer Selbstanzeige gem. § 371 AO durch den Steuerberater). Dann darf aber ein solches Verhalten nicht für strafbar erklärt werden.

4. Argument
Wenn § 258 II StGB garantieren soll, daß das Strafübel den Verurteilten wirklich trifft, muß auch der Fall der Schenkung der direkten Zahlung gleichstehen. Denn wenn hier auch der Verurteilte formal aus seinem Vermögen zahlt, erleidet

er materiell gerade keine Vermögenseinbuße. Auf diese materielle Sicht und nicht auf den formalistischen Aspekt unmittelbarer oder mittelbarer Zahlweise ist abzustellen.

2. Deshalb ist nur die direkte Zahlung der Geldstrafe aus dem Drittvermögen strafbar.

Vertreten von:

Binding, Lehrbuch des gemeinen dt. Rechts BT II, 2, 1905, 651 Fn. 4; Eser III, 16 A 52; Frank, StGB, 18. Aufl. 1931, Bem. V 1 a; Maurach-Schroeder (6. Aufl. 1981), § 100 II; Welzel, § 76 III 1 b; Wessels I (14. Aufl. 1990), § 16 III 3; BGHZ 41, 223 = JZ 1964, 587 m. Anm. Stree. Nach LK-Altenhain, § 258 Rn. 64 tilgt die direkte Zahlung durch Dritte nicht die höchstpersönliche Schuld. Vollendete Strafvereitelung kann daher nur und erst eintreten, wenn der Staat infolge der nach Altenhain objektiv rechtswidrigen und nichtigen Annahmeerklärung die Verjährungsfrist verstreichen läßt.

Die Argumente 1–4 unter I gelten auch hier. Die Abgrenzung zu I und II 1 wird wie folgt begründet:

1. Argument
Mit der Zahlung der Geldstrafe durch den Verurteilten tritt die gewünschte Vermögensminderung ein, wenn diese Zahlung aus dem Tätervermögen erfolgt. Dabei muß es unerheblich sein, ob das Vermögen vor der Zahlung eine entsprechende Vermehrung erfahren hat oder nach der Zahlung einen entsprechenden Ausgleich erfährt, da das Vermögen eines Menschen auch sonst täglichen Schwankungen unterliegt.

2. Argument
Schenkungen an den Verurteilten sind sozialadäquat, da es jedem möglich sein muß, dem anderen etwas zuzuwenden. Aus § 258 II StGB läßt sich kein Schenkungsverbot gegenüber Verurteilten ableiten. Es würde auch einen ganz unklaren Zustand hervorrufen, da dann jeder, der die Verurteilung des Betroffenen kennt, Gefahr laufen würde, sich bei einer eventuellen Schenkung ohne zeitliche Begrenzung nach der Urteilsverkündung strafbar zu machen.

3. Argument
Nur wer durch unmittelbare Zahlung in das geschützte Vollstreckungsverhältnis eingreift, entspricht dem gegenüber § 257 StGB a. F. engeren Wortlaut. Ein darüber hinausgehender Schutz der Strafzweckverwirklichung durch Einbeziehung von Umgehungsmöglichkeiten mag kriminalpolitisch erwünscht sein, läuft aber auf eine vom Gesetzestext nicht mehr gedeckte Bestrafung bloßer Solidarisierung mit dem Verurteilten hinaus.

III. (hier sog.) **Vertretbarkeitstheorie**

Vollstreckungsvereitelung begeht nur derjenige, der die zwangsweise Beitreibung der Geldstrafe behindert. Die Zahlung der Geldstrafe für einen Dritten vereitelt die Strafvollstreckung nicht, sondern ermöglicht sie.

Vertreten von:

Arzt-Weber, § 26 Rn. 12; v. Bar, Gesetz und Schuld II (1907), 777 ff.; v. Buri, GerS 29, 45; Dreher, StGB (35. Aufl. 1975), § 258 Bem. 2 C; Engels, Jura 1981, 581 ff.; Geppert, JK 91, StGB § 258/7; U. Günther, Das Unrecht der Strafverteilung (1998), 197 ff., 201; Herzog, GA 29, 138; v. Hippel, Lehrbuch des Strafrechts (1932), 329 Fn. 5; Hoffmann-Wißmann, StV 2001, 249; Hohmann-Sander II, § 25 Rn. 13; Joecks, §§ 258, 258 a Rn. 13; Kindhäuser I, § 51 Rn. 22; Köhler, GerS 61, 70 ff.; Krey, Rn. 620 b; ders., JZ 1991, 889 f.; Kühl, HRR, 150; Lackner-Kühl, § 258 Rn. 13; v. Lilienthal, DJZ 1897, 490; Maurach-Schroeder-Maiwald II, § 100 Rn. 17; MK-Cramer, § 258 Rn. 35; Müller-Christmann, JuS 1992, 380 ff.; Noack, Mitwirkung Dritter bei der Bezahlung fremder Geldstrafen (Diss. Frankfurt 1978), 84 ff., 135 f.; ders., StV 1990, 113 f.; Otto, § 96 Rn. 16; ders., JK 90, StGB § 258/6; Preisendanz, § 258 Bem. 3; Rengier I, § 21 Rn. 11 f.; Schmidhäuser, 23/36; Schroth, 263; v. Schwarze, GerS 24, 383; SK-Hoyer, § 258 Rn. 21; Tröndle-Fischer, § 258 Rn. 16; Waldhausen, GA 29, 395; BGHSt 37, 226; für Haft, 177 f. und Wessels-Hettinger, Rn. 732 hat mit dieser Entscheidung die Streitfrage ihre Bedeutung für die Praxis verloren.

1. Argument
Die Verurteilung zu Geldstrafe begründet eine Geldschuld gegenüber dem Fiskus. Zahlung dieser Geldstrafe ist Tilgung der Schuld, nicht Vereitelung der Vollstreckung.

2. Argument
Aus dem Wortlaut des § 258 II StGB kann keine Strafbarkeit der Zahlung einer fremden Geldstrafe hergeleitet werden, da § 258 II StGB nicht mehr – wie noch § 257 StGB a. F. – verbietet, jemanden der Bestrafung zu entziehen, sondern nur noch die Vollstreckung der Strafe schützt. Wer darunter auch die Vereitelung der Strafzwecke subsumiert, überschreitet eindeutig die heutige Wortlautgrenze und macht sich damit verbotener Analogie schuldig.

3. Argument
Es besteht eine unauflösliche Diskrepanz zwischen der Theorie der Geldstrafe als höchstpersönlicher Übelszufügung und ihrer Wirksamkeit in der Praxis. Da Geld im Gegensatz zu Freiheit ein vertretbares Gut ist, ist Höchstpersönlichkeit nicht garantierbar und in der Vollstreckungspraxis auch gerade nicht garantiert, da eine Vollstreckung auch in Drittvermögen möglich ist.

4. Argument
In den vielfältigen Möglichkeiten, dem von den Gegenauffassungen gezogenen Strafbarkeitsbereich zu entgehen, steckt nichts anderes als die »Privilegierung von Komödien«. Daher muß aus Gründen der materiellen Gerechtigkeit die Bezahlung einer Geldstrafe für einen Dritten ganz unabhängig von der Zahlungsmodalität straflos sein.

5. Argument
Die Forderung, auch die Geldstrafe müßte als Strafübel wie die Freiheitsstrafe den Verurteilten persönlich treffen, verkennt, daß angesichts der nur noch zu einem sehr geringen Prozentanteil vollstreckten Freiheitsstrafe auch bei dieser Strafart die sozial-ethische Mißbilligung durch Verurteilung, nicht aber die persönliche Übelszufügung im Vordergrund steht.

6. Argument
Läßt man die nachträgliche Erstattung straffrei, obwohl man eine Einbußegarantie verlangt, ist das ebenso inkonsequent wie die Pönalisierung der Schenkung, da der Verurteilte im Schenkungsfall ja aus seinem, durch den geschenkten Betrag angereicherten Vermögen zahlt und deshalb im Ergebnis sehr wohl ärmer wird.

Beispiele:

1. Im Ausgangsfall hat das OLG Frankfurt auf dem Boden der Höchstpersönlichkeitstheorie auf die Beschwerde der StA die Anklage auch wegen Vollstreckungsvereitelung zugelassen. Da das Geld nicht G zur Zahlung übergeben bzw. ihm nachträglich erstattet, sondern sogleich unmittelbar der Gerichtskasse überwiesen wurde, mußte sich das OLG Frankfurt nicht zwischen strenger und eingeschränkter Höchstpersönlichkeitstheorie in ihren beiden Spielarten entscheiden, da die unmittelbare Zahlung nach allen drei Auffassungen § 258 II StGB erfüllt. Das LG Frankfurt hatte die Zulassung der Anklage mit der Vertretbarkeitstheorie abgelehnt, weil es im Gegensatz zur vom OLG bestätigten StA eine Vollstreckungsvereitelung durch die Zahlung einer fremden Geldstrafe nicht für möglich hielt. Lediglich die Anklage, Beiträge der Verbandsmitglieder pflichtwidrig veruntreut zu haben (§ 266 StGB), sollte nach Auffassung des LG Gegenstand des Verfahrens sein. Dieser Ansicht hat sich nun auch der BGH angeschlossen und die Revision der StA gegen das von dem Vorwurf der Strafvereitelung freisprechende Urteil des LG Frankfurt verworfen, s. dazu auch Hassemer, JuS 1991, 694 ff.

2. B wurde nach einem ersten Verkehrsdelikt zu einer Geldstrafe, nach einem zweiten zu einer weiteren Geldstrafe und nach einem dritten einschlägigen Delikt zu einer Freiheitsstrafe ohne Bewährung verurteilt. Im ersten Fall hatte sein Zwillingsbruder Z dem B das Geld zur Begleichung der Strafe geschenkt, im zweiten Fall dem B den Betrag zunächst als Darlehen überlassen, später dann aber auf Rückzahlung verzichtet. Da B am Tage des Strafantritts seinen Hochzeitstermin hatte, fand sich Z schließlich beim dritten Mal bereit, die Strafe für B abzusitzen. – Die Schenkung erfüllt nach der strengen Höchstpersönlichkeitstheorie den Tatbestand des § 258 II StGB. Dem stimmen die unter II 1 genannten Vertreter der eingeschränkten Höchstpersönlichkeitstheorie zu, während die unter II 2 genannten Autoren ebenso wie die Vertretbarkeitslehre zur Tatbestandslosigkeit gelangen. Die ernstgemeinte Hingabe eines Darlehens erfüllt nach keiner Ansicht § 258 II StGB (s. Krey, Rn. 623; RG GA 44, 253), der spätere Rückzahlungsverzicht nur nach der strengen Höchstpersönlichkeitstheorie. Das Absitzen der Strafe ist – seit RGSt 8, 366 unbestritten – Vollstreckungsvereitelung. Soweit man in diesen Fällen den Tatbestand bejaht, ist freilich § 258 VI StGB zu beachten. Kann B aus dem Verhalten Z's die konkludente Zusage entnehmen, zur Abnahme des Strafübels stets bereit zu sein, ist auch – bei Vorsätzlichkeit und genügender Bestimmtheit der jeweiligen Haupttat – an Beihilfe zu B's Taten zu denken, s. dazu Krey, Rn. 624; ferner Kapp, NJW 1992, 2797 zum Problem der auf Geldstrafen bezogenen »Freistellungsvereinbarung« zwischen Arbeitgeber und Arbeitnehmer in der Unternehmenspraxis.

C. Straftaten gegen die Sicherheit des Rechtsverkehrs

13. Problem (§ 267 StGB)
Kann der Aussteller einer Urkunde diese Urkunde nachträglich selbst verfälschen?

Beispiel:

O hatte T auf ein ihm von T gewährtes Darlehen 40.000,– € zurückgezahlt und hierüber von T eine Quittung erhalten. Als T einige Tage später O besuchte, nutzte er einen unbewachten Moment, um in der auf dem Schreibtisch liegenden Quittung die letzte Null wegzuradieren. Hat sich T gem. § 267 StGB strafbar gemacht?

Ausgangspunkt:

Die Quittung hat nach der Manipulation einen unwahren Inhalt: Statt wirklich gezahlter 40.000,– € sollen nur 4.000,– € gezahlt sein. Mit dieser Begründung läßt sich eine Urkundenfälschung aber nicht bejahen. § 267 StGB schützt nicht die Wahrheit des Urkundeninhalts, sondern soll sicherstellen, daß der der Urkunde entnehmbare – der scheinbare – und der wirkliche – der wahre – Aussteller identisch sind (Echtheitsschutz). Hieran besteht auf den ersten Blick kein Zweifel: T erscheint nicht nur als, sondern ist nach wie vor Aussteller der Quittung. Beschränkt man § 267 StGB auf den Echtheitsschutz, bleibt daher nur § 274 StGB. Sieht man dagegen auch mit § 267 StGB den Bestand der Urkunde garantiert, kann u. U. auch der Aussteller selbst die von ihm herrührende Urkunde verfälschen.

I. (hier sog.) **Echtheitsschutzlehre**

Der Aussteller einer Urkunde kann diese Urkunde selbst nicht verfälschen.

Vertreten von:

Freund, JuS 1993, 733 f.; ders., JuS 1994, 34; ders., JA 1995, 662; ders., Urkundenstraftaten (1996), Rn. 29 ff.; Gropp-Küpper-Mitsch, 197; Haft, 243; Helle, Die nachträgliche Veränderung der Urkunde durch ihren Aussteller (2001), 75 f., 82; Hohmann-Sander II, § 17 Rn. 47; Joecks, § 267 Rn. 78 f.; Armin Kaufmann, ZStW 71 (1959), 411; Kienapfel, Urkunden im Strafrecht (1967), 205 Fn. 217; ders., JR 1975, 515; ders., Jura 1983, 193; Krack, JR 1998, 479 m. Fn. 1; Küpper BT/1, II § 1 Rn. 43; Lampe, GA 1964, 327 ff.; Maiwald, ZStW 91 (1979), 958 f.; NK-Puppe, § 267 Rn. 86 ff.; Otto, § 70 Rn. 49; ders., JuS 1987, 768 f.; ders., JK 95, StGB § 267/21; ders., JK 98, StGB § 267/24; Puppe, JR 1978, 206 f.; dies., Jura 1979, 639 f.; dies., JZ 1986, 944 f.; dies., JZ 1991, 551; Radtke, JuS 1994, 592; Schilling, Der strafrechtliche Schutz des Augenscheinsbeweises (1965), 113; ders., Reform der Urkundenverbrechen (1971), 19 ff.; Schmidhäuser, 14/20; Schmitz, Der Schutz des Beweisführungsinteresses im Urkundenstrafrecht (2001), 49 ff.; Schönke-Schröder-Cramer, § 267 Rn. 68; SK-Hoyer, § 267 Rn. 83; Samson, JuS 1970, 375; ders., JA 1979, 661 f.

1. Argument
Das Ergebnis einer Urkundenfälschung muß eine unechte Urkunde sein, d. h. sie darf nicht von dem stammen, der als ihr Aussteller erscheint. An dieser Identitätstäuschung aber fehlt es bei späterer Veränderung durch den Aussteller.

2. Argument
§ 267 StGB schützt den Rechtsverkehr nur gegen die Schaffung falscher, nicht aber gegen die Verletzung der Integrität bestehender echter Beweismittel.

3. Argument
Daß der Verfälschungstatbestand in § 267 StGB überflüssig sei, wenn man ihm nicht die Ausstellerfälschung zuordne, ist zu bestreiten. Denn wenn auch durch jede Fälschung zugleich eine unechte Urkunde hergestellt wird, so macht die Verfälschungsalternative doch deutlich, daß die Herstellung nicht ein zuvor bestehendes Urkundennichts voraussetzt, sondern auch durch eine Manipulation an einer schon bestehenden Urkunde bewirkt werden kann. Diese Klarstellungsfunktion verhilft der Verfälschungsalternative zu ihrer Daseinsberechtigung.

4. Argument
Die Gegenmeinung legt § 267 StGB einen gespaltenen Echtheitsbegriff zugrunde: Beim Auseinanderfallen zwischen scheinbarem und wahrem Aussteller wird mit der Subsumtion unter den Fälschungsbegriff der Echtheitsschutz gewährleistet; dagegen wird § 267 StGB die Funktion des Bestandsschutzes zugewiesen, wenn die Veränderung durch den Aussteller selbst als Fälschung in Betracht kommen soll.

5. Argument
Es ist noch kein Aussteller bestraft worden, der seine inhaltlich unrichtige Erklärung später richtig gestellt hat. Das zeigt aber, daß man in Wahrheit die schriftliche Lüge bestraft, wenn man im umgekehrten Falle den Aussteller bestrafen will.

6. Argument
Die Lehre von der Ausstellerfälschung ist schon deshalb abzulehnen, weil ein praktisches Bedürfnis für sie nicht besteht. Verändert nämlich der Aussteller seine eigene Erklärung, nachdem er die alleinige Verfügungsbefugnis verloren hat, so handelt es sich regelmäßig um Urkundenunterdrückung i. S. d. § 274 StGB. Mit diesem Ergebnis harmoniert, daß auch der Aussteller nur wegen Urkundenunterdrückung zu bestrafen ist, der – statt an der Urkunde zu manipulieren – die Ausgangsurkunde vernichtet und eine neue, seinen Zwecken entsprechende, aber nur eine straflose schriftliche Lüge darstellende Urkunde herstellt.

II. (hier sog.) **Bestandsschutzlehre**

Der Aussteller einer Urkunde kann diese Urkunde dann verfälschen, wenn er die Dispositionsbefugnis über sie nicht mehr ausschließlich selbst besitzt.

Vertreten von:

Blei, § 80 III 2; ders., PdW II, Nr. 83; Bockelmann III, § 12 V; Eser IV, Fall 19 A 54; Geppert, Jura 1988, 160; 1990, 272; Jakobs, Urkundenfälschung (2000), 67 Fn. 106; Kargl, JA 2003, 608; Kindhäuser I, § 55 Rn. 61 ff.; ders., LPK, § 267 Rn. 47 ff.; Kohlrausch-Lange, § 267 Bem. V; Krey, Rn. 688; Lackner-Kühl, § 267 Rn. 21; LK-Gribbohm, § 267 Rn. 203 f.; LK-Tröndle (10. Aufl. 1982), § 267 Rn. 153, 158; Maurach-Schroeder-Maiwald II, § 65 Rn. 64 f.; Paeffgen, Jura 1980, 487; Preisendanz, § 267 Bem. III 3; Rengier II, § 33 Rn. 24; Sax, Peters-Festschr. (1974), 149 ff.; Schroth, 194; Tröndle-Fischer, § 267 Rn. 19 a; Welzel, § 60 A I 1 b; Wessels-Hettinger, Rn. 847 ff.; RGSt 3, 324; 35, 147; 50, 421; 51, 36; 51, 340; 52, 78; 52, 88; 60, 156; 60, 188; 64, 397; 67, 245; 69, 396; 74, 341; BGHSt 13, 386; BGH GA 1963, 17; BVerwG, 1. Disziplinarsenat, Urt. v. 21. 03. 2001 – AZ 1D 10/00; OLG Stuttgart NJW 1978, 715; KG wistra 1984, 233; OLG Koblenz NStZ 1995, 138; offengelassen von OLG Saarbrücken NJW 1975, 659; zw. Arzt-Weber, § 31 Rn. 32; im Ausgangspunkt auch OLG Düsseldorf NJW 1998, 692, das aber die Änderung einer Urkunde durch den Aussteller nach Verlust der Dispositionsbefugnis dann nicht für »unbefugt« hält, wenn das Produkt der Manipulation den tatsächlichen Verhältnissen entspricht.

1. Argument
Der Tatbestand der Urkundenfälschung schützt Urkunden nicht nur in ihrer Echtheit i. e. S., sondern auch insoweit, als der Rechtsverkehr an ihnen ein Unversehrtheitsinteresse hat, dient also einem durch den Bestandsschutz ergänzten Echtheitsschutz.

2. Argument
Das Beharren der Gegenmeinung auf einem i. S. des Echtheitsschutzes monistischen Schutzverständnis geht daran vorbei, daß das Gesetz einerseits im Zusammenhang mit der Verfälschung einer Urkunde den Begriff »unecht« gerade nicht gebraucht und andererseits mit dem »Verfälschen« andeutet, daß es die Urkunde auch vor einer nachträglichen Inhaltsänderung schützen, also eine doppelte Schutzrichtung verfolgen will.

3. Argument
Der Begriff der Echtheit ist gesetzlich nicht vorgegeben. Er läßt sich deshalb nicht nur ausstellerbezogen, sondern zugleich bezüglich des Zeitpunktes der Begehung erklärungsbezogen verstehen.

4. Argument
Auch bei der Ausstellerfälschung läßt sich von einer Identitätstäuschung sprechen, wenn man rechtlich den Aussteller in einem Zeitpunkt X als nicht identisch mit demselben realen Aussteller im Zeitpunkt Y erklärt, der Zeitverschiebung also identitätsverändernde Wirkung beilegt.

5. Argument
Strafrechtlichen Schutz genießt die Urkunde nicht im Interesse des Ausstellers oder Eigentümers, sondern im Interesse von Sicherheit und Zuverlässigkeit des Rechtsverkehrs. Die Abänderungsbefugnis des Ausstellers kann deswegen nur solange dauern, bis die Urkunde in den Rechtsverkehr gebracht ist. Dann bestehen unabweisbar praktische Bedürfnisse, das Recht eines Dritten am unveränderten Bestand eines Beweismittels auch gegenüber dem Aussteller der Urkunde zu schützen.

6. Argument

Wenn die Gegenmeinung die Ausstellerfälschung als Urkundenunterdrückung bestrafen will, so geht sie daran vorbei, daß der Aussteller in diesen Fällen die ursprüngliche Urkunde gar nicht in erster Linie unterdrücken oder vernichten, sondern sie im Gegenteil für den Beweisverkehr weiter benutzen will und zwar so, als weise die Urkunde noch die Gestalt und Erklärung auf, die er ihr ursprünglich gegeben hat. Das aber gleicht dem Fälscherverhalten weit mehr als dem des Unterdrückers.

7. Argument

Die Gegenauffassung vermag nicht zu begründen, warum § 267 StGB den – von ihrem Standpunkt aus überflüssigen – Verfälschungstatbestand überhaupt enthält.

Beispiele:

1. Im Ausgangsfall (s. einl. auch Küper, 316 ff.) liegt nach der Echtheitsschutzlehre keine Urkundenfälschung gem. § 267 StGB vor, weil die Quittung auch in ihrer jetzigen Gestalt (4.000,– €) vom Aussteller stammt. Da die Quittung dem T aber nicht mehr gehörte, liegt nach dieser Meinung eine Urkundenbeschädigung nach § 274 Nr. 1 StGB vor. Die Bestandsschutzlehre bestraft T dagegen aus § 267 StGB, weil er mit der Übergabe der Quittung an O die Dispositionsbefugnis über sie verloren und O das Recht erworben hatte, mit ihr Beweis im Rechtsverkehr zu erbringen. § 274 Nr. 1 StGB tritt demgegenüber zurück.

2. Dr. A, Leiter einer auf die Behandlung von Zuckerkrankheiten spezialisierten Privatklinik, ließ die Blutzuckerwerte seiner Patienten durch das Laborpersonal in die Krankenakten eintragen, behielt sich aber vor, die jeweiligen Aufnahme- und Entlassungswerte zu »überprüfen und zu ändern«. Das tat er – durch Überschreiben – dann auch in über fünfhundert Fällen. – Das OLG Koblenz NStZ 1995, 138 hat angenommen, daß mit dem Eintragen der Werte in die Krankenakten durch das Personal bereits Urkunden entstanden seien, weil der Änderungsvorbehalt Dr. A's unzulässig und deshalb kein Grund sei, noch von bloßen Urkundsentwürfen zu sprechen. Als Aussteller dieser Urkunden sieht das OLG nach der Geistigkeitstheorie Dr. A an, weil er der zur Dokumentation Verpflichtete ist. Auf dieser Basis konnte Dr. A nur nach der Bestandsschutzlehre § 267 StGB erfüllen. Für die Echtheitsschutzlehre liegt – da die Krankenakten schon während der Behandlung für Patienten von Beweisinteresse sind und daher auch ihnen gehören – dagegen nur § 274 Nr. 1 StGB vor, s. zum Fall Otto, JK 95, StGB § 267/21.

3. Der Bierkutscher T trug die von ihm bei der Wirtin O abgelieferten Bierlieferungen in ein von O verwahrtes Bierbuch ein, das als Grundlage für die halbjährliche Abrechnung mit der Brauerei diente. Bei der letzten Lieferung vor einer Abrechnung trug T außer der gerade angelieferten Menge in eine auf der vorangehenden Seite leergebliebene Zeile eine Lieferung von 100 l unter einem früheren Datum ein, die er nicht gemacht hatte. Die 100 l wollte T auf eigene Rechnung verkaufen (vgl. RGSt 51, 37). – Das Bierbuch ist eine Gesamturkunde und als solche nach h. M. vom Schutz des § 267 StGB grundsätzlich erfaßt. Das Hinzufügen einer Einzelurkunde – die Eintragung der angeblichen Lieferung – verfälscht die Gesamturkunde. Daß dies der Aussteller tut, hindert nach der Bestandsschutzlehre die Bestrafung T's nach § 267 StGB nicht, weil O bereits ein Beweisrecht an dem Bierbuch besaß. Für die Echtheitsschutzlehre entfällt dagegen § 267 StGB, weil

der Aussteller des Bierbuches diese Urkunde auch nachträglich nicht verfälschen kann. Auch der Rückgriff auf § 274 StGB ist in einem derartigen Fall versperrt, weil mit dem Hinzufügen einer Einzelurkunde die Gesamturkunde nicht »vernichtet, beschädigt oder unterdrückt« wird. T ist deshalb nach dieser Lehre insoweit straflos. Freund – Anhänger der Echtheitsschutzlehre – will allerdings doch eine »Unterdrückung« annehmen (JA 1995, 663).

4. Examenskandidat T liefert im 1. Jur. Staatsexamen eine mit seiner Kennziffer versehene Klausur zum Abgabezeitpunkt bei der Aufsichtsperson ab. Als diese von einem anderen Kandidaten in ein Gespräch verwickelt wird, nutzt T dies dazu aus, in seiner auf dem Stapel oben liegenden Klausur einen gravierenden Fehler noch schnell zu korrigieren. – Eine mit der Kennziffer versehene Klausur ist eine Urkunde (s. Hilgendorf, 114 f.; Schroeder, JuS 1981, 417 zu BayObLG NJW 1981, 772; vgl. auch BGHSt 17, 297). Nach der Bestandsschutztheorie kommt daher eine Urkundenfälschung, nach der Echtheitsschutztheorie nur eine Urkundenunterdrückung in Betracht. Für beide Lösungen ist freilich – da auch die Bestandsschutzlehre voraussetzt, daß die Urkunde in den Rechtsverkehr gelangt und damit ein geschütztes Beweisführungsinteresse eines Dritten entstanden ist (s. dazu OLG Köln NJW 2002, 527 mit Bespr. Hecker, JuS 2002, 225) – vorentscheidend, ob T die (alleinige) Dispositionsbefugnis über die Klausur bereits verloren hatte und ihm damit die Urkunde nicht mehr (allein) »gehört«. Das wird man mit Abgabe zum Abgabezeitpunkt bejahen müssen, weil damit die Ergänzungs- und Abänderungsbefugnis erlischt und das Beweisinteresse des LJPA am unversehrten Fortbestand der Klausur entsteht (s. Wessels-Hettinger, Rn. 850).

14. Problem (§ 268 StGB)
Handelt es sich bei der veränderlichen Anzeige von Werten auf ablesbaren Zählgeräten, die den jeweiligen Stand eines fortlaufenden Meßvorganges wiedergeben, um eine technische Aufzeichnung i. S. d. § 268 II StGB?

Beispiel:

T hat sich ein Auto gemietet. Nach 100 km schraubt T die Tachowelle ab und schließt sie erst kurz vor Rückgabe des Autos wieder an. Statt der in Wirklichkeit gefahrenen 520 km gibt der Tacho nur eine Fahrstrecke von 102 km an. Ist T nach § 268 StGB strafbar? (vgl. LG Marburg MDR 1973, 65; Tiedemann, 217)

Ausgangspunkt:

Die Legaldefinition der technischen Aufzeichnung in § 268 II StGB setzt eine »Darstellung von Daten, Meß- oder Rechenwerten ...« voraus, von der – um die Parallelität zum Urkundenschutz zu wahren – verbreitet verlangt wird, daß sie sich in einer selbständigen Verkörperung von einer gewissen Dauerhaftigkeit (Perpetuierungsfunktion) niederschlägt. Da die Kilometerangaben sich vom Gerät nicht abtrennen lassen und ständiger Veränderung unterliegen, ist zweifelhaft, ob sie diese Voraussetzungen erfüllen.

I. (hier sog.) **Eingeschränkte Perpetuierungstheorie**

Veränderliche Anzeigen auf ablesbaren Zählgeräten erfüllen – wenn sie den jeweiligen Stand eines fortlaufenden Meßvorganges wiedergeben – den Begriff der technischen Aufzeichnung.

Vertreten von:

Blei, JA 1971, 724 f.; ders., JA 1973, 176 f.; Bockelmann III, § 15 II 1 d; Joecks, § 268 Rn. 9; Preisendanz, § 268 Bem. 3 b; Schilling, Fälschung technischer Aufzeichnungen (1970), 11; Schönke-Schröder-Cramer, § 268 Rn. 9; SK-Hoyer, § 268 Rn. 10; BGH Holtz MDR 1978, 988; LG Marburg MDR 1973, 65; OLG Frankfurt NJW 1979, 118 m. zust. Anm. Sonnen, JA 1979, 168; wohl auch Freund, JuS 1994, 208; ders., Urkundendelikte (1996), Rn. 250, der der Gegenmeinung allerdings die Beschränkung einer im Ansatz verfehlten Norm auf ein Minimum zugute hält.

1. Argument
Der kriminalpolitische Zweck des § 268 StGB gebietet es, über den im Rahmen dieser Vorschrift ohnehin nur in einzelnen Elementen brauchbaren engen Urkundenbegriff dann hinauszugehen, wenn anders Darstellungen nicht erfaßt würden, die zum Schutze ihres Beweiswertes auf strafrechtliche Sicherungen angewiesen sind: Das aber ist bei Zählwerken der Fall, weil sich der Rechtsverkehr auf sie verläßt und den jeweiligen Stand eines Geschehensablaufes mit ihm nachzuweisen pflegt.

2. Argument
Die Darstellung muß zwar von einer gewissen Dauerhaftigkeit sein, um der auch für die Aufzeichnung wegen der Parallelität zum Urkundenschutz nicht ganz entbehrlichen Perpetuierungsfunktion gerecht zu werden. Da die sich fortlaufend verändernden Zählerstände aber stets die Summe der bisher gemessenen Einheiten bewahren, läßt sich auch bei den Aufzeichnungen von einer gewissen Dauerhaftigkeit reden.

3. Argument
Die Begriffsbestimmung in § 268 II StGB ist schon ihrem Wortlaut nach nicht auf selbständig verkörperte und von dem Gerät ablösbare Darstellungen beschränkt und setzt auch nicht mehr Dauerhaftigkeit voraus, als im Urkundenbereich: So, wie auch dann von einer Urkunde zu sprechen ist, wenn sie – etwa wegen des Materials, aus dem sie besteht – nur äußerst kurzlebig ist, steht der Bezeichnung als Darstellung nicht im Wege, daß sie sich nach wenigen Minuten oder Sekunden verändert.

4. Argument
Wenn die Gegenmeinung Aufzeichnungen von Zählwerken bloßen Anzeigen von Waagen, Thermometern etc. gleichstellt, verkennt sie, daß der Zählerstand als Aufzeichnung die Einwirkung auf das Gerät überdauert und damit zum Beweis gegen jedermann gebraucht werden kann, während die Anzeige mit der Beendigung der Einwirkung erlischt und damit keine in gleichem Maße schutzwürdige Funktion im Rechtsverkehr hat.

II. (hier sog.) **Strenge Perpetuierungstheorie**

Sich ständig verändernde Anzeigen auf Zählgeräten erfüllen – auch wenn sie den jeweiligen Stand eines fortlaufenden Meßvorganges wiedergeben – nicht den Begriff der technischen Aufzeichnung.

Vertreten von:

Blei, § 83 II; zw. ders., PdW II, Nr. 107; Eser IV, Fall 19 A 78; Haft, 236; Hirsch, ZStW 85 (1973), 715 f.; Hohmann-Sander II, § 18 Rn. 5 f.; Kienapfel, Urkunden im Strafrecht (1967), 386; ders., JZ 1971, 164; ders., JZ 1973, 225; ders., JR 1980, 429; Kindhäuser I, § 56 Rn. 8; ders., LPK, § 268 Rn. 8; ders., GLW Nr. 12. 47; Krey, Rn. 724; Küpper BT/1, II § 1 Rn. 75; Lackner-Kühl, § 268 Rn. 3; LK-Gribbohm, § 268 Rn. 5 f.; LK-Tröndle (10. Aufl. 1982), § 268 Rn. 11; Maurach-Schroeder-Maiwald II, § 65 Rn. 82; NK-Puppe, § 268 Rn. 24; Otto, § 74 Rn. 5; Puppe, Die Fälschung technischer Aufzeichnungen (1972), 79 ff.; dies., JZ 1986, 949; Rengier II, § 34 Rn. 5; Schmidhäuser, 14/29; Schneider, Juristische Analysen 1970, 247; Schroth, 195; Tröndle-Fischer, § 268 Rn. 3; BGHSt 29, 204; OLG Düsseldorf VerkMitt 1975, 54; i. E. auch Wessels-Hettinger, Rn. 864, der aber nur das kriminalpolitische Argument (ausreichender Schutz durch §§ 242, 248 c, 263, 266 StGB) für stichhaltig hält. Zur Entstehungsgeschichte vgl. Corves, Protokolle des Sonderausschusses für die Strafrechtsreform, V. Wahlperiode, S. 2396 ff.; 2409 ff. u. BGHSt 29, 204.

1. Argument
Aus der systematischen Stellung des § 268 StGB im Gesetz und aus seiner Entstehungsgeschichte ergibt sich, daß es sich um einen Paralleltatbestand zur Urkundenfälschung handelt. Dann muß die technische Aufzeichnung aber wie die Urkunde eine Perpetuierungsfunktion erfüllen, setzt also Dauerhaftigkeit voraus. An dieser Dauerhaftigkeit fehlt es bei sich laufend verändernden Meßwerten.

2. Argument
Daß im jeweiligen Stand auch die Summe der bisher gemessenen Werte enthalten ist, reicht für das Perpetuierungserfordernis nicht aus, weil der Endwert nicht in einer die Entstehung erkennbar wiedergebenden Aufzeichnung, sondern nur in einer zusammengefaßten Anzeige erscheint. Die Zählwerke stehen deshalb den bloßen – unstreitig nicht unter § 268 StGB fallenden – Anzeigen (von Waagen etc.) gleich.

3. Argument
Aus der Parallelität zum Urkundenbegriff ergibt sich auch, daß sich als Darstellung i. S. d. § 268 II StGB nur eine selbständig verkörperte und vom Gerät abtrennbare Aufzeichnung begreifen läßt, die nicht Bestandteil des Aufzeichnungsmechanismusses selbst sein darf.

4. Argument
Meßwerte, die sich ständig verändern, sind weniger schutzwürdig, weil sie die volle Funktion eines Beweismittels, stets wiederholbar gegenüber jedermann Beweis zu erbringen, nicht erfüllen können. In der Unwiederholbarkeit einer Täuschung durch falsche Anzeige und der darin liegenden Beschränkung auf wenige Täuschungsopfer liegt die geringere Gefährlichkeit derartiger Fälschungen, die es

nicht rechtfertigt, sie mit den Fälschungen echter Aufzeichnungen auf eine Ebene zu stellen.

5. Argument
Kriminalpolitisch ist die Anwendung des § 268 StGB entbehrlich, weil der Tatunwert von Manipulationen an derartigen, sich ständig verändernden Anzeigen hinreichend durch die Bestrafung des in aller Regel mitbezweckten Betruges abgedeckt wird.

Beispiele:

1. Im Ausgangsfall hat T sich nach der strengen Perpetuierungstheorie an keiner technischen Aufzeichnung zu schaffen gemacht und kann deshalb nur über § 263 StGB, nicht aber über § 268 StGB erfaßt werden. Nach der eingeschränkten Perpetuierungstheorie ist dagegen die Anzeige des Kilometerzählers (wie die der Gas-, Heizungs-, Strom-, Wasser-Zähler) eine technische Aufzeichnung, an der T eine Manipulation vorgenommen hat. Ob T nach § 268 StGB bestraft werden kann, hängt dann allerdings weiter davon ab, ob in dem zeitweiligen Abschalten des Gerätes eine störende Einwirkung auf den Aufzeichnungsvorgang (§ 268 III StGB, eine andere Tathandlung kommt hier nicht in Betracht) zu sehen ist. Auch diese Frage hat das LG Marburg a. a. O. bejaht, während sie das BayObLG NJW 1974, 325 (Fahrtenschreiber) m. abl. Bspr. Puppe, NJW 1974, 1174 verneint (s. Krey, Rn. 725 m. w. N.); s. zu dieser Tatvariante auch BayObLG NStZ-RR 2001, 371 (EG-Zweifahrerkontrollgerät).

2. T hat an der Benzinuhr einer Zapfsäule so manipuliert, daß sie statt der getankten 50 l nur 5 l anzeigt. – Auch hier kommt nur nach der eingeschränkten Perpetuierungstheorie § 268 StGB in Betracht. Auch wenn die Benzinuhr nach Herausnahme des Zapfhahnes durch den nächsten Kunden wieder auf null zurückläuft, speichert sie doch zunächst die abgegebene Menge über den Einwirkungsvorgang hinaus und ist deshalb mehr als die bloße Anzeige einer Waage oder ähnliches. Zu beachten ist, daß dann, wenn gleichzeitig von einer Zapfsäule ein Abrechnungsbeleg ausgestoßen und auch dieser von der Manipulation ergriffen wird, natürlich auch für die enge Perpetuierungstheorie insoweit § 268 StGB in Betracht kommt (vgl. Wessels-Hettinger, Rn. 863).

D. Gemeingefährliche Delikte und Verkehrsdelikte

15. Problem (§ 306 a I StGB)
Ist § 306 a I Nr. 1 StGB auch dann anwendbar, wenn sich der Täter vor der Tat vergewissert, daß sich niemand im Gebäude aufhält?

Beispiel:

T steckt ein dreistöckiges Hotelgebäude mit Gastwirtschaft und Gästezimmern in Brand, nachdem er sich durch einen Rundgang vergewissert hat, daß sich niemand außer ihm im Hotel aufhält. Hat sich T nach § 306 a I Nr. 1 StGB strafbar gemacht? (vgl. BGHSt 26, 121; Tiedemann, 235 zu § 306 Nr. 2 StGB a. F.)

Ausgangspunkt:

§ 306 a I StGB ist ein abstraktes Gefährdungsdelikt, das bestimmte menschliche Wohn- und Aufenthaltsstätten gegen Brandstiftung schon wegen der generellen Gefahr, daß dabei Menschen zu Schaden kommen, schützt. Zu einer konkreten Gefahr muß es daher unbestritten nicht gekommen sein. Umgekehrt scheint daraus zu folgen, daß auch der Ausschluß einer konkreten Gefahr den Tatbestand nicht hindern kann. Ob einer solchen logischen nicht die teleologische Überlegung vorzuziehen ist, daß sich das an sich sinnvolle Verbot abstrakter Gefährdung beim Ausschluß jeder Gefahr in ein von diesem Sinn entleertes Verbot verkehrt, ist Gegenstand des noch unausgetragenen Streites, der auch nach der Reform der Brandstiftungsdelikte durch das 6. StrRG fortbesteht, da der Gesetzgeber bewußt auf die Normierung einer Einschränkung verzichtet hat (s. BT-DS 13/8587, S. 47; Küper, 208; a. A. Wessels-Hettinger, Rn. 968: der Gesetzgeber habe die Interpretation des BGH »sanktioniert«). Mit der Schaffung einer Regelung für minder schwere Fälle in § 306 a III StGB hat die Kontroverse jedoch etwas an Schärfe verloren, weil Situationen, in denen der Täter sich vor dem Inbrandsetzen über die Abwesenheit von Menschen vergewissert hat, milder beurteilt werden können (s. BT-DS, a. a. O.)

I. (hier sog.) **Theorie der abstrakten Gefährdung**

§ 306 a I Nr. 1 StGB ist auch dann erfüllt, wenn nachweisbar ist, daß im konkreten Fall für niemand eine Gefahr bestanden hat.

Vertreten von:

Baumann-Weber, Strafrecht AT (9. Aufl. 1985), § 12 II 2 b; BE-Bayer, § 306 a Rn. 4; Blei, § 85 III 2, § 86 III 1 a, bb; ders., JA 1976, 99; Bohnert, JuS 1984, 186; Graul, Abstrakte Gefährdungsdelikte und Präsumtionen im Strafrecht (1991), 355 ff.; Franzheim, NJW 1979, 2016; Heinz, NStZ 1981, 257; Kindhäuser I, § 65 Rn. 15; ders., LPK, § 306 a Rn. 8 ff.; ders., GLW Nr. 14.13; Koriath, GA 2001, 69 ff.; Kratzsch, Verhaltenssteuerung (1985), 110 ff., 274 ff.; ders., Oehler-Festschr. (1985), 67; Krey, Rn. 759 ff.; Lagodny, Strafrecht vor den Schranken der Grundrechte (1996), 480 f.; Lackner-Kühl, § 306 a Rn. 1; Laufhütte-Möhrenschlager, ZStW 92 (1980),

960; Liesching, Die Brandstiftungsdelikte der §§ 306 bis 306 c StGB nach dem 6. StrRG (2002), 101 ff.; LK-Wolff, § 306 a. F. Rn. 3; Maurach, § 57 II C 3; Maurach-Zipf, Strafrecht AT/1 (8. Aufl. 1992), § 20/31; Radtke, Die Dogmatik der Brandstiftungsdelikte (1998), 240 ff.; ders., ZStW 110 (1998), 863 f.; Rengier II, § 40 Rn. 21; ders., JuS 1998, 399; Schmidhäuser, Strafrecht AT Studienbuch (2. Aufl. 1984), 5/85 f. (zw.); Schneider, Jura 1988, 462, 469; Stächelin, Strafgesetzgebung im Verfassungsstaat (1998), 94; Wagner, 150; Welzel, § 67 I 1 a; Wohlers, Deliktstypen des Präventionsstrafrechts (2000), 315; Zieschang, Die Gefährdungsdelikte (1998), 380 f.; RGSt 23, 102; 60, 136; OGHSt 1, 244; BGH NStZ 1985, 408; 1986, 506; 1999, 32 m. Anm. Geppert, JK 99, StGB 306 a/1 a u. Wolters, JR 1999, 208. Auf dem Boden dieser Lehre lassen im Falle objektiv wie in der subjektiven Vergewisserung absolut ausgeschlossener Gefährdung namentlich in einräumigen Häuschen eine **Ausnahme** zu: Arzt-Weber, § 37 Rn. 33; Geppert, Jura 1989, 425; ders., Jura 1998, 601 f.; Hohmann-Sander II, § 33 Rn. 5; Küpper BT/1, II § 5 Rn. 10; Murmann, Jura 2001, 259; NK-Herzog, § 306 a Rn. 3; Schmidt-Priebe, 137; Weißer-Kreß, JA 2003, 859; Wessels-Hettinger, Rn. 968; Wolters, JR 1998, 272; Wrage, JuS 2003, 988; BGHSt 26, 124 f.; 34, 119; BGH NStZ 1982, 420 m. Anm. Hilger u. Geppert, JK 83, StGB 306/2.

1. Argument
§ 306 a I Nr. 1 StGB ist ein abstraktes Gefährdungsdelikt, bei dem der Umstand, ob sich zur Tatzeit Menschen in dem Gebäude aufhalten oder nicht, ebenso bedeutungslos ist wie der im Einzelfall denkbare Nachweis, daß Gefahr für Dritte nicht bestanden habe: daß dies einmal zufällig so ist, nimmt der Handlung nicht ihre generelle Gefährlichkeit.

2. Argument
Mit der Hochstufung schon der einfachen Brandstiftung zum Verbrechen durch das 6. StrRG hat das hohe Strafmaß des § 306 a StGB als Argument für eine Tatbestandseinschränkung seine Grundlage weitgehend eingebüßt.

3. Argument
Der Schutz der in dem Gebäude etc. lebenden Menschen ist zwar Motiv der Strafbestimmung, nicht aber ihr unmittelbarer Inhalt. Deshalb beschränkt sich das tatbestandsmäßige Unrecht auf die Vornahme der abstrakt gefährlichen Handlung.

4. Argument
Es widerspricht weder dem Schuldprinzip noch dem Verhältnismäßigkeitsgrundsatz, § 306 a I StGB auch dann anzuwenden, wenn eine konkrete Personengefährdung fehlt, denn das Niederbrennen von Menschen zur Wohnung dienenden Gebäuden ist eine extrem sozialschädliche und die Gefährdung von den Brand bekämpfenden Personen heraufbeschwörende Tat, für die der Strafrahmen auch ohne konkrete Gefahr im Einzelfall angemessen ist.

5. Argument
Der die Gegenmeinung tragende Gedanke ist zwar durch den Gesetzgeber in § 326 VI StGB anerkannt. Hierbei handelt es sich aber um eine nicht analogiefähige Ausnahmenorm, mit der der Gesetzgeber der generellen Möglichkeit des Gegenbeweises konkreter Ungefährlichkeit eine Absage erteilt hat.

6. Argument
Der Gesetzgeber wollte durch die Konstruktion eines abstrakten Gefährdungsdelikts eine auf empirischen Erfahrungen beruhende Regelung über die großen Gefahren in Brandstiftungsfällen treffen, ohne auf statistisch unbedeutende, atypische Einzelfälle Rücksicht zu nehmen. Ihre Berücksichtigung widerstreitet deshalb der gesetzgeberischen Intention.

7. Argument
Die Grenzen zwischen konkretem und abstraktem Gefährdungsdelikt drohen zu verschwimmen, wenn der Abstraktionsgrad bei letzterem erheblich herabgesetzt wird, indem man insoweit eine tatsächliche Gefährdungseignung voraussetzt.

8. Argument
Die Privilegierung eines Täters, der sich vor der Tat von der konkreten Ungefährlichkeit seines Handelns überzeugt oder entsprechende Vorsichtsmaßnahmen ergreift, würde dazu führen, daß das Risiko einer fehlgehenden Prognose allein das Opfer trägt. Dieses Risiko ist aber vollumfänglich dem Täter, der ja die Gefährdungslage durch sein sorgfaltswidriges Handeln – nämlich die Inbrandsetzung – erst schafft, aufzubürden.

II. (hier sog.) **Theorie der sorgfaltswidrigen Gefährdung**

War nach der objektiven Sachlage eine Gefährdung ausgeschlossen und hat sich der Täter vor der Tat hiervon unter Anwendung der erforderlichen Sorgfalt Gewißheit verschafft, ist § 306 a I Nr. 1 StGB nicht gegeben.

Vertreten von:

Berz, Formelle Tatbestandsverwirklichung (1986), 101 ff.; Brehm, JuS 1976, 24; Cramer, Der Vollrauschtatbestand als abstraktes Gefährdungsdelikt (1962), 70 f.; Eser III, Fall 19 A 22; Haft, 264; Horn, Konkrete Gefährdungsdelikte (1973), 21 ff., 94 f.; Hoyer, Die Eignungsdelikte (1987), 33; Jescheck-Weigend, Lehrbuch des Strafrechts AT (5. Aufl. 1996), § 26 II 2; Joecks, § 306 a Rn. 15 ff.; Arthur Kaufmann, JZ 1963, 432; Maurach-Schroeder-Maiwald II, § 50 Rn. 37; Otto, § 78 Rn. 7; Rabl, Strafrechtliche Abhandlungen, 312 (1933), 21; Range, Die Neufassung der Brandstiftungsdelikte (2003), 88 ff.; Roxin, Strafrecht AT/1 (3. Aufl. 1997), § 11 Rn. 129; Rudolphi, Maurach-Festschr. (1972), 59 f.; Schmidhäuser, 15/11; Schönke-Schröder-Heine, vor §§ 306 ff. Rn. 3 a ff.; § 306 a Rn. 2; Schröder, ZStW 81 (1969), 16; Schroth, 212; Schünemann, JA 1975, 798; Seier, JA 1983, 46; SK-Horn, § 306 a Rn. 17; Stree, JuS 1962, 93 ff. (zu § 227 StGB); Tiedemann, 238; Wolter, Objektive und personale Zurechnung (1981), 284 ff., 296 f. (zu dem an diese Meinung von der Theorie der abstrakten Gefährdung gemachten, eng begrenzten Zugeständnis s. o. I unter Ausnahme); zw. Tröndle-Fischer, § 306 a Rn. 2. Zusammengefaßt sind hier alle Stimmen, die eine eingeschränkte Auslegung des § 306 a StGB bzw. § 306 StGB a. F. (oder Straflosigkeit) befürworten. Differenzen im konstruktiven Weg zur Tatbestandsreduktion (oder Straflosigkeit) und in den Anforderungen an den Grad des Gefahrausschlusses (bis hin zur absoluten Unmöglichkeit einer Gefährdung) wie an die Sorgfalt werden in den meisten praktischen Fällen von untergeordneter Bedeutung sein und sind hier deshalb unbeachtet geblieben, s. dazu im einzelnen Schünemann, JA 1975, 797 f.

1. Argument
§ 306 a I Nr. 1 StGB ist keine Norm, die – wie z. B. Straßenverkehrsvorschriften – ein bestimmtes kollektives Verhalten unabhängig von seiner Gefährlichkeit oder Ungefährlichkeit im Einzelfall sicherstellen soll, sondern eine Vorschrift, die die pflichtwidrige Gefährdung von Menschenleben durch Brandstiftung verbietet. Diesem individuellen Gefährdungsverbot trägt aber nicht nur Rechnung, wer die Brandstiftung unterläßt, sondern auch, wer sich Gewißheit verschafft, daß er niemanden verletzen kann.

2. Argument
Die abstrakten Gefährdungsdelikte beurteilen bestimmte Handlungen nach generellen Maßstäben als gefährlich und stellen sie deshalb unter Strafe. Erweist sich das generelle Gefahrenurteil aufgrund besonderer Umstände im Einzelfall als falsch, wäre eine Verurteilung jedenfalls dann ungerecht, wenn feststeht, daß die vom Gesetz gemeinte Gefahr gar nicht eintreten konnte.

3. Argument
Bleibt eine Gefährdung objektiv aus und hat sich der Täter hierüber vorher Gewißheit verschafft, fehlt es nicht nur an einem objektiven Erfolgsunwert, sondern auch an einem Handlungsunwert, weil der Wille des Täters auf Vermeidung des Erfolges zielt.

4. Argument
Die Verhängung einer Kriminalstrafe ist nicht akzeptabel, wenn im konkreten Fall jeder auf die Gefährdung von Menschen bezogene materiale Unwertgehalt fehlt und damit im Grunde nur eine Ordnungswidrigkeit übrigbleibt. Im Wege teleologischer Reduktion muß der Tatbestand des § 306 a I StGB deshalb so ausgelegt werden, daß er nur anwendbar ist, wo es der Täter pflichtwidrig dem Zufall überläßt, ob Menschen tatsächlich gefährdet oder verletzt werden.

5. Argument
Es verstößt gegen das Schuldprinzip, denjenigen, der sich von der Ungefährlichkeit seines Tuns überzeugt hat, gleichwohl zu bestrafen, weil er das wesentliche materiale Unrechtsmerkmal des § 306 a I StGB – die Gefährdung von Menschenleben – nicht in seinen Vorsatz aufgenommen hat.

6. Argument
Die durch das 6. StrRG geschaffene Möglichkeit, Brandstiftungen an Wohngebäuden, bei denen sich der Täter über die Abwesenheit von Menschen sorgfältig vergewissert hat, als minder schwere Fälle nach § 306 a III StGB zu beurteilen, wird dem geringen Unrechtsgehalt nicht ausreichend gerecht.

Beispiele:

1. Im Ausgangsfall (s. dazu auch Kühl, HRR, 201) hat sich T nach der Theorie der abstrakten Gefährdung nach § 306 a I Nr. 1 StGB strafbar gemacht, während nach der Theorie der sorgfaltswidrigen Gefährdung eine Bestrafung aus dieser Vorschrift zweifelhaft ist, weil objektiv keine Gefahr für Menschenleben bestand und T sich hiervon durch einen Rundgang überzeugt hatte. Der BGH hat den Streit zwischen den Auffassungen unentschieden gelassen, weil er die Theorie der sorgfaltswidrigen Gefährdung so versteht, daß auch nach ihr eine Bestrafung nur dann

entfalle, wenn der Täter durch absolut zuverlässige lückenlose Maßnahmen die Gefährdung von Menschenleben mit Sicherheit ausschließen könne und dies für einen einzelnen bei einem mehrstöckigen Hotelgebäude faktisch nicht möglich sei. Stellt man dagegen »normale« Sorgfaltsanforderungen, dürften die von T und seinem Anstifter im BGH-Fall (nachlesen!) getroffenen Vorkehrungen ausreichen, um § 306 a I Nr. 1 StGB nach der zweiten Ansicht auszuschließen. Konstruktiv geschieht der Strafbarkeitsausschluß nach der überwiegenden Zahl der Vertreter der Theorie der sorgfaltswidrigen Gefährdung durch Verneinung des Tatbestandes aufgrund einer teleologischen Reduktion. Vereinzelt (s. z. B. Jescheck-Weigend, a. a. O., Fn. 45; Otto, a. a. O.) wird aber auch ein persönlicher Strafausschließungsgrund angenommen (so – de lege ferenda – auch der Vorschlag von Graul, a. a. O.), ein Unterschied, der sich z. B. bei einer Beteiligung auch praktisch auswirken kann. Eine möglicherweise gegebene Strafbarkeit nach § 306 StGB bleibt von dem aufgezeigten Streit natürlich unberührt.

2. T steckt sein einsam gelegenes, nur von ihm bewohntes Häuschen, das lediglich aus zwei gut überschaubaren Räumen besteht, in Brand, weil er wegziehen und die Abbruchkosten sparen will. Er hat sich vorher vergewissert, daß sich niemand in den leeren Räumen befindet. – Hier müßte T an sich nach der Theorie der abstrakten Gefährdung aus § 306 a I Nr. 1 StGB zu bestrafen sein, während er nach der Theorie der sorgfaltswidrigen Gefährdung selbst nach den strengen Anforderungen des BGH straflos bliebe. Auf den Streit ist aber nicht einzugehen, wenn man die Auffassung der Rechtsprechung teilt (BGHSt 10, 214; 16, 394; BGH NStZ 1994, 130 m. zust. Anm. Geppert, JK 95, StGB § 306 Nr. 2/4; BGH NStZ 1999, 32; BGH StV 2001, 577 mit Bespr. Schröder, JA 2002, 367), daß der einzige Bewohner eines ihm gehörenden Gebäudes dessen Funktion, zur Wohnung zu dienen, durch In-Brand-Setzen aufheben kann (was selbst dann gelten soll, wenn der Alleinbewohner sich für den Fall des Fehlschlags der Brandstiftung vorbehält, das Haus weiter zu bewohnen, BGH NStZ-RR 2001, 330). Dann ist T's Häuschen bereits kein taugliches Objekt des § 306 a I Nr. 1 StGB und T schon deshalb straflos; ebenso bei Brandstiftung nach Schließung eines Hotels BGH NStZ 1984, 455.

3. Zur Übertragbarkeit des Streitstandes auf Fälle des Inbrandsetzens gemischt genutzter Gebäude, in denen das Feuer zu einer § 306 a I Nr. 3 StGB ausschließenden Zeit im gewerblich genutzten Gebäudeteil gelegt und die Möglichkeit in Zweifel gezogen wird, daß es sich auf den zur Wohnung dienenden Teil hätte ausdehnen können, s. BGHSt 34, 115, 119 m. Bspr. Kratzsch, JR 1987, 360 u. Schneider, Jura 1988, 460 sowie Geppert, Jura 1989, 425 u. BGH StV 1990, 160 m. Anm. Kindhäuser.

16. Problem (§ 315 c StGB)
Schließt die Einwilligung eines allein gefährdeten Mitfahrers in seine Gefährdung eine Bestrafung nach § 315 c StGB aus?

Beispiel:

O nimmt das Angebot T's, ihn nach einer Betriebsfeier nach Hause zu fahren, an, obwohl er erkennt, daß T nicht mehr fahrtüchtig ist. Unterwegs fährt T infolge der alkoholbedingten Fahruntüchtigkeit in den Straßengraben. O kann sich gerade noch so abstützen, daß ihm nichts passiert. Hat sich T gem. § 315 c I Nr. 1 a, III StGB strafbar gemacht?

Ausgangspunkt:

Sieht man in der Tatsache, daß O T's Angebot im Bewußtsein der Gefährdung durch einen fahruntüchtigen Fahrer annimmt, eine konkludente Einwilligung in diese Gefährdung, stellt sich die Frage, ob eine solche Einwilligung bei einem Delikt, das (möglicherweise) mit der Sicherheit des Straßenverkehrs (auch) ein Rechtsgut der Allgemeinheit schützt, unrechtsausschließend zu wirken vermag. Die praktische Bedeutung dieser Frage hatte sich erhöht, als der BGH (NJW 1989, 1227; krit. dazu BayObLG NJW 1990, 133; BayObLG VRS 87, 121; OLG Köln NJW 1991, 3291) entschied, daß für eine Gefährdung i. S. d. § 315 c StGB schon das bloße Mitfahren mit einem fahruntüchtigen Fahrer ausreiche. Wer in Kenntnis der Fahruntüchtigkeit mitfährt, wird jedenfalls in dieses (eher noch abstrakte) Risiko so gut wie immer einwilligen. Die neuere Rechtsprechung – BGH NStZ 1996, 83 m. zust. Anm. Berz sieht eine konkrete Gefährdung im bloßen Mitfahren nur noch in extremen Ausnahmesituationen – führt das Problem wieder auf seinen hergebrachten Umfang zurück.

I. (hier sog.) **Indisponibilitätstheorie**

Die Einwilligung des Gefährdeten berührt die Strafbarkeit des Täters aus § 315 c StGB nicht.

Vertreten von:

Bockelmann III, § 21 II 5; Gössel, 128; Haft, 268; Hauf, JuS 1994, 680; Hohmann-Sander II, § 36 Rn. 18 ff.; Hentschel, Straßenverkehrsrecht (37. Aufl. 2003), § 315 c Rn. 43; Jescheck-Weigend, Strafrecht AT (5. Aufl. 1996), § 34 III 4; Lackner-Kühl, § 315 c Rn. 32; Lackner, Das konkrete Gefährdungsdelikt im Verkehrsstrafrecht (1967), 12; LK-König, § 315 c Rn. 161 mit § 315 b Rn. 74 ff.; NK-Herzog, § 315 c Rn. 23; Preisendanz, § 315 c Bem. III 8; Saal, NZV 1998, 50; Schmidt-Priebe I, 177; Schaffstein, Welzel-Festschr. (1974), 574; Tiedemann, 246; Wessels I, Rn. 957; BGHSt 6, 232; 23, 261; BGH VRS 83 (1992), 424; OLG Karlsruhe NJW 1967, 2321; KG VRS 36, 107; OLG Düsseldorf VRS 36, 109; OLG Hamm VRS 36, 279; OLG Hamm MDR 1971, 67; OLG Stuttgart NJW 1976, 1904; OLG Koblenz BA 39 (2002), 484. Tröndle- Fischer, § 315 c Rn. 17 folgen für § 315 c I Nr. 1 StGB der Indisponibilitätstheorie, für Nr. 2 dagegen der Disponibilitätstheorie.

1. Argument
§ 315 c StGB schützt in erster Linie das Rechtsgut der allgemeinen Verkehrssicherheit. Über dieses Rechtsgut aber kann der einzelne nicht wirksam verfügen. Die mangelnde Disponibilität dieses Rechtsgutes versagt der Einwilligung jede Wirkung.

2. Argument
Ob die Individualgefährdung rechtswidrig ist oder nicht, ist für § 315 c StGB irrelevant, weil es sich bei der konkreten Gefährdung nicht um die Beeinträchtigung eines eigenständig geschützten Rechtsgutes handelt. Vielmehr hat die Individualgefährdung nur strafbegrenzende Funktion: Das verpönte gemeingefährliche Verhalten wird nur bei Herbeiführung einer konkreten Gefahr bestraft.

3. Argument
Der Schutz des einzelnen ist bei richtiger Interpretation des § 315 c StGB nur eine Nebenwirkung von untergeordneter Bedeutung; deshalb ist es nicht möglich, den Gesamttatbestand durch die Zulassung der Einwilligung des Gefährdeten zu entschärfen: Hinter der konkreten Gefährdung steht die abstrakte Gefahr für eine unbestimmte Vielzahl von Menschen und Sachen, und diese Gefahr bleibt von der Einwilligung gänzlich unberührt.

4. Argument
Die Indisponibilitätstheorie ist allein praktikabel, weil bei Anerkennung einer Einwilligungsmöglichkeit der Richter zu prüfen hätte, ob es sich im konkreten Fall nur um eine Leibesgefahr – in die eine Einwilligung möglich wäre – oder um eine Lebensgefahr – in die nach der höchstrichterlichen Rechtsprechung nicht wirksam eingewilligt werden kann – gehandelt hat. Diese Prüfung ist aber für den Augenblick der Einwilligung wegen der in der Regel nicht absehbaren Verkehrsgefahr faktisch nicht durchzuführen.

5. Argument
Aus dem Wegfall des Merkmals der »Gemeingefahr« kann nicht geschlossen werden, daß der Gesetzgeber mit § 315 c StGB nicht mehr die Allgemeinheit schützen will. Vielmehr geht aus der Begründung zum 2. VerkSichG (BT-DS IV/651, 23) hervor, daß eine sachliche Änderung gegenüber dem früheren Zustand nicht beabsichtigt war.

6. Argument
Die Disponibilitätstheorie kann nicht erklären, warum ein nur teilweiser Unrechtsausschluß die Strafbarkeit insgesamt zu Fall bringen soll. Die differenzierende Theorie treibt in den Tatbestand einen die Gleichförmigkeit der in § 315 c I Nr. 1 und Nr. 2 StGB geregelten »Todsünden« im Straßenverkehr sprengenden Keil.

II. (hier sog.) **Disponibilitätstheorie**

Die Einwilligung des Gefährdeten schließt § 315 c StGB stets aus.

Vertreten von:

Arzt-Weber, § 38 Rn. 43; Blei, JA 1976, 806; ders., PdW II, Nr. 166; Eser III, Fall 11 A 27; Joecks, § 315 c Rn. 18; Kindhäuser I, § 68 Rn. 24; ders., LPK, § 315 c Rn. 12; ders., GLW Nr. 14.40; Krey, Rn. 783; Langrock, MDR 1970, 983 f.; Maurach-Schroeder-Maiwald II, § 50 Rn. 8; Oellers, NJW 1970, 2121; Ostendorf, JuS 1982, 432; Otto, D., NZV 1992, 311 (ohne Entscheidung zwischen Theorie II u. III); Rengier II, § 44 Rn. 9; Roxin, Strafrecht AT/1 (3. Aufl. 1997), § 13 Rn. 33; Schönke-Schröder-Cramer-Sternberg-Lieben, § 315 c Rn. 43; Schroeder, JuS 1994, 847 f.; L. Schulz, JA 1994, 221 f.; SK-Horn, § 315 c Rn. 22 i. V. m. Rn. 12 vor § 306; Welzel, § 67; OLG Schleswig SchlHA 1968, 229; OLG Hamburg NJW 1969, 336; im Ergebnis übereinst. Brehm, Zur Dogmatik der abstrakten Gefährdungsdelikte (1973), 34 ff.; Frisch, Das Fahrlässigkeitsdelikt und das Verhalten des Verletzten (1973), 141; Schünemann, JA 1975, 193 (ausdrücklich unter Beschränkung der Einwilligungsmöglichkeit auf Körper- und Sachgefährdungen: Frisch, Welzel, OLG Hamburg, jeweils

a. a. O.). Für Otto, § 80 Rn. 30 ff.; ders., Jura 1991, 445; Ranft, Jura 1987, 614 folgt das Ergebnis aus einer »Unterbrechung des Zurechnungszusammenhangs«.

1. Argument
Nachdem der Gesetzgeber darauf verzichtet hat, das Merkmal der Beeinträchtigung der Sicherheit des Straßenverkehrs wie z. B. in § 315 b StGB auch in § 315 c StGB aufzunehmen und auch den Begriff der Gemeingefahr gestrichen hat, liegt es nahe, in § 315 c StGB nur noch oder doch jedenfalls absolut vorrangig den Schutz der konkret gefährdeten Rechtsgüter zu sehen. Daraus folgt dann aber zwingend, daß die Einwilligung über diese disponiblen Güter die Rechtswidrigkeit der Gesamttat beseitigt.

2. Argument
Ohne die konkrete Gefährdung sind die Tathandlungen des § 315c StGB nicht mit Kriminalstrafe bedroht (Ausnahme: § 316 StGB). Die konkrete Individualgefährdung bildet daher den Unrechtsschwerpunkt des § 315c StGB und hebt die Tathandlung in den meisten Fällen überhaupt erst in den Strafbarkeitsbereich. Dann aber muß die Gefährdung selbst auch rechtswidrig sein, was sie bei Einwilligung des Gefährdeten nicht ist.

3. Argument
Wer der Einwilligung überhaupt keine Bedeutung beimißt, negiert das Tatbestandserfordernis der Individualgefährdung und geht damit an der Tatsache des durch § 315 c StGB gewährten kumulativen Rechtsgüterschutzes vorbei.

4. Argument
Wer in voller Kenntnis der gefahrbegründenden Umstände an einer Fahrt teilnimmt, übernimmt die Gefahr bewußt, so daß darin eine Unterbrechung des Zurechnungszusammenhangs zwischen gefährdender Fahrt und Gefährdung des Mitfahrers liegt. Da § 315c StGB aber nur die Fälle der Gefährdung durch einen anderen erfaßt, ist die Zurechnung bei einer konsentierten Gefährdung ausgeschlossen.

III. (hier sog.) **Differenzierende Theorie**

Die Einwilligung des Gefährdeten schließt eine Bestrafung nach § 315 c StGB nur insoweit aus, als durch andere Strafvorschriften das Rechtsgut der allgemeinen Sicherheit des Straßenverkehrs ausreichend geschützt bleibt. Das ist bei § 315 c I Nr. 1 a StGB wegen § 316 StGB der Fall; soweit dagegen nur die Vorschriften der StVO eingreifen würden, bleibt es bei der Anwendung des § 315 c StGB.

Vertreten von:

Bickelhaupt, NJW 1967, 713 f.; Ellbogen-Richter, JuS 2002, 1197; Geppert, ZStW 83 (1971), 985; ders., Jura 2001, 565; Graul, JuS 1992, 325; Heghmanns, BA 39 (2002), 487; Hillenkamp, JuS 1977, 170 f.; Nestler-Tremel, StV 1992, 277 (die beiden ersteren unter Beschränkung auf Leibes- und Sachgefährdung); wohl auch Rudolphi, Fälle zum Strafrecht AT (5. Aufl. 2000), 179 f.; mit anderer Begründung kann die Einwilligung nach Tröndle-Fischer, § 315 c Rn. 17 gerade umgekehrt nur Fälle der Nr. 2, nicht der Nr. 1 des § 315 c I StGB berühren.

1. Argument
§ 315 c StGB schützt die allgemeine Sicherheit des Straßenverkehrs ebenso wie die dort genannten Individualrechtsgüter. Auf die Frage des Vorranges kommt es nicht an, weil unabhängig hiervon die Einwilligung in die Verletzung des disponiblen Rechtsguts wirksam, in die des indisponiblen Rechtsguts aber nicht möglich ist.

2. Argument
Die Indisponibilität des Rechtsguts der Allgemeinheit macht nur die Einwilligung in die Gefährdung dieses Rechtsgutes, nicht aber zugleich die in das disponible Individualrechtsgut Sache, Leib (oder Leben) unwirksam. Die Einwilligungslehre löst deshalb nicht das Problem, sondern läßt Raum für eine Lösung, die einen differenzierenden Ausgleich zwischen notwendigem Rechtsgüterschutz und gerechter Berücksichtigung der durch Einwilligung bewirkten Unrechtsminderung sucht.

3. Argument
Es ist materiell ungerecht, die durch eine wirksame Einwilligung in die Individualgefährdung eintretende Unrechtsverminderung pauschal für irrelevant zu erklären. Diese strenge Lösung läßt sich nur dort rechtfertigen, wo andernfalls der Schutz des Rechtsgutes der Allgemeinheit weitgehend verlorenginge. Das ist bei der Verkehrsgefährdung durch Trunkenheit wegen der Existenz des § 316 StGB nicht, wohl aber dort der Fall, wo kein Kriminalstraftatbestand als Auffangtatbestand zur Verfügung steht.

Beispiele:

1. Im Ausgangsfall (s. dazu auch Kühl, HRR, 215) ist T nach der Indisponibilitätstheorie aus § 315 c I Nr. 1 a, III StGB zu bestrafen. Nach der Disponibilitätstheorie entfällt dagegen – eine wirksame Einwilligung O's vorausgesetzt – die Anwendbarkeit des § 315 c StGB mangels Rechtswidrigkeit der Individualgefährdung (nach Brehm und Schünemann mangels Rechtswidrigkeitszusammenhangs, nach Frisch mangels Sorgfaltsverstoßes, s. dazu Hillenkamp a. a. O., 171 f.). Auch die differenzierende Theorie kommt zu diesem Ergebnis, weil die Allgemeinheit in diesem Fall durch § 316 StGB, der durch die Einwilligung unstreitig unberührt bleibt, hinreichend geschützt ist. Voraussetzung für ein einmütiges Ergebnis von Disponibilitäts- und differenzierender Theorie ist freilich, daß lediglich O's Gesundheit, nicht aber auch sein Leben gefährdet war. Bei Lebensgefährdung versagt auch ein Teil der Vertreter dieser Lehren der Einwilligung aus von dem hier erörterten Streit unabhängigen Gründen des Lebensschutzes die rechtfertigende Kraft; dagegen ausführlich Schaffstein a. a. O.

2. T flüchtet mit seinem Komplizen O in wilder Jagd vor einem Polizeifunkwagen, wobei T mehrfach an Straßenkreuzungen und -einmündungen in grob verkehrswidriger und rücksichtsloser Weise viel zu schnell fährt und dabei so ins Schleudern gerät, daß er O's Leben aufs höchste in Gefahr bringt. O ist mit dieser Art der Flucht voll einverstanden (vgl. KG VRS 36, 107). – Nach der Indisponibilitätstheorie ist T gem. § 315 c I Nr. 2 d StGB strafbar. Das gilt auch für die differenzierende Theorie, weil die allgemeine Sicherheit des Straßenverkehrs gegen derartiges Verhalten nicht hinreichend geschützt bliebe, wenn es lediglich nach der Straßenverkehrsordnung verfolgbar wäre. Zu berücksichtigen ist die Einwilligung aber in

der Strafzumessung, s. Hillenkamp, Vorsatztat und Opferverhalten (1981), 240 ff. Die Disponibilitätstheorie verneint dagegen § 315 c StGB, soweit eine wirksame Einwilligung auch in Lebensgefahr für möglich gehalten (und außer O niemand sonst und kein bedeutender Sachwert konkret gefährdet) wird.

3. Ändert sich an der Beurteilung der Fälle 1 und 2 etwas, wenn O nicht nur eingewilligt, sondern jeweils den T zu der Straßenverkehrsgefährdung angestiftet hätte? – Hier soll nach h. M. – und zwar auch nach den Vertretern der Indisponibilitätstheorie – die Tatbeteiligung Grund sein, dem Beteiligten den Schutz des § 315 c StGB zu versagen (s. Geilen, Jura 1979, 206; Seier, JA 1990, Ü 204; BGH NZV 1991, 157 zu § 315 b StGB), was umgekehrt heißt, daß der Einwilligende nicht, der Tatbeteiligte aber doch über das Rechtsgut der Allgemeinheit verfügen können soll, dagegen Hillenkamp, JuS 1977, 169; ders., Vorsatztat und Opferverhalten (1981), 90 ff.; SK-Horn, vor § 306 Rn. 9; OLG Stuttgart a. a. O.; zust. Graul, JuS 1992, 324; LK-König, § 315 b Rn. 74.

4. **Hinweis:**
Hat man mit dem Problem in einer Fallösung zu tun, kann man es – wie es herkömmlich und auch hier geschieht – bei der Rechtswidrigkeit als Einwilligungsproblem behandeln. Schließt man sich der zunehmend (s. Roxin, a. a. O., § 13 Rn. 11 ff. m. w. N.) vertretenen Auffassung an, daß die Einwilligung schon den Tatbestand berühre, prüft man die Frage ohne inhaltliche Veränderung im Tatbestand. Sieht man – moderner Zurechnungsterminologie entsprechend – das Problem als einen Fall der einverständlichen Fremdgefährdung, eröffnen sich zwei Wege. Entweder unterwirft man die einverständliche Fremdgefährdung den Regeln der Einwilligung: dann ist wie beschrieben zu verfahren (so z. B. Hillenkamp, JuS 1977, 171 f.; LK-Schroeder, § 16 Rn. 179 ff.; SK-Rudolphi, vor § 1 Rn. 81 a). Oder man behandelt sie als Problem der objektiven Zurechnung und hier z. B. unter dem Stichwort: Reichweite oder Schutzzweck der Norm. Das tut etwa Roxin, a. a. O., § 11 Rn. 105 ff., der die Zurechnung verneint, wo – wie es hier liege – die einverständliche Fremdgefährdung in allen wesentlichen Punkten der Beteiligung an eigenverantworteter Selbstgefährdung gleichstehe. Daß sich bei diesem Weg die Sachfragen anders stellen, ist aber zu bestreiten. Auch bei einer einverständlichen Fremdgefährdung muß man sich fragen, ob die Wertungen der §§ 228, 216 StGB einem wirksamen Einverständnis entgegenstehen (s. Geppert, Jura 1996, 49) und – wenn nicht – wie sich der Zurechnungsausschluß zur Individualgefährdung in einem Delikt auswirkt, das einen kumulativen Rechtsgüterschutz kennt. Der Streitstand ist folglich auch dann zu berücksichtigen. Das gilt zum hier entfalteten Streit selbst dann, wenn man in der konsentierten Trunkenheitsfahrt einen Fall bloßer Beteiligung an eigenverantworteter Selbstgefährdung (so wohl Otto, § 80 Rn. 30 ff.; dagegen Geppert, Jura 1996, 49; Schroeder, JuS 1994, 848; OLG Zweibrücken JR 1994, 518 m. zust. Anm. Dölling; OLG Koblenz BA 39, 2002, 484) sieht. Dann erledigen sich zwar Bedenken aus §§ 228, 216 StGB, nicht aber die durch den kumulativen Rechtsgüterschutz ausgelösten und hier behandelten Fragen. Zu der Gefahr ihrer Verdrängung namentlich dann, wenn man den Täter im vorliegenden Fall schon von der sonst gebotenen Sorgfalt dispensiert, s. Hillenkamp, JuS 1977, 171 f.

17. **Problem** (§ 142 StGB)
Fällt auch das unvorsätzliche Sich-Entfernen vom Unfallort unter § 142 II Nr. 2 StGB?

Beispiel:

T kollidiert nachts mit dem Radfahrer O, der verletzt auf der Straße liegenbleibt. T hatte O nicht gesehen. Das scheppernde Geräusch, das durch den Aufprall des Rades an T's Pkw verursacht wurde, führte T auf eine defekte Halterung des Reserverades zurück. Als T seinen Pkw wenig später in die Garage fährt, bemerkt er frische Blutspuren am Kotflügel und erinnert sich an das Geräusch. Da er Alkohol getrunken hat, läßt er aber die Sache auf sich beruhen. Ist T nach § 142 StGB strafbar?

Ausgangspunkt:

Nach § 142 I StGB kann T nicht bestraft werden, weil er sich nicht vorsätzlich »vom Unfallort« entfernt hat. Die Rechtsprechung hatte unter dem bis 1975 geltenden Rechtszustand zunächst in Fällen, in denen sich der Täter gerechtfertigt oder entschuldigt vom Unfallort entfernt hatte, eine Rückkehrpflicht angenommen (BGHSt 7, 116) und später diese Rückkehrpflicht auf den Fall erweitert, in dem der Täter die Unfallstelle unvorsätzlich verließ (BGHSt 14, 89; 18, 114). Nach dieser Rechtsprechung wäre T – der damals verlangte enge räumliche und zeitliche Zusammenhang vorausgesetzt – der Unfallflucht schuldig. Der Gesetzgeber hat durch die Änderung des § 142 StGB (13. Strafrechtsänderungsgesetz vom 13. 6. 1975) der Rechtsprechung zur Rückkehrpflicht den Boden entzogen und lediglich für die Fälle des berechtigten bzw. entschuldigten Entfernens dem Täter bestimmte Pflichten auferlegt, s. § 142 II Nr. 2 StGB. Eine ausdrückliche Regelung für den seit BGHSt 14, 89 in die Rückkehrpflicht einbezogenen unvorsätzlich Handelnden fehlt. Daher ist der Streit entbrannt, ob der Gesetzgeber – unter Modifizierung der Pflichten – zur Rechtsprechung vor BGHSt 14, 89 zurückgekehrt ist und damit bewußt eine Strafbarkeitslücke für den sich zunächst unvorsätzlich vom Unfallort Entfernenden geschaffen hat oder ob der unvorsätzlich Handelnde nach dem neuen Gesetzestext zu denjenigen zu zählen ist, die entschuldigt den Unfallort verlassen.

I. (hier sog.) **Lehre vom extensiven Entschuldigungsbegriff**

§ 142 II Nr. 2 StGB ist auch dann anwendbar, wenn sich der Täter zunächst unvorsätzlich vom Unfallort entfernt, dann aber noch innerhalb eines zeitlichen und räumlichen Zusammenhangs mit dem Unfallgeschehen seine Unfallbeteiligung erkennt.

Vertreten von:

Bär, JR 1982, 379 f.; Bär-Hauser, Unfallflucht (1987), 47; Bürgel, MDR 1976, 354; Franke, JuS 1978, 457 ff.; Himmelreich-Bücken, Verkehrsunfallflucht (3. Aufl. 2000), Rn. 216; Hentschel, Straßenverkehrsrecht (37. Aufl. 2003), § 142 Rn. 52; Janiszewski, JR 1978, 116; 1979, 341; Küper, Univ.-Heidelberg-Festschr. (1986), 463 ff.; LK-Rüth (10. Aufl. 1978), § 142 Rn. 75; Maurach-Schroeder-Maiwald I, § 49

Rn. 54; Preisendanz, § 142 Bem. 7 a, cc; Rengier II, § 46 Rn. 27 f.; Schmidhäuser, 11/87; Wessels I, Rn. 977; BGHSt 28, 129; OLG Köln MDR 1977, 772; LG Heilbronn Die Justiz 1977, 136; BayObLG NJW 1979, 436; 1981, 879; BayObLG MDR 1982, 428; OLG Frankfurt VRS 64 (1983), 266; OLG Düsseldorf JZ 1985, 544. Gössel, 202 f. subsumiert das unvorsätzliche unter das »berechtigte« Entfernen.

1. Argument
Das Wort »entschuldigt« schließt eine Einbeziehung der unvorsätzlichen Tat nicht aus, weil der Gesetzgeber in dem Streit um den systematischen Standort des Vorsatzes im Verbrechensaufbau keine Stellung bezogen hat und man daher mit der älteren Lehre – aus deren Zeit die Vorarbeiten zum neuen § 142 StGB im übrigen stammen – bei fehlendem Vorsatz durchaus von entschuldigter Tat sprechen kann.

2. Argument
Der Begriff »entschuldigt« ist – wie die Gesetzgebungsgeschichte beweist – nie eng i. S. nur von tatsächlich vorliegenden Entschuldigungs- und allenfalls noch Schuldausschließungsgründen verstanden worden, sondern weiter und unabhängig von dieser systematischen Bedeutung. Ihm muß im Rahmen des § 142 StGB eine dem Sinn dieser Norm entsprechende eigenständige Auslegung zuteil werden.

3. Argument
Die Gegenmeinung reißt durch ihr enges Verständnis des Entschuldigungsbegriffes eine sachlich nicht gerechtfertigte Strafbarkeitslücke und kommt zu ungereimten Ergebnissen: Wer durch einen Unfallschock lediglich den Unfall nicht erkennt und deshalb unvorsätzlich davonfährt, soll besser dastehen, als der, der durch den Unfallschock in einen schuldausschließenden Zustand gerät und deshalb schuldlos davonfährt.

4. Argument
Der Vorwurf, die Lehre von dem extensiven Entschuldigungsbegriff laufe auf eine Bestrafung des dolus subsequens hinaus, ist unberechtigt, weil der Täter, der seine Unfallbeteiligung erst nachträglich erkennt, ja nicht nunmehr doch nach § 142 I StGB, sondern nach dem selbständigen und ganz andere Pflichten auslösenden Tatbestand des Abs. 2 strafbar sein soll.

5. Argument
Auch in Fällen des berechtigten oder entschuldigten Verlassens des Unfallortes erreicht der Pflichtappell den Täter nicht gleich, da er oft spontan handelt, ohne sich die Existenz nachträglicher Pflichten zu vergegenwärtigen. Insofern befindet er sich in einer ähnlichen Entscheidungssituation wie derjenige, der nach vorsatzlosem Primärverhalten Kenntnis von seiner Unfallbeteiligung erhält.

6. Argument
Daß es für den Täter einfacher sein soll zu beweisen, daß er den Unfallort berechtigt oder entschuldigt verlassen als daß er den Unfall nicht bemerkt habe, kann als Argument nicht darauf gestützt werden, die Gerichte täten die Behauptung der Vorsatzlosigkeit als Schutzbehauptung ab: Hierfür gibt es keinerlei empirischen Beweis.

7. Argument
Die Beschränkung auf die Fälle des zeitlichen und räumlichen Zusammenhangs rechtfertigt sich aus Gründen der Zumutbarkeit und daraus, daß i. d. R. nur unter diesen Umständen nachträgliche Feststellungen i. S. d. Abs. 2 u. 3 erfolgversprechend sind.

II. (hier sog.) Lehre vom restriktiven Entschuldigungsbegriff

Wer sich unvorsätzlich vom Unfallort entfernt, unterfällt grundsätzlich nicht der Strafdrohung des § 142 II Nr. 2 StGB. Nimmt der Täter allerdings irrtümlich einen Rechtfertigungsgrund (oder Entschuldigungsgrund) an, der ihn nur zum Verlassen des Unfallortes berechtigen (nur sein Verlassen entschuldigen) würde, muß er auch dann die Feststellungen nachträglich ermöglichen, wenn durch seinen Irrtum der Vorsatz (die Strafbarkeit) ausgeschlossen ist.

Vertreten von:

AK-Schild, § 142 Rn. 149 f.; Berz, DAR 1975, 314; ders., Jura 1979, 127 ff.; Beulke, NJW 1979, 400 ff.; Bockelmann III, § 24 VIII 2; Bottke, JA 1980, 516; Dornseifer, JZ 1980, 302; Eisenberg, Jura 1983, 267 f. ; Geilen, JK 79, StGB § 142/1; Geppert, BA 1991, 40; Haft, 30; Joecks, § 142 Rn. 58; Kindhäuser I, § 70 Rn. 43; Krey-Hellmann, Rn. 645 f.; Kühl, HRR, 20; Lackner-Kühl, § 142 Rn. 25; Loos, DAR 1983, 212 f.; Mikla, Probleme der nachträglichen Feststellungspflicht, § 142 II StGB (Diss. 1990), 117 ff.; Mitsch, JA 1995, 38; ders., Keller-Gedächtnisschr. (2003), 166; NK-Schild, § 142 Rn. 138 f.; Otto, § 80 Rn. 65; Rudolphi, JR 1979, 210; Schmidt-Priebe I, 194; Schönke-Schröder-Cramer-Sternberg-Lieben, § 142 Rn. 55; SK-Rudolphi, § 142 Rn. 40; Tröndle-Fischer, § 142 Rn. 52; OLG Stuttgart MDR 1977, 773; OLG Koblenz VRS 53, 339; BayObLG NJW 1978, 282; eher hierhin tendierend Arzt-Weber LH 2, Rn. 345 f. Nach LK-Geppert, § 142 Rn. 136 soll § 142 II Nr. 2 StGB nur dann entfallen, wenn der Vorsatzausschluß darauf beruht, daß der Täter das Unfallgeschehen überhaupt nicht wahrgenommen hat. Hat der Tatbestandsirrtum andere Gründe (z. B. irrige Annahme, nur selbst geschädigt zu sein, nur ein unbedeutender Schaden sei entstanden oder die erforderlichen Feststellungen seien getroffen), soll § 142 II Nr. 2 StGB ebenso wie bei einem Erlaubnistatbestandsirrtum eingreifen (von ihm sog. **differenzierende Theorie**; Sympathien hierfür bei NK-Schild, § 142 Rn. 139; Tröndle-Fischer, § 142 Rn. 52 und Volk, DAR 1982, 85 f., die aber dieser Lösung nicht folgen).

1. Argument
Nach dem klaren Wortlaut des § 142 II StGB ist nur der Täter, der sich berechtigt oder entschuldigt, nicht aber auch der, der sich unvorsätzlich vom Unfallort entfernt, verpflichtet, die Feststellungen nachträglich zu ermöglichen.

2. Argument
Die Unvorsätzlichkeit der Entfernung vom Unfallort ist ein selbständiger Grund der Straflosigkeit dieser Entfernung, der ohne gesetzliche Anordnung nicht einfach einem berechtigten oder entschuldigten Entfernen gleichgestellt werden darf. Eine solche Gleichstellung widerspricht dem Wortlaut und ist deshalb eine verbotene Analogie zuungunsten des Täters.

3. Argument
Die Einschränkung, daß die irrige Annahme einer nur zum Verlassen berechtigenden oder dieses entschuldigenden Situation dem unvorsätzlichen Verlassen selbst dann nicht gleichsteht, wenn (etwa mit der eingeschränkten Schuldtheorie) der Irrtum den Vorsatz ausschließt, ist deshalb berechtigt, weil es keinen Grund gibt, den Täter, der sich das Bestehen eines Rechtfertigungs- oder Entschuldigungsgrundes nur vorstellt, besserzustellen, als den, bei dem ein solcher Grund tatsächlich vorliegt.

4. Argument
Wer berechtigt oder entschuldigt den Unfallort verläßt, weiß, daß er den Tatbestand des § 142 I StGB erfüllt und nimmt deshalb – bildlich gesprochen – die Appellfunktion des Tatbestandes mit. Daher sind ihm die Pflichten des Abs. 2 eher zuzumuten als dem ohne Vorsatz Handelnden, bei dem der Appell zunächst gerade fehlt.

5. Argument
Rechtfertigungs- und Entschuldigungsgründe sind leicht nachweisbar. Daher setzt sich der aus diesen Gründen Geflohene durch nachträgliche Meldung keiner Gefahr der Strafverfolgung aus. Daß der Täter den Unfall nicht bemerkt hat, wird man ihm dagegen häufig nicht glauben. Legt man ihm die Pflichten des Abs. 2 auf, wird sein Selbstbegünstigungsrecht unerträglich beschränkt.

6. Argument
Wer auch den unvorsätzlich den Unfallort Verlassenden nach § 142 II StGB bestrafen will, kann dieses Ergebnis nur über die im Strafrecht verpönte Konstruktion eines dolus subsequens erreichen.

Beispiele:

1. Im Ausgangsfall hat sich T unvorsätzlich vom Unfallort entfernt. Nach der Lehre vom extensiven Entschuldigungsbegriff ist er nach § 142 II Nr. 2 StGB strafbar, nach den Vertretern eines restriktiven Entschuldigungsbegriffs dagegen nicht; weiteres Beispiel bei Krüger-Steinhilper, Jura 1981, 667 f.

2. T beschädigt an einer belebten Kreuzung den Pkw des O. O's Gestikulieren deutet T als Verzicht auf Feststellungen und fährt weiter. Wenig später wird ihm klar, daß O's Gesten nur seinen Zorn, nicht aber einen Verzichtswillen ausdrücken sollten. T unternimmt gleichwohl nichts, um die Feststellung seiner Person etc. nachträglich zu ermöglichen (vgl. den ähnlichen Fall – Deutung des Weiterfahrens als Verzicht – in BayObLG NZV 1990, 397; ausführliche Lösung zu einem Fall des irrtümlich angenommenen Verzichts bei Mitsch, JA 1995, 32 ff., ein Fall, in dem es zusätzlich am zeitlichen und räumlichen Zusammenhang gefehlt haben dürfte). – Ist man der Auffassung, daß ein Feststellungsverzicht des Berechtigten den Tatbestand des § 142 StGB beseitigt (so z. B. Tröndle-Fischer, § 142 Rn. 30), so hat T den Unfallort im Tatbestandsirrtum, also ohne Vorsatz verlassen und wäre dann – wie im Ausgangsfall – an sich nur nach der Lehre vom extensiven Entschuldigungsbegriff strafbar. Da T den Unfall selbst allerdings wahrgenommen hat, würde auch nach LK-Geppert a. a. O. (diff. Theorie) § 142 II Nr. 2 StGB greifen. Faßt man den Feststellungsverzicht als rechtfertigende Einwilligung auf (so z. B. SK-Rudolphi, § 142 Rn. 20), irrt T über tatsächliche Voraussetzungen eines Recht-

fertigungsgrundes. Auch dann handelt T aber unvorsätzlich, wenn man mit der h. M. auf diesen Irrtum § 16 StGB direkt oder analog anwendet (s. Hillenkamp AT, 10. Problem). Nach der Lehre vom extensiven Entschuldigungsbegriff ist T somit auch in diesem Falle strafbar. Für die Lehre vom restriktiven Entschuldigungsbegriff ergäbe sich über den ihren Grundsatz modifizierenden Gedanken (krit. dazu Krey-Hellmann II, Rn. 648), daß der über einen Rechtfertigungsgrund Irrende nicht besserstehen darf als der tatsächlich Gerechtfertigte, an sich auch eine Strafbarkeit des T. Da es sich hier aber um einen Rechtfertigungsgrund handelt, der – läge er vor – T nicht nur zum einstweiligen Verlassen des Unfallortes, sondern zur Einstellung aller Feststellungsbemühungen überhaupt berechtigen würde, wird T's Irrtum so wie ein echter Tatbestandsirrtum, T also nicht als Pflichtiger i. S. d. § 142 II Nr. 2 StGB, betrachtet (s. Mitsch, JA 1995, 38 f.; SK-Rudolphi, § 142 Rn. 40).

3. Zum ähnlich gelagerten Problem der Gleichstellung eines nicht willentlichen – weil von Dritten erzwungenen – Entfernens s. BGHSt 30, 160 m. Bspr. Bär, JR 1982, 379; SK-Rudolphi, § 142 Rn. 40 a sowie BayObLG NJW 1993, 410. Zum Fall einer mutmaßlichen Einwilligung s. OLG Köln NJW 2002, 2334.

18. Problem (§ 323 a StGB)

Muß sich der Vorsatz in § 323 a StGB auch darauf erstrecken, daß der Täter im Rausch zu strafbaren Handlungen neigt?

Beispiel:

T, der bislang ein straffreies Leben geführt hat und nach Alkoholgenuß stets fröhlich und ohne Aggressivität geblieben ist, betrinkt sich aus Liebeskummer erstmalig in seinem Leben bewußt so, daß er eine Blutalkoholkonzentration von 3,8‰ erreicht. Als unerwartet sein Nebenbuhler O in der Wirtschaft auftaucht, schlägt T ihm einen Bierseidel über den Kopf. Hat sich T nach § 323 a StGB strafbar gemacht?

Ausgangspunkt:

T hat sich vorsätzlich (s. dazu BGH NStZ-RR 2001, 15) in einen schuldausschließenden Rausch versetzt und im Rausch eine rechtswidrige Tat (§ 11 I Nr. 5 StGB) nach § 224 I Nr. 2 StGB begangen, für die er gem. § 20 StGB nicht verantwortlich ist. Damit scheint der Tatbestand des § 323 a StGB (früher § 330 a StGB) erfüllt zu sein. Seine Anwendung ist aber deshalb fraglich, weil T weder mit der Möglichkeit gerechnet hat noch nach seiner bisherigen Erfahrung für seine Person mit der Möglichkeit rechnen mußte, im Rauschzustand eine Gewalttätigkeit zu begehen. Die Frage ist, ob das Schuldprinzip dieses nicht voraussetzt.

I. (hier sog.) **Abstrakte Gefährdungstheorie**

§ 323 a StGB ist ein abstraktes Gefährdungsdelikt, die im Rausch begangene Tat nur objektive Strafbarkeitsbedingung. Daraus folgt, daß Vorsatz bzw. Fahrlässigkeit sich nur auf das Sich-in-den-Rausch-Versetzen, nicht aber auch darauf erstrecken müssen, daß der Täter im Rausch irgendwelche strafbaren Handlungen begehen könnte.

Vertreten von:

Blei, § 94 I; Bockelmann III, § 25 II 2 c, bb; Bruns, JZ 1958, 109; Eser III, Fall 11 A 47; Geppert, JK 93 StGB § 323 a/4; ders., Jura 2001, 563; Haft, 278; Hohmann-Sander II, § 38 Rn. 1, 14; Jescheck-Weigend, Strafrecht AT (5. Aufl. 1996), § 53 I 2 b; Kindhäuser, LPK, § 323 a Rn. 16; Krey, Rn. 797 f.; Kühl, HRR, 224; Kusch, Der Vollrausch (1984), 63 ff.; Lackner, JuS 1968, 216 ff.; Lackner-Kühl, § 323 a Rn. 14; LK-Lay (9. Aufl. 1972), § 330 a Rn. 11–18; Otto, Übungen, 140; Preisendanz, § 330 a Bem. 4 a; Puppe, GA 1974, 110; dies., Jura 1982, 281; Rengier II, § 41 Rn. 8; Schmidhäuser, 15/19; Schröder, DRiZ 1958, 219; SK-Horn, § 323 a Rn. 7; Wessels-Hettinger, Rn. 1035; RGSt 73, 13; 73, 180; BGHSt 1, 124; 2, 18; 6, 89; 16, 124; 17, 334; 20, 284; BGH JR 1993, 33; OLG Zweibrücken VRS 32, 454; OLG Braunschweig NJW 1966, 679; OLG Hamm VRS 36, 264; OLG Schleswig SchlHA 1969, 165; OLG Schleswig SchlHA 1971, 215; OLG Hamburg JZ 1982, 160 f.; krit. Maurach, § 56 II A 1; einschr. Cramer, Der Vollrauschtatbestand als abstraktes Gefährdungsdelikt (1962), 93 ff., der eine im Einzelfall festzustellende Wahrscheinlichkeit einer konkreten Gefährdung verlangt und damit inhaltlich eher eine abgeschwächte konkrete Gefährdungstheorie vertritt; einschr. auch Gollner, MDR 1976, 188 f. (dazu Blei, JA 1976, 312), der mit der Ausschaltung inadäquater, zufälliger Rauschtaten den Ergebnissen der vermittelnden Theorie nahekommen dürfte. Diff. NK-Paeffgen, § 323 a Rn. 14 ff., der in § 323 a StGB zwei Tatbestände hineinliest, von denen der erste dem Bild der abstrakten Gefährdungstheorie entspricht und allenfalls 6 Monate Freiheitsstrafe auslösen können soll, während der zweite die Fälle der von Paeffgen abgelehnten actio libera in causa auffangen soll, s. dazu auch schon Paeffgen, ZStW 97 (1985), 526 ff. u. ders., in: Egg/Geisler (Hrsg.), Alkohol, Strafrecht und Kriminalität (2000), 49 ff.

1. Argument
§ 323 a StGB ist ein abstraktes Gefährdungsdelikt; bei einem solchen muß sich das Verschulden des Täters aber nur auf die Tatsachen erstrecken, aus denen das Gesetz die Gefährlichkeit des Verhaltens ableitet. Das aber ist das Sich-Versetzen in den Vollrausch als eines gefährlichen, weil unberechenbaren und unbeherrschbaren Zustandes.

2. Argument
Auch bei der Deutung der abstrakten Gefährdungstheorie ergibt sich kein Verstoß gegen das Schuldprinzip, weil der Rausch als Quelle von Rechtsbrüchen bekannt und seine schuldhafte Herbeiführung deshalb materielles Unrecht ist. Die gebotene Beschränkung des strafbaren Bereichs »schuldhafter Unmäßigkeit« ergibt sich aus der objektiven Strafbarkeitsbedingung einer rechtswidrigen Rauschtat.

3. Argument
Müßte der Täter zu Straftaten im Rausch neigen und diese Disponiertheit kennen, würde die Abgrenzung zur actio libera in causa weitgehend verwischt, weil der Forderung nach einer inneren Beziehung des Täters zur Rauschtat nur dann Genüge geschähe, wenn der Täter mit Taten rechnet, die der Rauschtat im wesentlichen entsprechen. Dann liegt aber in der Regel eine actio libera in causa vor.

4. Argument
Die Gegenansichten sind kriminalpolitisch verfehlt, weil sie Schutzbehauptungen Tür und Tor öffnen, die zu einem praktischen Leerlauf des § 323 a StGB führen müssen.

II. (hier sog.) **Vermittelnde Gefährdungstheorie**

Das Verschulden des Täters muß sich nicht nur auf das Berauschen, sondern auch auf die Möglichkeit beziehen, daß es im Rauschzustand zu strafbaren Handlungen irgendwelcher Art kommt. Da aber jedermann in der Regel damit rechnen muß, im Vollrausch strafbare Handlungen zu begehen, ergibt sich das diesbezügliche Verschulden von selbst, so daß es besonderer Feststellungen hierzu nicht bedarf.

Vertreten von:

Gössel, 134 f.; Jagusch, Anm. zu BGH LM § 330 a Nr. 2; Joecks, § 323 a Rn. 21; LK-Spendel, § 323 a Rn. 230; Maurach-Schroeder-Maiwald II, § 96 Rn. 5 f.; Montenbruck, GA 1978, 240; Schönke-Schröder-Cramer-Sternberg-Lieben, § 323 a Rn. 10; BGHSt 10, 247; BGH JR 1958, 28; BGH VRS 7, 311; BGH VRS 17, 341; BGH Holtz MDR 1986, 624; OLG Celle VRS 28, 210; NJW 1969, 1589; NJW 1969, 1917; OLG Köln NJW 1966, 412; BayObLG NJW 1974, 1520; OLG Hamm NJW 1975, 2252; OLG Schleswig SchlHA 1976, 169; BayObLG NJW 1990, 2334; nahest. Otto, § 81 Rn. 17; ders., Jura 1986, 486; die Rspr. krit. referierend Tröndle-Fischer, § 323 a Rn. 18 f.

1. Argument
Daß sich jemand vorsätzlich oder fahrlässig in einen Vollrausch versetzt, bedeutet für sich genommen noch keine strafbare Schuld. Eine dem Schuldprinzip gerecht werdende Auslegung des § 323 a StGB setzt deshalb grundsätzlich ein irgendwie geartetes Verschulden in bezug auf die Rauschtat voraus.

2. Argument
Einer besonderen Feststellung bedarf das Verschulden (von extremen Ausnahmefällen absoluter Alkoholunerfahrenheit oder besonderer »Zurüstungen« des Trinkers gegen die Gefahr der Begehung einer Rauschtat abgesehen) nicht, weil jedermann weiß, daß Menschen im Vollrausch sich in häufig ganz unerwarteter und bisweilen wesensfremder Weise verhalten und sich deshalb auch niemand darauf verlassen kann, im Vollrausch keine rechtswidrige Tat zu begehen.

3. Argument
Die abstrakte Gefährdungstheorie macht die Strafbarkeit allein von dem zufälligen Erfolg abhängig, daß der Berauschte eine Straftat begeht, ohne die für ein Schuldstrafrecht erforderliche Schuldverknüpfung zum Erfolg zu verlangen.

4. Argument
Die konkrete Gefährdungstheorie kann entgegen dem Sinn und Zweck des § 323 a StGB praktisch nur den bestrafen, der im Vollrausch schon einmal eine strafbare Handlung begangen hat, weil sich erst dann der Nachweis einer Neigung zu Straftaten führen läßt.

5. Argument
§ 323 a StGB behält seine selbständige Bedeutung gegenüber der actio libera in causa auch für die vermittelnde Gefährdungstheorie, weil bei der actio libera in causa der Täter weiß oder wissen müßte, daß er eine ganz bestimmte Tat begehen wird, während § 323 a StGB nach dieser Theorie lediglich die Voraussehbarkeit irgendeiner rechtswidrigen Tat voraussetzt.

III. (hier sog.) **Konkrete Gefährdungstheorie**

Voraussetzung für eine Bestrafung nach § 323 a StGB ist, daß der Täter seine Neigung, im Rauschzustand Straftaten irgendwelcher Art zu begehen, kannte oder mit ihr hätte rechnen müssen. Kenntnis oder fahrlässige Nichtkenntnis ergeben sich nicht von selbst, sondern müssen konkret festgestellt werden.

Vertreten von:

Arzt-Weber, § 40 Rn. 12; Bemmann, GA 1961, 72 f.; Heinitz, JR 1957, 349; Kohlrausch-Lange, § 330 a Bem. V 2; Küpper BT/1, II § 5 Rn. 62; Lange, JZ 1951, 461 f.; ders., JR 1957, 244 f.; Radtke, JuS 1993, 577; Welzel, § 68 II; OLG Celle NdsRpfl. 1950, 128; OLG Oldenburg JZ 1951, 460; BayObLG NJW 1968, 1897; nahest. Kaufmann, JZ 1963, 431 f.; Ranft, MDR 1972, 740 f.; ders., JA 1983, 194; zur Anwendung des vollen Strafrahmens verlangt Wolter, NStZ 1982, 58 die Vorstellung von Straftaten, die mit der Rauschtat rechtsethisch vergleichbar sind; fehlt es hieran, soll nur ein engerer Strafrahmen zulässig sein, s. a. a. O. 59 f.; noch enger Geisler, Zur Vereinbarkeit objektiver Bedingungen der Strafbarkeit mit dem Schuldprinzip (1998), 397 ff.; ders., GA 2000, 174 ff.; Renzikowski, ZStW 112 (2000), 497 ff.; Roxin, Strafrecht AT/1 (3. Aufl. 1997), § 23 Rn. 9.

1. Argument
Der Auffassung des § 323 a StGB als konkretes Gefährdungsdelikt trägt nur die Forderung Rechnung, daß dem Täter die konkrete Gefährdung bewußt war oder hätte bewußt sein müssen. Nur die diesbezügliche ausdrückliche richterliche Feststellung wird § 267 StPO und der Behauptung der Vereinbarkeit des § 323 a StGB mit dem Schuldprinzip gerecht.

2. Argument
Im Normalfall führt ein Rauschzustand nicht zu strafbaren Handlungen. Es wäre deshalb ungerecht, die Gefahr, daß es doch zu einer strafbaren Handlung kommt, dem Täter generell dadurch aufzubürden, daß man das Wissen um die Gefahr einfach unterstellt. Verantwortlich machen läßt sich der Täter erst dann, wenn er – etwa durch frühere Erlebnisse – Anlaß hatte, die Gefahr zu erkennen.

3. Argument
Jeder weiß, wie unterschiedlich Menschen auf Alkohol reagieren und im Rauschzustand agieren. Daß jedermann in der Regel mit strafbaren Ausschreitungen in diesem Zustand rechnen müsse, basiert auf einer unzulässigen Verallgemeinerung einer denkbaren, aber keineswegs den Regelfall darstellenden Reaktion.

4. Argument
Die vermittelnde Gefährdungstheorie müßte auch den, der schon häufig berauscht war und dann zum erstenmal im Rausch eine Straftat begeht, bestrafen,

obwohl der Täter aus seinen früheren Erfahrungen gar keinen Anlaß zu der Annahme hatte, er könne eine Straftat begehen. Das widerspricht dem Schuldprinzip.

5. Argument
Die abstrakte Gefährdungstheorie verschiebt den Unrechtskern und die Schuld des Deliktes auf eine reine Gefährlichkeitsvermutung.

6. Argument
Eine Deutung des § 323 a StGB als abstraktes Gefährdungsdelikt würde das Fehlen jeder Unrechtsrelevanz der Rauschtat voraussetzen. Wollte man aber das annehmen, bliebe unverständlich, weshalb die zu verhängende Strafe wegen Vollrauschs nicht schwerer sein darf als die Strafe, die für die im Rausch begangene Tat angedroht ist. Der Sache nach würde damit dem Gesetz unterstellt, es mache die qualitativ erhebliche Strafrahmenbindung in § 323 a II StGB von einem qualitativ unerheblichen Umstand abhängig. Verständlich ist die Strafrahmenbindung daher nur, wenn die Verwirklichung der Rauschtat für das Unrecht des § 323 a StGB als bedeutsam angesehen wird.

Beispiele:

1. Im Ausgangsfall ist für die abstrakte Gefährdungstheorie die Anwendung des § 323 a StGB unproblematisch. Auch die vermittelnde Gefährdungstheorie gelangt zu einer Bestrafung aus § 323 a StGB, weil jedermann, auch der bisher harmlose Trinker, mit Rauschtaten rechnen muß; außerordentliche Umstände, die eine konkrete Feststellung erfordern könnten, liegen nicht vor. Nach der konkreten Gefährdungstheorie bleibt T dagegen straflos, weil er sich weder bewußt war noch sich seiner Erfahrung nach hätte bewußt sein müssen, daß er im Rauschzustand eine rechtswidrige Tat begehen werde.

2. T legte sich in seinem Zimmer ins Bett und nahm in Selbstmordabsicht 48 LSD-Trips. Dadurch geriet er in einen Vollrausch. In diesem Zustand faßte er den Entschluß, vor seinem Tode noch schnell seine Freundin zu besuchen. Er stieg in seinen Pkw und verursachte einen schweren Verkehrsunfall mit Sach- und Personenschaden (s. OLG Hamm NJW 1975, 2252 und BayObLG NJW 1990, 2334). – Da nach dem Sachverständigengutachten 48 LSD-Trips eine 50-prozentige Überlebenschance und jedenfalls zunächst einen für Rauschtaten hinreichenden Zeitraum eines Rauschzustandes belassen, mußte T nach der Entscheidung des OLG Hamm noch damit rechnen, Straftaten irgendwelcher Art zu begehen. Die Tatsache, daß T die Trips in seinem Zimmer in Selbstmordabsicht eingenommen hat, hat das OLG Hamm – das grundsätzlich auf dem Boden der vermittelnden Theorie steht – nicht als besondere »Zurüstung« angesehen, die zu einer konkreten Feststellung hätte Anlaß geben können. Auch nach der abstrakten Gefährdungstheorie ist das Ergebnis der Verurteilung T's aus § 323 a StGB richtig. Da T keine Kenntnis von krimineller Neigung im Rausch besaß und unter den Umständen der Tat mit kriminellen Ausschreitungen auch subjektiv nicht rechnen mußte, ist er nach der konkreten Gefährdungstheorie straflos (zum Ausnahmefall der »Zurüstungen« s. insbes. Gollner, MDR 1976, 182 ff.).

Zu den den Tatbestand des § 323 a StGB verschärfenden Reformvorschlägen s. BT-DS 14/545 u. 14/759 sowie Renzikowski, ZStW 112 (2000), 475.

Teil III:
Straftaten gegen Vermögenswerte

A. Straftaten gegen das Eigentum

19. Problem (§ 242 StGB)

Liegt eine vollendete Wegnahme vor, wenn der Täter vom Berechtigten oder einem Dritten, der zugunsten des Berechtigten einzugreifen gewillt ist, dabei beobachtet wird, daß er Ware in seiner Körpersphäre verbirgt?

Beispiel:

T entnimmt in einem Selbstbedienungsladen aus einem Regal eine Packung Zigaretten und steckt sie – statt in den Einkaufskorb – in Zueignungsabsicht in die Hosentasche. Dabei wird er von einer Verkäuferin beobachtet, die den Filialleiter F verständigt. F stellt T an der Kasse, der beschämt die Zigaretten sofort herausgibt (BGHSt 16, 271). Ist T eines vollendeten oder nur eines versuchten Diebstahls schuldig?

Ausgangspunkt:

Die Antwort auf die Frage, ob der Dieb eigenen Gewahrsam herzustellen vermag, wenn er die Sache unter Beobachtung des Berechtigten oder eines zugunsten des Berechtigten eingriffsbereiten Dritten an sich bringt, hängt – da in der bloßen Beobachtung kein Einverständnis mit dem Gewahrsamswechsel liegt – entscheidend von der grundsätzlichen Auffassung über den Gewahrsamsbegriff ab. Legt man mit der überkommenen Lehre einen mehr faktischen Gewahrsamsbegriff zugrunde, indem man in erster Linie auf das tatsächliche Herrschaftsverhältnis abstellt, wird man der Beobachtung und der aus ihr resultierenden faktischen Eingriffs- und Hinderungsmöglichkeit eher vollendungshindernde Wirkung zumessen als bei Anerkennung eines mehr sozial-normativ orientierten Gewahrsamsbegriffes, dem es auf die von einer Beobachtung im wesentlichen unabhängige soziale Zuordnung zu einer Herrschaftssphäre ankommt.

I. (hier sog.) Sozial-normative Theorie

Wer die Beute in seine Körpersphäre (Kleidung, Tasche o. ä.) verbringt, hat auch dann eine vollendete Wegnahme vorgenommen, wenn seine Handlung von dem Berechtigten oder einem eingriffsbereiten Dritten, die in der Lage sind, sofort und mit Erfolg einzugreifen, beobachtet worden ist.

Vertreten von:

Blei, § 53 IV 3; ders., PdW I, Nr. 242; Bockelmann I, § 3 I 4 b, bb; Brocker, JuS 1994, 922 f.; Cordier, NJW 1961, 1340; Dölling, JuS 1986, 690; Geilen, JR 1963, 446; Geppert JK 97, StGB § 242/18; Gössel, 204; ders., ZStW 85 (1973), 641, 649; Haft, 142; v. Heintschel-Heinegg, JA 1995, 834 f.; Hilgendorf, 94; Hillenkamp, JuS 1997, 221 ff.; Joecks, § 242 Rn. 18; Kindhäuser II/1, § 2 Rn. 60; ders., LPK, § 242 Rn. 55; Krey-Hellmann, Rn. 44; Lackner-Kühl, § 242 Rn. 16; LK-Ruß, § 242 Rn. 43 a; Maurach-Schroeder-Maiwald I, § 33 Rn. 26; Mitsch II/1, § 1 Rn. 63 f.; MK-Schmitz, § 242 Rn. 72 f.; NK-Kindhäuser, § 242 Rn. 47; Otto, § 40 Rn. 16, 19, 30;

ders., ZStW 79 (1967), 61 f.; ders., JK 86, StGB § 242/8; ders., Jura 1997, 466; Preisendanz, § 242 Bem. V 4 a; Rengier I, § 2 Rn. 25; Scheffler, JR 1996, 343; Schmidhäuser, 8/22; Schmidt-Priebe II, 18 mit 25; Seelmann, JuS 1985, 203; Seier, JuS 1997, L 62; SK-Hoyer, § 242 Rn. 52; Tröndle-Fischer, § 242 Rn. 18; Welzel, § 48 I 2 b; ders., GA 1960, 266 f.; Wessels II, Rn. 113; Wessels-Hillenkamp, Rn. 71, 114 f.; Wimmer, NJW 1962, 614 (diff.); RGSt 52, 75; 76, 131; BGHSt 16, 271; 17, 205; (vgl. auch BGHSt 20, 194; 23, 254; 26, 24); BGH GA 1963, 147; BGH GA 1969, 91; BGH Dall. MDR 1967, 896; BGH Dall. MDR 1969, 359; BGH NStZ 1987, 71; OLG Braunschweig NJW 1966, 1527; OLG Köln MDR 1971, 595; OLG Hamm JR 1972, 253; OLG Stuttgart NStZ 1985, 76; OLG Düsseldorf NJW 1986, 2266; NJW 1988, 1336; NJW 1990, 1492; OLG Frankfurt MDR 1993, 671; BayObLG NJW 1995, 3001; OLG Zweibrücken NStZ 1995, 449; diff. Arzt-Weber, § 13 Rn. 39 ff., 42; Maurach-Gössel, 241; Otto, JZ 1993, 561; einschr. Seier, JA 1985, 392. Kargl, JuS 1996, 975 gelangt trotz anderer Bestimmung der sozialen Komponente zum selben Ergebnis.

1. Argument
Die soziale Anschauung ordnet demjenigen Gewahrsam zu, der eine Sache in seiner Körpersphäre hat bzw. sie dorthin verbringt, weil eine intensivere und den Ausschluß anderer stärker verdeutlichende Herrschaftsbeziehung kaum denkbar ist. Die Tabuzone dieser Körpersphäre bleibt auch in einem von einem anderen generell beherrschten Raum und unabhängig davon bestehen, ob das Verbringen in diese Gewahrsamsexklave beobachtet wird oder nicht.

2. Argument
Diebstahl setzt keine heimliche Begehung voraus. Deshalb ist unerheblich, ob der Täter beobachtet wird oder nicht.

3. Argument
Wer auf die Erfolgswahrscheinlichkeit des Entkommens mit der Beute womöglich unter Abwägung der Körperkräfte von Dieb und Berechtigtem abstellt, kombiniert Gedanken der überwundenen Ablationstheorie mit einem die soziale Komponente der Sachherrschaft vernachlässigenden rein faktischen Gewahrsamsbegriff.

4. Argument
Beobachtung, Rückgabebereitschaft des Täters oder Möglichkeit der Erzwingung der Rückgabe verhindern nicht die Wegnahme, sondern eröffnen dem Bestohlenen nur die rechtlich durch die Vorschriften über Besitzkehr, Notwehr und Selbsthilfe gesicherte Chance, den verlorenen Gewahrsam zurückzuerlangen.

5. Argument
Die von der Gegenmeinung angeführten Fälle des Arbeiters, der Hausgehilfin etc. (s. 3. Argument unter II) liegen anders: Dort besteht ein vom jeweils Besitzenden anerkanntes, sozial-normativ geprägtes Über-/Unterordnungsverhältnis, beim Diebstahl aber gerade nicht.

II. (hier sog.) **Faktische Theorie**

Ist der Beobachtende in der Lage, sofort mit Erfolg einzuschreiten, liegt lediglich versuchte Wegnahme vor. Vollendete Wegnahme kommt nur ausnahmsweise in Betracht, nämlich dann, wenn der Täter an der Sachherrschaft trotz Beobachtung infolge besonderer Umstände nicht mehr gehindert werden kann.

Vertreten von:

Eser IV, Fall 2 A 63; Hauf I, 19 f.; Hohmann-Sander I, § 1 Rn. 52 ff.; Huschka, NJW 1960, 1190; Mayer, JZ 1962, 617 ff.; Proppe, JA 1996, 327; Schönke-Schröder-Eser, § 242 Rn. 40; Thoss, Jura 2002, 351 f.; Walter, Jura 2002, 416 f.: RGSt 66, 396; 76, 133; BGHSt 4, 200; BGH JR 1963, 466; BGH GA 1966, 244; BGH Dall. MDR 1957, 141; BGH Dall. MDR 1969, 902; BGH StV 1985, 323; BGH NStZ 1988, 271; OLG Hamm NJW 1954, 523; OLG Hamm NJW 1961, 328 (m. abl. Anm. Welzel); OLG Düsseldorf NJW 1961, 1369; OLG Hamburg NJW 1960, 1920; OLG Koblenz GA 1978, 251; BayObLG StV 1998, 205; LG Köln StV 1997, 27; im – faktischen – Ausgangspunkt auch Schulz, JA 1998, 128, der aber gleichwohl zur Vollendungslösung tendiert; nahest. die oben I als »differenzierend« angegebenen Autoren, da sie der körperlichen Tabusphäre nicht die ausschlaggebende Bedeutung beimessen, vielmehr allen faktischen Gegebenheiten Gewicht einräumen, s. insbesondere Maurach-Gössel, 241 u. Otto, JZ 1993, 561; auch Kahlo, in: Vom unmöglichen Zustand des Strafrechts (1995), 137 ff. kommt – trotz seiner der sozial-normativen Theorie eigentlich näher stehenden Sicht – nur zum Versuch; ebenso Ling, ZStW 110 (1998), 941 f.

1. Argument
Nach früherem Recht war der Versuch der Übertretung des Mundraubs (§ 370 I Nr. 5 StGB a. F.) nicht strafbar. Das sprach aus kriminalpolitischen Gründen dafür, den Zeitpunkt der Vollendung mit BGHSt 16, 271 unabhängig von der Beobachtung vorzuverlegen. Da der Versuch des heute allein in Betracht kommenden Diebstahls strafbar ist, ist dieser Grund entfallen.

2. Argument
Das Tabu, mit dem die sozial-normative Theorie die körperliche Sphäre des Täters ausstattet, steht im Widerspruch zu den für den Gewahrsamsbegriff ausschlaggebenden tatsächlichen Verhältnissen: So erlangt weder der Dieb, hinter dem sich aufgrund einer Alarmvorrichtung Eisengitter schließen, noch der Taschendieb, der in die Diebesfalle tappt, Gewahrsam, auch wenn beide das Vorgefundene noch schnell in die Tasche stecken.

3. Argument
Das Tabu, mit dem die sozial-normative Theorie die körperliche Sphäre des Täters ausstattet, entbehrt auch eines normativ begründbaren Fundaments, da der Berechtigte nach § 859 BGB und § 32 StGB dem Täter die Beute mit Gewalt wieder abnehmen darf.

4. Argument
Der beobachtete und auf frischer Tat zur Rede gestellte Dieb ist regelmäßig zur sofortigen Herausgabe der Beute bereit. Das zeigt, daß ein tatsächliches Herrschaftsverhältnis noch nicht hergestellt ist, weil der Einwirkung auf die Sache noch Hindernisse entgegenstehen.

5. Argument
Daß das Tragen einer Sache in der Kleidung oder Tasche nach der Verkehrsauffassung allein nicht ausreicht, um Gewahrsam zu bejahen, beweisen die Fälle des Arbeiters, der Werkzeug seines Arbeitgebers, oder der Hausgehilfin, die beim Ein-

kauf das Portemonnaie ihrer Chefin bei sich führt. Beide haben keinen (Allein-)Gewahrsam.

6. Argument
Solange der Berechtigte die Sache sofort zurückverlangen kann, ist kein endgültiger Gewahrsamsverlust und damit nicht die in § 242 StGB vorausgesetzte Rechtsgutsverletzung eingetreten. Ist der Berechtigte wegen besonderer tatsächlicher Umstände ausnahmsweise trotz Beobachtung nicht in der Lage, den Dieb zu stellen, so ist der Gewahrsamsverlust endgültig und § 242 StGB vollendet.

Beispiele:

1. Im Ausgangsfall (s. dazu auch Kühl, HRR, 99) hat sich T nach der sozial-normativen Theorie wegen eines vollendeten Diebstahls gem. §§ 242, 248 a StGB strafbar gemacht. Für die faktische Theorie liegt nur versuchter Diebstahl (§§ 242 II, 248 a, 22 StGB) vor, da der Berechtigte sofort erfolgreich eingreifen konnte (zur Parallelität des beobachteten Verbergens von Ware zum unbeobachteten Verbergen einer durch Sicherungsetikett gesicherten Ware in der Kleidung s. BayObLG NJW 1995, 3000). Zu beachten ist, daß hier der unter I. dargestellten, sozial-normativ gegründeten Vollendungslösung auch Stimmen zugeschlagen sind, die im grundsätzlichen Streit um einen sozial-normativen oder faktischen Gewahrsamsbegriff (s. dazu Wessels-Hillenkamp, Rn. 71 m. w. N.) die faktische Position vertreten, dann aber das Korrektiv der Verkehrsanschauung dazu benutzen, den Gedanken der körperlichen Tabusphäre den faktischen (Kräfte-)Verhältnissen überzuordnen.

2. Im Ausgangsfall gibt T die Zigaretten nicht heraus, sondern schlägt im Gegenteil den F k. o., um im Besitz der Zigaretten zu bleiben. – Legt man die h. M. zugrunde, daß Gewaltanwendung zwischen Versuch und Vollendung des Diebstahls zum Raub, nach Vollendung des § 242 StGB dagegen zum räuberischen Diebstahl führt, so hängt die Entscheidung § 249 StGB oder § 252 StGB von der Entscheidung zwischen sozial-normativer (§ 252 StGB) und faktischer Theorie (§ 249 StGB) ab. Dabei ist allerdings zu berücksichtigen, daß die rabiate Verteidigung T's zeigt, daß sich die Gewahrsamsverschiebung faktisch wohl doch schon vollzogen hatte, so daß man auch mit der eher zum Versuch neigenden faktischen Theorie hier zu einem vollendeten Diebstahl gelangen kann (so ausdrücklich Mayer, JZ 1962, 620).

3. In der Bekleidungsabteilung eines Kaufhauses probierte T eine Lederjacke an, hängte sie an seinen Einkaufskorb und zog sie in der Kosmetikabteilung über, nachdem er das Sicherheitsetikett gewaltsam beseitigt hatte. Nach Passieren des Kassenbereichs wurde T vom Warenhausdetektiv W – der T in der Bekleidungs-, nicht aber mehr in der Kosmetikabteilung beobachtet und dann im Kassenbereich wiederentdeckt hatte – gestellt. – Das OLG Frankfurt MDR 1993, 671 hat – von der Position der sozial-normativen Theorie ausgehend – Zweifel an der Vollendung deshalb, weil T die Jacke nicht in oder unter seiner Kleidung verborgen, sondern über seiner Kleidung angezogen hatte. Für die auf die körperliche Tabusphäre abhebende sozial-normative Anschauung ist das aber gerade kein gravierender Unterschied. Sie muß deshalb Vollendung bejahen, weil mit dem Überziehen die vorausgesetzte Verbringung in die körperliche Gewahrsamssphäre vollzogen ist. Für die die faktischen Verhältnisse stärker berücksichtigende Theorie sind bloßes Überziehen und Beobachtung Grund, an der Vollendung zu zweifeln, solange

W ohne größere Schwierigkeiten die Jacke wiedererlangen kann. Das war hier freilich nicht der Fall, weil W den T zeitweilig aus dem Auge verloren hatte, die Jacke mittlerweile nicht mehr ohne weiteres als zur Kollektion des Warenhauses gehörig erkennbar und T aufgrund der baulichen Gestaltung des Kaufhauses, des Publikumsverkehrs und seiner Gewandtheit in der Lage war, sich der Beobachtung zeitweise zu entziehen. Unter solchen Umständen hindert die (zeitweilige) Beobachtung auch die faktische Theorie nicht, Vollendung anzunehmen. – Ob das Sicherungsetikett eine gegen Wegnahme sichernde Schutzvorrichtung i. S. d. § 243 I 2 Nr. 2 StGB ist, hängt mittelbar von der Vorentscheidung zur Wegnahmevollendung ab. Ist der Diebstahl schon vor dem Passieren der Sicherheitszone vollendet, dient der Signalton nicht mehr dem Schutz vor Wegnahme, sondern nur ihrer Entdeckung (s. OLG Frankfurt a. a. O. und Dölling, JuS 1986, 688 ff.).

4. **Hinweis:**

Die Argumentation verschiebt sich in Nuancen, nicht aber im Grundsätzlichen, wenn der Täter die Ware nicht in der Körpersphäre, sondern im Einkaufswagen oder -korb verbirgt und dabei beobachtet wird. Die sozial-normative Theorie wird hier unabhängig von Beobachtung, Kräfteverhältnissen, Größe und Handlichkeit der verborgenen Ware von einem vollendeten Gewahrsamswechsel erst, dann aber auch sicher ausgehen, wenn der Täter den Kassenbereich durchquert hat. Dann schreibt ihm zwar kein Tabu, wohl aber die sozial-normative Anschauung Gewahrsam am Inhalt des Wagens oder Korbes zu (so PfzOLG Zweibrücken NStZ 1995, 448 f.; Brocker, JuS 1994, 922 f.; Hillenkamp, JuS 1997, 221 ff.; Roßmüller/Rohrer, Jura 1994, 473; Scheffler, JR 1996, 342 f.; Wessels-Hillenkamp, Rn. 116; Kargl, JuS 1996, 975 will unter Betonung des faktischen Gehalts auch der sozialen Verkehrsanschauung Gewahrsam des Kunden unabhängig von Verstecken oder Beobachtung am Inhalt seines Einkaufswagens schon vor dem Kassenbereich annehmen). Für eine faktisch geprägte Gewahrsamsauffassung spricht die Beobachtung so lange gegen Vollendung, wie der Beobachtende den Dieb an der (endgültigen) Gewahrsamsausübung noch hindern kann, was vor Verlassen des Kaufhauses durchaus oft noch möglich sein wird. Hiernach ist alles »Tatfrage« (s. BGHSt 41, 204 ff.; OLG Düsseldorf NJW 1986, 2266). Zur Abgrenzung von Diebstahl und Betrug in solchen Fällen s. Hillenkamp, JuS 1997, 220 ff. m. w. N.

20. Problem (§ 242 StGB)
Muß sich die Zueignungsabsicht des Täters auf die Sache als Substanz oder kann sie sich auch auf den von ihr verkörperten Sachwert beziehen?

Beispiel:

Kurz vor der Abmusterung bei der Bundeswehr stellt der Soldat T fest, daß ihm eine Schirmmütze fehlt, die er ersetzen muß. Er nimmt deshalb die Mütze des abwesenden Stubenkameraden O aus dessen Spind und liefert diese auf der Bekleidungskammer ab. Die Täuschung bleibt unbemerkt, so daß von T kein Schadensersatz verlangt wird (vgl. OLG Frankfurt NJW 1962, 1879).

Ausgangspunkt:

T hat die Mütze weggenommen, um sie zu einer ihn von einer Ersatzpflicht befreienden Täuschung zu benutzen. Ob darin eine Zueignung der Mütze liegt, läßt sich nur entscheiden, wenn feststeht, was Objekt der Zueignung sein muß. In dem zu dieser Frage überkommenen Streit zwischen Substanz-, Sachwert- und Vereinigungstheorie (s. dazu 11. Problem der 2. Aufl.) haben sich die Fronten nicht nur verschoben, sondern auch weitgehend abgeschliffen, so daß es im Einzelfall häufig weniger um den prinzipiellen Streit als um auch innerhalb der einzelnen Lehren bestehende Unsicherheiten in der Behandlung von Grenzkonstellationen geht. Theoretisch läßt sich heute eine Sachwertgesichtspunkte negierende erweiterte Substanztheorie (auch Eigentumstheorie genannt) einer Vereinigungslehre gegenüberstellen, innerhalb derer um den Umfang des Sachwertbegriffes gestritten wird (s. zum Zueignungsbegriff auch Küper, 452 ff.).

I. (hier sog.) **Erweiterte Substanztheorie**

Zueignungsabsicht hat, wer sich oder einem Dritten unter Anmaßung der dem Eigentümer zustehenden Herrschaftsbefugnisse die der Sache objektiv innewohnenden Verwendungsmöglichkeiten zuführen will.

Vertreten von:

Androulakis, JuS 1968, 412 f.; Blei, PdW I, Nr. 248; Gössel II, § 6 Rn. 47; ders., 67 f.; Hauf, DRiZ 1995, 145; LK-Jagusch (8. Aufl. 1958), § 242 Vorb D III; Maurach-Schroeder-Maiwald I, § 33 Rn. 43 ff.; Otto, § 40 Rn. 54; ders., JK 92, StGB § 246/7; ders., JZ 1996, 583 f.; ders., JK 96, StGB § 246/9; Ranft, JA 1984, 283; Rudolphi, GA 1965, 33; ders., JR 1985, 254; Seelmann, JuS 1985, 289; Wachenfeld, ZStW 40 (1919), 323 f.; Wolfslast, NStZ 1994, 544; nahest. Arzt-Weber, § 13 Rn. 75 ff.; Blei, § 52 II 3, 4; Kindhäuser II/1, § 2 Rn. 90; ders., LPK, § 242 Rn. 88 f.; Maiwald, Der Zueignungsbegriff im System der Eigentumsdelikte (1970); NK-Kindhäuser, § 242 Rn. 94 ff., 98; ders., Geerds-Festschr. (1995), 660 f., 666 f. (bei Drittzueignung muß diese den Charakter der Übereignung haben); Kindhäuser im Ansatz und in der Ergebnissen nahest. SK-Hoyer, § 242 Rn. 81 ff.: Zueignung als Verschiebung des subjektiven Sachnutzens); Preisendanz, § 242 Bem. VI 2; enger Miehe, Heidelberg-Festschr. (1986), 495 ff., der mit einer restriktiveren Substanztheorie die »Rückveräußerungs-« und die »Sparbuchfälle« aus § 242 StGB ausscheidet; so auch Gössel, Pötz-Festschr. (1993), 47 ff.; im Sparbuchfall und MK-Schmitz, § 242 Rn. 117 ff., 122. Der 5. Senat des BGH (NStZ 1995, 133 u. 444) hat sich zu § 246 StGB zu der erweiterten Substanztheorie bekannt. Einen eigenständigen Weg geht Meister, Die Zueignungsabsicht beim Diebstahl (2002), 161 ff.

1. Argument
Die reine Substanztheorie gerät bei den Legitimationspapieren (Sparbuch etc.) und in den Fällen des Rückverkaufs der gestohlenen Sache an den Eigentümer in unauflösbare Schwierigkeiten. Sie bedarf deshalb einer erweiternden Modifikation.

2. Argument
Aneignung bedeutet Anmaßung der Eigentümerbefugnisse. Zueignungsobjekt ist deshalb die aus dem Eigentum fließende reale Herrschaftsmacht über die Sache,

die eigentumsfähige, bewegliche Sache einschließlich der ihr objektiv innewohnenden Funktionsmöglichkeiten. Mit dieser Verlagerung des Zueignungsobjektes von einer mehr naturalistisch und formalistisch verstandenen Sachsubstanz auf die Herrschaftsmacht kann die Substanztheorie auch die Fälle lösen, in denen der Täter die Sache selbst dem Eigentümer wieder zurückgeben oder zurückverkaufen will.

3. Argument
Nur die erweiterte Substanztheorie ist in der Lage, die Abgrenzung zwischen Zueignung und bloßer Gebrauchsanmaßung aus dem Wesen der Zueignung selbst dergestalt abzuleiten, daß Zueignung mehr als bloßer vorübergehender Entzug oder bloße Wertminderung, nämlich endgültiger Entzug wenigstens einer Funktionsmöglichkeit der Sache ist.

4. Argument
Jede Erweiterung der Substanztheorie um Sachwertgesichtspunkte macht aus dem Diebstahl als Angriff gegen Eigentum und Gewahrsam ein Delikt gegen das Vermögen und deutet den für Diebstahl vorausgesetzten »animus rem sibi habendi« in einen »animus ex re lucri faciendi« um: Damit wird aus einem Zueignungsdelikt ein allgemeines Wertentziehungs- bzw. Bereicherungsdelikt.

5. Argument
Um der Strafwürdigkeit bestimmter Grenzfälle Rechnung zu tragen, ist die eine Verwischung der Diebstahlskonturen heraufbeschwörende Zuflucht zur Sachwerttheorie überflüssig, weil die Bestrafung in einem Teil der Fälle (Biermarken-, Pudel-, Mützenfälle) durch den Betrugstatbestand, in einem anderen Teil (Sparbuchfälle) durch eine Erweiterung der Substanztheorie gewährleistet ist.

II. (hier sog.) **Vereinigungstheorie mit restriktivem Sachwertbegriff**

Zueignungsabsicht hat der Täter, der die Sache selbst oder den in ihr verkörperten Sachwert dem eigenen Vermögen oder dem eines Dritten einverleiben will. Unter Sachwert ist dabei nur der in der Sache steckende und aus ihr gewonnene Wert (lucrum ex re), nicht aber der unter Verwendung der Sache zu erzielende Gewinn (lucrum ex negotio cum re) zu verstehen.

Vertreten von:

Bloy, JA 1987, 189 f.; Bockelmann I, § 3 II 2 b; ders., ZStW 65 (1953), 574 f.; Brocker, wistra 1995, 293 f.; Dickert, JuS 1994, 633; Eisele-Fad, Jura 2002, 306; Eser IV, Fall 3 A 25 ff.; ders., JuS 1964, 481; Gropp, JuS 1999, 1043 f.; Haft, 146 f.; Hellmann, JuS 2001, 355; Heubel, JuS 1984, 449; Hohmann-Sander I, § 1 Rn. 95 ff.; Jäger, JuS 2000, 651; Küper, 453; Krey-Hellmann, Rn. 53, 69 ff.; Lackner-Kühl, § 242 Rn. 21 ff.; LK-Ruß, § 242 Rn. 48 f.; Mitsch II/1, § 1 Rn. 141 f.; Rengier I, § 2 Rn. 41, 46; Samson II, 52 ff.; Schmidhäuser, 8/25; Schmidt-Priebe II, 30 ff.; Schönke-Schröder-Eser, § 242 Rn. 49; Schröder, JR 1965, 27; Sonnen, JA 1979, 610 f.; Stoffers, Jura 1995, 117; Tenkhoff, JuS 1980, 725; Tiedemann, 95 f.; Tröndle-Fischer, § 242 Rn. 33 ff.; Ulsenheimer, Jura 1979, 177 f.; Wagner, 5; Wessels, NJW 1965, 1153; ders., JZ 1965, 634 f.; Wessels-Hillenkamp, Rn. 134 f.; Widmaier, NJW 1970, 672; BGHSt 19, 387; 35, 152, 156 ff.; BGH JR 1978, 171; BGH JR 1985, 251 (zust. Joerden, Jura 1986, 81); BGH NJW 1985, 812; BGH StV 1990, 407; OLG Celle NdsRpfl. 1964, 230; OLG Stuttgart NJW

1979, 277; OLG Düsseldorf GA 1986, 120 (mit Tendenz zu III, dazu Bloy, a. a. O.); OLG Köln StV 1991, 468, 471; BayObLG NJW 1992, 1777; BayObLG JR 1992, 346 m. Anm. Meurer; OLG Köln NJW 1997, 2611 m. Bespr. Martin, JuS 1997, 1140; wohl auch Joecks, vor § 242 Rn. 29, 36; einem restriktiven Sachwertbegriff nahest. auch schon RGSt 40, 12; 55, 60; 61, 232 f.; 62, 17; 64, 415; 67, 335; krit. Kleb-Braun, JA 1986, 249 ff.

1. Argument
Die Substanztheorie vermag die Fälle eigenmächtiger Verfügung über Legitimationspapiere wie die Rückverkaufsfälle nicht zu lösen. Auch in ihrer erweiterten Fassung kann sie dies nur durch eine – freilich nicht eingestandene – Anleihe bei der Sachwerttheorie. Diese vermag zwar jene Fälle, ihrerseits aber nicht die Konstellationen zu lösen, in denen die Sache keinen Vermögenswert hat oder vom Täter in anderer Weise benutzt wird, als es ihrem wirtschaftlichen Wert entspricht. Die durch die Einseitigkeit beider Theorien entstehenden, kriminalpolitisch nicht tragbaren Lücken lassen sich nur schließen, wenn man beide Lehren vereinigt.

2. Argument
Mit einer Verbindung von Sachsubstanz- und Sachwertgesichtspunkten wird kein doppelter und je nach Sachlage beliebig verwendbarer, sondern ein die beiden Teilaspekte der Sachqualität harmonisierender Zueignungsbegriff hergestellt.

3. Argument
Der Kritik der (erweiterten) Substanztheorie, durch Einbeziehung von Sachwertgesichtspunkten würden die Grenzen zwischen Zueignungs- und Bereicherungsdelikten verwischt, kann durch eine restriktive Handhabung der Sachwerttheorie, die den Sachwert auf das lucrum ex re beschränkt, der Boden entzogen werden.

4. Argument
Gegen den extensiven Sachwertbegriff ist einzuwenden, daß für Zueignungsabsicht nicht genügt, daß der Täter überhaupt wohlhabender werden will, sondern daß sein Wille, gerade den in der Sache steckenden Wert zu gewinnen, erforderlich ist. Ein solcher Wille ist – entgegen der Vereinigungstheorie mit extensivem Sachwertbegriff – insbesondere dort nicht gegeben, wo der Gewinn durch betrügerische Verwendung der Sache erzielt werden soll, weil die Eigenschaft einer Sache, sich verfälschen oder sonst betrügerisch verwenden zu lassen, nicht ihr Sachwert ist.

III. (hier sog.) **Vereinigungstheorie mit extensivem Sachwertbegriff**

Zueignungsabsicht hat der Täter, der die Sache selbst oder den in ihr verkörperten Sachwert dem eigenen Vermögen oder dem eines Dritten einverleiben will. Unter Sachwert fällt dabei nicht nur der in der Sache steckende Wert (lucrum ex re), sondern auch der unter Verwendung der Sache zu erzielende Wert (lucrum ex negotio cum re).

Vertreten von:

Kohlhaas, NJW 1962, 1880; Weiß, JR 1995, 30 f.; BGHSt 4, 236; 17, 92; BGH NJW 1954, 1294; BGH GA 1959, 373; BGH GA 1969, 306; BGH NJW 1977, 1460; BGH wistra 1987, 253; OLG Frankfurt NJW 1962, 1879; AG Nienburg NdsRpfl. 1964, 179; OLG Hamm NJW 1964, 1429; BayObLG JR 1965, 26 (m. abl. Anm. Schröder); OLG Celle MDR 1967, 684; OLG Stuttgart NJW 1970, 672. Zu § 246 StGB legen diese Theorie z. B. BGH NStZ 1994, 542; BGHSt 40, 18; 41, 194 zugrunde.

1. und 2. Argument

s. 1. und 2. Argument unter II.

3. Argument
Ihrem wirtschaftlichen Wert nach zueignen kann man sich eine Sache auch dann, wenn man bei ihrer Verwendung einen Nutzen oder Vorteil im weitesten Sinne, u. U. auch nur mittelbar erlangt, die Sache also in irgendeiner Weise seinen Zwekken dienstbar macht.

4. Argument
Jede engere Auffassung des Sachwertbegriffes führt zu kriminalpolitisch nicht tragbaren Strafbarkeitslücken überall dort, wo entweder die der Wegnahme nachfolgende Verwendung den Betrugstatbestand nicht erfüllt oder der Täter vor einer § 263 StGB erfüllenden Verwertungshandlung gestellt wird: In beiden Fällen müßte der Täter straffrei ausgehen.

Beispiele:

1. Im Ausgangsfall fehlt für die erweiterte Substanztheorie die Zueignungsabsicht, weil T sich keine Herrschaftsbefugnisse des Eigentümers anmaßt, sondern gerade unter Anerkennung des Eigentums (krit. zu dieser Voraussetzung Bloy, JA 1987, 190 f.; Roxin, Täterschaft und Tatherrschaft, 7. Aufl. 2000, 341) der Bundeswehr die Mütze lediglich zu Täuschungszwecken benutzt. Zu demselben Ergebnis gelangt die Vereinigungslehre mit restriktivem Sachwertbegriff, weil die Mütze vorher genauso viel wert war wie nachher, T ihr also keinen Sachwert entzogen (lucrum ex re), sondern lediglich ihren Täuschungswert genutzt hat. Letzteres genügt dagegen der Vereinigungslehre mit extensivem Sachwertbegriff, um Diebstahl zu bejahen.

– Abwandlung: T konnte so vorgehen wie im Ausgangsfall geschildert, weil ihm sein in derselben Einheit dienender Freund F die Mütze des Abwesenden O aus dessen Spind in der Absicht »besorgt« hatte, T deren Ablieferung zu ermöglichen. – Hier hat F die Mütze weggenommen. An der Absicht, sich die Mütze zuzueignen, fehlt es aber schon deshalb, weil F sich nicht als Eigentümer gerieren und auch keinerlei eigenen Nutzen aus der Sache ziehen, sondern diese nur in die Hände des T weiterleiten wollte. Auch an einer Drittzueignungsabsicht mangelt es, wenn man die Vereinigungslehre mit extensivem Sachwertbegriff ablehnt. Auf dem Boden der beiden anderen Theorien beabsichtigte F nicht, T eine Zueignung zu ermöglichen (s. zur Identität des Zueigungsbegriffs bei Selbst- und Drittzueignungsabsicht Küper, 458 f.; Schroth, 119; Wessels-Hillenkamp, Rn. 153). T begeht nur bei Zugrundelegung eines weiten Sachwertbegriffs eine Unterschlagung. Die beiden anderen Theorien müssen eine (objektive) Zueigung (s. dazu auch Fall 4) verneinen. In Betracht kommt hiernach lediglich Betrug (s. Wessels-Hillenkamp, Rn. 178), zu dem F Beihilfe geleistet hätte.

2. Der Müllergeselle T füllt von den Getreidevorräten seines Meisters O einige Säcke ab, schafft sie heimlich aus der Mühle und verkauft sie anderntags dem O zum Freundschaftspreis (vgl. RGSt 57, 199; nicht zu verwechseln mit dem »Rückverkauf« ohne Verheimlichung der Eigentumsverhältnisse, s. dazu Stoffers, Jura 1995, 113). – Nach der überkommenen Substanztheorie konnte hier kein Diebstahl bejaht werden, weil die Sachsubstanz dem O ja nur für kurze Zeit entzogen war (so wieder Miehe, a. a. O. 496). Die erweiterte Substanztheorie meint dagegen, hier liege deshalb Zueignungsabsicht vor, weil sich T, um das Getreide verkaufen zu können, gerade die Herrschaftsbefugnis anmaßen müsse, die nur dem Eigentümer zukommt (abw. Maiwald, 113 ff.; ders., JA 1971, 581). Im Ergebnis stimmt dem die Vereinigungslehre mit extensivem Sachwertbegriff zu, weil der Verkaufswert als Sachwert anzusehen sei (so auch RGSt 57, 199; gegen diese Sichtweise Küper, Jura 1996, 206). Unter den Vertretern des restriktiven Sachwertbegriffes ist die Behandlung dieses Falles streitig: Während z. B. Bockelmann und Schröder Enteignung verneinen, weil das Getreide selbst seinen Wert nicht verloren habe, wollen Eser und Wessels, NJW 1965, 1156 unter Wertgesichtspunkten Zueignungsabsicht bejahen, s. hierzu auch Wessels-Hillenkamp, Rn. 158 ff. (Entsprechendes gilt für die Fälle des Ausgleichs von Kassenfehlbeständen mit Geldern des Berechtigten: s. BGHSt 24, 115.)

3. T nimmt vor Weihnachten die codierte Scheckkarte ihres verreisten Bruders B an sich und hebt an verschiedenen Bankautomaten nach Eingabe der ihr bekannten Geheimzahl Geld in Höhe von 5.000,– DM ab. Zu Weihnachten legt sie – wie von vornherein beabsichtigt – die Scheckkarte an ihren Platz zurück, bevor B zurückkommt (s. hierzu Mitsch, JZ 1994, 878 ff.). – Da die Scheckkarte in ihrer unversehrten Substanz und – anders als ein »entleertes« Sparbuch – in ihrem Sachwert gänzlich unbeeinträchtigt an B zurückgelangen sollte, läßt sich Zueignungsabsicht bezüglich der Scheckkarte nur mit einem weiten Sachwertbegriff bejahen. Das wollte das OLG Düsseldorf in seinem Vorlagebeschluß zu BGHSt 35, 152 – entgegen den bloßes furtum usus annehmenden Entscheidungen OLG Hamburg NJW 1987, 336 und BayObLG NJW 1987, 663 u. 665 – tun. Der BGH verneint dagegen Zueignungsabsicht bezüglich der Karte und hat – vor Inkrafttreten des § 263 a StGB – eine Unterschlagung an den 5.000,– DM angenommen. Manche wollten statt dessen Diebstahl am Geld, andere dagegen gänzliche Straflosigkeit annehmen (s. Wessels-Hillenkamp, Rn. 163 ff.). BGHSt 38, 120 hat nunmehr klargestellt, daß in solchen Fällen allein § 263 a StGB einschlägig ist.

4. Als für die Briefkontrolle zuständiger Abteilungsleiter einer in der ehemaligen DDR gelegenen Bezirksverwaltung des Ministeriums für Staatssicherheit (MfS) veranlaßte A, daß in den Jahren 1985–1989 aus Sendungen des internationalen Briefverkehrs Geldbeträge in Höhe von ca. 350.000,– DM entnommen wurden. Diese Beträge wurden von A monatlich abgerechnet und über die Berliner MfS-Zentrale dem Staatshaushalt der DDR zugeleitet (s. BGHSt 40, 8; BGHSt 41, 187). – Denkbar ist, daß A sich einer Unterschlagung schuldig gemacht hat. Da der insoweit einschlägige § 177 des Strafgesetzbuches der DDR zur Zeit der Begehung der Tat weiter war als § 246 StGB a. F. – der Täter konnte danach – wie es § 246 n. F. seit dem 1. April 1998 ebenfalls vorsieht – sich oder einem Dritten die Sache zueignen – ist für die Beantwortung der Frage der mildere – weil engere – § 246 StGB a. F. zugrundezulegen (BGHSt 40, 17). Nimmt man an, daß A – wie es § 246 StGB a. F. voraussetzte – selbst Gewahrsam an den Geldern erlangte, bevor er sie an die Zentrale und damit an die Staatskasse weiterleitete, hängt die Strafbarkeit nur noch davon ab, ob A das Geld sich zugeeignet oder ob eine

(nach damaligen westdeutschen Recht) tatbestandslose Drittzueignung vorgelegen hat. Bei der Antwort hierauf ist der hier behandelte, beim Diebstahl in der Zueignungsabsicht steckende Streit in den objektiven Tatbestand vorzuverlagern. Vertreter der erweiterten Substanztheorie können in der Weiterleitung der Gelder an die Staatskasse die Anmaßung nur dem Eigentümer zustehender Herrschaftsbefugnisse und darin ein Sich-Zueignen sehen (so z. B. Hauf, Otto und Wolfslast sowie der 5. Senat des BGH jeweils a. a. O.; dafür, daß für diese Sicht die Gesetzesgeschichte spricht, s. die Belege bei Dreher-Tröndle, 47. Aufl. 1995, § 246 Rn. 13 a; Weiß, a. a. O.). Den Vereinigungstheorien ist dieser Weg verlegt, weil A sicher nicht den Sachwert des Geldes selbst, nach der Entscheidung des Großen Senats (BGHSt 41, 187) aber auch im übrigen keinen sich irgendwie wirtschaftlich niederschlagenden Vorteil erlangt hat. Der sonst mögliche Ausweg einer Bestrafung wegen Beihilfe zur Unterschlagung des Empfängers der weitergeleiteten Sache bleibt nach dieser Entscheidung verschlossen, weil es an einem natürlichen – die juristische Person DDR war das nicht – bzw. einem auch das seinerzeit vorausgesetzte Gewahrsamserfordernis erfüllenden Haupttäter – etwa die Führungsspitze des MfS – gefehlt habe (s. dazu Brocker, wistra 1995, 292). Der Gesetzgeber hat mit dem 6. StrRG die damit für die Praxis eintretende Strafbarkeitslücke durch die Aufnahme der Drittzueigung in § 246 StGB geschlossen. Nach der heute geltenden Fassung hat sich A daher eindeutig wegen Unterschlagung strafbar gemacht, weil er das Geld einem Dritten – nämlich der DDR – zugeignet hat (s. Wessels-Hillenkamp, Rn. 282).

21. Problem (§ 242 StGB)
Ist die Zueignung einer Sache rechtswidrig, wenn der Täter einen fälligen Anspruch auf ihre Übereignung hat?

Beispiel:

T hat mit O einen Kaufvertrag über ein Bild abgeschlossen und den Kaufpreis bezahlt. Als T am nächsten Tag vereinbarungsgemäß bei O zur Übergabe des Bildes erscheint, verweigert O die Übereignung, weil er inzwischen ein günstigeres Kaufangebot erhalten hat. T nimmt daraufhin das Bild an sich und verläßt damit O's Wohnung. Hat T einen Diebstahl begangen?

Ausgangspunkt:

Nimmt der Täter eine Sache an sich, auf die er einen fälligen und einredefreien Anspruch hat, ist das zwar verbotene Eigenmacht, nicht aber ohne weiteres eine von § 242 StGB vorausgesetzte Eigentumsverletzung, verschafft sich der Täter doch nur, was ihm gegenüber dem zur Übergabe verpflichteten Eigentümer zusteht. Dessen Verlust erscheint daher – jedenfalls dort, wo der Schuldner wie bei der Stückschuld rechtlich keine Auswahlmöglichkeit mehr hat – ohne materielle Substanz: die Sache ist sozusagen ohnehin verloren. Den Gegenstandpunkt als »formaljuristisch« abzutun, ist allerdings ein Rekurs auf einen gefährlichen Begriff, dessen Fragwürdigkeit den Streit um die richtige Antwort (mit) am Leben hält.

I. (hier sog.) **Materielle Eigentumsordnungslehre**

Die beabsichtigte Zueignung ist dann nicht rechtswidrig, wenn der Täter einen fälligen und einredefreien Anspruch auf Übereignung der weggenommenen Sachen hat.

Vertreten von:

Arzt-Weber, § 13 Rn. 122 ; Blei, § 53 V 3; ders., PdW I, Nr. 250; Eser IV, Fall 4 A 17 ff.; Geppert, JK 86, StGB § 242/7; Gropp, JuS 1999, 1044; Haft, 147; Hauf I, 27; Hohmann-Sander I, § 1 Rn. 118; Joecks, vor § 242 Rn. 48; Kindhäuser II/1, § 2 Rn. 82; ders., LPK, § 242 Rn. 123; Krey-Hellmann, Rn. 92 f.; Kudlich, JuS 2003, 243; Küper, 471; ders., Gössel-Festschr. (2002), 437 ff., 444, 446; Lackner-Kühl, § 242 Rn. 27; LK-Ruß, § 242 Rn. 68; Maiwald, Der Zueignungsbegriff im System der Eigentumsdelikte (1970), 151 ff.; Maurach-Schroeder-Maiwald I, § 33 Rn. 53; MK-Schmitz, § 242 Rn. 147; Mohrbotter, GA 1967, 212 f.; NK-Kindhäuser, § 242 Rn. 116 f.; Otto, § 40 Rn. 78; ders., JK 89 StGB, §§ 259/249/13; ders., JZ 1993, 564; Preisendanz, § 242 Bem. VI 2 h; Rengier I, § 2 Rn. 64 f.; Roxin, Mayer-Festschr. (1966), 479 Fn. 46; Samson II, 80 ff.; Schmidhäuser, 8/26; ders., Bruns-Festschr. (1978), 360; Schmidt-Priebe II, 37; Schönke-Schröder-Eser, § 242 Rn. 59; Schröder, DRiZ 1956, 69 f.; Schroth, 119; SK-Hoyer, § 242 Rn. 102; Tröndle-Fischer, § 242 Rn. 50; Wagner, 6; Wessels-Hillenkamp, Rn. 187; RGSt 64, 210; RG HRR 1937, 209; BGHSt 17, 87; BGH GA 1962, 144; GA 1966, 211; GA 1968, 121; BGH StV 1988, 385; 529; 1990, 407; 546; 1991, 515; OLG Hamm NJW 1969, 619; OLG Schleswig StV 1986, 64; vgl. auch Meister, Die Zueignungsabsicht beim Diebstahl (2002), 333 ff., 367; Sax, JZ 1975, 144; einschr. Mitsch II/1, § 1 Rn. 152 ff., der verlangt, daß der Täter den überschießenden Willen hat, »die reale«, durch ihn geschaffene »Besitzlage unverzüglich mit der Eigentumsordnung in Einklang zu bringen«.

1. Argument
Rechtswidrig ist die Zueignung, wenn sie der materiellen Eigentumsordnung widerspricht. Da der Täter aber faktisch nur den Zustand herstellt, zu dessen rechtlicher Herbeiführung der Eigentümer ohnehin verpflichtet ist, entspricht dieser Zustand einer materiell verstandenen Eigentumsordnung und kann aus diesem Grunde nicht rechtswidrig sein.

2. Argument
Da derjenige, der einen Anspruch auf Übereignung der Sache hat, die Sache trotz der Wegnahme nicht mehr herauszugeben braucht (§ 986 BGB; dolo agit, qui petit, quod statim rediturus est), hat er einen zivilrechtlich unangreifbaren Zustand hergestellt. Folglich müßte eine Zivilklage des Opfers auf Herausgabe abgewiesen, einer Klage des Wegnehmenden auf Übereignung dagegen stattgegeben werden. Dieses Ergebnis würde sich mit einer gleichzeitigen Verurteilung wegen Diebstahls kaum vereinbaren lassen, da es zeigt, daß die vom Eigentümer verlorene Position keinen rechtlichen Schutz mehr genießt und daher auch strafrechtlich nicht schutzwürdig ist.

3. Argument
Die durch das im Zivilrecht geltende Abstraktionsprinzip dem Anspruchsgegner formal verbleibende Eigentümerposition kann nicht darüber hinwegtäuschen, daß das Unrecht lediglich in der nur zivilrechtlich untersagten eigenmächtigen

Wegnahme und damit nur in der Art und Weise der Wegnahme, nicht aber in der durch den Eigentumsübertragungsanspruch materiell gedeckten Zueignung – auf die es allein ankommt – liegt. Wer das – wie die Gegenmeinung – nicht berücksichtigt, reduziert den Diebstahl von einem Eigentumsdelikt auf ein Delikt der verbotenen Eigenmacht.

4. Argument
Soweit von der Gegenmeinung der Rechtswidrigkeitsausschluß erst im Falle des Vorliegens der Voraussetzungen des § 229 BGB bejaht wird, wird verkannt, daß das Selbsthilferecht des § 229 BGB – wie sich aus § 230 BGB ergibt – nur der Anspruchssicherung, nicht aber der eigenmächtigen Befriedigung dient. Deshalb wäre – wenn § 229 BGB vorliegt – auch nur die Wegnahme der Sache zwecks Sicherstellung, nicht aber die eigenmächtige Zueignung gerechtfertigt.

5. Argument
Da das Gesetz das Merkmal der Rechtswidrigkeit allein an die Zueignung und nicht auch an die Wegnahme koppelt, bekundet der Gesetzgeber, daß die Rechtmäßigkeit der Zueignung nicht von der Erlaubtheit der Wegnahme abhängig gemacht werden soll und daß es sein Wille ist, die eigenmächtige Durchsetzung eines Anspruchs auf die weggenommene Sache als Anwendungsfall »rechtmäßiger« Aneignung dem Regime der Selbsthilfeerlaubnis zu entziehen und derartige Selbsthilfekonstellationen nicht als Diebstahl zu betrachten.

6. Argument
Daß gegen die eigenmächtige Wegnahme eine Notwehrbefugnis nach §§ 823 I, 227 BGB besteht, erschüttert die materielle Eigentumslehre nicht. Die Notwehr setzt einen rechtswidrigen, nicht aber zwingend einen straftatbestandsmäßigen und strafrechtswidrigen Angriff voraus, so daß die Verneinung des § 242 StGB eine Notwehr nicht ausschließt.

II. (hier sog.) **Formale Eigentumsordnungslehre**

Der Täter handelt auch dann in der Absicht rechtswidriger Zueignung, wenn er eine Sache wegnimmt, deren Übereignung er verlangen kann.

Vertreten von:

Bockelmann I, § 3 II 2 e; Hirsch, JZ 1963, 149 ff.; Kohlrausch-Lange, § 242 Bem. III 2 d; Sauer, System des Strafrechts, BT (1954), 37; Welzel, § 47 3; RGSt 25, 172. Im Ansatz so auch Weber, Der zivilrechtliche Vertrag als Rechtfertigungsgrund (1986), 31 ff., der dann aber bei »friedfertiger« und »das Persönlichkeitsrecht schonender«, d. h. ohne Gewalt und verbotene Eigenmacht auskommender Anspruchsdurchsetzung einen eigenständigen Rechtfertigungsgrund annimmt (a. a. O. 163 f.).

1. Argument
Das Strafrecht schützt die Eigentumsordnung so wie sie jeweils ist und nicht wie sie demnächst werden soll. Dann muß aber auch der Anspruchsberechtigte das Eigentum des Anspruchsgegners solange respektieren, bis es ihm entweder übertragen oder bis die Übertragung durch rechtskräftiges Urteil ersetzt ist.

2. Argument
Daß die Eigentümerposition trotz eines schuldrechtlichen Übereignungsanspruches von der Rechtsordnung geschützt bleibt, zeigt sich daran, daß jeder Versuch einer eigenmächtigen Zueignung eine Eigentumsverletzung nach § 823 BGB bedeutet, gegen die der Eigentümer Notwehr üben darf. Wenn gleichwohl nach § 986 BGB an der einmal vollzogenen Besitzverschiebung nichts mehr geändert werden soll, so wird damit doch nicht die Widerrechtlichkeit des eigenmächtigen Vorgehens beseitigt.

3. Argument
Daß der von der Eigentumsordnung gewollte Rechtszustand hergestellt wird, trifft schon deshalb nicht zu, weil sich der Wegnehmende das Eigentum gar nicht eigenmächtig verschaffen kann. Wer das Gegenteil behauptet, ignoriert das dem Anspruchsgegner verbleibende Eigentum und die Regelung der §§ 929 ff. BGB.

4. Argument
Die Gegenmeinung läuft, wenn man ihre Konsequenzen in Irrtumsfällen mitbedenkt, auf eine strafrechtliche Freigabe der eigenmächtigen Schuldeintreibung hinaus, die sich in keiner Weise mehr an den strengen Voraussetzungen des § 229 BGB orientiert und auch mit dem Prozeßrecht in Widerspruch gerät.

5. Argument
Wenn man bei Stückschulden eine Übereinstimmung mit der Eigentumsordnung behauptet, ist nicht einzusehen, warum dann nicht auch der Gläubiger einer Gattungsschuld sich Sachen mittlerer Art und Güte zueignen können darf. Er verstieße folgerichtig doch lediglich gegen die Auswahlbefugnis des Schuldners und nicht gegen die Eigentumsordnung. Diese Konsequenz aber zieht die Gegenmeinung überwiegend selbst nicht.

Beispiele:

1. Im Ausgangsfall handelt T nach der materiellen Eigentumsordnungslehre nicht in der Absicht rechtswidriger Zueignung, weil er einen fälligen und einredefreien Anspruch auf Übereignung des Bildes hat. Dagegen meint die formale Eigentumsordnungslehre, das Strafrecht schütze O's Eigentümerposition auch in einem solchen Falle und bejaht deshalb die Rechtswidrigkeit der Zueignungsabsicht, so daß T eines Diebstahls schuldig ist.

– Abwandlung: Nicht T, sondern dessen von ihm beauftragter Neffe N will bei O das Bild abholen. Als O die Übergabe mit derselben Begründung verweigert wie im Ausgangsfall, nimmt N das Bild an sich, um es T zu bringen. – Wer – wie N – die fremde Sache einem Dritten nur verschaffen (also nicht schenken oder verkaufen) und diesem dadurch die Zueignung ermöglichen will, handelt mit Drittzueignungsabsicht. Steht dem Dritten – wie hier dem T – ein fälliger und einredefreier Anspruch auf die Sache zu, fehlt es nach der materiellen Eigentumsordnungslehre an der Rechtswidrigkeit dieser beabsichtigten Drittzueignung (s. Wessels-Hillenkamp, Rn. 187 m. w.N.). T selbst begeht mangels Rechtswidrigkeit der Selbstzueignung hiernach auch keine Unterschlagung. Die Gegenmeinung bejaht § 246 StGB bei T. N ist – da er sich zu seinem Vorgehen selbständig entschlossen und die Wegnahme allein beherrscht hat, nach der formalen Eigentumslehre dann Täter (s. hierzu bei Drittzueigungsabsicht Wessels-Hillenkamp, Rn. 153) eines Diebstahls, hinter dem die Beihilfe zur Unterschlagung zurücktritt. Ob T bei dieser Lösung auch eine – § 246 StGB verdrängende – Hehlerei begangen hat, hängt davon ab, ob man den Besitz des Bildes in der Hand von T auch für eine rechtswidrige Vermögenslage hält, was – bezogen auf den Besitz – als Konsequenz der formalen Lehre naheliegt, nicht aber zwingend ist.

2. O schuldet T 100,– €, macht aber keine Anstalten, seine Schuld zu begleichen. Als T den O eines Tages in einer Kneipe trifft, nimmt er in einem unbewachten Augenblick zwei 50,– €-Scheine aus O's Portemonnaie und steckt sie ein. – Für die Vertreter der formalen Eigentumsordnungslehre gilt in einem solchen Fall nichts anderes als sonst: T's Anspruch beseitigt die Rechtswidrigkeit der Zueignung nicht. Unter den Vertretern der Gegenposition ist die Lösung umstritten. Eine Mindermeinung überträgt den zur Stückschuld entwickelten Grundsatz auch auf die Gattungsschuld, weil in der Verletzung des dem Schuldner nach § 243 BGB zustehenden Auswahlrechtes keine wirtschaftliche Interessenbeeinträchtigung und damit keine Verletzung der materiellen Eigentumsordnung liege. Für diese Ansicht ist also die Rechtswidrigkeit der Zueignung bei bestehendem Anspruch zu verneinen, gleichgültig, ob es sich um eine Spezies-, Gattungs- oder Geldschuld handelt (so z. B. Gribbohm, NJW 1968, 240; Otto, a. a. O.; NK-Kindhäuser, § 242 Rn. 19). Nach h. M. ist dagegen die Verletzung des Schuldnerrechtes, bei Gattungsschulden selbst Sachen mittlerer Art und Güte auszuwählen, eine Verletzung auch der materiellen Eigentumsordnung und damit Grund, Stück- und Gattungsschuld verschieden zu behandeln und bei letzterer Diebstahl zu bejahen. Die – wiederum strittige – Frage ist dann aber, ob man bei einer Geldschuld in diesem Sinne von einer Gattungsschuld sprechen oder sie – was überwiegend befürwortet wird – als sog. Wertsummenschuld nicht doch der Stückschuld gleichstellen soll (s. dazu Roxin, Mayer-Festschr., 1965, 467; Küper, 474 f.; Wessels-Hillenkamp, Rn. 189 m. w. N.). T ist also nach der formalen Eigentumsordnungslehre des Diebstahls schuldig, nach den Vertretern der materiellen Eigentumsordnungslehre teils mit der Begründung nicht, daß für Gattungssachen nichts anderes gelte als für Stückschulden (Gribbohm u. a.), teils mit der Begründung nicht, daß zwar für Gattungs-, nicht aber für Geldschulden etwas anderes gelte (Roxin u. a.) und schließlich teils mit der Begründung doch, daß die Geldschuld eine Gattungsschuld sei und für diese etwas anderes gelte als für die Speziesschuld.

22. Problem (§ 242 StGB)
Ist der Irrtum über die Rechtswidrigkeit der Zueignung ein Tatbestands- oder ein Verbotsirrtum?

Beispiel:

Der Medizinstudent T glaubt auf seinem nächtlichen Heimweg plötzlich, Symptome einer schweren Krankheit an sich zu entdecken, deren in der Regel tödlicher Verlauf nur durch eine sofortige Bekämpfung mit einem bestimmten Präparat abzuwenden ist. T bricht deshalb in die nächste Apotheke ein und schluckt hastig die teure Medizin. Wie sich später herausstellt, litt T nur an einem harmlosen Infekt. Hat sich T nach §§ 242, 243 I 2 Nr. 1 StGB strafbar gemacht?

Ausgangspunkt:

Wäre T's Diagnose und damit seine Vorstellung von einer ihn unmittelbar bedrohenden Lebensgefahr richtig gewesen, hätte es an der Rechtswidrigkeit der Wegnahme und (s. SK-Hoyer, § 242 Rn. 98; Wessels-Hillenkamp, Rn. 188; a. A. Krey-Hellmann, Rn. 92; Küper, 474) Zueignung des Medikamentes gefehlt (§ 904 BGB). Da T die tatsächlichen Voraussetzungen des rechtfertigenden Notstandes irrig angenommen hat, scheint es sich um einen in seinen Konsequenzen umstrittenen Erlaubnistatbestandsirrtum zu handeln. Eine solche Einordnung des Irrtums wäre aber voreilig. Nur wenn die Rechtswidrigkeit der Zueignungsabsicht als allgemeines Verbrechenselement anzusehen ist, liegt ein einheitlicher Erlaubnistatbestandsirrtum vor. Ist die Rechtswidrigkeit der Zueignungsabsicht dagegen ein normatives Tatbestandsmerkmal, handelt T diesbezüglich im Tatbestandsirrtum.

I. (hier sog.) **Lehre vom normativen Tatbestandsmerkmal**

Die Rechtswidrigkeit der Zueignungsabsicht ist ein normatives Tatbestandsmerkmal. Der Irrtum über die Rechtswidrigkeit unterliegt daher den Regeln über den Irrtum über ein normatives Tatbestandsmerkmal, ist also in der Regel Tatbestandsirrtum, kann aber auch als für den Vorsatz unbeachtlicher Subsumtionsirrtum nur Grundlage eines Verbotsirrtums sein.

Vertreten von:

Backmann, JuS 1972, 328 Fn. 25; Blei, PdW I, Nr. 249; Haft, 147; Hauf I, 28; Haurand, Kriminalistik 1999, 284; Hohmann-Sander I, § 1 Rn. 122; Joecks, vor § 242 Rn. 53; Herdegen, BGH-Festschr. (1975), 200; Kindhäuser II/1, § 2 Rn. 85; ders., LPK, § 242 Rn. 128; Krey-Hellmann, Rn. 92 ff.; Kudlich, JuS 2003, 243; Küper, 473 f.; ders., Gössel-Festschr. (2002), 446; Lackner-Kühl, § 242 Rn. 28; LK-Ruß, § 242 Rn. 73; Maurach-Schroeder-Maiwald I, § 33 Rn. 56; Mitsch II/1, § 1 Rn. 160; Mohrbotter, GA 1967, 204 f.; NK-Kindhäuser, § 242 Rn. 120 ff.; Otto, § 40 Rn. 78 ff.; Rengier I, § 2 Rn. 64 f.; Schmidt-Priebe II, 36 ff.; SK-Hoyer, § 242 Rn. 110; Tröndle-Fischer, § 242 Rn. 31; Wessels-Hillenkamp, Rn. 188, 190; RGSt 44, 42; 49, 143; 64, 213; BGH GA 1962, 144; GA 1966, 211; GA 1968, 121; BGH Holtz MDR 1987, 280; BGH StV 1988, 526; 529 (dazu Otto, JK 89 StGB §§ 242/249/13); 1990, 407; 546; 1991, 20 (zu § 255 StGB); 515; OLG Hamm NJW 1969, 619; OLG Schleswig StV 1986, 64 (dazu Geppert, JK 86, StGB § 242/7); vgl. auch BGHSt 3, 162; 4, 107; BayObLGSt 1968, 124; nur i. E. übereinst. MK-Schmitz, § 242 Rn. 142 f., 156; Warda, Jura 1979, 77; krit. Gössel, Zipf-Gedächtnisschr. (1999), 228; für analoge Anwendung des § 16 StGB Roxin, Strafrecht AT, 3. Aufl. 1997, § 12 Rn. 129 ff.

1. Argument
Das Merkmal der Rechtswidrigkeit der Zueignungsabsicht soll bereits den Tatbestand des Diebstahls seinem Deliktscharakter entsprechend auf die Fälle einengen, in denen die erstrebte Zueignung im Widerspruch zur außerstrafrechtlichen Eigentumsordnung steht.

2. Argument
Wer – wie die Gegenmeinung – für den Tatbestand auf die Feststellung des Verstoßes gegen die Eigentumsordnung verzichtet, verkennt, daß die allgemeine Rechtswidrigkeit eines Eigentumsdelikts nicht schon durch die Art des Angriffs auf das

Eigentum – den Gewahrsamsbruch –, sondern erst durch den Widerspruch zur Eigentumsordnung indiziert sein kann.

3. Argument
Ist der Tatbestand des Diebstahls dadurch gekennzeichnet, daß der Dieb einen der Eigentumsordnung widersprechenden Zustand herzustellen beabsichtigt, handelt in einer diesem Tatbestand nicht entsprechenden Vorstellung, wer sich über die Rechtswidrigkeit der Zueignung irrt, erstrebt er doch einen nach seiner Ansicht der Eigentumsordnung gerade entsprechenden, rechtmäßigen Zustand.

II. (hier sog.) **Lehre vom allgemeinen Verbrechensmerkmal**

Die Rechtswidrigkeit der Zueignungsabsicht ist das allgemeine Verbrechensmerkmal der (versuchten) Zueignung. Der Irrtum hierüber ist deshalb entweder Erlaubnistatbestands- oder Verbotsirrtum.

Vertreten von:

Preisendanz, § 242 Bem. VI 1 c; Schröder, DRiZ 1956, 71 f.; SK-Samson, 5. Aufl., § 242 Rn. 89; BGHSt 17, 90 f.; weitgehend übereinst. Hirsch, JZ 1963, 153; Welzel, § 49 IV; ohne Entscheidung Eser IV, Fall 4 A 37 ff.; in Schönke-Schröder-Eser, § 242 Rn. 65 wird irrige Annahme eines nicht anerkannten Rechtfertigungsgrundes und damit Verbotsirrtum bei Gattungssachen, Tatbestandsirrtum dagegen bei Stückschulden angenommen.

1. Argument
Diebstahl ist ein Delikt, das sich bei materieller Betrachtung aus einer vollendeten Wegnahme und einer nur versuchten Zueignung zusammensetzt, denn durch die Verlagerung der Zueignung in die antizipierte Zielvorstellung des Täters – Zueignungsabsicht – bedarf es zur formellen Vollendung des § 242 StGB nicht des Zueignungserfolges. Hieraus folgt, daß das Merkmal der Rechtswidrigkeit dann nur das allgemeine Verbrechensmerkmal »Rechtswidrigkeit« der versuchten Zueignung sein kann, so daß jeder Irrtum hierüber nicht den Tatbestand, sondern die Rechtswidrigkeit als Bezugspunkt hat.

2. Argument
Die Zueignung fremder Sachen verletzt in aller Regel fremdes Eigentum, die darauf gerichtete Absicht ist folglich in aller Regel rechtswidrig. Nur in Ausnahmefällen ist dies anders. Diesem Regel-Ausnahme-Verhältnis entspricht es, die Rechtswidrigkeit hier wie sonst als allgemeines Verbrechensmerkmal und nicht als ein dem Regelcharakter nicht gerecht werdendes Tatbestandskorrektiv anzusehen.

3. Argument
Die Tatbestandsmerkmale eines Zueignungsdelikts beschreiben in ihrer Gesamtheit einen Verstoß gegen die Eigentumsordnung. Dann kann aber dieser Verstoß selbst nicht Teil dieser Gesamtheit und damit nicht Tatbestandsmerkmal sein.

4. Argument
Die Erwähnung der Rechtswidrigkeit in § 242 StGB ist kein Indiz für ihre Tatbestandszugehörigkeit, sondern lediglich – wie auch in anderen Tatbeständen – Hin-

weis darauf, daß sich beim Diebstahl eine sorgfältige Prüfung der Frage empfiehlt, ob ein Rechtfertigungsgrund vorliegt oder nicht.

5. Argument
Die Gegenmeinung führt im Irrtums- und Versuchsbereich zu unhaltbaren Konsequenzen.

a) Sie muß – will sie ihre Prämisse durchhalten – die Annahme des Täters, er verstoße nicht gegen die Eigentumsordnung, stets als Tatbestandsirrtum behandeln und damit Konstellationen dem § 16 StGB einverleiben, in denen der Sache nach am Vorliegen eines bloßen Verbotsirrtums nicht gezweifelt werden kann.

b) Nimmt der Täter eines Diebstahlsversuchs irrig an, er verstoße gegen die Eigentumsordnung, muß die Gegenmeinung dieses Wahndelikt konsequenterweise als untauglichen Versuch bestrafen.

Beispiele:

1. Im Ausgangsbeispiel hat T nach der Lehre vom normativen Tatbestandsmerkmal keinen vorsätzlichen Diebstahl begangen, weil er sich einen Sachverhalt vorstellt, bei dessen Vorliegen schon das Tatbestandsmerkmal der Rechtswidrigkeit der Zueignungsabsicht nicht vorgelegen hätte; das Medikament hätte sich T bei der vorgestellten Gefahr einverleiben, sich zueignen dürfen. § 904 BGB nähme hier schon der Zueignung die Rechtswidrigkeit (s. Wessels-Hillenkamp, Rn. 188). T's Irrtum ist ein Tatbestandsirrtum nach (Roxin, a. a. O.: analog) § 16 StGB. Nach der Lehre vom allgemeinen Verbrechensmerkmal hätte die Situation, wie T sie sich vorstellt, dagegen nur die Rechtswidrigkeit als allgemeines Verbrechenselement beseitigt, so daß T's Irrtum als Erlaubnistatbestandsirrtum einzustufen ist (i. E. anders MK-Schmitz, § 242 Rn. 142 f., 156). Zu diesem Ergebnis muß auch gelangen, wer behauptet, »nur das allgemeine Verbrechenselement Rechtswidrigkeit der Tat (Wegnahme)« könne durch Erlaubnissätze wie § 904 BGB, § 34 StGB berührt werden, nicht dagegen die Rechtswidrigkeit der Zueignung selbst (so z. B. Krey-Hellmann, Rn. 93 m. w. N.; Küper, 474; i. E. auch NK-Kindhäuser, § 242 Rn. 121, der aber im Falle des Notstandes auch die Rechtswidrigkeit der Zueignung leugnen will; das ist nur auf dem Boden einer Doppelfunktion des Merkmals »Rechtswidrigkeit« der Zueignung möglich, s. dazu Küper, 474; zur Behandlung eines Einverständnisses s. Hillenkamp, JR 1987, 256). Wer sich hierfür entscheidet, muß zur Erörterung des Streites über die Behandlung eines solchen Irrtums übergehen, kann ihn also mit der strengen Schuldtheorie als Verbotsirrtum, mit der Vorsatztheorie oder der Lehre von den negativen Tatbestandsmerkmalen als Tatbestandsirrtum oder diesem gleichzubehandelnden Irrtum – so die eingeschränkte Schuldtheorie – oder schließlich mit der rechtsfolgeneinschränkenden Schuldtheorie als einen eigenständigen, nicht den Tatvorsatz, wohl aber die Vorsatzschuld oder Vorsatzstrafe verhindernden Irrtum ansehen (s. Hillenkamp, AT, 10. Problem).

2. O schuldet T 100,– €, macht aber keine Anstalten, seine Schuld zu begleichen. Als T den O eines Tages in einer Kneipe trifft, nimmt er in einem unbewachten Augenblick zwei 50,– €-Scheine aus O's Portemonnaie und steckt sie ein. T hält sein Vorgehen für erlaubt, weil er meint, die gerade im Besitz des O befindlichen Scheine als die ihm geschuldeten beanspruchen zu dürfen (vgl. zur Lösung des Falles ohne Irrtum zunächst das vorstehende Problem, 2. Beispiel).

– a) Wer der Meinung ist, ein Anspruch auf die Geldsumme beseitige die Rechtswidrigkeit der Zueignung des dieser Summe entsprechenden konkret weggenommenen Geldes, hat keine Irrtumsprobleme. T's Vorstellung ist zwar insoweit unrichtig, als er sein Vorgehen für erlaubt hält (s. § 858 BGB), entspricht aber der objektiven Rechtslage nach dieser Ansicht insofern, als die Zueignung nicht rechtswidrig ist. Der hier behandelte Streit wirkt sich dann nur so aus, daß es nach der Lehre vom normativen Tatbestandsmerkmal am Tatbestand, nach der Lehre vom allgemeinen Verbrechensmerkmal dagegen an der Rechtswidrigkeit des Diebstahls fehlt. Für die Vertreter einer auf Geld ausgedehnten materiellen Eigentumsordnungslehre stellt sich das Irrtumsproblem erst, wenn T auch den Anspruch nur irrig angenommen hätte: Dann läge nach der Lehre vom normativen Tatbestandsmerkmal ein Tatbestandsirrtum, nach der Lehre vom allgemeinen Verbrechensmerkmal ein Erlaubnistatbestandsirrtum vor.

– b) Wer dagegen meint, die Zueignung bleibe stets (also selbst bei Stückschulden) rechtswidrig (formale Eigentumsordnungslehre), kommt in Verbindung mit der Lehre vom allgemeinen Verbrechensmerkmal zum Verbotsirrtum: T stellt sich einen nicht existenten Rechtfertigungsgrund vor. Mit der Lehre vom normativen Tatbestandsmerkmal wird man in der Kombination mit der formalen Eigentumsordnungslehre einen unbeachtlichen Subsumtionsirrtum annehmen müssen. T weiß ja, daß das Geld O noch gehört und daß er deshalb gegen die formale Eigentumsordnung verstößt, wenn er das Geld nimmt. Dann kennt er aber nach der Vorstellung der »Formalisten« das normative Tatbestandsmerkmal »rechtswidrig« und hat es auch laienhaft verstanden. Die Vorstellung, gleichwohl erlaubt zu handeln, ist ein aus dem Subsumtionsirrtum entspringender Verbotsirrtum.

– c) Wer schließlich meint, die Rechtswidrigkeit entfalle zwar bei Stück-, nicht aber bei Geldschulden (Geldschuld = Gattungsschuld), müßte an sich bei Geldschulden genauso verfahren wie soeben für die formale Eigentumsordnungslehre dargestellt, könnte T im Ergebnis also nur einen Verbotsirrtum zugute halten. Das ist deshalb unbefriedigend, weil T die Vorstellung, sich bei Geldschulden selbst bedienen zu dürfen, nur deshalb hat, weil er laienhaft meint, eine Geldschuld sei eine Stückschuld. Wäre das die exakte juristische Würdigung, würde es an der Rechtswidrigkeit der Zueignung fehlen und T wäre straflos. Hätte er auch seinen Anspruch irrig angenommen, läge nach der Lehre vom normativen Tatbestandsmerkmal ein Tatbestandsirrtum, nach der Lehre vom allgemeinen Verbrechensmerkmal ein Erlaubnistatbestandsirrtum vor: T wäre (abgesehen von der strengen Schuldtheorie) also auch in diesem Falle frei. Nun kann seine juristisch falsche Vorstellung die Geldschuld zwar nicht zur Stückschuld machen, ihm aber wohl die wenigstens laienhaft richtige Erfassung der Rechtswidrigkeit verstellen, weil T bei seiner Vorstellung »Stückschuld« den Verstoß gegen die materielle Eigentumsordnung nicht sehen bzw. das Nichtvorliegen der Voraussetzung der rechtfertigenden Situation »Stückschuld« gerade nicht erkennen kann. Deshalb wird man auf dem Boden der Meinung, die bei Geldzueignung im Gegensatz zur Specieszueignung einen Verstoß gegen die materielle Eigentumsordnung sieht, T's falscher Wertung der Geldschuld als Stückschuld die Wirkung des Vorsatzausschlusses zubilligen müssen (vgl. BGHSt 17, 90; dazu ausführlich Eser IV, Fall 4. Der BGH hat seitdem wiederholt Urteile moniert, die bei der – gewaltsamen – Durchsetzung eines Zahlungsanspruchs keinen die Rechtswidrigkeit der Zueignungsabsicht betreffenden und damit Diebstahl – oder Raub – ausschließenden Tatbestandsirrtum erörtert haben, s. z. B. BGH StV 1988, 526; 529; 1990, 407;

546; 1991, 515; 2000, 78 und – zur parallelen Situation bei der Erpressung – BGH StV 1988, 385; 1991, 20; 1999, 315; Wessels-Hillenkamp, Rn. 327, 717).

3. T hat beim Kfz-Händler K einen Gebrauchtwagen gekauft und bezahlt. K verweigert grundlos die Herausgabe. Als T eines Tages K aus einem Fahrzeug steigen sieht, das zwar dem gekauften Fahrzeugtyp entspricht, aber eine andere Farbe hat, entwendet T dieses Auto, um sich an ihm schadlos zu halten. In Wahrheit handelt es sich um das von T gekaufte und von K zur »Tarnung« nur umgespritzte Fahrzeug. – Hier handelt es sich um den umgekehrten Fall, in dem ein Anspruch objektiv besteht, T das aber nicht weiß. Unterstellt man mit der herrschenden materiellen Eigentumslehre (s. dazu das vorst. Problem), daß wegen des fälligen, auf eine Stückschuld gerichteten Anspruchs die Rechtswidrigkeit der beabsichtigten Zueignung des Pkw entfällt, führt die Nichtkenntnis der rechtfertigenden Lage nach der Lehre vom allgemeinen Verbrechensmerkmal in das Problem des Fehlens subjektiver Rechtfertigungselemente (s. dazu Hillenkamp, AT, 4. Problem). Nach der Lehre vom normativen Tatbestandsmerkmal dürfte ein untauglicher Versuch vorliegen (s. Wessels-Hillenkamp, Rn. 190). Hier mehren sich freilich die Stimmen, die angesichts der »Subjektivierung« des Rechtswidrigkeitsmerkmals die Vorstellung des Täters für stets ausschlaggebend halten und deshalb hier eine vollendete Tat annehmen wollen (so z. B. Gössel, a. a. O., 228; Mitsch II/1, § 1 Rn. 161; MK-Schmitz, § 242 Rn. 158; SK-Hoyer, § 242 Rn. 109).

23. Problem (§ 246 StGB)
Welche Anforderungen muß eine Handlung erfüllen, damit sie als Zueignungshandlung i. S. d. § 246 StGB gewertet werden kann?

Beispiel:

T hatte der Sparkasse S zur Sicherung von Krediten einen Bagger, eine Rüttelplatte und ein Stahlrohrgerüst sicherungsübereignet. Nach Kündigung der Kredite wollte S im April 1984 die Geräte verwerten. Sie forderte deshalb T zur Herausgabe auf. T teilte S jedoch mit, er sei mit dem Verkauf nicht einverstanden und habe die Geräte »sichergestellt«. Trotz mehrfacher Aufforderung zur Herausgabe behielt er die »zuvor fortgeschafften« Geräte in der Folgezeit für sich und arbeitete mit ihnen noch bis August 1986 auf Baustellen. In welcher Handlung T's ist eine Zueignungshandlung i. S. d. § 246 StGB zu sehen? (BGHSt 34, 309, 311)

Ausgangspunkt:

Es ist unbestritten, daß der Begriff Zueignung in § 246 StGB inhaltlich dasselbe meint wie in § 242 StGB. Im subjektiven Bereich setzt Zueignung in § 246 StGB daher einen auf zumindest vorübergehende Aneignung und auf dauernde Enteignung gerichteten Vorsatz (Absicht fordert § 246 StGB nicht, str., s. Küper, 463; Wessels-Hillenkamp, Rn. 280) voraus. Während § 242 StGB eine Wegnahme in Zueignungsabsicht verlangt, die Zueignung sich also nur im subjektiven Tatbestand findet, setzt § 246 StGB schon im objektiven Tatbestand eine Zueignungshandlung voraus. Von dieser ist sicher, daß sie vom Zueignungsvorsatz getragen sein muß, nicht aber, welche Anforderungen im übrigen an sie zu stellen sind. Reicht jede beliebige Handlung aus (was historisch nicht so war, s. Küper, 463), muß sie wenigstens eindeutig auf Zueignungsvorsatz schließen lassen oder muß sie sogar die inhaltlichen Momente der Zueignung schon (teil-)verwirklichen?

I. (hier sog.) **Weite Manifestationslehre**

Für Zueignung reicht jede beliebige, vom Zueignungsvorsatz getragene Handlung aus, wenn sie bei Würdigung aller Umstände als sich äußerlich manifestierende Betätigung des Zueignungsvorsatzes in Betracht kommt.

Vertreten von:

Bockelmann I, § 4 I 2 c; ders., JZ 1960, 622; ders., ZStW 1953, 588 f.; Hauf I, 55; Jäger, JuS 2000, 1167 f.; LK-Ruß, § 246 Rn. 13; Schmidhäuser, 8/43; Tröndle-Fischer, § 246 Rn. 6, 10; Welzel, § 47 1 b; RGSt 55, 145; 58, 230; 73, 253; BGHSt 14, 38; 24, 115, 119; OLG Düsseldorf StV 1985, 330.

1. Argument
Durch einen bloßen Zueignungsentschluß, der in keiner Weise nach außen hervortritt, soll nach der objektivierenden Fassung des § 246 StGB die Zueignung nicht geschehen können. Es bedarf vielmehr der objektiven Betätigung des Zueignungswillens. Der nur im inneren vollzogene Aneignungsakt benötigt eine »indizielle Publizität« durch äußere Manifestation. Sonst wäre der Wille weder nachweisbar noch wäre sicher, wann die Unterschlagung einsetzt.

2. Argument
Mehr als eine äußere Manifestation des Zueignungswillens ist vom Gesetz nicht verlangt. Namentlich auf die Eindeutigkeit der Handlung i. S. eines Ausschlusses jedes anderen Beweggrundes kann es nicht ankommen. Sonst könnte man z. B. weder eine Verkaufsofferte noch die Ableugnung des Besitzes als Unterschlagungshandlungen werten, weil die Offerte unter dem unausgesprochenen Vorbehalt der Zustimmung des Eigentümers und die Besitzverleugnung zur Abwendung des Verdachts einer anderweitigen strafbaren Handlung, beide also theoretisch auch aus anderen als Zueignungsmotiven abgegeben sein können. Solche Mehrdeutigkeit schließt den Charakter als Zueignungshandlung nicht aus.

3. Argument
Alle Ansichten, die mehr verlangen als die bloße Manifestation, verlagern den Vollendungszeitpunkt ohne gesetzlichen Zwang auf einen sehr späten Moment und eröffnen damit de facto einen von § 246 StGB nicht vorgesehenen Raum für einen Rücktritt vom vollendeten Delikt.

4. Argument
Die Beschränkung auf ausschließlich als Zueignungshandlung deutbares Verhalten hat zur Folge, daß nur noch wenige Verhaltensweisen wie der unmittelbare Verbrauch, die Veräußerung im eigenen Interesse oder die dem Täter (Mit-)Eigentum verschaffenden Formen von Verbindung, Vermischung oder Verarbeitung Zueignung sein können. Mit einer solch engen Auffassung schafft man unnötige und vom Gesetzeswortlaut her nicht gebotene Strafbarkeitslücken.

5. Argument
Die auf eine Endgültigkeit des Sachverlustes abstellende Enteignungstheorie versagt einerseits bei vertragswidriger Weiterbenutzung einer fremden Sache. Hier müßte die totale Abnutzung der Sache abgewartet werden, um Zueignung zu bejahen. Andererseits hängt ihre Lösung der Ableugnungsfälle vom reinen Zufall ab, nämlich ob der nachfragende Eigentümer dem Leugnenden glaubt oder nicht. Beide Konstellationen zeigen, daß es nicht auf die Endgültigkeit des Sachverlustes, sondern nur auf die Manifestation des Zueignungswillens ankommen kann.

II. (hier sog.) Enge Manifestationstheorie

Die Unterschlagung setzt ein vom Zueignungsvorsatz getragenes Verfahren mit der Sache voraus, aus dem ein alle Umstände des Falles kennender objektiver Beobachter auch ohne Berücksichtigung des Zueignungswillens eindeutig auf den Zueignungsvorsatz schließen kann.

Vertreten von:

Blei, 200; ders., PdW I, Nr. 284; Cramer, CR 1997, 694; Eser IV, Fall 5 A 11 f.; Hauf I, 46 f.; Krey BT II (12. Aufl. 1999), Rn. 162 a; Küper, 461 f.; ders., Jura 1996, 206 f.; Lackner-Kühl, § 246 Rn. 4; Ranft, JR 1989, 166; Otto, § 42 Rn. 5 f.; ders., Jura 1989, 204; 1996, 384 f.; 1997, 472; 1998, 551; Rengier I, § 5 Rn. 10; Schmidt-Priebe II, 88; Schönke-Schröder-Eser, § 246 Rn. 11; Schröder, NJW 1963, 1959; Seelmann, JuS 1985, 701 (mit Nähe zur Aneignungstheorie); Wessels-Hillenkamp, Rn. 279 f.; BGHSt 34, 309, 311 f.; OLG Braunschweig OLGSt § 246 Nr. 1; OLG Koblenz StV 1984, 287; OLG Düsseldorf StV 1990, 164; NStZ 1992, 298; NStZ-RR 1999, 41; OLG Hamm wistra 1999, 112 m. Bespr. Fahl JA 1999, 539; BayObLG NJW 1992, 1777 (m. zust. Bspr. Otto, JK 92 StGB, § 246/7 u. JZ 1993, 566); BayObLG wistra 1994, 322; OLG Hamburg StV 2001, 577; vgl. auch schon RGSt 67, 71, 78 f.; RG JW 1935, 3626. Ähnlich Kindhäuser II, § 6 Rn. 8, 16; ders., LPK, § 246 Rn. 8, 14; ders., GLW II, 118, 120 ff.; ders., Gössel-Festschr. (2002), 461: hinreichend ist jeder Umgang mit der Sache, der den berechtigten Besitzinteressen des Eigentümers erkennbar zuwiderläuft; Kudlich, JuS 2001, 771 f.

1. Argument
Die Zueignung setzt als objektives Merkmal ein nach außen erkennbares Verhalten des Täters mit der Sache voraus, in dem sich der Zueignungsvorsatz nicht nur manifestiert, sondern das gerade Ausdruck der Zueignung ist und deshalb den Rückschluß auf den Zueignungsvorsatz zwingend macht. Handlungen, die bei Würdigung aller Umstände mehrdeutig oder auch bei fehlendem Zueignungswillen zu erwarten oder kein Verfahren mit der Sache sind, scheiden daher aus.

2. Argument
Die Notwendigkeit der Einschränkung gegenüber der im Ausgangspunkt richtigen weiten Manifestationstheorie zeigt sich namentlich beim Unterlassen. Gibt beispielsweise jemand versehentlich mitgenommene fremde Sachen nicht zurück, kann dies außer einem Zueignungswillen die verschiedensten anderen Gründe wie Nachlässigkeit oder Säumnis haben. Nichtrückgabe oder Nichtbenachrichtigung des Eigentümers sind daher – auch wenn sie mit Zueignungsvorsatz geschehen – keine geeigneten Tathandlungen. Diese Überlegungen gelten auch in vergleichbaren Fällen positiven Tuns. So läßt z. B. das Weiterbenutzen eines ge-

mieteten Kfz's über die vertragliche Mietdauer hinaus ebensowenig den sicheren Schluß zu, der Mieter wolle das Fahrzeug in sein Vermögen einverleiben.

3. Argument
Befindet sich jemand mit seiner äußeren Vorgehensweise im Einklang mit dem Eigentümer, weil er z. B. aufgrund eines Inkassoauftrages Geld für diesen einzieht, kann der schon in diesem Augenblick bestehende Zueignungsvorsatz das Inkasso nicht zur Unterschlagungshandlung machen. Es ist zwar Betätigung des Zueignungswillens, aber – weil im Einklang mit dem Eigentümerwillen – noch keine verbotene. Eine Zueignungshandlung wird das Inkasso erst, wenn sich der Zueignungswille eindeutig manifestiert, wie etwa dann, wenn der Einziehende dem Zahlenden die vom Auftraggeber ausgestellte Quittung nicht aushändigt.

III. (hier sog.) Materielle Theorien

Für die Zueignungshandlung des § 246 StGB genügt die bloße Manifestation des Zueignungswillens nicht. Sie muß vielmehr materielles Zueignungsunrecht darstellen.

1. (hier sog.) Aneigungstheorie

Die Zueignungshandlung muß die Aneignungskomponente schon objektiv vollziehen. Bezüglich der Enteigung reicht dagegen Vorsatz aus.

Vertreten von:

Bussmann, StV 1999, 616 (nur für die Drittzueignung); Frank, StGB, 18. Aufl. 1931, § 246 Bem. III; Gössel II, 178; Krey-Hellmann, Rn. 161; Mitsch II/1, § 2 Rn. 31 ff.; Noak, Drittzueignung (1999), 132; Paeffgen, JR 1979, 299; Samson II, 89 ff.; ders., JA 1990, 7 ff.; Schneider, MDR 1956, 337 f.; SK-Samson, 5. Aufl., § 246 Rn. 40 ff.; Tenckhoff, JuS 1984, 779 f.; nahest. Duttge-Fahnenschmidt, ZStW 111 (1999), 916 ff.; Gallas, Niederschriften Bd. 6 (1958), 56.

1. Argument
Will man die § 246 StGB zugrundeliegende Verbotsnorm sinnvoll formulieren, kann man nicht vom Recht gestattete – wie die Inbesitznahme einer Fundsache – oder sogar vom Recht gebotene – wie die Einziehung von Geld durch einen hierzu verpflichteten Inkassobeamten –, sondern nur solche Handlungen als Zueignungshandlungen begreifen, mit denen sich der Täter die eigentümerähnliche Herrschaftsgewalt inhaltlich anmaßt, und das heißt, sich die Sache rechtswidrig aneignet. Die Zueignungshandlung muß also die positive Komponente des Zueignungsbegriffes schon vollziehen.

2. Argument
Der inhaltlichen Anforderung »Aneignung« steht die Beschränkung der Enteignungskomponente auf den Vorsatz nicht entgegen. Zwar wird hierdurch die inhaltliche Bestimmung der Zueignungshandlung um die negative Komponente des Zueignungsbegriffs verkürzt. Das aber ist unabdingbar, weil – müßte man die dauernde Enteignung als objektiven Erfolg abwarten – die Vollendung der Unterschlagung ganz unangemessen hinausgezögert würde. Dogmatisch läßt sich die Aufteilung der Zueignungskomponenten auf die objektive und subjektive

Seite rechtfertigen, indem man die Unterschlagung als Delikt mit überschießender Innentendenz begreift, eine objektiv vollzogene Aneignung also mit darüber hinausgehendem Enteignungsvorsatz verlangt.

3. Argument
Die Aneignungstheorie gibt der Zueignungshandlung inhaltliche und damit festere Konturen und vermeidet das Ergebnis der Manifestationslehren, die durch die Vorverlagerung des Vollendungszeitpunktes praktisch keinen Raum für den Versuch mehr lassen, sondern Vorbereitungs- und Versuchshandlungen der Vollendung zuschlagen.

4. Argument
Die weite Manifestationstheorie verbietet Handlungen, die erlaubt oder sogar geboten sind, dem, der bei Vornahme dieser Handlungen Zueignungsvorsatz hat. Damit wird deutlich, daß diese Lehre im Grunde eine Bestrafung des bloßen Vorsatzes ist. Das ist aber keine sinnvolle Umschreibung der Verbotsmaterie, die nicht allein den bösen Willen, sondern seine Verwirklichung durch materielle Aneignung meint.

5. Argument
Die enge Manifestationstheorie stellt zwar objektive Kriterien auf, an denen sich der Zueignungsvorsatz zeigt, kann aber damit nicht verhindern, daß auch bloße Vorbereitungshandlungen zur vollendeten Unterschlagung werden, da sich auch an solchen Handlungen der Zueignungsvorsatz unzweideutig zeigen kann. So ist die Anschaffung eines Bolzenschußgerätes zur Schlachtung eines verwahrten Rindes eine eindeutige Manifestation des Zueignungswillens, bereitet die Zueignung aber doch nur vor.

6. Argument
Wenn die Enteignungstheorie für sich in Anspruch nimmt, sie allein mache die Unterschlagung zum vollendeten Zueignungsdelikt, begnüge sich also für Vollendung nicht mit nur die Aneignung vollziehenden Teilhandlungen, so verspielt sie diesen vermeintlichen Vorzug selbst, wo sie – etwa im Falle des dem den Besitz ableugnenden Täter glaubenden Eigentümers – in Wahrheit nur die von weiterem Täterverhalten unabhängige Gefahr dauernder Enteignung für die Vollendung schon ausreichen läßt und § 246 StGB damit statt zum Eigentumsverletzungs- zum Eigentumsgefährdungsdelikt macht. Zudem wird mit dem prognostischen Element dieser Gefahr ein hoher Grad von Unbestimmtheit in diese Lehre getragen.

2. (hier sog.) **Enteignungstheorie**

Zueignung i. S. d. § 246 StGB ist die Verursachung des Erfolges eines aller Wahrscheinlichkeit nach eintretenden Sachverlustes. Ein solcher Erfolg ist gegeben, wo der Täter eine Situation geschaffen hat, aus der heraus sich der endgültige Sachverlust – die dauernde Enteignung – ohne weiteren Einfluß des Täters einfindet, die Abwendung des Verletzungserfolges also reiner Zufall ist.

Vertreten von:

Maiwald, Der Zueignungsbegriff im System der Eigentumsdelikte (1970), 191 ff.; ders., Schreiber-Festschr. (2003), 328 f.; Maurach-Schroeder-Maiwald I, § 34 Rn. 27 f.; nahest. Arzt-Weber, § 15 Rn. 21 ff., 29 ff.; Degener, JZ 2001, 398; Dencker, Einführung 6. StrRG, 23 ff.; Duttge-Scotelsek, Jura 2002, 530; Gropp, JuS 1999, 1045; Haft, 152 f.; Mylonopoulos, Roxin-Festschr. (2001), 921, 925; Sinn, NStZ 2002, 67; RGSt 65, 145, 147.

1. Argument
Historisch ist die Unterschlagung ein Delikt, das dem Eigentümer die Sache in gleicher Weise nimmt wie der Diebstahl. Das kann aber nur bedeuten, daß die Unterschlagung auch hinsichtlich ihrer »Nehmensseite« strukturell dem Diebstahl zu folgen hat. Unterschlagungshandlungen können daher nur solche sein, die die Endgültigkeit des Sachverlustes für den Eigentümer in gleicher Weise bewirken wie die Wegnahmehandlung des Diebes. Die Aneignungstheorie bleibt insoweit auf halbem Wege stehen.

2. Argument
Der Unterschlagungstatbestand des preußischen StGB (§ 225) sprach nicht von »zueignen«, sondern bezeichnete als Tathandlungen das Veräußern, Verpfänden, Verbrauchen und Beiseiteschaffen. Damit sollten typische, einen Verletzungserfolg bewirkende Zueignungshandlungen genannt sein, die die Struktur des Eigentumsverletzungsdeliktes wahrten. Der Gesetzgeber des RStGB vermied die Beschränkung auf beispielhafte Verletzungshandlungen, wollte an dieser Struktur aber nichts ändern.

3. Argument
§ 246 StGB setzt eine Eigentumsverletzung als Erfolgssachverhalt voraus. Ein solcher fehlt noch, wo der Täter auf Nachfrage den Besitz ableugnet oder sich mit dem Verkaufsangebot des Eigentums nur berühmt. In beiden Fällen kann der Täter selbst das Umschlagen in den Sachverlust noch mühelos abwenden. Erst wenn der Berechtigte von der Antwort auf seine Nachfrage überzeugt oder wenn mit der Sache gegen den Willen des Eigentümers verfahren – d. h. sie »übereignet« – ist, tritt die erforderliche Eigentumsverletzung ein. Denn nun ist der Sachverlust unaufhaltsam eingeleitet, seine Abwendung reiner Zufall.

4. Argument
Die Enteignungslehre weist gegenüber den Manifestationslehren dem Versuch – den es für diese Lehren kaum gibt – einen auch praktisch relevanten Bereich wieder zu, kann in Fällen des Behaltens der Sache auf Dauer bloß verbale Manifestationen, die für den Eigentümer keine Verlustgefahr bilden, aus dem Strafbarkeitsbereich ausscheiden und kann andererseits auch im Unterlassen – das als »Nichts« für die Manifestationslehren eigentlich ausscheidet – eine Zueignungshandlung sehen, wo das Unterlassen die Gefahr des endgültigen Sachverlustes heraufbeschwört.

5. Argument
Der Fehlansatz der Manifestationslehren offenbart sich, wenn man sich darauf besinnt, daß Zueignung nur ein Akt sein kann, der dem Eigentümer etwas nimmt, was ihm die Eigentumsordnung garantiert. Nicht darauf kann es ankommen,

wie sich der Täter gebärdet, sondern allein darauf, welche Folgen das für den Eigentümer hat.

3. (hier sog.) **Zueignungstheorie**

Die Zueignungshandlung setzt den Vollzug beider materieller Komponenten der Zueignung – also Aneignung und dauernde Enteignung – voraus.

Vertreten von:

Basak, Irrwege der Strafgesetzgebung (1999), 187 ff. (Aneignung und konkrete Enteignungsgefahr); ders., GA 2003, 120 f.; Hohmann-Sander I, § 3 Rn. 5 ff.; Joecks, § 246 Rn. 18 f., 24 f.; MK-Hohmann, § 246 Rn. 36; SK-Hoyer, § 246 Rn. 20 ff.; sehr eng Kargl, ZStW 103 (1991), 163, 181 ff. (objektive An- und Enteignung durch Verbrauch, Entwertung oder Veräußerung).

1. Argument
Das 6. StrRG hat durch den Verzicht auf die Voraussetzung, daß der Täter im Besitz oder Gewahrsam der Sache sein muß, die Unterschlagung zu einem merkmals- und konturenarmen Tatbestand gemacht. Dessen strafwürdiger Unrechtsgehalt läßt sich deshalb nur behaupten, wenn man den Vollzug der Eigentumsverletzung durch Zueignung und nicht nur einen darauf gerichteten manifestierten Willen verlangt.

2. Argument
§ 246 StGB ist seinem Wortlaut nach als Erfolgsdelikt ausgestaltet und damit z. B. den Tötungstatbeständen vergleichbar. Niemand kommt aber bei diesen Delikten auf den Gedanken, ein den Tötungswillen eindeutig manifestierendes Verhalten vor Eintritt des Todeserfolges für Vollendung ausreichen zu lassen. Dann kann es aber angesichts der gleichen Deliktsstruktur der Unterschlagung bei ihr nicht anders sein.

3. Argument
Wer vor Eintritt von Aneignung und Enteignung eine vollendete Unterschlagung schon bejaht, verkürzt in unzulässiger Weise den Bereich des strafbaren Versuchs und schneidet damit dem Täter die ihm zustehende Rücktrittsmöglichkeit ab.

4. Argument
Der Zueignungsbegriff ist in § 242 StGB und § 246 StGB identisch. Dann besteht aber kein Anlaß, gerade bei der sich mit der Zueignung begnügenden Unterschlagung für dieses Merkmal inhaltlich weniger vorauszusetzen als bei Diebstahl.

Beispiele:

1. Das bloße Unterlassen der geschuldeten Herausgabe kann – geschieht es wie im Ausgangsfall mit Zueignungsvorsatz – allenfalls der weiten Manifestationslehre als Zueignungshandlung ausreichen (zur Problematik der Zueignung durch Unterlassen s. Lackner-Kühl, § 246 Rn. 4 sowie Lagodny, Jura 1992, 664 m. w. N.). Da auch sie freilich eine Manifestation durch Betätigung verlangt (daher hält Lagodny, a. a. O. die Annahme von Zueignung durch Unterlassen mit den Manifestationstheorien für unvereinbar), gerät man in den sicheren Bereich dieser Lehre

erst, wenn man die Mitteilung T's hinzunimmt, daß er mit dem Verkauf nicht einverstanden sei und die Geräte sichergestellt habe. Eine solche Verhaltensweise ist – blendet man die Kenntnis vom Zueignungsvorsatz aus – keine unzweideutige Zueignung, da sich so auch ein Sicherungsgeber verhalten kann, der etwa an der Wirksamkeit der Sicherungsübereignung oder an der Zulässigkeit des Verkaufs zweifelt und seine Position nicht durch »vollendete« Tatsachen schwächen, das Fremdeigentum aber nicht leugnen will. Der BGH hat daher – hier auf dem Boden der engen Manifestationslehre stehend – die Zueignung insoweit verneint und sie erst darin erblickt, daß T den bisherigen Fremdbesitz in Eigenbesitz verwandelt und durch intensive Nutzung der Geräte diesen erheblichen Wert entzogen habe. Die hierin steckende Aneignung reicht auch der Aneignungstheorie für Zueignung aus. Da die den Wert der Geräte erheblich schmälernde Nutzung über zwei Jahre hin über eine bloße Gebrauchsanmaßung deutlich hinausgeht und für S die Gefahr des endgültigen Sachverlustes heraufbeschwört, sollte i. E. auch für die Enteignungstheorie eine Unterschlagung nicht zweifelhaft sein. Sie hat freilich Mühe, in einem fortlaufenden Nutzungsprozeß den Vollendungszeitpunkt festzulegen, vor allem aber, den Enteignungserfolg als vom Täterverhalten unabhängig zu beschreiben, da die Endgültigkeit des Sachverlustes ja von der weiteren Abschirmung und Nutzung der Geräte durch T gegenüber S abhängt. Sie kann daher vollendete Zueignung eigentlich erst bejahen, wenn es T – wie im Falle des BGH offenbar geschehen – gelingt, die Geräte für S praktisch verschwinden zu lassen (s. Maiwald, Der Zueignungsbegriff im System der Eigentumsdelikte, 1970, 199 f.). Vor solchen Schwierigkeiten, den Vollendungszeitpunkt zu bestimmen, steht um so mehr, wer – wie überwiegend die Vertreter der Zueignungstheorie – nicht nur eine Enteignungsgefahr, sondern den Eintritt des Enteignungserfolges für die Vollendung abwarten will. Nach SK-Hoyer, § 246 Rn. 25 muß die vom Eigentümer hier gewünschte Nutzungsmöglichkeit diesem endgültig nicht mehr zur Verfügung stehen.

2. T erblickt bei einem Waldspaziergang im Gras neben dem Weg eine verloren gegangene goldene Uhr. Er hebt sie in der Absicht auf, sie für sich zu behalten und setzt seinen Weg fort. Sein Heimweg führt ihn später am Bürgermeisteramt vorbei, in dem sich das noch geöffnete Fundbüro befindet. T läßt dieses mit sicherem Schritt links liegen. Zu Hause angekommen, erzählt T seinem Bruder B von seinem Fund und seiner Absicht, die Uhr zu behalten. Als B die Uhr sehr gut gefällt, bietet T sie ihm spontan für 1.000,– € zum Kauf an. B lehnt angesichts des Preises dankend ab. Hat T eine vollendete Unterschlagung begangen? – Das Aufheben der Uhr in Zueignungsabsicht stellt für die weite Manifestationslehre bereits eine vollendete (Fund-)Unterschlagung dar. Eine der Zueignungshandlung vorausgehende Gewahrsamsbegründung verlangt § 246 StGB heute nicht mehr (s. dazu Wessels-Hillenkamp, Rn. 290, 292). Der engen Manifestationslehre reicht diese Handlung dagegen nicht, weil die Inbesitznahme zivilrechtlich erlaubt und in nichts von dem Verhalten unterschieden ist, das auch der ehrliche Finder an den Tag legen würde. Erst das Vorbeischreiten am geöffneten Fundbüro läßt den eindeutigen Rückschluß auf den Zueignungsvorsatz zu. Man wird dieses Verhalten auch als ein Verfahren mit der Sache i. S. dieser Lehre ansehen dürfen. Es begründet zugleich die Gefahr des endgültigen Sachverlustes für den Eigentümer, der nun nur noch durch Zufall seine Uhr zurückbekommen kann. Die für die Aneignungstheorie erforderliche Aneignung ist allerdings zu diesem Zeitpunkt allenfalls damit zu begründen, daß das Aufnehmen und Einstecken und das damit beginnende Mitsichtragen der Uhr deren typische Nutzung ist. Sieht man das so,

käme man mit der Aneignungstheorie hier zu demselben frühen Vollendungszeitpunkt wie mit der weiten Manifestationslehre. Da der Eigentümer so gut wie keine Chance hat, seine Uhr je wiederzusehen und von jeder Nutzungsmöglichkeit ausgeschlossen ist, dürften selbst die (auch) eine Enteignung voraussetzenden übrigen Varianten der materiellen Theorien zu diesem Ergebnis gelangen. Die späteren Verhaltensweisen sind – je nach Standpunkt zum nachstehenden 24. Problem – entweder mitbestrafte Verwertungstaten oder schon tatbestandlich keine »nochmalige« Zueignung. Das Problem der erneuten Zueignung stellt sich freilich nur, wenn das spätere Verhalten »an sich« Zueignung wäre. Die Einweihung des B durch T in sein Vorhaben ist dies nicht, weil die bloße Kundgabe dessen, was man zu tun beabsichtigt, die von allen Meinungen verlangte Betätigung des Zueignungswillens nicht ist (s. Wessels-Hillenkamp, Rn. 293). Das Verkaufsangebot genügt beiden Manifestationslehren, Aneignungs- (SK-Samson, 5. Aufl., § 246 Rn. 42), Zueignungs- und Enteignungstheorie (Maiwald, Der Zueignungsbegriff im System der Eigentumsdelikte, 1970, 197) dagegen nicht.

3. Der Holzhändler T lädt einen Festmeter Kaminholz vor der Haustür seines verarmten Vetters V als »anonyme Spende« in der Absicht ab, V in den kalten Wintertagen das Beheizen seines kleinen Hauses zu ermöglichen. T hatte das Holz aus einer bereits für den Kunden K nach Bezahlung und Übereignung auf T's Betriebsgelände bereitgestellten Holzlieferung »abgezweigt«. – Da T sich hier als Schenker oder Spender nicht zu erkennen gibt, kommt nur eine Drittzueignung in Betracht (s. Wessels-Hillenkamp, Rn. 155). Inwieweit der Meinungsstreit auf diese übertragbar ist und auf sie »paßt«, ist noch wenig geklärt. Verlangt man für eine Drittzueignung, daß der Täter dem Dritten den Besitz verschafft oder ihm die Zugriffsmöglichkeit eröffnet, damit der Dritte sich die Sache aneignen kann, läßt sich vertreten, daß sich der Drittzueignungswille des T nach der weiten Manifestationstheorie bereits mit dem »Abzweigen« des Holzes, nach der engen Manifestationslehre dagegen erst mit dem Ablegen vor der Haustür des V hinreichend eindeutig manifestiert hat. Verlangt man An- und gegebenenfalls sogar Enteignung, muß man wohl das In-Besitz-Nehmen des Holzes durch V (s. Kindhäuser II, § 6 Rn. 29 ff.) und das Verheizen des Holzes abwarten. Vollendung der Unterschlagung setzte dann die Mitwirkung des Dritten voraus (s. dazu – abl. – Wessels-Hillenkamp, Rn. 281 m. w. N.).

24. Problem (§ 246 StGB)

Kann derjenige, der sich eine Sache durch ein in Zueignungsabsicht begangenes strafbares Eigentums- oder Vermögensdelikt verschafft (und dadurch zugeeignet) hat, durch nochmalige Betätigung seines Zueignungswillens eine Unterschlagung begehen?

Beispiel:

T entnahm als Beamter des Ordnungsamtes der Stadt X in Lebensmittelgeschäften Proben, die er dem staatlichen Untersuchungsamt zuleitete. Er hatte den Kaufleuten alsdann das Ergebnis der Untersuchung und eine Zahlkarte mit der Aufforderung zu überreichen, die entstandenen Kosten dem Untersuchungsamt zu überweisen. Obwohl T nicht befugt war, das Geld selbst einzuziehen, tat er dies mehrfach und verbrauchte es – wie von Anfang an beabsichtigt – für sich selbst

(BGHSt 14, 38). Ist T nur wegen Betruges oder auch wegen Unterschlagung zu bestrafen?

Ausgangspunkt:

T hat die Kaufleute durch konkludente Vorspiegelung einer Einziehungsvollmacht getäuscht und geschädigt, da keine Schuldbefreiung durch Zahlung an ihn eintrat. Betrug liegt daher vor. Ob bereits gleichzeitig mit dem Betrug auch eine Unterschlagung an dem jeweils erlangten Geld begangen ist, war vor dem Inkrafttreten des 6. StrRG streitig. Während BGHSt 14, 41 die Frage verneinte, weil § 246 StGB a. F. neben einem in Zueignungsabsicht begangenen Eigentums- oder Vermögensdelikt schon tatbestandlich nicht eingreife, wurde in der Lehre die Möglichkeit einer gleichzeitigen Zueignung bejaht, § 246 StGB a. F. dann aber für subsidiär erklärt (s. z. B. Küper, Jura 1996, 207). Durch die mit dem 6. StrRG in § 246 StGB eingefügte Subsidiaritätsklausel hat der Gesetzgeber nach heute ganz überwiegender Auffassung diesen Streit im Sinne der zuletzt genannten Meinung entschieden, da die Subsidiaritätsklausel anderenfalls ihren hauptsächlichen Anwendungsbereich – gleichzeitige Zueignung durch die Tat, die in anderen Vorschriften (wie z. B. in § 263 StGB) mit schwererer Strafe bedroht ist – verlöre (s. hierzu Küper, 470; Wessels-Hillenkamp, Rn. 300 m. w. N.; nach wie vor für Tatbestandsausschluß dagegen Krey-Hellmann, Rn. 173 a). Folgt man dem, hat sich T mit der Entgegennahme und dem Einbehalten des Geldes dieses durch Betrug und (subsidiäre) Unterschlagung, folgt man Krey-Hellmann, a. a. O., nur durch Betrug zugeeignet. Für beide Lösungen stellt sich dann das hier behandelte Problem, ob die im Verbrauch des Geldes nochmals nach außen tretende Eigentumsanmaßung eine (neuerliche) Zueigung i. S. d. § 246 StGB sein kann. Hierzu lebt der überkommene Streit (s. dazu Küper, 465 f.; Wessels-Hillenkamp, Rn. 301 ff.) zwischen Tatbestands- und Konkurrenzlösung fort, hat aber durch die neu aufgenommene Subsidiaritätsklausel auch neue Akzente gewonnen.

I. (hier sog.) **Tatbestandslösung**

Wer sich eine Sache bereits in strafbarer Weise durch ein Eigentums- oder Vermögensdelikt zugeeignet hat, kann sie sich durch weitere Betätigungen seines Zueignungswillens nicht noch einmal zueignen. Derartige weitere Manifestationen des Zueignungswillens sind daher schon tatbestandsmäßig keine Unterschlagung. Die Subsidiaritätsklausel ist für sie folglich ohne Bedeutung.

Vertreten von:

Nach altem Recht: Deubner, NJW 1962, 95; Fahl, JA 1996, 44; Gössel II, 183; ders., 113 f., 245; Haß, SchlHA 1972, 176; LK-Ruß, § 246 Rn. 11; Maiwald, Der Zueignungsbegriff im System der Eigentumsdelikte (1970), 261 ff.; Otto, Die Struktur des strafrechtlichen Vermögensschutzes (1970), 107 ff., 112; ders., Jura 1989, 205; ders., JK 96, StGB § 246/10; Preisendanz, § 246 Bem. 4 c; Roxin-Schünemann-Haffke, 290 f.; Schünemann, JuS 1968, 116 ff.; RGSt 15, 428; 22, 309; 60, 371; 61, 38; BGHSt 14, 38; 16, 280; 38, 125; BGH NJW 1983, 2827; BGH NStZ-RR 1996, 131; OLG Celle NJW 1974, 2328; OLG Saarbrücken NJW 1976, 66; OLG Düsseldorf, JZ 1985, 592; OLG Düsseldorf StV 1985, 330; im Grundsatz auch Eser IV, Fall 5 A 22 f. und SK-Samson (5. Aufl.) § 246 Rn. 52 mit der Einschränkung, daß die Vortat die dauernde Enteignung bereits bewirkt haben muß; wird erst durch die nachfolgenden Akte der Enteignungseffekt hergestellt oder vertieft, soll Unterschlagung gegeben sein; sachlich nahest. Ranft, JR 1989, 165 f.; ders., JuS 1993, 859 (für die durch BGHSt 38, 125 abgelehnte Annahme einer Unterschlagung nach § 263 a StGB); Roth, Eigentumsschutz nach der Realisierung von Zueignungsunrecht (1986), 89 ff., 152. **(Auch) nach neuem Recht:** Gössel, 146, 206, 211; Hohmann-Sander I, § 3 Rn. 20 ff.; Jäger, JuS 2000, 1170; Kindhäuser II, § 6 Rn. 40 f.; ders., LPK, § 246 Rn. 38 f.; ders., GLW. 129 f.; Krey-Hellmann, Rn. 174; Lackner-Kühl, § 246 Rn. 7; Maurach-Schroeder-Maiwald I; § 34 Rn. 22; MK-Hohmann, § 246 Rn. 40; NK-Kindhäuser, § 246 Rn. 46; Otto, § 42 Rn. 23; Rengier I, § 5 Rn. 23 f.; Schmidt-Priebe II, 92; Schroth, 131; Schultze, JA 2002, 781 f.; Wagner, 47 f.; ebenso SK-Hoyer, § 246 Rn. 32, der aber bei Intensivierung der Eigentumsverletzung den Tatbestand bejaht.

1. Argument
Zueignung setzt voraus, daß der Täter dem Eigentümer die Herrschaftsbefugnisse entzieht und sich selbst die dem Eigentum entsprechende Sachherrschaft anmaßt. Ist dies einmal geschehen, kann eine neuerliche Entziehung der Herrschaftsbefugnisse und ihre Anmaßung durch den Täter schon begrifflich nicht stattfinden, sondern lediglich die Dokumentation, daß der Täter gewillt ist, seine Herrschaftsmacht aufrecht zu erhalten bzw. zu nutzen. Das aber ist nicht Zueignung, sondern bloße Perpetuierung oder Ausnutzung des durch Zueignung geschaffenen Zustandes.

2. Argument
§ 246 StGB will mit der Zueignung die regelmäßig mit ihr verbundene Begründung des Eigenbesitzes als die eigentlich schwerwiegende Eigentumsverletzung – den Eigentumsentzug, das Nehmen der Sache – nicht aber den Täter zusätzlich mit Strafe bedrohen, der in natürlicher Konsequenz seiner Tat die Sache nutzt, verbraucht o. ä.

3. Argument
Es ist nicht gerechtfertigt, sich die Schließung von Strafbarkeitslücken durch ein Zueignungsverständnis zu erkaufen, das rein formale Betätigungen des Zueignungswillens, die die bereits eingetretene Eigentumsverletzung in keiner Weise vertiefen, zur Zueignung hochstilisiert.

4. Argument
Die Gegenmeinung erzielt keinen kriminalpolitischen Gewinn, sondern ein unbilliges Ergebnis, wenn sie die Verwertungshandlung des Täters und damit die Haupttat als mitbestrafte Nachtat straflos läßt, ihre Förderung durch Dritte aber zur strafbaren Beihilfe erklären will. Damit wird zugleich übersehen, daß derartige Teilnahmeakte an Verwertungshandlungen funktionsgerechter durch die §§ 257 ff. StGB als durch Beihilfe zu erfassen sind.

5. Argument
Jeder Täter, der sich eine Sache in Zueignungsabsicht verschafft, wird die Sache in der Regel später verwerten. Wollte man in jeder Verwertungshandlung eine Unterschlagung sehen, liefe das auf eine praktisch unbegrenzte Verlängerung der Verjährungsfrist für die Vortat hinaus, obwohl der Täter nichts anderes tut, als die Früchte der längst verjährten Vortat zu nutzen.

6. Argument
Die Subsidiaritätsklausel besagt für Fälle der Zweitzueignung nichts, da sie sich nur auf die Zueignung durch die Tat bezieht, die zugleich andere Tatbestände erfüllt. Daher kann man aus der Klausel nicht schließen, daß der Gesetzgeber sich auch für die Fälle wiederholter Zueignung gegen die Tatbestandslösung ausgesprochen habe.

II. (hier sog.) **Konkurrenzlösung**

Auch der Täter, der sich eine Sache durch ein Eigentums- oder Vermögensdelikt bereits zugeeignet hat, kann weitere Zueignungshandlungen an der Sache und damit Unterschlagung begehen. Bei dieser Unterschlagung handelt es sich:

1. Variante: im Verhältnis zum Eigentümer um eine (von der Subsidiaritätsklausel nicht erfaßte) mitbestrafte Nachtat.

Vertreten von:

Arzt-Weber, § 15 Rn. 43 f.; Baumann, NJW 1961, 1143; Bockelmann I, § 4 V; ders., JZ 1960, 621 ff.; Cantzler, JA 2001, 571 ff.; Dencker, Einführung 6. StrRG, 25; Duttge-Scotelsek, Jura 2002, 532, 534; Gropp-Küpper-Mitsch, 266; Haft, 154; Hauf, 49; Küper, 469; Mitsch II/1, § 2 Rn. 51 ff.; ders., ZStW 111 (1999), 92 f.; ders., JuS 1997, 312; Schmidhäuser, 8/44; Schönke-Schröder-Eser, § 246 Rn. 19; Schröder, JR 1960, 308; ders., NJW 1963, 1960; Seelmann, JuS 1985, 702; SK-StPO-Schlüchter (Stand: Mai 1995), § 261 Rn. 101 c; dies., JR 1993, 497; Tenckhoff, JuS 1984, 779; Weber, JZ 1976, 102; Welzel, § 48 V; RGSt 62, 62; 68, 209; 73, 6; BGHSt 3, 372; 6, 316; 8, 260; BGH GA 1955, 271; GA 1957, 147; gegen 2. Variante, im übrigen aber unentschlossen Tröndle-Fischer, § 246 Rn. 14, 23.

1. Argument
Die nach einer ersten Zueignung durch eine weitere Tat erneuerte bzw. wiederholte Zueignung ist möglich, wird aber nicht von der Subsidiaritätsklausel erfaßt, weil diese sich nur auf die Verwirklichung von Unterschlagung und anderen Tatbeständen durch ein- und dieselbe Tat erstreckt. Daher ist hier nach allgemeinen Konkurrenzregeln zu entscheiden. Danach ist die wiederholte Zueignung i. d. R. mitbestrafte Nachtat.

2. Argument
Die Zueignung einer Sache ist wiederholbar; so kann nicht zweifelhaft sein, daß die Aneignung wiederholt, wer eine gutgläubig zugeeignete Sache nach Aufklärung seines Irrtums zu behalten beschließt und diesen Willen manifestiert. Ebenso kann die Enteignung wiederholt werden, indem die Lage des Eigentümers etwa durch Verkauf der gestohlenen Sache weiter verschlechtert wird.

3. Argument
Das auch nach der Vortat weiterbestehende Eigentum verlangt Schutz und Respekt; die Straflosigkeit von Verwertungshandlungen läßt sich deshalb nicht mit mangelnder Tatbestandsmäßigkeit, sondern nur aus dem Wertungszusammenhang mit der Vortat – und d. h. mit Konkurrenzüberlegungen – begründen.

4. Argument
Die These der Gegenmeinung, daß jeder deliktische Erwerb in Zueignungsabsicht eine Zueignung sei und deshalb als Vortat die nochmalige Zueignung ausschließe, verwischt mit ihrer Identifizierung von Zueignungs- und Vermögensdelikt in Zueignungsabsicht die strukturellen Unterschiede zwischen Eigentums- und Vermögensdelikt.

5. Argument
Die Gegenmeinung läßt bedenkliche und unnötige Strafbarkeitslücken entstehen:

a) Sie kann Verwertungshandlungen des Täters auch dann nicht bestrafen, wenn die Vortat z. B. mangels Schuld oder wegen Verjährung straflos bleiben muß. Wenn überwiegend versucht wird, diese mißliche Konsequenz dadurch zu umgehen, daß für die Tatbestandslösung eine schuldhafte und strafbare Vortat verlangt wird, kann dies nur unter Bruch mit der eigenen Prämisse geschehen, da doch nach der dogmatischen Begründung die Tatbestandsmäßigkeit der Zweithandlung an sich bereits an der Tatbestandsmäßigkeit der Ersthandlung und nicht erst an deren Schuldhaftigkeit oder Strafbarkeit scheitern soll.

b) Auch müssen Verwertungshandlungen straflos bleiben, die sich nicht in der Wiederholung der durch die Vortat begangenen Rechtsgutsverletzung erschöpfen, sondern ein weiteres Rechtsgut verletzen.

c) Die Gegenmeinung muß ferner mangels tatbestandsmäßiger Haupttat Teilnehmer an weiteren Verwertungshandlungen jedenfalls dann straflos lassen, wenn deren Unterstützung nicht unter die engeren Voraussetzungen der §§ 257 ff. StGB fällt.

d) Sie müßte schließlich nach dem Grundsatz in dubio pro reo freisprechen, wenn nur die Verwertungshandlung, nicht aber die Vortat beweisbar ist, denn der Bestrafung der Verwertungshandlung steht entgegen, daß sie möglicherweise tatbestandslos, der Verurteilung wegen der Vortat, daß sie möglicherweise nicht begangen ist.

2. Variante: um eine nach der Subsidiaritätsklausel des § 246 I StGB zu beurteilende Tat.

Vertreten von:

Gropp, JuS 1999, 1045; Joecks, § 246 Rn. 29 f.; hierhin tendierend auch Eckstein, JA 2001, 29 f.; LK-Laufhütte-Kuschel, Nachtrag § 246 Rn. 6; Murmann, NStZ 1999, 16 ff.; Noak, Drittzueignung und 6. StrRG (1999), 110 ff.; Wessels-Hillenkamp, Rn. 301.

1. Argument
In Fällen, in denen das vorausgehende Delikt wie der Betrug Bereicherungs- oder der Diebstahl Zueignungsabsicht verlangt, läßt sich die Verwirklichung der Absicht durch eine nachfolgende Zueignungshandlung im prozessualen Sinne noch als eine Tat i. S. eines geschichtlichen Lebenssachverhalts verstehen. Dann betrifft die Subsidiaritätsklausel aber auch Fälle wiederholter Zueignung.

2. Argument
Die Beschränkung der Subsidiaritätsklausel auf die Gleichzeitigkeitsfälle geht daran vorbei, daß die vom Gesetzgeber § 246 StGB n. F. zugedachte Auffangfunktion eine Erstreckung der nur subsidiären Geltung auf Fälle wiederholter Zueignung gebietet. Die sachlichen Gründe für ein Zurücktreten der Unterschlagung sind in beiden Fallgestaltungen gleich.

3. Argument
Es spricht einiges dafür, daß auch der E 1962 mit der schon in ihm (§ 240) vorgeschlagenen Subsidiaritätsklausel auch die Fälle erneuter Zueignung erfassen wollte. Da sich das 6. StrRG auf dieses Vorbild bezieht, liegt es nahe, daß sich der Gesetzgeber diese Regelungsabsicht zu eigen gemacht hat.

(Die Argumente 2–5 der 1. Variante gelten auch hier).

Beispiele:

1. Im Ausgangsbeispiel (s. dazu auch Kühl, HRR, 128, 131 f.) liegt nach der Tatbestandslösung im Verbrauch des Geldes keine tatbestandsmäßige Zueignung i. S. d. § 246 StGB. Die Konkurrenzlösung bejaht dagegen Unterschlagung, erklärt sie aber zur mitbestraften Nachtat (jedenfalls dann, wenn das Geld durch die Einziehung nicht Eigentum der Stadt oder des Staates geworden ist, sonst auch Unterschlagung, aber nicht mitbestrafte) oder läßt sie unter Anwendung der Subsidiaritätsklausel gegenüber dem Betrug zurücktreten (so die 2. Variante). Da beide Lösungen in einem solchen Fall i. E. zur Straflosigkeit der Verwertungshandlung führen, kann man Streitdarstellung und -entscheidung kurz halten (s. Roxin-Schünemann-Haffke, 297), sollte die Frage aber nicht offen lassen. Ob ein Tatbestand gar nicht vorliegt oder nur zurücktritt, ist im Gutachten auch dann von Interesse, wenn es etwa mangels einer Teilnahme keine weiteren Auswirkungen hat, so Fahl, JA 1996, 44; a. A. z. B. Riemenschneider/Paetzold, Jura 1996, 317; Thoss, JuS 1996, 819.

2. Der im Vollrausch zu Eigentumsdelikten neigende T entdeckt in volltrunkenem Zustand in seinem Ferienort nach einer nächtlichen Zechtour eine echt lederne Aktentasche mit einem Bündel Banknoten. Er nimmt die Banknoten in Zueignungsabsicht an sich und läßt die Tasche liegen. Als T am nächsten Morgen wieder nüchtern ist, beschließt er sogleich, mit der Beute vorzeitig abzureisen und setzt sich in den nächsten Zug (vgl. BGH Dall. MDR 1971, 546), nachdem er die Fahrkarte aus der Beute bezahlt hat. – T hat mit dem Herausnehmen der Banknoten aus der Tasche und ihrem Einstecken tatbestandlich eine Unterschlagung begangen. Auch der Volltrunkene kann einen Zueignungswillen haben und ihn wie T in einer auch strengen Anforderungen genügenden Weise (s. dazu das 23. Problem; zweifelhaft ist die vollendete Unterschlagung nur nach den materiellen Theorien) manifestieren, indem er sich nicht wie ein redlicher Finder – der auch die Tasche mitnehmen würde – verhält. In der Bezahlung der Fahrkarte könnte folglich nur nach der Konkurrenzlösung eine weitere Unterschlagung liegen. Da T mangels Schuldfähigkeit nicht wegen Fundunterschlagung (s. zu ihr nach der Neufassung des § 246 StGB Wessels-Hillenkamp, Rn. 292) bestraft werden kann, würde es sich hierbei auch nicht nur um eine mitbestrafte oder subsidiäre (Nach-)Tat, sondern um eine strafbare Unterschlagung handeln. Kann T freilich auch aus § 323 a StGB mit einer Fundunterschlagung als Rauschtat bestraft werden, stellt sich für die Konkurrenzlösung die (nach Inkrafttreten der Neufassung noch nicht ent-

schiedene) Frage, ob auch in einem solchen Fall die nüchtern begangene Unterschlagung straflose Nachtat zu § 323 a StGB (so OLG Celle MDR 1963, 156) bzw. gegenüber § 323 a StGB (trotz dessen Abs. 2) subsidiär oder ob umgekehrt § 323 a StGB mitbestrafte Vortat der Unterschlagung oder dieser subsidiär sein (so Schönke-Schröder-Cramer-Sternberg-Lieben, § 323 a Rn. 32) oder schließlich sogar Realkonkurrenz bestehen soll (so Dallinger, MDR 1971, 547; s. zum Streit LK-Spendel, § 323 a Rn. 342). – Für die Tatbestandslösung scheint sich auf den ersten Blick nur die Möglichkeit zu ergeben, T aus § 323 a StGB zu bestrafen: wegen Fundunterschlagung nicht mangels Schuldfähigkeit, wegen der Zueignung bei der Abreise nicht mangels Tatbestandsmäßigkeit. Sieht man genauer hin, dürfte aber auch für die Tatbestandslösung hier ein Fall von § 323 a StGB und (nüchtern begangener) Unterschlagung vorliegen, denn BGHSt 14, 38 verneint ja die doppelte Zueignung nur nach einer schuldhaften und strafbaren Zueignung durch ein Eigentums- oder Vermögensdelikt. Hier liegt aber gerade keine schuldhafte Zueignung, sondern Vollrausch vor (s. Maiwald, a. a. O. 267 f.; Schünemann, a. a. O. 118; Weber, a. a. O.).

3. Der arbeitslose T mietet sich für die Zeit der Olympischen Spiele ein Farbfernsehgerät in der Absicht, es vertragsgemäß zu nutzen und anschließend zurückzubringen, aber auch mit dem sicheren Wissen, die Mietgebühr nicht bezahlen zu können. Nach 8 Tagen entschließt sich T, seine leere Kasse durch einen Verkauf des Gerätes aufzufüllen, was er dann auch tut. – In diesem Fall hat sich T den Besitz am Fernsehgerät zwar betrügerisch verschafft, hierbei aber keine Zueignungsabsicht gehabt. Im Verkauf liegt deshalb die erstmalige Betätigung des erst nach der Vortat gefaßten Zueignungswillens, so daß nach beiden Meinungen Betrug und Unterschlagung vorliegen. Zwar hat BGHSt 14, 45 auch den Besitzbetrug als eine der Vortaten genannt, die nochmalige Zueignung ausschließen, hierunter aber nur den Besitzbetrug in Zueignungsabsicht gemeint, wie sich aus BGHSt 16, 280 ergibt (s. dazu auch Heinrich, Jura 1999, 590 f.).

4. T hat ein Fahrrad gestohlen. Als er merkt, daß er mit der komplizierten Schaltung nicht zurechtkommt, stellt er es in den Keller des Nachbarn N, der mit gestohlenen Rädern handelt. T geht davon aus, daß N ohne weitere Nachforschungen das Rad verkaufen werde. Darauf kommt es T auch an, weil er dann die Entdekkung seines Diebstahls für ausgeschlossen hält. – Hier hat T nach einer Selbstzueignung durch Diebstahl dem N – worauf es T ankommt – durch Verschaffung des Besitzes die Aneignung ermöglicht. Ob eine solche Drittzueignung nach einer Selbstzueignung anders zu beurteilen ist als eine wiederholte Selbstzueignung, ist noch ungeklärt. Verlangt man auch für die Drittzueignung eine (hier dann freilich nicht gegebene) Aneignung durch den Täter (so Rönnau, GA 2000, 424), ist der Streitstand übertragbar. Stellt man darauf ab, daß bei der Drittzueignung dem Dritten die Aneignung (absichtlich oder vorsätzlich, str., s. Wessels-Hillenkamp, Rn. 280) ermöglicht werden muß, ergibt sich nach manchen Vertretern der Tatbestandslösung (z. B. Schmidt-Priebe II, 92) wie für Anhänger der Konkurrenzlösung (z. B. Mitsch, ZStW 111, 1999, 92) das Problem der wiederholten Zueignung mit der Begründung nicht, daß Selbst- und Drittzueignung etwas Verschiedenes und daher hintereinander ohne weiteres begehbar seien. Da die Drittzueignung das vorangegangene Unrecht vertiefe, soll sie selbständig nach § 246 StGB strafbar sein (so Schmidt-Priebe II, 92, in deren in der 5. Aufl. 2001, 87 noch benutztem Beispiel im Verschenken allerdings in Wahrheit eine nochmalige Selbstzueignung zu sehen ist, s. Wessels-Hillenkamp, Rn. 154). Andere (Hohmann-Sander I, Rn. 25; Murmann, NStZ 1999, 15) sehen in einer Drittzueignung nach Selbstzueignung le-

diglich den Vortäter nicht belastendes Hehlereiunrecht und wollen § 246 StGB daher im Wege der teleologischen Reduktion um diese Drittzueignungskonstellation im Sinne einer Tatbestandslösung verkürzen. Da sich eine Drittzueignung nach einer Selbstzueignung in der Tat begrifflich nicht leugnen und wohl auch nicht durch Reduktion aus dem Begriffskern des § 246 StGB eliminieren läßt, ist auch hier der Konkurrenzlösung der Vorzug zu geben. Richtigerweise tritt dann auch die Drittzueignung zurück, da sie angesichts des Verzichts auf jeden Nutzen für den Täter deutlich weniger personales Unrecht bedeutet, als die egoistische Selbstzueignung durch Verschenken oder Verkaufen.

25. Problem (§§ 244 I Nr. 1 a, 250 I Nr. 1 a StGB)
Ist die Gefährlichkeit des Werkzeugs in §§ 244 I Nr. 1 a, 250 I Nr. 1 a StGB (rein) objektiv zu bestimmen oder kann sie sich nur aus einem beim Täter vorhandenen Verwendungsvorbehalt ergeben?

Beispiel:

Die beiden Skinheads T und M haben sich in ihrer Stammkneipe »auf ein Bier« verabredet. Da sie nach solchen Kneipenbesuchen zu gewalttätigen Auseinandersetzungen mit jugendlichen Ausländern neigen und hierbei nicht den kürzeren ziehen wollen, haben beide ihre Baseballschläger mitgenommen und in ihren unter der Theke abgelegten Rucksäcken verborgen. Kurz vor dem Verlassen der Kneipe lassen T und M ihre Bierkrüge »mitgehen«, indem sie sie ebenfalls in den Rucksäcken verstauen. Haben sich T und M nach §§ 242, 244 I Nr. 1 a StGB strafbar gemacht?

Ausgangspunkt:

Das 6. StrRG hat in §§ 244 I Nr. 1 a, 250 I Nr. 1 a StGB dem Beisichführen einer Waffe das Beisichführen eines anderen gefährlichen Werkzeugs gleichgestellt. Nach ihrem (insoweit übereinstimmenden) Text begnügen sich beide Vorschriften mit dem bewußten und gewollten Beisichführen von Waffe oder Werkzeug. Eine darüber hinausgehende Absicht, den Gegenstand beim Diebstahl oder Raub (notfalls) als Verletzungs- oder Drohmittel in gefährlicher Weise einzusetzen (= Verwendungsabsicht oder Verwendungsvorbehalt, s. zur Terminologie Wessels-Hillenkamp, Rn. 262 c), ist nach dem Wortlaut nicht verlangt. Während sich die Gefährlichkeit einer Waffe aus ihrer technischen Bestimmung und Eignung von selbst ergibt und sich daher eine Herleitung dieser Eigenschaft aus einem entsprechenden Verwendungsvorbehalt erübrigt, bestehen Zweifel, ob man für andere mitgeführte Werkzeuge eine vergleichbare Gefährlichkeit rein objektiv feststellen oder ob man die »Waffengleichheit« insoweit nur aus der Art und Weise einer vom Täter sich vorbehaltenen Verwendung entnehmen kann. Beides wird vertreten. Einigkeit besteht nur darin, daß man – entgegen der Vorstellung des Gesetzgebers – auf die Bestimmung der Gefährlichkeit eines Werkzeugs nach § 224 I Nr. 2 StGB nicht ohne weiteres zurückgreifen kann, weil es in §§ 244 I Nr. 1 a, 250 I Nr. 1 a StGB an einer der Verletzung dienenden Verwendung, aus der die Gefährlichkeit in § 224 I Nr. 2 StGB hervorgeht, anders als dort gerade fehlt.

I. (hier sog.) **Theorien der objektiv-generellen Gefährlichkeit**

Die Gefährlichkeit des Werkzeugs ist nach objektiv-generalisierenden Kriterien zu bestimmen.

1. (hier sog.) **Objektive Gefährlichkeitstheorie**

Die Gefährlichkeit eines Werkzeugs ist dann zu bejahen, wenn seine Eignung zur Zufügung erheblicher Verletzungen ohne weiteres ersichtlich (offenkundig) ist und seine deshalb naheliegende Verwendung als Verletzungs- oder Bedrohungsmittel typischerweise Gefahren für Leib und Leben auslösen würde, wie sie auch bei Verwendung von Waffen entstehen.

Vertreten von:

Arzt-Weber, § 14 Rn. 57; Deiters, StV 2004, 203; Dencker, Einführung 6. StrRG, 19 f.; ders., JR 1999, 34 f.; Gropp-Küpper-Mitsch, 148 f.; Hohmann-Sander I, § 2 Rn.. 3 ff.; Kargl, StV-Forum 2000, 10; Mitsch II/1, § 1 Rn. 235 f. (unter Ausschluß der Drohungsalternative); ders., ZStW 111 (1999), 79; ders., JuS 1999, 643; Maurach-Schroeder-Maiwald I, § 33 Rn. 116; MK-Sander, § 250 Rn. 23, 28 f.; Otto, § 41 Rn. 53; Sander, NStZ 2002, 596; Zieschang, JuS 1999, 52; OLG Schleswig NStZ 2004, 212; s. auch Braum, Irrwege der Strafgesetzgebung (1999), 31, der die Norm allerdings letztlich als zu unbestimmt verwirft (46 f.). An der vorausgesetzten **Offenkundigkeit** der Gefährlichkeit soll es nach einigen Vertretern dieser Ansicht **fehlen**, wenn der Täter das Werkzeug nur bei einer **offensichtlichen Zweckentfremdung** in gefährlicher Weise einsetzen könnte (so z. B. Hohmann-Sander I, § 2 Rn. 5; Hörnle, Jura 1998, 172; Krey-Hellmann, Rn. 134 a); geschieht diese Zweckentfremdung allerdings typischerweise in Bedrängnissituationen, soll Gefährlichkeit doch gegeben sein (so z. B. Schroth, NJW 1998, 2864; SK-Hoyer, § 244 Rn. 12). Umgekehrt soll **offenkundige** Gefährlichkeit nach einigen Vertretern dieser Ansicht **nur vorliegen**, wenn das mitgeführte Werkzeug eine andere als Lebens- oder Leibesgefahr begründende Verwendung bei der Tat ausschließe (so Hauf I, 37; Joecks, § 244 Rn. 13; LK-Laufhütte-Kuschel, Nachtrag § 250 Rn. 6; Schlothauer-Sättele, StV 1998, 508 f.; Schönke-Schröder-Eser, § 244 Rn. 5), wenn der mitgeführte Gegenstand aus der Sicht eines objektiven Beobachters in der konkreten Situation nichts anderes als eine die fehlende Waffe vertretende Waffenersatzfunktion erfülle (so MK-Schmitz, § 244 Rn. 14; Streng, GA 2001, 365 ff.; Tröndle-Fischer, § 244 Rn. 9 b ff., § 250 Rn. 3 e; s. auch BGH NJW 2002, 2890) oder wenn – noch restriktiver – das Mitführen des Gegenstandes von einem gesetzlichen Verbot betroffen sei (so Lesch, JA 1999, 34 ff.; ders., GA 1999, 376 f.). Der BGH hat sich für § 250 II Nr. 1 StGB in Anlehnung an § 224 I Nr. 2 StGB für eine objektiv-konkrete Gefährlichkeitsbegründung entschieden, die Problematik für § 250 I Nr. 1 a StGB (und entsprechend für § 244 I Nr. 1 a StGB) aber mit einer Ausnahme (s. unten III.) bisher nicht wirklich aufgegriffen (s. dazu und zu BayObLG StV 01, 17; OLG Hamm StV 01, 352 Wessels-Hillenkamp, Rn. 262 d).

1. Argument
Wie sich aus dem Wort »anderes« ergibt, ist die Waffe nur ein Unterfall eines gefährlichen Werkzeugs. Dann muß aber die Gefährlichkeit des anderen Werkzeugs wie die der Waffe ohne Rückgriff auf eine bei Waffen unbestritten nicht vorausgesetzte Verwendungsabsicht und damit objektiv bestimmt werden. Anderenfalls

würden für zwei gleichrangige Alternativen unterschiedliche subjektive Voraussetzungen gelten.

2. Argument
§§ 244 I Nr. 1 b, 250 I Nr. 1 b StGB setzen die Absicht voraus, das mitgeführte Werkzeug oder Mittel gegebenenfalls zu verwenden, um den Widerstand einer anderen Person durch Gewalt oder Drohung mit Gewalt zu verhindern oder zu überwinden. Auf eine vergleichbare Wendung hat der Gesetzgeber in § 244 I Nr. 1 a, 250 I Nr. 1 a StGB gerade verzichtet. Ihr Hineinlesen in die Werkzeugalternative der Nr. 1 würde daher die gesetzgeberische Gefährlichkeitskonzeption sprengen, nach der Waffen und andere (objektiv) gefährliche Werkzeuge schon für sich genommen qualifizieren, weniger gefährliche Werkzeuge und Mittel dagegen nur dann, wenn eine Verwendungsabsicht besteht.

3. Argument
Verlangt man für die Werkzeugalternative der §§ 244 I Nr. 1 a, 250 I Nr. 1 a StGB eine Verwendungsabsicht, ist die Nr. 1 b überflüssig.

4. Argument
Daß die Abgrenzung zwischen gefährlichen und – gegenüber einer Waffe – weniger gefährlichen oder ungefährlichen Werkzeugen in Abgrenzungsschwierigkeiten und Wertungen führt, ist einzuräumen. Die dadurch eintretende Einbuße an Bestimmtheit teilt der Begriff der Gefährlichkeit aber mit anderen im StGB verwendeten wie »niedrig« oder »verwerflich«. Auch das Strafrecht kann auf solche ausfüllungsbedürftigen Begriffe nicht verzichten und ihre relative Unbestimmtheit im Wege der konkreten Fallgruppenbildung abmildern.

5. Argument
Als leitendes Kriterium drängt sich die wesentliche Zweckbestimmung auf. Besteht diese in der Auslösung physikalischer, chemischer oder biologischer Vorgänge, die zu einer Zustandsveränderung an einem Objekt führen und hat diese Zustandsveränderung an einem vorgestellten menschlichen Objekt den Charakter einer Gesundheitsverschlechterung, so hat man es mit einem gefährlichen Werkzeug zu tun.

2. (hier sog.) **Verdachtstheorie**

Das gefährliche Werkzeug muß von einer Beschaffenheit sein, die im Kontext und unter den konkreten Umständen der Tat dieselbe Einsatzbereitschaftsvermutung wie beim Mitführen von Waffen rechtfertigt und die beim Einsatz eine der Waffe vergleichbare Gefahr für Leib oder Leben begründet.

Vertreten von:

Arzt, BGH-Festschr. IV (2000), 770 ff.; Bussmann, StV 1999, 621; Kindhäuser II, § 4 Rn. 4; ders., LPK, § 244 Rn. 12 ff.; ders., GLW, 102 f.; Kindhäuser-Wallau, StV 2001, 18 f., 353 f.; NK-Kindhäuser, § 244 Rn. 6 f.; Seier, JA 1999, 669; ähnlich Jäger, JuS 2000, 654: Widerlegung der Gefährlichkeitsvermutung bei Werkzeugen, die sozialtypisch (Diebstahl vom Obstbaum beim Spaziergang mit Kampfhund) oder deliktstypisch (Brechstange beim Einbruchsdiebstahl) mitgeführt werden. Nach Lackner-Kühl, § 244 Rn. 3 sind objektive und täterbezogene Indikatoren für die

Wahrscheinlichkeit zu entwickeln, daß das Werkzeug zur Gefährdung des Opfers eingesetzt werden könnte.

1. Argument
Die bloße Möglichkeit, mit einem Gegenstand erhebliche Verletzungen herbeiführen zu können, ist für die Einstufung als »gefährliches Werkzeug« noch kein hinreichendes Kriterium. Entscheidend ist vielmehr, daß schon das bloße Beisichführen des Tatmittels unabhängig vom tatsächlichen Täterwillen die Vermutung seines Einsatzes gegen Menschen zu begründen vermag. Das ist dann der Fall, wenn bereits aus der Verfügbarkeit des Gegenstandes im gegebenen Kontext auf dessen Bestimmung als waffengleiches Mittel geschlossen werden kann.

2. Argument
Für den Verzicht auf eine Verwendungsabsicht bei der Waffe ist der eine Gefahr für Leib und Leben begründende Verdacht maßgeblich, der Täter wolle und werde die Waffe notfalls einsetzen. Die Ausweitung des Beisichführens auf andere gefährliche Werkzeuge muß deshalb auf Fälle beschränkt bleiben, in denen sich aus dem Beisichführen und der Beschaffenheit des Werkzeugs ein Verdacht eventueller Einsatzbereitschaft ergibt, der in etwa der Verdachtsintensität entspricht, die bei mitgeführten (Schuß-) Waffen die Einsatzbereitschaftsvermutung begründet.

3. Argument
Gegenstände, die der Mensch sozialüblich (Gürtel, Pkw, Hund, berufliche Utensilien wie Handwerkszeug) mit sich führt oder die (wie Einbruchswerkzeug) deliktstypisch bei der Ausführung von Diebstahl oder Raub mitgeführt werden, nehmen an der Gefährlichkeitsvermutung nicht teil. Schließt man sie aus, entstehen keine unannehmbaren Strafbarkeitslücken. Wo die Absicht besteht, sie gegebenenfalls zu verwenden, greifen §§ 244 I Nr. 1 b, 250 I Nr. 1 b (22) StGB, wo sie verwendet werden, §§ 249, 250 II Nr. 1 (22) StGB ein.

4. Argument
Wer bei einem Diebstahl oder Raub einen Holzknüppel als angebliche »Pannenhilfe« (BGHSt 26, 95) mitführt, ist wegen des sich aufdrängenden Verdachts eventueller Einsatzbereitschaft des Beisichführens eines gefährlichen Werkzeugs schuldig, wer dagegen nur Gürtel und Stiefel trägt, mangels eines solchen Verdachts nicht.

5. Argument
Die Verdachtslehre unterstellt dem Täter keine Verletzungsabsicht. Vielmehr will sie das Opfer vor einer Situation schützen, in der die Ausstattung des Täters mit einem waffenähnlichen Gegenstand nicht nur die Sicherheit des Eigentums, sondern auch die der körperlichen Unversehrtheit des Opfers beeinträchtigt und damit das von § 244 I Nr. 1 a StGB bekämpfte abstrakte Raubrisiko hervorruft.

II. (hier sog.) **Theorie vom Verwendungsvorbehalt**

Die Gefährlichkeit eines mitgeführten Werkzeugs bemißt sich nach der Art und Weise, wie es entsprechend einem inneren Verwendungsvorbehalt vom Täter notfalls eingesetzt werden soll. Gefährlich ist ein Werkzeug danach dann, wenn entweder zu seiner allgemeinen Eignung, erhebliche Körperverletzungen zu bewirken, hinzutritt, daß diese Wirkung bei Umsetzung des Verwendungsvorbehalts auch eintreten würde, oder wenn die generelle Verletzungseignung zwar fehlt, das Werkzeug aber in einer konkret verletzungsgeeigneten Weise verwendet werden soll. Soll das Werkzeug gegebenenfalls nicht als Verletzungs-, sondern als Drohmittel verwendet werden, setzt Gefährlichkeit voraus, daß die Verwirklichung der Übelsankündigung mit dem Werkzeug den Betroffenen in erhebliche Verletzungsgefahr bringen würde.

Vertreten von:

Erb, JR 2001, 207; Geppert, Jura 1999, 602; Graul, Jura 2000, 206; Hilgendorf, ZStW 112 (2000), 832; Küper, 433 f.; ders., Hanack-Festschr. (1999), 586 ff.; ders., JZ 1999, 187 ff.; ders., Schlüchter-Gedächtnisschr. (2002), 341 ff.; Rengier I, § 4 Rn. 25 b (unter Ausschluß der Drohungsalternative); Wessels-Hillenkamp, Rn. 262 ff.; Zopfs, JZ 1999, 1063; s. auch Fischer, NStZ 2003, 575 f. Nach SK-Günther, § 250 Rn. 8, 11 ist zwischen Werkzeugen mit objektiver Gefährlichkeit (= objektive Gefährlichkeitstheorie) und solchen, deren Gefährlichkeit sich aus der Absicht der konkreten Verwendung ergibt (= Theorie vom Verwendungsvorbehalt), zu unterscheiden. Beide Möglichkeiten erfüllen die Vorschrift. Schmidt-Priebe II, 63 f. genügen nur objektiv allgemein verletzungsgeeignete Gegenstände, die mit Verwendungsvorbehalt mitgeführt werden. Becker, Waffe und Werkzeug als Tatmittel (2003), 252 ff. schwächt die Verwendungsabsicht zu einer Kenntnis der Möglichkeit ab, das Werkzeug in einer § 224 I Nr. 2 StGB entsprechenden Weise einzusetzen; diff. Krüger, Jura 2002, 771.

1. Argument
Ein objektiv-generell gefährliches Werkzeug gibt es ebensowenig, wie ein objektiv-generell ungefährliches. So ist ein Brecheisen für Menschen nur gefährlich, wenn es nicht nur als Einbruchswerkzeug, sondern notfalls auch als Verletzungsmittel verwendet werden soll, ein metallener Pfeifenreiniger zwar als Dietrich ungefährlich, als gegen das Auge geführtes Stichinstrument aber gefährlich. Über die Gefährlichkeit nicht technischer »Waffen« kann daher nur nach dem Willen des Trägers im Einzelfall entschieden werden.

2. Argument
Wer für Gefährlichkeit auf eine objektiv-generelle Eignung und Zweckbestimmung zur Verletzung von Menschen oder sogar auf ein gesetzliches Verbot des Mitsichführens abstellt, verkürzt den Anwendungsbereich der §§ 244 I Nr. 1 a, 250 I Nr. 1 a StGB im Grunde auf Waffen im technischen Sinne. Es geht aber gerade darum, auch solche Werkzeuge einzubeziehen, die durch eine im Verwendungsvorbehalt enthaltene Umwidmung oder Zweckentfremdung potentiell gefährlich sind.

3. Argument
Das argumentum e contrario, das aus der Aufnahme einer Verwendungsabsicht in §§ 244 I Nr. 1 b, 250 I Nr. 1 b StGB und deren Fehlen in §§ 244 I Nr. 1 a, 250 I Nr. 1 a StGB hergeleitet wird, verfängt nicht, weil der Gesetzgeber in der jeweiligen Nr. 1 b nur eine Verwendungsabsicht mit ganz spezifischem Inhalt ausreichen lassen, damit aber nicht zugleich den Verzicht auf einen Verwendungsvorbehalt in der jeweiligen Nr. 1 a erklären will. Im Gegenteil verhilft nur der Verwendungsvorbehalt in der jeweiligen Nr. 1 a dem gesetzgeberischen System einer abgestuf-

ten Gefährlichkeit auf präsumtiver Basis zum Durchbruch, weil die Verwendungsabsicht das verläßlichste Indiz für die in § 250 II Nr. 1 StGB real werdende, in Nr. 1 a aber schon vermutete Verwendungsgefährlichkeit ist.

4. Argument
Der Vorschlag, als gefährliche Werkzeuge nur solche Gegenstände anzusehen, die im Kontext der Tat keinen anderen als den Zweck eines Verletzungs- oder gefährlichen Drohmittels haben können, läuft auf eine verdeckte Indizkonstruktion zum Beweis einer dann eben doch unterstellten Verwendungsabsicht hinaus.

5. Argument
Wer aus Beschaffenheit und Tatkontext eine Einsatzbereitschaftsvermutung auch dort herleitet, wo sich der Richter von einem Verwendungsvorbehalt keine positive Überzeugung zu bilden vermag, begünstigt Verdachtsstrafen. Auch läßt sich kein Maßstab dafür finden, welche Gegenstände typischerweise in Bedrängnissituationen zweckentfremdet werden, welche nicht. Vermutungen hierzu führen in Verdachtstatbestände, hinter denen letztlich nur die diffuse Spekulation über den mutmaßlichen Einsatzwillen steht.

6. Argument
Wer (wie auch die Widmungstheorie) für die Gefährlichkeit des Werkzeugs in §§ 244 I Nr. 1 a, 250 I Nr. 1 a StGB eine objektiv-generelle Gefährlichkeit verlangt, in § 250 II Nr. 1 StGB dann aber entsprechend § 224 I Nr. 2 StGB auf die konkret gefährliche Verwendungsart abstellt, verwendet in ein und demselben Normzusammenhang einen gespaltenen Gefährlichkeitsbegriff. Das widerspricht den an Wortlaut und Systematik orientierten Auslegungsregeln und dürfte auch den gesetzgeberischen Willen verfehlen.

7. Argument
Läßt man schweres Einbruchswerkzeug wie Hammer oder Brecheisen, als Angriffsmittel mißbrauchbare Bekleidungsgegenstände wie Ledergürtel oder Springerstiefel oder sozialtypisch mitgeführte Gegenstände wie einen (Kampf-) Hund, einen Baseballschläger oder Arbeitsutensilien wegen objektiver Gefährlichkeit ganz unabhängig von einem subjektiven Tatbezug als gefährliche Werkzeuge zu, wird aus einem einfachen so gut wie immer ein qualifizierter Diebstahl oder Raub. Selbst der gänzlich unbekleidete und unbewaffnete Dieb wäre nach § 244 I Nr. 1 a StGB zu bestrafen, wenn er Springerstiefel stiehlt. Klammert man dagegen sozial- oder berufsüblich sowie deliktstypisch mitgeführte Gegenstände generell aus, geht man an deren möglicher Gefährlichkeit bei einem entsprechenden Verwendungsvorbehalt vorbei.

III. (hier sog.) **Widmungstheorie**

Von der Gefährlichkeit eines Werkzeugs i. S. d. §§ 244 I Nr. 1 a, 250 I Nr. 1 a StGB ist dann zu sprechen, wenn der mitgeführte Gegenstand nach seiner objektiven Beschaffenheit zu einem gefährlichen Einsatz geeignet und einem solchen Einsatz subjektiv vom Täter generell – d. h. losgelöst von der konkret beabsichtigten Tat – gewidmet ist.

Vertreten von:

BGH NStZ 1999, 301 f. (in Anlehnung an BGHSt 43, 266); OLG Braunschweig NJW 2002, 1735; OLG Frankfurt StV 2002, 146; erwogen ist diese Lösung auch bei LK-Laufhütte-Kuschel, Nachtrag § 250 Rn 6, Müller, JA 2002, 931 und Zieschang, JuS 1999, 52; zum alten Recht s. auch schon Scholderer, StV 1988, 432. Neben die antizipierte Widmung setzen – im Gegensatz zum BGH – als gleichwertige Möglichkeit den in der Tatsituation aktuell bestehenden Verwendungsvorbehalt – insoweit also wie die Theorie II – Geppert, JK 01, § 244 I Nr. 1 a/1; ders., JK 5/03 § 244 I Nr. 1 a/2; Leißner, Der Begriff des gefährlichen Werkzeugs im StGB (2001), 87 ff., 93; Maatsch, GA 2001, 82 f. und Schroth, 124, 135.

1. Argument
Die vom Gesetzgeber angeregte Orientierung an § 223 a StGB a. F. (= § 224 I Nr. 2 StGB) erweist sich zwar nicht für § 250 II Nr. 1 StGB, wohl aber für §§ 244 I Nr. 1 a, 250 I Nr. 1 a StGB als untauglich, weil das »gefährliche Werkzeug« hier nur mitgeführt werden muß und es zu einer konkreten Anwendung, an der die Gefährlichkeit zu messen wäre, nicht kommt und der Täter an sie nicht einmal gedacht haben muß. Der Begriff des gefährlichen Werkzeugs ist daher für §§ 244 I Nr. 1 a, 250 I Nr. 1 a StGB anders als in § 250 II Nr. 1 StGB und § 224 I Nr. 2 StGB zu bestimmen.

2. Argument
Da eine konkrete Verwendungsabsicht nur in §§ 244 I Nr. 1 b, 250 I Nr. 1 b StGB, nicht aber in der jeweils entsprechenden Nr. 1 a dieser Vorschriften vorgesehen, andererseits aber eine rein objektive Betrachtungsweise zu eng ist, ist zu verlangen, daß sich die Gefährlichkeit des zu Verletzungen objektiv geeigneten Werkzeugs aus seiner vorsorglichen, von der konkreten Tat losgelösten und auf sie noch nicht bezogenen generellen Widmung zur gegebenenfalls gefährlichen Verwendung ergibt.

3. Argument
Führt der Täter eines Diebstahls oder Raubs einen Gegenstand (z. B. einen Baseballschläger) mit sich, den er entgegen seinem objektiven Zweck generell zu gefährlicher Verwendung bestimmt hat, liegt es nahe, daß er ihn in Bedrängnissituationen dieser Widmung entsprechend auch dann verwendet, wenn er sich das für die konkret zu beurteilende Tat nicht vorbehalten hat. Hieraus ergibt sich eine für das Gefährlichkeitsurteil hinreichende Gefahr für das potentielle Opfer.

4. Argument
Wer nur die objektiv-generelle Gefährlichkeit (namentlich unter Ausschluß der Zweckentfremdungsfälle) für maßgeblich hält, billigt das Ausscheiden von Baseballschlägern, großen Küchenmessern, oder Starkstromkabeln aus dem Bereich der §§ 244 I Nr. 1 a, 250 I Nr. 1 a StGB. Damit wird aber dem gesetzgeberischen Anliegen, besonders gefährliche Täter, die sich hiermit regelmäßig bewaffnen, zu erfassen, nicht Rechnung getragen.

Beispiele:

1. Im Ausgangsfall haben sich T und M durch das Mitgehenlassen der Bierkrüge eines (einfachen) Diebstahls schuldig gemacht (§§ 242, 25 II, 248 a StGB). Für die Frage, ob diese Tat nach § 244 I Nr. 1 a StGB qualifiziert ist, ist zwischen Baseball-

schlägern und Bierkrügen zu unterscheiden. Nach der objektiven Gefährlichkeitstheorie wird man die Gefährlichkeit der Baseballschläger zunächst bejahen können, da sie zur Zufügung erheblicher Verletzungen geeignet sind und ihre Verwendung hierzu außerhalb des Baseballfeldes auch naheliegt. Allerdings muß man die Baseballschläger schon zweckentfremden (was Krey-Hellmann, Rn. 134 b bestreiten), wenn man mit ihnen Leib und Leben in Gefahr bringen will. Dann scheidet nach einigen Stimmen die Gefährlichkeit aus. Da freilich diese Zweckentfremdung in Bedrängnissituationen für Skinheads typisch sein mag, kann man nach wiederum anderen Anhängern der Gefährlichkeitstheorie die Gefährlichkeit doch bejahen. Von einem gesetzlichen Verbot ist das Mitsichführen von Baseballschlägern nicht betroffen. Hiernach scheidet Gefährlichkeit aus. Daß es eine andere als Leibes- oder Lebensgefahr begründende Verwendungsart der Schläger während der Ausführung der Tat gibt, kann man dagegen bestreiten und Gefährlichkeit deshalb bejahen, muß dann allerdings wohl ausschließen, daß die ja auch denkbare Nichtverwendung als »Verwendungsart« in Betracht zu ziehen ist. Ergibt sich so für die Varianten der objektiven Gefährlichkeitslehre kein geschlossenes Bild, ist nach der Verdachtstheorie die Gefährlichkeit zu bejahen, da sich die Vermutung der Einsatzbereitschaft nach der Beschaffenheit der Schläger und dem Kontext der Tat auch schon beim Diebstahl für einen objektiven Beobachter aufdrängt. Auch wird man das Mitsichführen von Baseballschlägern in Kneipen kaum als sozialtypisch bezeichnen können. Die Theorie vom Verwendungsvorbehalt verneint dagegen § 244 I Nr. 1 a StGB, da für sie die Möglichkeit einer gefahrauslösenden Zweckentfremdung hierfür nicht ausreicht, wenn sie nicht in einem inneren Vorbehalt als notfalls einzusetzende Strategie der Täter verankert ist, woran es im Hinblick auf den begangenen Diebstahl hier fehlt. Die Widmungstheorie bejaht dagegen wieder die Gefährlichkeit, weil die mitgeführten Schläger losgelöst von der Diebstahlstat und auf sie nicht bezogen für denkbare Auseinandersetzungen von T und M zu Drohungs- und Verletzungsmitteln mit erheblichem Gefahrenpotential vorsorglich bestimmt worden sind. – Sieht man in den Baseballschlägern ein gefährliches Werkzeug, dürfte dem Beisichführen (entgegen BayObLG StV 1999, 383) nicht entgegenstehen, daß die Täter die Schläger im Rucksack verstaut und unter der Theke abgelegt haben. Auch dann können sie sich ihrer jederzeit »bedienen« (s. Wessels-Hillenkamp, Rn. 256). – Hält man es für belanglos, ob der Täter das gefährliche Werkzeug schon zum Tatort mitbringt oder erst hier – und sei es als (Teil der) Beute (s. Rengier I, § 4 Rn. 25 c; Wessels-Hillenkamp, Rn. 256 m. w. N.) – ergreift, muß man auch die Bierkrüge als potentielles Droh- oder Verletzungsmittel nach dem hier dargestellten Meinungsstand durchmustern. Dabei dürfte sich kaum ein Unterschied zu den Baseballschlägern ergeben, was sich erschließt, wenn man sich die Krüge statt der Schläger als vorsorglich eingesteckte Schlaginstrumente denkt. Allenfalls ist die Einsatzbereitschaftsvermutung geringer, da man von einem zerbrochenen Krug als Diebesgut nichts mehr hat. Wer im Ergebnis § 244 I Nr. 1 a StGB bejaht, kann hierauf § 248 a StGB nicht anwenden (s. zum Fall eines zusammengeklappten Taschenmessers Kühl, HRR, 116).

2. T ist, um zu stehlen, in Abwesenheit der Wohnungsinhaberin O in deren Wohnung eingedrungen, hat dort Schmuckstücke in seiner Aktentasche verstaut und will soeben die Wohnung mit der Beute verlassen, als O zurückkehrt. T versteckt sich hinter einer Tür und schlägt O mit einem 30 cm langen Holzknüppel, den er nach seiner unwiderlegten Einlassung stets als »Pannenhilfe« in seiner Aktentasche bei sich zu führen pflegt, mehrfach auf den Kopf, bis sie zu Boden geht. An-

schließend verläßt T fluchtartig die Wohnung. O hatte T überhaupt nicht wahrgenommen (BGHSt 26, 95). – Zur Lösung dieses Falles (ohne Holzknüppel) s. zunächst das Beispiel 1 des 26. Problems. Bejaht man mit BGHSt 26, 95 § 252 StGB, führt das zur Anwendung des § 250 II Nr. 1 StGB, da T mit dem Knüppel in einer eine konkrete Leibes- und wohl auch Lebensgefahr (daher ist auch an § 250 II Nr. 3 b StGB zu denken) auslösenden Weise zuschlägt und damit unbestreitbar ein gefährliches Werkzeug verwendet (s. BGH StV 1999, 91). Mit derselben Begründung ist auch § 224 I Nr. 2 StGB zu bejahen. Kommt es wie hier zur Verwendung, tritt § 250 I Nr. 1 a StGB – falls man ihn für gegeben hält – hinter der schwereren Qualifikation des § 250 II Nr. 1 StGB zurück. – Verneint man § 252 StGB, kann auf §§ 249, 250 StGB nicht zurückgegriffen werden, da die eingesetzte Gewalt nicht der Erlangung, sondern der Verteidigung der Beute dient. Auch scheiden §§ 255, 250 StGB aus. (s. Wessels-Hillenkamp, Rn. 379). Übrig bleibt dann § 244 I Nr. 3 StGB. Da die Phase zwischen Vollendung und Beendigung nach heute schon überwiegender Auffassung für eine Qualifikation nicht mehr taugt (s. Wessels-Hillenkamp, Rn. 256), ist fraglich, ob § 244 I Nr. 1 a StGB hinzutritt. Das wäre nur dann der Fall, wenn T bis zur Vollendung des Diebstahls ein gefährliches Werkzeug bei sich führte. Ein 30 cm langer Holzknüppel läßt sich als objektiv gefährlich bezeichnen und muß angesichts einer objektiv nicht ablesbaren Zweckbestimmung auch nicht zweckentfremdet werden, wenn er als Schlaginstrument benutzt wird. Zudem drängt sich im Hinblick auf die offenkundige, wenn auch nicht widerlegte Schutzbehauptung, der Knüppel diene nur der »Pannenhilfe«, der sich später dann auch bestätigende Verdacht einer Einsatzbereitschaft massiv auf. Die Theorie vom Verwendungsvorbehalt begnügt sich mit einem solchen Verdacht – anders als die Verdachtstheorie – aber nicht. Läßt sich die für den »Notfall« bestehende Einsatzbereitschaft nicht erweisen, ist die »Pannenhilfe« kein gefährliches Werkzeug. Mit der Widmungstheorie kommt man nur dann zur gegenteiligen, mit den objektiven Theorien übereinstimmenden Auffassung, wenn man mit dem Wort »Pannenhilfe« die generelle Widmung verbindet, den Knüppel irgendwann einmal auch bei einer »Panne«, wie sie T nun erlebt, zu benutzen, ohne daß dies für die konkrete Tat geplant war. – Daß der Knüppel schon eine »Waffe« ist und es deshalb auf den Streit nicht ankommt, wird man deshalb nicht sagen können, weil er – anders als ein professioneller Schlagstock – die Voraussetzungen einer technischen Waffe nicht erfüllt.

– **Wandelt** man den Fall so **ab**, daß T schon beim Einpacken der Beute von O überrascht wird und sie überwältigt, ohne den mitgeführten (daß das Beisichführen in der Aktentasche reicht, gilt hier mit der gleichen Begründung wie zum Rucksack im Beispiel 1) Holzknüppel zu benutzen, dient die Gewalt noch der Gewahrsamsbegründung. Dann ist die hier erörterte Frage ohne inhaltliche Differenz für die §§ 249, 250 I Nr. 1 a StGB zu erörtern.

26. Problem (§ 252 StGB)
Ist auf frischer Tat »betroffen«, wer durch die Gewaltanwendung dem Bemerktwerden zuvorkommt?

Beispiel:

T ist, um zu stehlen, in Abwesenheit der Wohnungsinhaberin O in deren Wohnung eingedrungen, hat dort Schmucksachen in seiner Aktentasche verstaut und will soeben die Wohnung mit der Beute verlassen, als O zurückkehrt. T versteckt sich hinter einer Tür und schlägt O hinterrücks zu Boden. Anschließend verläßt T fluchtartig die Wohnung. O hatte T überhaupt nicht wahrgenommen (BGHSt 26, 95). Ist T nach § 252 StGB strafbar?

Ausgangspunkt:

Dem Räuber wird in § 252 StGB der Dieb gleichgestellt, der Raubmittel einsetzt, um sich im Besitz des von ihm gestohlenen Gutes zu erhalten. Einengend ist verlangt, daß der Täter bei seinem Diebstahl auf frischer Tat »betroffen« wird. Darunter fällt eindeutig der Fall, daß der Täter beim Stehlen mit den Sinnen wahrgenommen, also gesehen, gehört oder im Dunkeln ertastet wird. Kommt er solcher Wahrnehmung durch Gewaltanwendung zuvor, ist das im Unrechtsgehalt zwar annähernd gleich, vom Wortlaut aber nicht mehr eindeutig gedeckt. Subsumiert man das bloße raum-zeitliche Zusammentreffen vor jeder Wahrnehmung schon unter das Wort »betreffen«, muß man sich deshalb fragen, ob man damit noch erlaubte extensive Auslegung oder ob man nicht schon verbotene Analogie betreibt.

I. (hier sog.) **Wahrnehmungstheorie**

Auf frischer Tat betroffen ist nur, wer bei einem Diebstahl (als Dieb) wahrgenommen bzw. bemerkt wird.

Vertreten von:

Bockelmann I, § 8 VII 2; Dreher, MDR 1976, 529; Geppert, Jura 1990, 556 f.; Hohmann-Sander I, § 7 Rn. 9; Joecks, § 252 Rn. 5; Krey, ZStW 101 (1989), 849; Schmidhäuser, 8/58; Schnarr, JR 1979, 314; Schroth, 143; Seelmann, JuS 1986, 206; Seier, JuS 1979, 338. **Abschwächend** – subjektive Verdachtsbildung des Betreffenden ist nicht erforderlich –: Mitsch II/1, § 4 Rn. 32; ders., JA 1997, 659; Maurach-Schroeder-Maiwald I, § 35 Rn. 41; MK-Sander, § 252 Rn. 9, 11; Wessels-Hillenkamp, Rn. 368; Zöller, JuS 1997, L 91 f.; bei gleichem Ausgangspunkt will Küper, 96 kein dem Einsatz des Nötigungsmittels notwendig zeitlich vorausgehendes Betreffen verlangen, sondern ein Wahrnehmen im Augenblick der Gewaltanwendung oder Drohung ausreichen lassen. Vor Entstehung des Streites und deshalb noch ohne Stellungnahme zur Gegenmeinung haben unter »betreffen« wahrnehmen (i. S. v. sehen, hören, beobachten, entdecken etc.) verstanden: LK-Baldus, § 252 Rn. 7; Maurach, § 29 II 1; Welzel, § 49 III; RGSt 73, 346; BGHSt 9, 257; 16, 277; BGH JZ 1951, 376; BGH GA 1968, 304.

1. Argument
Auf frischer Tat »betroffen« ist nach dem Sinn dieses Wortes nur, wer wahrgenommen bzw. bemerkt wird. Wer sich über diese Wortsinnschranke durch Einbeziehung eines (noch) nicht wahrgenommenen Täters in den Kreis der Betroffenen hinwegsetzt, verstößt durch Analogie zuungunsten des Täters gegen § 1 StGB und Art. 103 II GG.

2. Argument
Wer der Wahrnehmung durch einen Dritten durch Gewaltanwendung zuvorkommt, wird nicht betroffen, sondern verhindert gerade das Betroffenwerden.

3. Argument
Ein raumzeitliches Zusammentreffen ist im Augenblick des Einsatzes des Nötigungsmittels der Regelfall. Ließe man es ausreichen, läge so gut wie in jedem Fall ein Betreffen vor. Diese Voraussetzung muß daher nach der Tatbestandsstruktur eine eigenständige Bedeutung haben, die dann aber nur in einem Bemerken bzw. Wahrnehmen vor dem Einsatz der Nötigungsmittel liegen kann.

4. Argument
Wer unter Verbiegung des Wortlauts jeden einem Räuber gleichgefährlichen Täter lückenlos mit dem Raubstrafrahmen erfassen will, verkennt den notwendig und sinnvollerweise fragmentarischen Charakter des Strafrechts.

5. Argument
Die Gegenansicht läuft darauf hinaus, das einengende Merkmal »betroffen« aus dem Tatbestand des § 252 StGB zu eliminieren und § 252 StGB so dem § 249 StGB mit seinem weiten Gewaltbegriff anzugleichen. Sie müßte folgerichtig aus § 252 StGB bestrafen, wenn der Dieb zur Sicherung der Flucht lediglich die Schlafzimmertür seines schlafenden Diebstahlsopfers verriegelt: Ein Ergebnis, das – weil der Dieb vom Schlafenden weder betroffen ist noch betroffen zu werden aktuell befürchten muß – mit § 252 StGB nicht in Einklang zu bringen ist.

6. Argument
Die in der Sache zum Teil nicht unberechtigten Einwände der Gegenmeinung scheitern zwar am Gesetzeswortlaut. Man sollte ihnen aber insoweit nachgeben, als mehr als ein Wahrnehmen nicht zu verlangen ist. Verdachtsbildung ist Voraussetzung eines prozessualen Handelns pro magistratu (§ 127 StPO), nicht aber Bedingung dafür, daß sich der Täter als einem Räuber gleich gefährlich erweist.

II. (hier sog.) **Objektive Theorie**

Auf frischer Tat betroffen wird auch, wer dem Bemerktwerden durch Gewaltanwendung zuvorkommt.

Vertreten von:

Blei, § 58 III 1; ders., PdW I, Nr. 317; ders., JA 1975, 522 (vgl. auch JA 1975, 806; JA 1976, 525); Geilen, Jura 1980, 43; Gössel II, 243 f.; ders., 102; Hauf I, 64; Krey-Hellmann, Rn. 211; Kühl, HR, 142; Lackner-Kühl, § 252 Rn. 4; LK-Herdegen, § 252 Rn. 12; Martin in: LM § 252 n. F. Nr. 1; Perron, GA 1989, 163; Rengier I, § 10 Rn. 6; Schmidt-Priebe II, 153; Schönke-Schröder-Eser, § 252 Rn. 4; Schünemann,

JA 1980, 398; SK-Günther, § 252 Rn. 13; Tröndle-Fischer, § 252 Rn. 6; Wessels II, Rn. 357; BGHSt 26, 95 ff.; krit. BGHSt 28, 227 f.; dazu Dreher, MDR 1979, 532 f.; Geilen, Jura 1979, 670; **einschr.** Fezer, JZ 1975, 609 ff.: Wahrnehmung muß mit Sicherheit bevorstehen; ebenso Kindhäuser II, § 16 Rn. 7; ders., LPK, § 252 Rn. 7; NK-Kindhäuser, § 252 Rn. 14 f.; Otto, § 46 Rn. 55; nur möglicherweise bevorstehendes Bemerken reicht Arzt-Weber, § 17 Rn. 19.

1. Argument
Die Worte »auf frischer Tat betroffen« meinen lediglich ein raumzeitliches Zusammentreffen einer Person mit dem Dieb, sei es nun bewußt oder unbewußt, geplant oder zufällig. Betreffen kann den Dieb dem Wortsinne nach auch, wem die Anwesenheit des Diebes gar nicht bewußt wird. Daß dem so ist, zeigt auch das Wort »betroffen«, denn überrascht, unangenehm berührt und damit betroffen kann jemand auch sein, ohne daß der die Betroffenheit Auslösende von dieser Wirkung weiß.

2. Argument
Auch ein bis dahin ahnungsloses Opfer, das hinterrücks niedergeschlagen wird, nimmt in diesem Moment den Täter durchaus sinnlich wahr. Es hört und sieht ihn zwar nicht, spürt seine Anwesenheit aber schmerzlich.

3. Argument
Nur eine weite Interpretation des Wortes »betreffen« i. S. eines zeitlichen und örtlichen Zusammentreffens kann sicherstellen, daß jede Gewaltanwendung oder Bedrohung, die in ursächlichem Zusammenhang mit der Vollendung oder Ausnutzung bzw. Sicherung des soeben vollendeten Diebstahls steht, nahtlos als Raub oder räuberischer Diebstahl mit dessen dem Raub entsprechenden gesetzlichen Folgen zu erfassen ist.

4. Argument
Es liegt nahe, daß der Dieb, der unmittelbar nach Vollendung des Diebstahls Gewalt gegen eine Person anwendet, dies auch getan hätte, wenn er vor Vollendung des Diebstahls betroffen worden wäre. In dieser sich offenbarenden gleichen Gefährlichkeit liegt der Grund, den Dieb dem Räuber gleich zu bestrafen. Für diesen Strafschärfungsgrund ist allein der Zusammenhang mit der Tat, nicht irgendeine Wahrnehmung des Opfers ausschlaggebend.

5. Argument
Wendet der Täter Gewalt an, bevor der Diebstahl vollendet ist, sind die §§ 249 ff. StGB, wendet er sie an, nachdem der Diebstahl gerade vollendet und der Täter bemerkt ist, über § 252 StGB ebenfalls die §§ 250, 251 StGB anwendbar. Es wäre unbillig und wenig einleuchtend, den Täter nur deshalb nicht als oder gleich einem Räuber zu bestrafen, weil er dem (sicheren) Bemerktwerden durch schnelles Zuschlagen zuvorkommt.

Beispiele:

1. Im Ausgangsfall (s. dazu auch Wessels-Hillenkamp, Rn. 360, 379) hat T mit dem Einstecken der leichttransportablen Schmuckstücke in seine Aktentasche einen vollendeten Diebstahl begangen (s. Seelmann, JuS 1986, 206). Da er sich noch im generellen Gewahrsamsbereich der O befindet, ist sein Gewahrsam allerdings noch nicht endgültig gesichert, der Diebstahl noch nicht beendet. Bejaht man

beim Einsatz von Raubmitteln im Stadium zwischen Vollendung und Beendigung des Diebstahls noch Raub (so Dreher, MDR 1976, 529 ff., MDR 1979, 529 ff.), bietet der Fall keine Probleme, da § 249 StGB nach einhelliger Meinung nicht voraussetzt, daß das Raubopfer den Räuber vor der Gewaltanwendung bemerkt. Teilt man dagegen die h. A., daß nach Vollendung des Diebstahls nicht § 249 StGB, sondern § 252 StGB eingreift, kommt es auf die Entscheidung des hier behandelten Problems an: Nach der Wahrnehmungstheorie ist § 252 StGB selbst dann unanwendbar, wenn man keine Verdachtsbildung verlangt oder die Wahrnehmung im Zeitpunkt der Gewaltanwendung ausreichen läßt. Nach der objektiven Theorie ist T nach § 252 StGB zu bestrafen. Das dürfte hier auch dann gelten, wenn einschränkend ein unmittelbar bevorstehendes Wahrgenommenwerden vorausgesetzt wird. Die Forderung, daß es »in jedem Falle zu einer Wahrnehmung des Betreffenden durch den Täter gekommen sein muß« (Hauf I, 64), ist ebenfalls erfüllt (s. zur Lösung, wenn das Niederschlagen der O mit einem Holzknüppel geschieht, Beispiel 2 des 25. Problems).

2. T hat sich im Keller des O einen Zentner Kartoffeln auf die Schultern geladen, um ihn zu stehlen und will gerade zur Kellertür hinaus, als O die Treppe herunterkommt. O hat verdächtige Geräusche im Keller gehört und will nachsehen, wird aber dann – bevor er T sieht – von diesem mit einem Knüppel hinterrücks niedergeschlagen. T entfernt sich mit dem Kartoffelsack. – Daß O den T nicht gesehen hat, hindert auch nach der strengeren Wahrnehmungstheorie die Anwendung von § 252 StGB nicht, weil für Wahrnehmung auch das Hören ausreicht. Folglich läge nach beiden Theorien § 252 StGB (eventuell mit § 250 II Nr. 1 StGB) vor. Da sich T aber mit dem schwer beweglichen Kartoffelsack noch im generellen Gewahrsamsbereich O's befand, als dieser hinzukam, dürfte der Diebstahl noch nicht vollendet gewesen sein (s. Schönke-Schröder-Eser, § 242 Rn. 39) und deshalb Raub – bei dem es auf die Frage der Wahrnehmung nicht ankommt – vorliegen.

27. Problem (§ 303 StGB)
Genügt für § 303 StGB eine ohne Substanzverletzung bewirkte, den Interessen, dem Gestaltungs- oder dem Sachherrschaftswillen des Eigentümers zuwiderlaufende belangreiche Veränderung der äußeren Erscheinung einer Sache?

Beispiel:

T klebt unbefugt ein 40 × 60 cm großes buntes Plakat an einen Verteilerkasten der Deutschen Bundespost (BGHSt 29, 129). Hat T eine Sachbeschädigung begangen, wenn sich das Plakat ohne Beeinträchtigung der Substanz des Verteilerkastens entfernen läßt?

Ausgangspunkt:

Ein Rückblick auf das 20. Problem zeigt, daß man darüber streiten kann, ob der Eigentümer durch den Diebstahlstatbestand gegen eine Zueignung nur der Sachsubstanz, gegen die Zueignung auch wesentlicher, den Sachwert konstituierender Funktionen oder sogar gegen ein dem Täter irgendwie gewinnbringendes eigennütziges Umgehen mit der Sache geschützt ist. Auch die Sachbeschädigung schützt das Eigentum. Deshalb überrascht es nicht, daß – wie über den Gegenstand der Zueignung – hier über den Gegenstand der Beschädigung und damit den Umfang des durch § 303 StGB gewährten Schutzes gestritten wird.

I. (hier sog.) **Substanzverletzungstheorie**

Unter Beschädigung einer Sache fällt nur eine Einwirkung, die die Substanz der Sache verletzt und damit ihre stoffliche Unversehrtheit aufhebt.

Vertreten von:

Gutmann, Die Sachbeschädigung, Diss. Bonn (1976), 57 ff.; v. Hippel, Lehrbuch des Strafrechts (1932), 249; v. Liszt, Lehrbuch des Deutschen Strafrechts (20. Aufl. 1914), 457 f.; RGSt 13, 27 (dem Worte nach auch OLG Köln StV 1995, 592); später wurde dieser enge Ausgangspunkt vom RG zugunsten einer funktionsorientierten Betrachtung erweitert, wenngleich einzelne Entscheidungen weiterhin eine enge Sicht einnehmen, s. RGSt 32, 165, 190 f.; 39, 328; Ansätze zur Wiederbelebung dieser Theorie finden sich bei Kargl, JZ 1997, 283, 289 ff.; dagegen Walter, Jura 2002, 418; s. auch Arzt-Weber, § 12 Rn. 24–26; Baier, JuS 2004, 59.

1. Argument
Der Wortlaut »beschädigt« spricht für die Notwendigkeit einer Substanzverletzung.

2. Argument
Eine ausdehnende Auslegung des Merkmals »beschädigt« wird durch die Entstehungsgeschichte des § 303 StGB nicht nahegelegt. Die weitergehende Bestimmung des badischen Strafgesetzes, die neben dem Beschädigen als weitere Alternative das auf andere Weise Wertlosmachen der Sache für den Eigentümer enthielt, wurde nicht ins RStGB übernommen.

II. (hier sog.) **Kombinierte Substanzverletzungs- und Funktionsvereitelungstheorie**

Eine Sachbeschädigung setzt eine nicht unerhebliche Verletzung der Substanz der Sache oder die Vereitelung einer ihrer wesentlichen Funktionen, die nicht unerhebliche Beeinträchtigung des Gebrauchs der Sache zu ihren Zwecken voraus. Eine bloß den Interessen, dem Gestaltungs- oder dem Sachherrschaftswillen des Eigentümers zuwiderlaufende Veränderung des äußeren Erscheinungsbildes stellt, auch wenn sie belangreich ist, keine Sachbeschädigung dar.

Vertreten von:

Behm, StV 1982, 596; ders., Sachbeschädigung und Verunstaltung (1984), 173 ff.; ders., JR 1988, 360; ders., StV 1999, 569 ff.; Blei, § 59 II 2; Bottke, JA 1980, 541; Eisele, JA 2000, 102; Hauf I, 77; Hohmann-Sander I, § 10 Rn. 11; Ingelfinger, Graffiti und Sachbeschädigung (2003), 31 ff.; Joecks, § 303 Rn. 8; Katzer, Das unbefugte Plakatieren als Auslegungsproblem der Sachbeschädigung (§ 303 StGB), Diss. Frankfurt a. M. (1982), 112 ff.; ders., NJW 1981, 2036; LK-Wolff, § 303 Rn. 7; Löhnig, JA 1998, 185; Mitsch II/1, § 5 Rn. 23; Rengier I, § 24 Rn. 14; ders., BGH-Festschr. IV (2000), 470; Seelmann, JuS 1985, 199; Thoss, NJW 1978, 1612; ders., SchwZStr 1983, 215; Tiedemann, 129; Tröndle-Fischer, § 303 Rn. 6 a; BayObLG StV 1997, 80; StV 1999, 543; BGHSt 29, 129; BGH NJW 1980, 602; BGH NStZ 1982, 508; OLG Celle NStZ

1981, 223; OLG Düsseldorf NJW 1982, 1167; NJW 1999, 1199; OLG Frankfurt NJW 1987, 389; NJW 1990, 2007; 2008; HansOLG Hamburg NJW 1982, 395; NStZ-RR 1999, 209; OLG Karlsruhe StV 1999, 544; KG NJW 1999, 1200; OLG Oldenburg NJW 1983, 57; LG Bremen NJW 1983, 56; LG Itzehoe StV 1997, 532; LG München II NStE Nr. 1 zu § 304; nahest., auf die Umstände des Einzelfalls abstellend Haft, 262; Wessels-Hillenkamp, Rn. 20 ff.; für eine Erweiterung der engen Substanzverletzungstheorie unter maßgeblicher Berücksichtigung der Gebrauchsbeeinträchtigung der Sache RGSt 20, 182; 353; 31, 329; 33, 177; 55, 169; 65, 354; 74, 13; RG R 9, 171; RG Recht 1907, Nr. 392; daran anknüpfend BGHSt 13, 207.

1. Argument
Hielte man eine dem Gestaltungswillen des Eigentümers zuwiderlaufende Zustandsveränderung der Sache bereits für tatbestandsmäßig, würde man sich in unzulässiger Weise vom Wortsinn des Merkmals »beschädigt« entfernen und zudem Handlungen mit einbeziehen, die den für Kriminalunrecht erforderlichen Schweregrad nicht aufweisen.

2. Argument
Die Zustandsveränderungstheorie ebnet die vom Gesetz selbst getroffene Unterscheidung zwischen Verunstaltung (§ 134 StGB) und Beschädigung (§ 303 StGB) ein.

3. Argument
Mit der Zustandsveränderung mittelbar verbundene Nachteile des Eigentümers, wie etwa Gefahren für seinen Ruf, betreffen nicht den Schutzzweck des § 303 StGB. Schutz vor etwaigen Beeinträchtigungen von Allgemeininteressen ist Sache des Polizei- und Ordnungsrechts.

4. Argument
Für eine weite Auslegung des § 303 StGB besteht kein Bedürfnis, weil die praktisch wichtigsten Fälle des unbefugten Plakatierens häufig als Ordnungswidrigkeit geahndet werden können. Dies ist das adäquatere Mittel gegenüber dem Einsatz des Strafrechts.

5. Argument
Die Gesetzesvorschläge, die §§ 303, 304 StGB zur Bekämpfung des »Graffiti-Unwesens« nach dem Vorbild des § 249 E 1962 um das Merkmal des »Verunstaltens« erweitern wollen, zeigen deutlich, daß die Zustandsveränderungstheorie im geltenden Recht nicht verankert ist.

III. (hier sog.) **Zustandsveränderungstheorie**

Eine Sachbeschädigung ist jede nicht unerhebliche, den Interessen, dem Gestaltungs- oder dem Sachherrschaftswillen des Eigentümers zuwiderlaufende Zustandsveränderung der Sache. Zu einer Substanzverletzung oder zu einer Beeinträchtigung der Funktionen der Sache muß es nicht kommen.

Vertreten von:

Blei, PdW I, Nr. 324; Dölling, NJW 1981, 207; ders., JR 1984, 37; Gössel II, 19 ff.; ders., 42; ders., JR 1980, 184, der auf einen Widerspruch zum Sachherrschaftswillen des Eigentümers abstellt; Haas, JuS 1978, 14; Kindhäuser II, § 20 Rn. 14; ders., LPK, § 303 Rn. 6, 12; Maiwald, JZ 1980, 256; Maurach-Schroeder-Maiwald I, § 36 Rn. 11; Mersson, NZM 1999, 447; Mommsen, JR 2000, 174 f.; Otto, § 47 Rn. 9; ders., JZ 1985, 21, 28; ders., Jura 1989, 200, 208 beschränkt auf ein »vernünftiges Interesse« des Eigentümers; ders., JK 00, StGB § 303/3; Preisendanz, § 304, Bem. 2; Rudolphi, Jura 1980, 258; Schmidhäuser, 8/8; Schmidt-Priebe II, 312 f.; Schönke-Schröder-Stree, § 303 Rn. 8 c; Schroeder, JR 1976, 338 beschränkt auf ein berechtigtes Interesse des Eigentümers; ders., JZ 1978, 72; ders., JR 1987, 359; ders., JR 1988, 363; SK-Hoyer, § 303 Rn. 9 ff.; Weber, Meurer-Gedächtnisschr. (2002), 286; HansOLG Bremen MDR 1976, 773; OLG Celle MDR 1978, 507; OLG Düsseldorf, MDR 1979, 74; HansOLG Hamburg MDR 1976, 774; NJW 1979, 1614; OLG Karlsruhe NJW 1978, 1636; OLG Oldenburg JZ 1978, 70; OLG Schleswig OLGSt § 303 StGB, 7; SchlHA 1977, 179; nahest. Scheffler, NStZ 2001, 292; Schmid, NJW 1979, 1580, der nur den Gestaltungswillen eines »vernünftigen Sachherrn« berücksichtigt und aus dessen Sicht eine Wertminderung verlangt; enger OLG Karlsruhe MDR 1977, 774; JZ 1978, 72; OLG Köln OLGSt § 303 StGB, 19, die als Zweckbestimmung der Sache deren »eigene Ansehnlichkeit« verlangen; für eine weite, aber an der Zweckbestimmung der Sache orientierte Sicht HansOLG Hamburg JR 1976, 337; ebenfalls für eine weite Sicht, auf eine belangreiche Veränderung der äußeren Erscheinung abstellend RGSt 43, 204; RG HRR 1933, 350; in der Formulierung ebenfalls weit, obwohl es in der Sache um Substanzverletzungen ging, RGSt 64, 250; 66, 203; i. E. für einen weiten Beschädigungsbegriff auch Krey-Hellmann, Rn. 239 ff., der generell die Ansehnlichkeit einer Sache bis zur Grenze der Schutzunwürdigkeit (Rn. 247) vor Verunstaltungen schützen will.

1. Argument
Der Eigentümer hat ein berechtigtes Schutzinteresse gegenüber jeglichen erheblichen Veränderungen der Sache. Dies zeigt auch das Zivilrecht, das den Schutz des Eigentums auf das Recht der Bestimmung des Sachzustands erstreckt.

2. Argument
»Beschädigen« setzt einen Schaden voraus. Eine nicht unerhebliche Zustandsveränderung stellt aber eine Schädigung dar, weil sie gegen das Bestimmungsrecht des Eigentümers nach § 903 BGB verstößt.

3. Argument
Hinter dem Interesse des Eigentümers an der Beibehaltung des bisherigen Zustands einer Sache stehen schutzwürdige materielle Interessen. So kann eine Zustandsbeeinträchtigung den Eigentümer polizeipflichtig machen, seine soziale Geltung oder auch sein Lebensgefühl beeinträchtigen.

4. Argument
Der Wortsinn des Merkmals »beschädigt« steht einer solchen Auslegung nicht entgegen, denn dieser ist blaß, so daß eine teleologische Auslegung entscheidend sein muß.

5. Argument
Die enge Auffassung, die neben einer Substanzverletzung lediglich eine Beeinträchtigung der Funktion der Sache für die Sachbeschädigung genügen läßt, führt zu ungerechtfertigten Strafbarkeitslücken, die mit dem umfassenden Schutzanliegen des § 303 StGB nicht zu vereinbaren sind.

6. Argument
Für die Einordnung der Erscheinungsveränderung als Sachbeschädigung spricht der Schutzzweck des § 303 StGB, der durch Einwirkung bewirkte Wertminderungen der Sache verhindern will. Eine Verunstaltung kann aber den Wert einer Sache stärker beeinträchtigen als manche Substanzverletzung.

Beispiele:

1. Im Ausgangsfall (s. dazu auch Kühl, HRR, 196) hat T nach der früher vereinzelt und heute kaum mehr vertretenen Substanzverletzungstheorie keine Sachbeschädigung begangen, da der Verteilerkasten in seiner stofflichen Beschaffenheit unversehrt geblieben ist. Auch mit dem späteren Entfernen war keine Verletzung der Substanz des Verteilerkastens verbunden (ist dies der Fall, so soll eine Sachbeschädigung durch Substanzverletzung vorliegen, s. dazu OLG Celle NStZ 1981, 223; OLG Düsseldorf NJW 1982, 1167; OLG Köln StV 1995, 592; krit. zur Konstruktion einer Substanzverletzung durch spätere Beseitigungshandlungen Maiwald, JZ 1980, 256; s. hierzu Wessels-Hillenkamp, Rn. 28; zu den Folgen in Graffiti-Fällen Rn. 10, 34 m. w. N.). Nach der kombinierten Substanzverletzungs- und Funktionsvereitelungstheorie liegt ebenfalls keine Sachbeschädigung vor, weil die Funktion eines Verteilerkastens eine rein technische ist und durch Plakatieren nicht beeinträchtigt wird (BGHSt 29, 129). Nach der Zustandsveränderungstheorie hingegen ist T aus § 303 StGB zu bestrafen, da die Plakatierung dem Gestaltungs- und Sachherrschaftswillen des Eigentümers sowie vernünftigen und berechtigten Interessen der Bundespost zuwiderlief. Sie beabsichtigte durch die unauffällige Gestaltung nämlich, daß die Verteilerkästen das Straßenbild möglichst wenig stören.

2. T beschmiert die weiße Marmorbüste eines Denkmals mit roter Farbe, die sich ohne Rückstände wieder entfernen läßt (vgl. RGSt 43, 204). – Nach der Substanzverletzungstheorie müßte mangels substantieller Veränderung des Marmors eine Sachbeschädigung (hier ein Fall des § 304 StGB, hinter dem § 303 StGB im Wege der Spezialität zurücktritt; vgl. Lackner-Kühl, § 304 Rn. 7) abgelehnt werden. Nach der kombinierten Substanzverletzungs- und Funktionsvereitelungstheorie kann eine Sachbeschädigung bejaht werden, wenn man auf die ästhetische Funktion des Denkmals abhebt (so i. E. auch das RG a. a. O.). Denn ein Denkmal hat – wie auch ein sonstiges Kunstwerk – die Funktion, durch seine äußere Erscheinung auf den Betrachter zu wirken. Eine Beeinträchtigung dieser Erscheinung stellt daher eine Beeinträchtigung der Funktion dar (s. BGHSt 29, 129). Nach der Zustandsveränderungstheorie ist ebenfalls die Beschädigung einer Sache zu bejahen. Für einige Vertreter der beiden zuletzt genannten Theorien ist freilich die Tatsache, daß sich die Farbe mühelos und ohne Rückstände beseitigen läßt, ein Grund, Sachbeschädigung zu verneinen.

3. T überklebte im Wahlkampf ein Plakat der CDU mit einem solchen der kommunistischen Partei. Dieses konnte kurze Zeit später von einem Polizeibeamten ohne Beschädigung des Plakats der CDU entfernt werden (vgl. HansOLG Hamburg NJW 1982, 395). – Nach der Substanzverletzungstheorie kann T nicht wegen Sachbeschädigung bestraft werden, da die stoffliche Beschaffenheit des CDU-Plakats nicht verletzt wurde. Nach der kombinierten Substanzverletzungs- und Funktionsvereitelungstheorie ist dagegen eine Bestrafung möglich, wenn man auf die Vereitelung der Werbefunktion des Plakats abstellt (so das HansOLG Hamburg a. a. O.; s. auch Otto, Übungen, 10 und Wilhelm, JuS 1996, 424). Auch nach der Zustandsveränderungstheorie läßt sich eine Sachbeschädigung bejahen, da das Ge-

staltungsrecht der CDU sowie deren berechtigte Interessen beeinträchtigt wurden. Erforderlich ist aber nach beiden Theorien eine nicht unerhebliche Beeinträchtigung der Funktion oder des Zustands der Sache. Das HansOLG Hamburg hatte trotz der geringen Zeit, während derer das CDU-Plakat verdeckt war, keine Bedenken, eine vollendete Sachbeschädigung zu bejahen (krit. hierzu Maiwald, JR 1982, 298 und Wilhelm a. a. O.).

4. T schüttet aus Protest Bier auf das Diensthemd eines Polizeibeamten. Wegen des starken Biergeruchs muß das Diensthemd gewaschen werden. Flecken bleiben nicht zurück (OLG Frankfurt NJW 1987, 389). – Nach der Substanzverletzungstheorie kann T nicht aus § 303 StGB bestraft werden, da das Hemd weder durch das Beschütten noch durch das spätere Waschen in seiner Substanz verletzt worden ist. Nach der kombinierten Substanzverletzungs- und Funktionsvereitelungstheorie dagegen kann man eine Sachbeschädigung bejahen, wenn man eine durch den starken Biergeruch hervorgerufene nicht unerhebliche Beeinträchtigung des Hemdes in seiner Funktion als dienstliches Kleidungsstück annimmt (so OLG Frankfurt a. a. O. m. zust. Anm. Stree, JuS 1988, 187). Die Zustandsveränderungstheorie kommt ebenfalls zu einer Bestrafung aus § 303 StGB (s. zum Streitstand zsfsd. Küper, 240 ff.).

B. Straftaten gegen das Vermögen

28. Problem (§ 263 StGB)

Täuscht, wer eine erst nach Vertragsschluß eintretende Leistungsunfähigkeit dem vorleistungspflichtigen Vertragspartner bei Entgegennahme der Leistung verschweigt?

Beispiel:

T steigt am Montag im Hotel des O in Baden-Baden ab und mietet dort ein Zimmer mit Frühstück bis zum folgenden Freitag. Bei Vertragsschluß ist T zahlungsfähig und zahlungswillig. Am folgenden Tag verliert T sein gesamtes Geld im Spielkasino. Obwohl er weiß, daß er die Hotelrechnung nicht mehr bezahlen kann, nimmt er die vereinbarten Hotelleistungen bis zum Freitag in Anspruch. Als O ihm die Rechnung vorlegt, kann T nicht bezahlen (vgl. OLG Hamburg NJW 1969, 335; Tiedemann, 134). Hat er sich gem. § 263 StGB strafbar gemacht?

Ausgangspunkt:

Betrug ist nach h. L. durch positives Tun wie durch Unterlassen begehbar. Ist man im Zweifel, was von beidem vorliegt, ist zunächst gründlich abzuklären, ob positives Tun gegeben ist und dabei zu bedenken, daß Täuschen auch in konkludentem Verhalten liegen kann (Beispiele: BGH NJW 1998, 767; Rengier, JuS 2000, 644). Genaue Prüfung schützt nicht nur vor einer sachlich falschen Entscheidung, sondern auch vor u. U. überflüssigem Einstieg in komplizierte Fragen. Hat man es nämlich nur mit Unterlassen zu tun, muß man Einwände gegen die Möglichkeit eines Betruges durch Unterlassen überwinden, vor allem aber schwierige Aufbau- (s. dazu Samson II, 142 ff.) und Sachfragen namentlich zur das Garantenproblem hier umschreibenden Aufklärungspflicht entscheiden. Daß man schon über den Anknüpfungspunkt streiten kann und bei einer Entscheidung für Unterlassen dann über die Garantenpflicht weiterstreiten muß, zeigt das hier erörterte Problem.

I. (hier sog.) **Begehungstheorie**

Wer nach Vertragsschluß trotz eingetretener Leistungsunfähigkeit Vorleistungen des Vertragspartners entgegennimmt, täuscht diesen durch positives Tun über den Fortbestand seiner Leistungsfähigkeit.

Vertreten von:

G. E. Hirsch, NJW 1969, 853; Lackner-Maassen (7. Aufl. 1972), § 263 Bem. 4 b, aa; Maurach-Schroeder-Maiwald I, § 41 Rn. 42; vgl. auch BGH GA 1972, 209; OLG Zweibrücken NJW 1983, 694 m. Bspr. Seier, JA 1983, 337; nahest. Bockelmann, NJW 1961, 1935, wenn er für Täuschung lediglich bewußte Verursachung eines Irrtums verlangt, s. aber unten IV.

1. Argument
Nach der Verkehrsanschauung hat die Annahme einer aufgrund eines bestehenden Vertrages angebotenen Leistung einen spezifischen Erklärungswert: Der Annehmende verschweigt nicht nur seine Leistungsunfähigkeit bzw. -unwilligkeit, sondern er behauptet konkludent, auch jetzt noch leistungsfähig und -willig zu sein.

2. Argument
Der Regelfall, daß die Leistungsfähigkeit schon bei Vertragsschluß fehlt und hier vorgespiegelt wird, macht das Abstellen auf weitere Täuschungshandlungen durch Annahme, Verzehr der Leistung o. ä. entbehrlich, darf aber nicht verdecken, daß derartige von der ersten Täuschung konsumierte Täuschungshandlungen vorliegen. Auf diese muß zurückgegriffen werden, wenn es an der anfänglichen Täuschung fehlt.

II. (hier sog.) Weite Aufklärungspflichttheorie

Wer nach Vertragsschluß leistungsunfähig wird, ist als Garant verpflichtet, seinen vorleistungspflichtigen Vertragspartner darüber aufzuklären. Tut er es nicht, täuscht er durch Unterlassen.

Vertreten von:

Blei, § 61 II 4 c; Preisendanz, § 263 Bem. II 4 b, bb; RGSt 66, 56; 70, 47; 70, 156; 227; BGHSt 6, 198 (zust. AG Bremerhaven JZ 1967, 371 m. Anm. Naucke).

1. Argument
Treu und Glauben legen jeder Vertragspartei die Rechtspflicht auf, den Vertragspartner über Umstände aufzuklären, die für dessen über den Vertragsschluß hinausgehende weitere Entscheidungen erkennbar von Bedeutung sind.

2. Argument
Es gibt keinen Grund, die mit Rücksicht auf die Verkehrssitte aus Treu und Glauben sich ergebende Rechtspflicht zur Offenbarung bestimmter für ein Vertragsverhältnis wesentlicher Tatsachen auf den Zeitpunkt des Vertragsabschlusses zu beschränken, wo die Tatsache nicht nur für den Vertragsabschluß, sondern auch für die Vertragsabwicklung wesentlich ist; das aber ist bei der Leistungsfähigkeit – wie § 321 BGB zeigt – der Fall.

3. Argument
Eine Offenbarungspflicht ergibt sich nicht nur aus Treu und Glauben, sondern auch aus vorangegangenem Tun, nämlich dem Vertragsschluß, der die Ursache für das Vertrauen des Vertragspartners ist, daß die ursprünglich richtige Vorstellung von der Leistungsfähigkeit des Vertragsgegners auch berechtigt bleibt.

III. (hier sog.) Enge Aufklärungspflichttheorie

Wer seine nachträglich eingetretene Leistungsunfähigkeit bei Entgegennahme der Vorleistung verschweigt, täuscht grundsätzlich weder durch positives Tun noch – mangels Aufklärungspflicht – durch Unterlassen. Eine Aufklärungspflicht kann sich nur aus zu dem Vertragsschluß hinzutretenden besonderen Umständen ergeben.

Vertreten von:

Blei, PdW I, Nr. 340; Braum, JuS 2004, 225; Eser IV, Fall 11 A 35 ff.; Gauger, Die Dogmatik der konkludenten Täuschung (2000), 212 ff.; Gössel II, 340; Hauf I, 86, 88; Hohmann-Sander I, § 11 Rn. 27, 35 ff.; Kelker, Jura 1996, 89 f.; Kindhäuser II, § 27 Rn. 42; ders., LPK, § 263 Rn. 82, 87; ders.: GLW, 291; Krey-Hellmann, Rn. 345, 352 ff.; Küper, 272; Lackner-Kühl, § 263 Rn. 14; LK-Lackner (10. Aufl. 1979), § 263 Rn. 60 ff., 64; LK-Tiedemann, § 263 Rn. 39, 51 ff.; Maaß, Betrug verübt durch Schweigen, 1982, 50 f.; ders., GA 1984, 271; Mitsch II/1, § 7 Rn. 28; NK-Kindhäuser, § 263 Rn. 191, 206; Otto, § 51 Rn. 18 ff.; ders., JZ 1993, 653; Ranft, Jura 1992, 67 f.; Rengier I, § 13 Rn. 9, 12; Samson II, 138 ff., 148; Schmidt-Priebe II, 186, 191; Schröder, JR 1969, 110; Schönke-Schröder-Cramer, § 263 Rn. 17 f., 20, 22 f.; Seelmann, JuS 1982, 269; SK-Samson/Günther, § 263 Rn. 33, 43, 47; Triffterer, JuS 1971, 181 ff.; Tröndle-Fischer, § 263 Rn. 21, 30; Volk, JuS 1981, 882; Welzel, § 54 I 1; Wessels-Hillenkamp, Rn. 499, 506; RG JW 1934, 1052; BGH Dall. MDR 1968, 202;1973, 729 = GA 1974, 284; BGHSt 33, 246; BGH Holtz MDR 1987, 623; OLG Hamburg NJW 1969, 335; OLG Schleswig SchlHA 1973, 184; nahest. Arzt-Weber, § 20 Rn. 44; Joecks, § 263 Rn. 38; Schmidhäuser, 11/34 f.; s. auch OLG Köln NJW 1984, 1979; OLG Hamm NJW 1987, 2245; OLG Stuttgart NJW 1989, 2553.

1. Argument
Eine Täuschung durch konkludentes Verhalten läge nur vor, wenn im rechtsgeschäftlichen Verkehr die Entgegennahme einer geschuldeten Leistung stets als Erklärung verstanden würde, der Leistungsempfänger sei zur Erbringung der Gegenleistung noch willens und imstande. Diese Aussage knüpft die Verkehrsanschauung aber nur an den Vertragsschluß, nicht an die spätere Entgegennahme der zuvor vereinbarten Leistung.

2. Argument
Wollte man mit der weiten Aufklärungspflichttheorie jede beliebige Vertragsbeziehung als Grundlage einer Aufklärungspflicht ausreichen lassen, würde man § 263 StGB zum Büttel gegen schlichte zivilrechtliche Vertragswidrigkeiten degradieren. Dies und die damit verbundene Überdehnung des Betrugstatbestandes läßt sich nur vermeiden, wenn man eine Aufklärungspflicht nur in eng begrenzten Ausnahmesituationen, wie z. B. besonderen Vertrauensverhältnissen, Unerfahrenheit des Vertragspartners o. ä. aus dem Vertrag oder Treu und Glauben herleitet.

3. Argument
In jeder Vorleistung liegt ein gewisses Risiko des Vorleistenden, das er bewußt eingeht. Dieser Risikoverteilung entspricht die Verkehrsanschauung, wenn sie in der Annahme der Vorleistung keine Erklärung des Empfängers über seine Leistungsfähigkeit sieht und ihn zu einer solchen Erklärung auch nicht verpflichtet. Würde man dies tun, würde man faktisch das Risiko der Vorleistung auf den Empfänger überwälzen.

4. Argument
Müßte ein Vertragspartner über jede negative Veränderung der Geschäftslage informiert werden, hätte dies für den Wirtschaftsverkehr untragbare Konsequenzen, da auf Spekulations- und Risikogeschäfte weitgehend verzichtet werden

müßte und Sanierungsmöglichkeiten bei auch nur vorübergehend ungünstiger Geschäftslage weitgehend ausgeschlossen würden.

IV. (hier sog.) **Restriktive Betrugstheorie**

Betrug ist auch bei bestehender Aufklärungspflicht durch Unterlassen in Form »reinen« Schweigens nicht begehbar.

Vertreten von:

Bockelmann I, § 11 II 1 c; ders., Eb.-Schmidt-Festschr. (1961), 444; Herzberg, Die Unterlassung im Strafrecht und das Garantenprinzip (1972), 70 ff., 81; Schünemann, Grund und Grenzen der unechten Unterlassungsdelikte (1971), 369; im Ergebnis übereinst., weil die Möglichkeit eines Betruges durch Unterlassen grundsätzlich (wenn auch aus ganz unterschiedlichen Ansätzen) geleugnet wird: Grünwald, Hellm.-Mayer-Festschr. (1966), 291; Hellm. Mayer, Strafrecht AT (1953), 152; Naucke, Zur Lehre vom strafbaren Betrug (1964), 106 ff., 214.

1. Argument
Wer vom Täter Aufklärung eines bestehenden Irrtums verlangt, verpflichtet ihn zur Erfolgsbeseitigung, und nicht nur – wie es allein zulässig ist – zur Erfolgsverhinderung.

2. Argument
Wer einen ohne sein Zutun – insbesondere ohne bewußte Irreführung – entstandenen Irrtum lediglich ausnutzt, täuscht nicht. Daran kann auch eine etwa bestehende Rechtspflicht, den Irrtum aufzuklären, nichts ändern, denn diese Rechtspflicht gibt dem Schweigen nicht den Sinngehalt des Täuschens.

3. Argument
Die Bestrafung wegen durch Schweigen begangenen Betruges bedeutet eine tatbestandserweiternde Analogie, denn bestraft wird nicht, weil das Schweigen eine Täuschung ist, sondern weil es unter den konkreten Fallumständen eine gewisse Ähnlichkeit mit der Täuschung durch konkludentes Tun hat.

Beispiele:

1. Im Ausgangsfall hat T nach der Begehungstheorie eine Täuschungshandlung durch aktives Tun, nach der weiten Aufklärungspflichttheorie durch pflichtwidriges Unterlassen der Aufklärung begangen; er kann – wenn O einem entsprechenden Irrtum unterlegen ist (s. dazu Samson II, 142 f.) – aus § 263 StGB bestraft werden. Die enge Aufklärungspflichttheorie erkennt mangels besonderer Umstände eine Garantenstellung des T nicht an, die restriktive Betrugstheorie verneint Betrug mangels Täuschung.

2. T hat im Ausgangsfall nicht nur die vereinbarten Leistungen – Übernachtung mit Frühstück – in Anspruch genommen, sondern mehrfach aus Kummer über seinen Verlust in der Hotelbar »Runden geschmissen« und sich auf seine Rechnung setzen lassen. – Hier liegt im »Rundenschmeißen« Betrug in Form der Zechprellerei vor. T behauptet konkludent mit der Bestellung, die Runden auch zahlen zu wollen. Sein Verhalten dürfte außerdem konkludent bedeuten, daß er die Gesamtrechnung – also Runden und Hotelkosten – zahlen will. Dann liegt auch

bezüglich der Hotelkosten eine Täuschung durch positives Tun vor, so daß der Theorienstreit dahinstehen kann, s. z. B. Gössel II, 325.

3. Zur ähnlich gelagerten Problematik bei Entgegennahme durch eine Bank aufgrund einer Fehlbuchung oder Fehlüberweisung versehentlich gutgeschriebener Beträge s. BGHSt 46, 196; dazu Hefendehl, JuS 2001, 281; Kühl, HRR, 159; Ranft, JuS 2001, 854; Wessels-Hillenkamp, Rn. 492, 498; von Arbeitslosenhilfe: OLG Köln NJW 1984, 1979; OLG Köln NStZ 2003, 374; von Sozialleistungen: OLG Hamm NJW 1987, 2245; zu beiden näher LK-Tiedemann, § 263 Rn. 39, 56 f. Zum Wegfall des Eigenbedarfs nach Eigenbedarfskündigung und entspr. Aufklärungspflicht s. BayObLG JR 1988, 298 m. krit. Anm. Hillenkamp; zur »Sperrwirkung« einer fehlenden Vermögensbetreuungspflicht i. S. des § 266 StGB für die Annahme einer Aufklärungspflicht nach § 263 StGB s. Lüderssen, Kohlmann – Festschr. (2003), 177 ff.

29. Problem (§ 263 StGB)
Liegt ein Irrtum i. S. d. § 263 StGB auch dann vor, wenn der Getäuschte an der Wahrheit der vorgespiegelten Tatsache zweifelt?

Beispiel:

T, ein langjähriger Geschäftsfreund des O, bittet diesen unter Vorlage »frisierter« Bilanzen um ein größeres Darlehen. Er verschweigt, daß er nahe vor dem Bankrott steht und das Darlehen mit Sicherheit nicht zurückzahlen kann. O, der von einem Aufsichtsratsmitglied der Firma des T über dessen wirtschaftliche Lage vor einiger Zeit informiert worden ist, zweifelt in Erinnerung hieran an der Richtigkeit der Bilanzen, will andererseits aber auch nicht recht glauben, daß T zu einer Schurkerei fähig sei. Er hält deshalb die Richtigkeit von T's Bilanzen für zwar nicht sehr wahrscheinlich, aber schließlich doch für möglich und zahlt ihm daher das Darlehen aus. Hat T einen Betrug begangen?

Ausgangspunkt:

Der Getäuschte muß die vorgespiegelte Tatsache für wahr halten, weil sonst kein Widerspruch zwischen Vorstellung und Wirklichkeit und damit kein Irrtum vorliegt. Einigkeit besteht aber darüber, daß ein Für-wahr-Halten nicht nur bei (absoluter) subjektiver Gewißheit, sondern auch bei weniger als dieser, bei Zweifeln vorliegen kann. Uneinigkeit herrscht aber darüber, wie intensiv bzw. welcher Qualität diese Zweifel sein dürfen, um noch von Irrtum sprechen zu können.

I. (hier sog.) **Möglichkeitstheorie**

Ein für Betrug ausreichender Irrtum liegt auch dann vor, wenn der Getäuschte die vorgespiegelte Tatsache nur für möglicherweise wahr hält, wenn er sich nur von dieser Vorstellung zur Verfügung motivieren läßt.

Vertreten von:

Achenbach, Jura 1984, 603; Arzt-Weber, § 20 Rn. 65, 68; Best, GA 2003, 163; Bockelmann I, § 11 A II 2 e; Bottke, JR 1987, 428; ders., Jura 1991, 267; Braum, JuS 2004,

226 f.; Fahl, Jura 1996, 75; Geppert, JK 7/03, StGB § 263/69; Gössel II, 348; Günther, Strafrechtswidrigkeit und Strafunrechtsausschluß (1983), 194; Hauf I, 91; Hillenkamp, Vorsatztat und Opferverhalten, (1981), 21 ff.; Hohmann-Sander I, § 11 Rn. 46; Joecks, § 263 Rn. 49; Krey-Hellmann, Rn. 373; Krüger, wistra 2003, 297 f.; Lackner-Kühl, § 263 Rn. 18; LK-Lackner (10. Aufl. 1979), § 263 Rn. 80 f.; LK-Tiedemann, § 263 Rn. 84 ff.; Maurach-Schroeder-Maiwald I, § 41 Rn. 59 ff., 62; Mitsch II/1, § 7 Rn. 58; Otto, § 51 Rn. 22; ders., JZ 1993, 654; Ranft, Jura 1992, 68; Rengier I, § 13 Rn. 21; ders., BGH-Festschr. (2000), 480; Samson, JA 1978, 474; Schmidt-Priebe II, 193 ff.; Schröder, JZ 1967, 578; Schönke-Schröder-Cramer, § 263 Rn. 40; Seelmann, JuS 1982, 270; SK-Samson/Günther, § 263 Rn. 53 ff., 58; Tiedemann, BGH-Festschr. IV (2000), 565 f.; Tröndle-Fischer, § 263 Rn. 33; Wessels-Hillenkamp, Rn. 510; BGHSt 47, 83; BGH JR 1987, 427; BGH wistra 1990, 305 f.; 1992, 97; BGH NJW 2003, 1198; nahest. RGSt 63, 191; 69, 48; grundsätzlich auch Schmidhäuser, 11/11, der aber bei bewußtem Verzicht auf leicht mögliche Nachprüfbarkeit zu Theorie IV gelangt.

1. Argument
§ 263 StGB schützt das Vermögen gegen die Angriffsart der Überlistung. Dann muß aber die Möglichkeitsvorstellung für einen Irrtum reichen, weil der List schon zum Opfer fällt, wer trotz seines Zweifels verfügt. Daß er verfügt, zeigt gerade, daß sich der Getäuschte auf die für möglich gehaltene Wahrheit letztlich verläßt und deshalb überlistet ist.

2. Argument
Wer die Möglichkeit der Unwahrheit erkennt, mag zwar weniger schutzwürdig sein als der, der die Unwahrheit für unwahrscheinlich hält. Das ist aber kein Grund, ihn schutzlos zu stellen und damit mittelbar dem rechtlich mißbilligten Interesse des lügenden Täters den Vorzug einzuräumen. Im Wortlaut des § 263 StGB findet ein solches Verfahren keinerlei Stütze.

3. Argument
Wirtschaftliche Entscheidungen werden häufig aufgrund bloßer Möglichkeitsurteile getroffen; auch für solche Entscheidungen ist der Schutz des § 263 StGB erforderlich. Die viktimologische Theorie nimmt den strafrechtlichen Schutz des Vermögens daher unangemessen zurück.

4. Argument
Die engeren Auffassungen sind unpraktikabel, weil verschiedene Grade einer Wahrscheinlichkeitsvorstellung kaum beweisbar und in der Regel auch gar nicht auffindbar sind, da der Getäuschte nicht vor der Entscheidung steht, ob er eine Tatsache für mehr oder weniger wahrscheinlich halten, sondern vor der, ob er die Behauptung seiner Verfügung zugrundelegen soll. Letzteres aber tut er schon, wenn er die Wahrheit für nur möglich hält und daraufhin verfügt.

5. Argument
Die viktimologische Theorie erhebt das bloße Opfermitverschulden zu einem auch sonst dem Strafrecht fremden Tatbestandskorrektiv und eröffnet damit dem vorsätzlich Schädigenden einen kriminalpolitisch sinnlosen Handlungsfreiraum.

II. (hier sog.) **Wahrscheinlichkeitstheorie**

Ein Irrtum ist erst dann gegeben, wenn der Getäuschte die behauptete Tatsache für wahrscheinlich wahr hält.

Vertreten von:

Krey II (12. Aufl. 1999), Rn. 373 ff.; Rommel, Der Betrug (1894), 62; nahest. RGSt 5, 323; RG JW 1926, 586; i. S. überwiegender Wahrscheinlichkeit: Dästner, ZRP 1976, 37; Giehring, GA 1973, 10 ff., 16 ff.; Sonnen, wistra 1982, 126; noch enger RGSt 20, 392.

1. Argument
Die Garantiefunktion des Straftatbestandes zwingt dazu, das Merkmal der Irrtumserregung ernst zu nehmen. Das erfordert zwar nicht, nur subjektive Gewißheit ausreichen zu lassen und bei Zweifeln Irrtum zu verneinen, denn damit würde der vorsichtig und abwägend Agierende weitgehend schutzlos. Ernstnehmen heißt aber doch, die Gefahr der Überdehnung des Irrtumsbereiches eindämmen, die um so größer wird, je mehr sich die Lehren vom eindeutigen Irrtumsbereich der subjektiven Gewißheit entfernen.

2. Argument
Möglichkeitsvorstellungen können zwar eine Verfügung mitmotivieren; sie dem Irrtum zu subsumieren, heißt aber den Schutzbereich des Betrugstatbestandes überdehnen und mit der Wortsinngrenze des Begriffs Irrtum auch die Grenze zur verbotenen Analogie tangieren. Strafrechtsrelevanten Einfluß gewinnt die unwahre Behauptung nämlich erst dort, wo der Täuschungsadressat die Wahrheit der Tatsache für wahrscheinlich hält.

3. Argument
Die Angriffsart der Überlistung, vor der § 263 StGB das Vermögen schützt, verliert an Gefährlichkeit, das Opfer in gleicher Weise an Schutzwürdigkeit, wo das Opfer auch den wahren Sachverhalt für möglicherweise oder gleichermaßen wahrscheinlich gegeben hält und damit bewußt ein Risiko eingeht, das häufig durch die Chance auf Vorteilserlangung ausgeglichen wird. Strafbedürftigkeit und Strafwürdigkeit mit ihren Korrelaten Schutzbedürftigkeit und Schutzwürdigkeit sprechen daher dafür, mehr als nur eine Möglichkeitsvorstellung bezüglich der Wahrheit zu verlangen.

III. (hier sog.) **Viktimologische Theorie**

Zweifel schließen nur dann den Irrtum aus, wenn sie auf konkreten Anhaltspunkten beruhen.

Vertreten von:

Amelung, GA 1977, 1 ff.; Beckemper-Wegner, NStZ 2003, 316; Beulke, NJW 1977, 1073; ders., JR 1978, 390; Blei, § 61 III 3 (s. auch schon JA 1977, 91 f.); ders., PdW I, Nr. 336 (kein Irrtum bei bewußter Hinnahme der als naheliegend erkannten Möglichkeit einer Schädigung); R. Hassemer, Schutzbedürftigkeit des Opfers und Strafrechtsdogmatik (1981), 113 ff., 146 f., 166 f.; Jänicke, Gerichtliche Entscheidungen als Vermögensverfügung (2001), 197 ff.; Schünemann, ZStW 90 (1978), 32;

ders., Bockelmann-Festschr. (1979), 130 f.; ders., Faller-Festschr. (1984), 362 f.; ders., in: Schünemann, Strafrechtssystem und Betrug (2002), 80 ff.; nahest. die diff. Lösung von Kurth, Das Mitverschulden des Opfers beim Betrug (1984), 192 f., 194 ff.; für »Risikogeschäfte« auch Hennings, Teleologische Reduktion des Betrugstatbestandes (2002); trotz Kritik an den zuvor genannten (151 ff.) vertritt Ellmer, Betrug und Opfermitverantwortung (1986), 271 ff., 281 ff. eine ähnl. Konzeption, wenn er – mangels konkreter Gefährlichkeit – schon die Täuschung verneint, wo der Irrtum auf »grober Fahrlässigkeit des Opfers beruht« (287); s. dazu auch Arzt-Weber, § 20 Rn. 49; Rönnau, JuS 2002, 546. Zur Kritik s. Loos/Krack, JuS 1995, 207 f.; Pawlik, Das unerlaubte Verhalten beim Betrug (1999), 52 ff.

1. Argument
Wer bei der Interpretation des Irrtumsbegriffs auf den Gesamtzweck des § 263 StGB abstellt, das Vermögen gegen Überlistung zu schützen, sieht zwar Schutzgut (Vermögen) und Angriffsweise (Täuschung) richtig, bekommt aber nicht die eigenständige Funktion des Tatbestandsmerkmals Irrtum in den Blick.

2. Argument
Die Aufgabe des Merkmals Irrtum besteht darin, das Prinzip der Subsidiarität des strafrechtlichen Rechtsgüterschutzes zu verwirklichen: Nur wer irrt, ist schutzbedürftig; wer zweifelt, kann dem Zweifel nachgehen und sich damit selbst in weniger einschneidender Weise als durch das Strafrecht vor Schaden schützen.

3. Argument
Wer aus Nachlässigkeit auf seinen Selbstschutz verzichtet, kann nicht erwarten, daß der Staat diese ein erhebliches Maß an Mitverschulden begründende Sorglosigkeit mit den Mitteln des Strafrechts ausgleicht. Der Anspruch hierauf ist mangels besonnener Selbstbehauptung verwirkt, neben der Schutzbedürftigkeit auch die Schutzwürdigkeit zu verneinen.

4. Argument
Schützen kann sich nur, wer konkrete Anhaltspunkte zum Zweifeln hat, denen er auch tatsächlich ohne unverhältnismäßigen Aufwand nachgehen kann. Deshalb schließt auch nur der konkret begründete, nicht aber jeder unbestimmte, etwa durch die bloße Fremdheit des Gegenübers hervorgerufene allgemeine Zweifel den Irrtum aus.

IV. (hier sog.) Einwilligungstheorie

Würde die vom Getäuschten vorgenommene Vermögensverfügung bei einem anderen Vermögensdelikt eine trotz der Zweifel wirksame Einwilligung in die Vermögensschädigung darstellen, liegt kein Irrtum vor, sondern nur, wenn die Zweifel die Wirksamkeit der Einwilligung beseitigen würden.

Vertreten von:

Herzberg, GA 1977, 289 ff.; Röhmel, JA 1977, 585; in der Sache nahest. Kindhäuser II, § 27 Rn. 51; ders., LPK, § 263 Rn. 100; ders., Bemmann-Festschr. (1997), 357 f.; NK-Kindhäuser, § 263 Rn. 231, nach dem ein Irrtum entfallen soll, wenn die Zweifel »Vorsatzdichte« i. S. eines Für-wahrscheinlich-Haltens der Unwahrheit erreichen; in der Begründung hierfür – daß dann nämlich kein im Betrugstatbestand vorausgesetzter Fall **mittelbarer Täterschaft** mehr vorliege – ähnlich Gaugel, Die Dogmatik der konkludenten Täuschung (2000), 43 ff.; Kargl, Lüderssen-Festschr. (2002), 620 f.

1. Argument
Aufgabe des Merkmals »Irrtum« in § 263 StGB ist es, mangelfreie Einwilligungen in den Vermögensverlust durch irrtumsfreie Verfügungen aus dem Betrugstatbestand auszuscheiden. Die Kriterien für die Annahme eines Irrtums müssen deshalb mit den Willensmängeln harmonieren, die einer Einwilligung ihre unwertausschließende Wirkung nehmen.

2. Argument
Nur die Einwilligungstheorie führt zu einem widerspruchsfreien Vermögensschutz: Wer einem Heiratsschwindler Sachen zur Aufbewahrung anvertraut, obwohl er Zweifel an dessen Ehrlichkeit hegt, bleibt durch § 246 StGB gegen Unterschlagung geschützt. Dann muß bei gleichen Zweifeln durch § 263 StGB geschützt bleiben, wessen Vermögensverlust bereits auf betrügerische Weise herbeigeführt wird.

3. Argument
Wer sich sehenden Auges in die konkrete Gefahr einer Selbstschädigung begibt, verliert seine Eigenschaft, sich selbst irrtümlich schädigendes Werkzeug in der Hand des Täuschenden zu sein. Dann aber verliert die Tat ihren im Betrugstatbestand angelegten, der mittelbaren Täterschaft vergleichbaren Charakter.

4. Argument
Möglichkeits- und Wahrscheinlichkeitstheorie räumen selbst ein, daß ihre Grenzziehungen nicht ohne eine gewisse Willkür getroffen und deshalb weder zwingend richtig noch unrichtig, im Grunde also nicht nachprüfbar sind.

5. Argument
Die viktimologische Theorie verkennt, daß der Zweifelnde seinen Vermögensschutz keineswegs durch eigene Maßnahmen ebenso gut übernehmen kann, denn er kann potentielle Täter nicht abschrecken, ihn zu täuschen, sondern allenfalls den Erfolg dieser Täuschung zu vereiteln suchen.

Beispiele:

1. Im Ausgangsfall liegt – auch bei verhältnismäßig leichter Aufklärbarkeit der Unwahrheit – eine Täuschung (s. aber Arzt-Weber, § 20 Rn. 49) und nach der Möglichkeitstheorie ein vollendeter Betrug vor, da O aufgrund seiner Möglichkeitsvorstellung verfügt hat. Der Wahrscheinlichkeitstheorie reicht dagegen O's Vorstellung für einen Irrtum nicht aus. Ging T davon aus, daß er O voll überzeugen werde, liegt Betrugsversuch vor. Das ist auch das Ergebnis der viktimologischen Theorie, weil das Gespräch mit dem Aufsichtsratsmitglied einen konkreten Anhaltspunkt für Zweifel bot. Die Einwilligungstheorie dürfte dagegen wieder zum vollendeten Betrug kommen: Hätte O dem T in der gleichen Situation sein Auto geliehen, zweifelnd, ob T die Gelegenheit zum Verkauf nutzen würde, läge in dem Verleihen keine wirksame Einwilligung in die von T dann durch Verkauf tatsächlich begangene Unterschlagung (zur Kritik an der »Einwilligungstheorie« s. SK-Samson/Günther, § 263 Rn. 56; zum Meinungsbild s. auch R. Has-

semer, Schutzbedürftigkeit des Opfers und Strafrechtsdogmatik, 1981, 113 ff.; Hillenkamp, Vorsatztat und Opferverhalten, 1981, 18 ff.; Küper, 214 ff.; Seier, Der Kündigungsbetrug, 1989, 273 ff.; ferner Frisch, Bockelmann-Festschr., 1979, 647 ff. u. Krack, List als Straftatbestandsmerkmal, 1994, 37 ff.). Auch rechnete O nicht mit »Vorsatzdichte« mit der Unwahrheit, so daß er Werkzeug in der Hand des T bleibt (s. Kindhäuser, a. a. O.).

2. T eröffnete eine Zahnarztpraxis als reine Privatpraxis, weil er einen Antrag auf Zulassung als Kassenarzt wegen seiner Vorstrafen für nicht erfolgversprechend hielt. Um auch Kassenpatienten behandeln und die für sie erbrachten Leistungen abrechnen zu können, setzte er den als Kassenarzt zugelassenen Zahnarzt Z, der seine Praxis hatte aufgeben müssen, als »Strohmann« ein, der gegen einen Monatslohn von 3000,– € 10 % der Kassenpatienten behandelte, der Kasse gegenüber aber auch die restlichen 90 % von T vorgenommenen Behandlungen abrechnete und die Erträge an T abführte. Die Kasse nahm die Auszahlungen vor, obgleich sie von zwei anonymen Anzeigen gegen T, von denen die zweite namentlich auf Z hinwies, Kenntnis erhalten hatte. – Obwohl die Behandlung aller Kassenpatienten ordnungsgemäß vorgenommen wurde, hat der BGH (NJW 2003, 1198 mit Anm. Beckemper-Wegner, NStZ 2003, 314; Geppert, JK 7/03, StGB § 263/69) einen Schaden der Kasse aufgrund der im Sozialversicherungsrecht »geltenden streng formalen Betrachtungsweise« angenommen, weil T als Nichtkassenarzt nicht berechtigt war, an dem Verteilungsverfahren der Kasse teilzunehmen (BGH NStZ 1995, 85 mit Anm. Hellmann a. a. O. 232). Einen durch T und Z mittäterschaftlich verursachten Irrtum bei den Sachbearbeitern der Kasse sieht der BGH auf dem Boden der hier erstmalig ausführlich gegen den viktimologischen Ansatz verteidigten Möglichkeitstheorie jedenfalls bis zum Eingang der Nachricht von der zweiten Anzeige, legt aber entgegen der erstinstanzlichen Auffassung darüber hinaus nahe, daß selbst nach der zweiten, die Zweifel noch konkreter begründenden Anzeige von einem Irrtum auszugehen und daher auch insoweit nicht nur von einem versuchten Betrug zu sprechen sei. Dem dürften die Vertreter der Wahrscheinlichkeitstheorie und der Einwilligungslehre wohl zustimmen, während nach der viktimologischen Theorie der Irrtum schon nach der ersten Anzeige zweifelhaft und nach der zweiten ausgeschlossen erscheint (s. zur Konstruktion des Abrechnungsbetrugs Herffs, Der Abrechnungsbetrug des Vertragsarztes, 2002; Wessels-Hillenkamp, Rn. 577).

3. Die Stammkundin T hat in einem Bekleidungsgeschäft das Preisschild eines Mantels zu 150,– € gegen das eines Mantels zu 170,– € vertauscht und den teureren Mantel mit dem Preisschild 150,– € an der Kasse vorgelegt. Der Geschäftsinhaber O meint sich zunächst aufgrund der Qualität des Mantels sicher zu sein, daß es sich um einen Mantel der teureren Preiskategorie handelt, hält allerdings auch für möglich, daß der ausgezeichnete Preis stimmt. Was letztlich zutrifft, ist O aber gleichgültig, weil der Mantel auch mit 150,– € weit überbezahlt ist und es O daher nicht lohnend erscheint, durch persönliche Befragung seine Stammkundin zu verärgern. – Die Irrtumssituation stellt sich hier zunächst nicht anders dar als im Ausgangsfall. Gleichwohl dürfte in diesem Falle niemand vollendeten Betrug bejahen, weil O die Wahrheit hier ganz gleichgültig ist und daher seine irrige Vorstellung – möglicherweise doch der richtige Preis – seine Verfügung gar nicht trägt (s. hierzu LK-Lackner, 10. Aufl. 1979, § 263 Rn. 81).

4. **Hinweis:**

Das hier behandelte Problem stellt sich nicht, wenn z. B. ein Darlehnsgeber mit der Geldhingabe in Kenntnis der in hohem Maße zweifelhaften Fähigkeit des Darlehnsnehmers zur Rückzahlung bewußt ein entsprechendes Risiko eingeht oder in Kauf nimmt (s. BGH StV 2002, 132), oder ein zu fortlaufenden Warenlieferungen verpflichteter Lieferant in Kenntnis der mittlerweile eingetretenen Leistungsunfähigkeit seines Auftraggebers weiter liefert (BGH wistra 1998, 179). In solchen Fällen fehlt es an einem täuschungsbedingten Irrtum (s. Wessels-Hillenkamp, Rn. 511).

30. Problem (§§ 263, 242 StGB)
Liegt eine dem Geschädigten zurechenbare Verfügung eines Dritten nur dann vor, wenn der Dritte zu der Verfügung befugt war, oder genügt es, daß der Dritte zu der Verfügung aufgrund eines Näheverhältnisses zum Vermögen des Geschädigten hierzu nur faktisch in der Lage war?

Beispiel:

T hat ein Verhältnis mit O, die einen in einer Sammelgarage untergestellten Pkw besitzt. Der Pförtner D verwahrt für jedes in der Garage abgestellte Fahrzeug einen Zweitschlüssel, den die Berechtigten auf Verlangen ausgehändigt bekommen. In dem D telefonisch mitgeteilten Einverständnis mit O hat T den Wagen einmal aus der Garage abgeholt. In weiteren Fällen setzt T das Einverständnis O's aufgrund seines intimen Verhältnisses mit ihr voraus. Als das Verhältnis in die Brüche geht, holt T den Wagen ab, um ihn zu behalten, wobei er die Aushändigung des Zweitschlüssels dadurch erreicht, daß er dem D O's Einverständnis vorspiegelt (vgl. BGHSt 18, 221 ff.; Tiedemann, 92). Hat sich T eines Betruges schuldig gemacht?

Ausgangspunkt:

Unbestritten setzt Betrug keine Identität zwischen Verfügendem und Geschädigtem voraus. Ebenso unbestritten muß der Verfügende näher am Vermögen des Geschädigten »dran« sein, als der Täuschende, soll überhaupt Betrug – und nicht (nur) Diebstahl in mittelbarer Täterschaft – in Betracht kommen. Umstritten ist dagegen, welche Qualität dieses Näheverhältnis haben muß, um die Verfügung des getäuschten Dritten dem Geschädigten – Betrug ist ein Selbstschädigungs-, nicht ein Fremdschädigungsdelikt – zurechnen und damit Betrug annehmen zu können. Handelt es sich um den in diesem Problemkreis ganz im Vordergrund stehenden Sachbetrug durch Täuschung eines Gewahrsamshüters (zur Übertragbarkeit des Streitstandes auf den Forderungsbetrug und die Dreieckserpressung s. u. Beispiele zu 3.), geht es hierbei zugleich um die Abgrenzung des sog. Dreiecksbetrugs vom Diebstahl in mittelbarer Täterschaft.

I. (hier sog.) Faktische Nähetheorie

Die Verfügung eines Dritten über eine Sache des Geschädigten ist diesem dann als eigene Verfügung zuzurechnen, wenn der Dritte faktisch – insbesondere als Mitgewahrsamsinhaber – über die Sache verfügen konnte.

Vertreten von:

Gribbohm, NJW 1967, 1897; Preisendanz, § 242 Bem. V 5; Wedekind, Über die Abgrenzung und das Verhältnis von Betrug und Unterschlagung, Diss. Hamburg (1967), 54 ff.; ders., NJW 1969, 1129; RGSt 25, 247; BGHSt 18, 221; BayObLG GA 1964, 82; OLG Hamm NJW 1969, 620; der Formulierung nach nahest. Blei, § 61 IV 3; ders., PdW I, Nr. 345; Bockelmann I, § 11 II 4 c, bb; Dreher, JR 1966, 30; ders., GA 1969, 59 f.; Welzel, § 54 I 3 b; i. E. weitgehend übereinst. Haffke, GA 1972, 232.

1. Argument
Läßt sich der Täter die begehrte Sache aus einer Machtsphäre von einem dieser Machtsphäre tatsächlich nahestehenden Dritten – insbesondere einem Mitgewahrsamsinhaber – geben, dringt er nicht in die fremde Gewahrsamssphäre ein, sondern läßt sich die Sache aus ihr herausreichen. Das entspricht dem Bild des Betruges, nicht aber dem des Diebstahls.

2. Argument
Beim Betrug benutzt der Täter sein Opfer als denjenigen, der das hat, was der Täter haben will, um diese bessere Position auf sich zu übertragen. Eine solche übertragungs-, und damit verfügungsfähige bessere Position kann dem Täter zwar nicht verschaffen, wer von der Sache gleich weit entfernt ist wie der Täter, wohl aber schon jeder, der an der Sache rein tatsächlich näher dran ist.

3. Argument
Für das Tatbild des Betruges ist nicht entscheidend, inwieweit der Getäuschte eine rechtlich selbständige Gewahrsamsstellung gegenüber dem Geschädigten und welche Berechtigung, hierüber zu verfügen, er innehat, sondern allein, ob er im Vergleich zum Täter eine tatsächlich bessere und nähere Stellung in der Machtsphäre des Berechtigten hat.

4. Argument
Der Mitgewahrsamsinhaber, der der Sache am nächsten steht und die unmittelbare räumliche Einwirkungsmöglichkeit auf sie hat, kann unabhängig vom Willen der übrigen Mitgewahrsamsinhaber tatsächlich über die Sache verfügen. Tut er das aufgrund einer Täuschung, schließt die auf dem Mitgewahrsam gründende Macht Diebstahl aus: Die Weggabe ist Verfügung.

II. (hier sog.) **Normative Nähetheorie (Lagertheorie)**

Eine Vermögensverfügung ist dem Geschädigten dann als eigene zuzurechnen, wenn der getäuschte Dritte im Lager des Geschädigten steht und aufgrund seines schon vor der Verfügung bestehenden Näheverhältnisses zum Vermögen des Geschädigten zu der Verfügung imstande war.

Vertreten von:

Arzt-Weber, § 20 Rn. 82; Eser IV, Fall 12 Rn. 32 ff.; Geiger, JuS 1992, 835; Geppert, JuS 1977, 73; Gribbohm, JuS 1964, 236; Gropp-Küpper-Mitsch, 164 f.; Haft, 209 f.; Hauf I, 94; ders., JA 1995, 462; Hohmann-Matt, JuS 1993, 133; Hohmann-Sander I, § 11 Rn. 112 f.; Kerner-Trüg, JuS 2004, 143; Küper, 382 f.; Lackner-Kühl, § 263 Rn. 28, 30; Lenckner, JZ 1966, 321; Linnemann, wistra 1994, 169; LK-Lackner (10.

Aufl. 1979), § 263 Rn. 110 ff.; LK-Tiedemann, § 263 Rn. 115 f.; Rengier I, § 13 Rn. 47; ders., JZ 1985, 565 ff.; Schmidhäuser, 11/19; Schmidt-Priebe II, 207; Schönke-Schröder-Cramer, § 263 Rn. 66; Schroth, 155; Seelmann, JuS 1982, 272; Tröndle-Fischer, § 263 Rn. 47 ff.; Wessels-Hillenkamp, Rn. 638 ff.; nahest. der grundlegende Ansatz von Schröder, ZStW 60 (1941), 61 ff., 70 ff.; präzisierend Herzberg, ZStW 89 (1977), 408 ff.; ähnl. Pawlik, Das unerlaubte Verhalten beim Betrug (1999), 206 ff. (Kompetenz des Dritten, die Informationen für den Vermögensinhaber entgegenzunehmen und zu beurteilen); enger Maurach-Schroeder-Maiwald I, § 41 Rn. 80; konkretisierend Offermann-Burckart, Vermögensverfügungen Dritter im Betrugstatbestand (1994), 148 ff., die eine bewußte Übertragung der Dispositionsmöglichkeit auf den Dritten und eine – nach Abzug der Täuschung – dem Geschädigten willensadäquate Disposition verlangt, zsfsd. 169. BGH Dall. MDR 1974, 15; OLG Köln MDR 1966, 253; OLG Celle NJW 1994, 142 m. zust. Bspr. Krack/Radtke, JuS 1995, 19 u. Linnemann, wistra 1994, 169.

1. Argument
Die besondere Beziehung, in der der Täter zu der Sache stehen muß, kann weniger als rechtliche Verfügungsbefugnis, muß aber mehr als nur faktische Einwirkungsmöglichkeit sein: Der Getäuschte muß im Machtkreis, im Lager des Geschädigten stehen, soll die Schädigung durch ihn einer Selbstschädigung gleichkommen.

2. Argument
Wenn die faktische Nähetheorie für eine Verfügung genügen läßt, daß der Getäuschte zu ihr tatsächlich in der Lage ist, so bleibt das Entscheidende offen, nämlich wann diese tatsächliche Möglichkeit besteht.

3. Argument
Die faktische Nähetheorie vermag nicht zu erklären, warum die Verfügung eines ohne Willen des Berechtigten Besitzenden dem Vermögensinhaber als Selbstschädigung zuzurechnen sein soll. Die nur faktische Möglichkeit zur Verfügung ist kein Zurechnungsgrund.

4. Argument
Ob überhaupt und welche Art Gewahrsam der Verfügende hat, kann nicht entscheidend sein, weil auch der Nichtgewahrsamsinhaber den Geschädigten so repräsentieren kann, daß seine Verfügungen diesem zurechenbar sind.

5. Argument
Die Befugnistheorie wird nur dem überholten juristischen Vermögensbegriff gerecht, nach dem ein Schaden die rechtliche Veränderung des Vermögensstandes voraussetzte und deshalb nur mit rechtlicher Verfügungsgewalt bewirkt werden konnte.

6. Argument
Die Befugnistheorie schafft unnötige Straflücken, weil sie das durch einen im Lager des Geschädigten stehenden, aber nicht handlungsbefugten Dritten ermöglichte furtum usus straflos lassen muß: Diebstahl entfällt mangels Zueignungsabsicht, Betrug mangels zurechenbarer Verfügung.

III. (hier sog.) **Befugnistheorie (Ermächtigungstheorie)**

Eine Vermögensverfügung ist dem Geschädigten nur dann als eigene zuzurechnen, wenn der getäuschte Dritte zu der Verfügung (an sich) rechtlich befugt war (und sich daher irrtumsbedingt für berechtigt hält, die Verfügung vorzunehmen).

Vertreten von:

Amelung, GA 1977, 14; Binding, Lehrbuch des Gemeinen Deutschen Rechts, BT I, (2. Aufl. 1902), 345; Gössel II, 111 f.; ders., 56; v. Heintschel-Heinegg II, 114; Joecks, § 263 Rn. 53 f.; ders., Zur Vermögensverfügung beim Betrug (1982), 131, 135; Krey-Hellmann, Rn. 413, 417; Mitsch II/1, § 7 Rn. 74; Otto, § 51 Rn. 44; ders., ZStW 79 (1967), 76 ff.; ders., Übungen, 164 f.; Roxin-Schünemann, JuS 1969, 372; Roxin-Schünemann-Haffke, 258 ff.; Samson II, 172 f.; ders., JA 1978, 567; Schünemann, GA 1969, 53 ff.; SK-Hoyer, § 242 Rn. 62; SK-Samson/Günther, § 263 Rn. 94; vgl. auch OLG Hamm NJW 1974, 1957; OLG Stuttgart JR 1966, 29; noch enger Backmann, Die Abgrenzung von Betrug und Unterschlagung (1974), 125 ff.; s. dazu Roxin-Schünemann-Haffke, 266 f.; Samson II, 172, 165. In den Formulierungen namentlich Ottos, a. a. O. liegt durch Betonung des Sich-subjektiv-für-befugt-Haltens (weil die vorgespiegelte Situation zur Verfügung berechtigen würde) eine Abschwächung des objektiven Ausgangspunktes dieser Theorie, die Kindhäuser, ZStW 103 (1991), 417; ders., Bemmann-Festschr. (1997), 360 als **»subjektivierte Befugnistheorie«** bezeichnet (hier im Klammerzusatz unter III angedeutet; s. dazu diff. SK-Hoyer, § 242 Rn. 63; klärend Küper, 382 f.). In den Ergebnissen weitgehend übereinstimmend, Fälle des Gutglaubenserwerbs aber in den Betrug miteinbeziehend, stellt die sog. **Wirksamkeitstheorie** darauf ab, daß die Verfügung den Vermögensinhaber rechtlich wirksam – wenn auch möglicherweise anfechtbar – bindet. So Kindhäuser II, § 27 Rn. 70; ders., LPK, § 263 Rn. 151; ders., GLW, 307; NK-Kindhäuser, § 263 Rn. 258 ff.

1. Argument
§ 263 StGB ist ein Fall der durch Täuschung veranlaßten Selbstschädigung. Von einer Selbstschädigung des Vermögensinhabers läßt sich bei einer Drittverfügung nur sprechen, wo sich der Geschädigte die Verfügung als eigene zurechnen lassen muß. Das aber ist nur dort der Fall, wo der Dritte zu der Verfügung dem Geschädigten gegenüber befugt war und sich subjektiv in dem Rahmen bewegt hat, der ihm objektiv vom Berechtigten eingeräumt worden ist.

2. Argument
Die Lagertheorie scheitert am Bestimmtheitsgebot, weil sie die Begriffe »Lager« bzw. normatives Näheverhältnis nicht präzise einzugrenzen vermag.

3. Argument
Daß jemand im Lager des Geschädigten steht, ist kein Grund, dem Geschädigten auch solche Verfügungen zuzurechnen, zu denen der Dritte ebensowenig wie der Täter befugt ist. Die bloße, durch die Nähe geschaffene leichtere Wegnahmemöglichkeit kann die Weggabehandlung nicht als Ausübung einer Verfügungsmacht charakterisieren.

4. Argument
Könnte bereits die tatsächliche Möglichkeit die Fähigkeit zur Vermögensverfügung begründen, läge in jedem Diebstahl in mittelbarer Täterschaft auch ein Betrug, denn die Herausgabe durch den Dritten beweist ja dessen tatsächliche Möglichkeit zur Verfügung. Damit erweist sich die faktische Nähetheorie als zur Abgrenzung von Betrug und Diebstahl außerstande. Sie müßte in den Abgrenzungsfällen folgerichtig stets Betrug und Diebstahl annehmen.

5. Argument
Der Mitgewahrsam erlaubt lediglich eine Verfügung über den eigenen Mitgewahrsamsanteil. Ob der Mitgewahrsamsinhaber auch über den Anteil des anderen verfügen kann, ergibt sich nicht aus dem Mitgewahrsam, sondern allein aus den zwischen den Mitgewahrsamsinhabern vereinbarten Befugnissen.

Beispiele:

1. Im Ausgangsfall (s. dazu auch Kühl, HRR, 164 und zum Streit einführend auch Küper, 377 ff.) herrscht Einigkeit in der Annahme eines Betruges: D konnte nicht nur faktisch über O's Pkw verfügen, sondern ist als Verwahrer des Zweitschlüssels und Bewacher des Pkw auch O's Machtkreis, ihrem Lager zuzuordnen und war schließlich sogar i. S. d. Befugnistheorie zu der Gewahrsamsverschiebung auf T legitimiert, weil O das Ausleihen einmal ausdrücklich gestattet, weitere Male stillschweigend geduldet und die dadurch entstandene, der Duldungsvollmacht vergleichbare Situation nicht durch ausdrücklichen Widerruf beseitigt hatte. Selbst nach der engsten (objektiven) Auffassung der Befugnistheorie ist hier Betrug gegeben (s. Backmann, a. a. O. 156 f.; eine Streitentscheidung ist dann entbehrlich, s. Gröseling, JuS 2003, 1098). Beurteilt man insbesondere mit den Vertretern der Befugnistheorie die Frage, ob eine Verfügung in Form einer freiwilligen – wenn auch irrtumsbefangenen – Gewahrsamsübertragung oder ob ein Gewahrsamsbruch vorliegt, nach denselben Kriterien, gelangt man zur Exklusivität von Betrug und Diebstahl, so daß mit dem Ergebnis Betrug gleichzeitig entschieden ist, daß kein Diebstahl in mittelbarer Täterschaft vorliegt (so die noch h. M., vgl. zur Argumentation Roxin-Schünemann-Haffke, 259 f.). Die Exklusivitätsthese ist dagegen dann nicht zwingend, wenn für eine Verfügung schon ein Näheverhältnis ausreichen soll, weil dann Verfügung sein kann, was gleichzeitig auch einen Bruch – z. B. des Mitgewahrsams – darstellt. Daher gewinnt unter den Anhängern der Nähetheorien die von Schröder begründete Auffassung an Boden, daß bei der Gewahrsamsübertragung durch Gewahrsamshüter Betrug und Diebstahl konkurrieren können, s. zuletzt Herzberg, a. a. O.; vgl. auch Haas, GA 1990, 204 ff. – Eine in den bisherigen Streitstand nicht vollständig einfügbare, Betrug hier verneinende Auffassung vertritt Kindhäuser, ZStW 103 (1991), 415 ff., der für Betrug verlangt, daß der getäuschte Dritte ein vom Geschädigten »abgeleitetes Recht auf Wahrheit gegenüber dem Täuschenden hat« (420), das er im Sammelgaragenfall für D verneint; in NK, § 242 Rn. 67 ff. will Kindhäuser bei Täuschung eines Gewahrsamshüters nur Diebstahl, bei Täuschung eines Mitgewahrsamsinhabers diesem gegenüber Betrug, dem Vermögensinhaber gegenüber gleichzeitig Diebstahl annehmen. – Nach Pawlik, Das unerlaubte Verhalten beim Betrug (1999), 209 und SK-Hoyer, § 242 Rn. 63 ist Betrug ausgeschlossen, wenn der Vermögensverlust der O auf Pflichtwidrigkeit des B zurückzuführen ist, wovon hier aber eher nicht auszugehen ist.

2. T bittet die ihr flüchtig bekannte O in einer Gastwirtschaft, ihr ihren VW zu einer Fahrt nach X zu leihen. Als O das ablehnt, begibt sich T zu D, bei der O zur Untermiete wohnt und spiegelt D vor, sie dürfe sich von ihr die VW-Schlüssel zu O's Pkw geben lassen. D glaubt das und händigt T die in O's Zimmer liegenden Schlüssel aus. T fährt mit dem Auto nach X und bringt es am nächsten Abend – wie von vornherein beabsichtigt – der O zurück (vgl. OLG Stuttgart JR 1966, 29). – Eine O zurechenbare Verfügung liegt hier eindeutig nur nach der faktischen Nähetheorie vor, weil D Zugang zum Zimmer und damit zu den Schlüsseln hatte. Für die Lagertheorie dürfte Betrug jedenfalls dann zu verneinen sein, wenn man der Vermieterin die Funktion einer Gewahrsamshüterin an Sachen der Untermieterin abspricht (s. z. B. Lenckner, a. a. O.). Hatte D bislang noch nie im Einverständnis mit O den Schlüssel an Fremde herausgegeben und war sie zu derartigen Verfügungen auch nicht ermächtigt, ist auch kein Anhaltspunkt für eine Befugnis gegeben. Normative Nähetheorie und Befugnistheorie verneinen deshalb Betrug (diff. Otto, a. a. O. 82; dagegen Backmann, a. a. O. 147) in diesem Fall und können T daher nur aus § 248 b StGB (keine Zueignungsabsicht!) bestrafen. Das dürfte auch die Lösung Kindhäusers (s. den ähnl. Fall a. a. O. 418, 422 sowie NK-Kindhäuser, § 242 Rn. 66) sein.

3. **Hinweis:**

Geht es nicht um einen Sach-, sondern um einen Forderungsbetrug, hat der Streit andere Konsequenzen (s. Wessels-Hillenkamp, Rn. 649). Da es einen Forderungsdiebstahl nicht gibt, ist bei Verneinung eines Betruges mangels hinreichender Nähe des Verfügenden zum geschädigten Vermögen oft Straflosigkeit die Folge. Das ist hinzunehmen. Die Alternative, dem Näheverhältnis nur dort Bedeutung als Abgrenzungskriterium zuzumessen, wo es um Abgrenzung zum Diebstahl geht, ist unschlüssig, weil das Erfordernis der Nähe zugleich die Betrugsstruktur als Selbstschädigungsdelikt wahrt. Deshalb kann man auch beim Forderungsbetrug hierauf nicht verzichten. Der Streit ist folglich übertragbar, s. dazu v. Heintschel-Heinegg II, 115 f.; Samson II, 47 f.; OLG Celle NJW 1994, 142 m. insoweit zust. Bspr. Krack/Radtke, JuS 1995, 19 u. Linnemann, wistra 1994, 169; BayObLG wistra 1998, 157. Zu den Schwierigkeiten, die dabei bei einem typischen Forderungsbetrug – dem Prozeßbetrug – entstehen, bei dem über die »Nähe« des Richters zum Vermögen der Parteien zu entscheiden ist, s. Fahl, Jura 1996, 77 f. – Nur mit Vorsicht übertragbar ist der Streit auf die Dreieckserpressung. Leugnet man die Verwandtschaft von Erpressung und Betrug und verlangt für die Erpressung keine Verfügung (s. 33. Problem), kann es nicht um die Zurechnung einer Drittverfügung gehen. Es ist nach BGHSt 41, 123 (m. Bspr. Biletzki, JA 1996, 189; Jung, JuS 1996, 79; Krack, JuS 1996, 493; Mitsch, NStZ 1995, 499; Otto, JZ 1995, 1020; ders., JK 96, StGB § 253/4; Wolf, JR 1997, 13) aber gleichwohl zur Abgrenzung zur Nötigung/Anstiftung zum Diebstahl oder zum Diebstahl in mittelbarer Täterschaft auch hier erforderlich, Dritte ohne jedes Schutzfunktionen zuweisende Näheverhältnis zum Vermögen des Geschädigten als taugliche Mittler für Erpressungsunrecht auszuscheiden. Verlangt man auch für Erpressung eine Verfügung, ist das Problem seiner Struktur nach dem des Dreiecksbetruges an sich gleich, erhält aber namentlich für eine »subjektivierte Befugnistheorie« (s. Küper, 380 f.) deshalb eine etwas andere Einfärbung, weil z. B. ein erpreßter Bankkassierer i. d. R. nicht der Meinung sein wird, er bewege sich mit der Auszahlung in dem ihm durch die eingeräumte Verfügungsbefugnis gesteckten Rahmen. Berücksichtigt man solche Besonderheiten, ist der Streitstand aber doch verwertbar (s. dazu im einzelnen

Biletzki, Jura 1995, 635; Offermann-Burckart, Vermögensverfügungen Dritter im Betrugstatbestand, 1995, 171 f.; Rengier, JZ 1985, 565; Werner, Jura 1990, 599 und den eigenen Lösungsvorschlag von Röckrath, Die Zurechnung von Dritthandlungen bei der Dreieckserpressung, 1991, 43 ff.; ders., Jura 1993, 446; zsfsd. Ingelfinger, JuS 1998, 537 f.; Küper, 393 f.; Wessels-Hillenkamp, Rn. 714).

31. Problem (§ 263 StGB)
Was ist unter dem Begriff »Vermögen« in § 263 StGB zu verstehen?

Beispiel:

O bietet unter der Rubrik »Kleinanzeigen« ein von ihm gestohlenes Fernsehgerät preisgünstig zum Verkauf an. Als Interessent meldet sich T, der von dem Diebstahl nichts weiß. T läßt sich das Gerät von O unter dem Versprechen übergeben, es am Monatsersten zu bezahlen, verschwindet dann aber – wie geplant – auf Nimmerwiedersehen. Hat sich T eines Betruges schuldig gemacht?

Ausgangspunkt:

Ob O betrogen worden ist, hängt davon ab, ob die Übergabe des gestohlenen Fernsehgerätes an T eine O's Vermögen schädigende Verfügung ist. Das scheint so zu sein, weil O den Besitz am Gerät verloren und keine Aussicht auf die versprochene Gegenleistung hat. Zweifel drängen sich aber deshalb auf, weil O den Besitz unredlich erworben und deshalb möglicherweise gar nicht über einen in seiner Hand geschützten Vermögensbestandteil verfügt hat. Beheben kann man diese Zweifel nur, wenn man sich Klarheit über das durch § 263 StGB geschützte Vermögen als Objekt von Verfügung und Schaden verschafft. Hierbei muß man sich mit dem heute nicht mehr vertretenen juristischen Vermögensbegriff zwar nicht mehr intensiv auseinandersetzen, ihn aber doch kennen, um den Übergang der Rechtsprechung zum rein wirtschaftlichen Vermögensbegriff und die dagegen erhobenen Einwände des juristisch-ökonomischen Begriffes zu verstehen. Obwohl die Frage schon das Merkmal der Vermögensverfügung betrifft, wird sie üblicherweise erst in der Prüfung des Vermögensschadens erörtert (s. einf. Kühl, JuS 1989, 505 ff.; Küper, 342 ff.; Otto, Jura 1993, 424 ff.; Samson, JA 1989, 510 ff. sowie eingehend Nelles, Untreue zum Nachteil von Gesellschaften, 1991, 347 ff.).

I. (hier sog.) Juristischer Vermögensbegriff

Vermögen ist die Summe der von der Rechtsordnung anerkannten und mit ihr durchsetzbaren Vermögensrechte und Vermögenspflichten einer Person ohne Rücksicht auf ihren wirtschaftlichen Wert. Vermögensschaden ist danach der Verlust eines solchen Rechtes oder die Belastung mit einer derartigen Verbindlichkeit.

Vertreten von:

Binding, Lehrbuch des Gemeinen Deutschen Strafrechts BT, 1. Bd. (2. Aufl. 1902), 238 ff.; Gerland, Deutsches Reichsstrafrecht (1922), 437, 506; Merkel, Kriminalistische Abhandlungen II (1867), 101; RGSt 3, 333; 27, 300; 37, 31; teilweise nahest. Naucke, Zur Lehre vom strafbaren Betrug (1964), 215; zu Wiederbelebungstendenzen s. Arzt-Weber, § 20 Rn. 120; Kindhäuser, JR 1997, 303, der selbst (Kindhäuser

II, § 26 Rn. 22 f.; LPK, § 263 Rn. 122; NK-Kindhäuser, § 263 Rn. 44 ff.), einen **funktionalen Vermögensbegriff** vertritt, der unter Vermögen »die Verfügungsmacht einer Person über die (Gesamtheit der) ihr rechtlich zugeordneten übertragbaren (abstrakt geldwerten) Güter« versteht und daher weiter ist als der juristische Vermögensbegriff.

1. Argument
Betrug ist als Rechtsraub anzusehen, der dem Betrogenen die Möglichkeit nimmt, sein Recht geltend zu machen; folglich kann Betrug nur in der Entziehung eines Vermögensrechtes liegen.

2. Argument
Der Begriff des Vermögens ist ein reiner Rechtsbegriff, kein Wirtschaftsbegriff: So wie Diebstahl nicht entfällt, wo die weggenommene Sache wertlos ist, bestimmt sich die Zugehörigkeit einer Sache zum Vermögen nicht danach, ob sie einen Geldwert besitzt.

3. Argument
Für das Strafrecht setzt sich das Vermögen aus der Summe aller Vermögensrechte und -pflichten des Vermögensträgers zusammen. Daraus ergibt sich, daß das Vermögen nicht als Ganzes, sondern nur in seinen einzelnen Bestandteilen verletzt werden und daß eine solche einzelne Verletzung nicht dadurch ausgeglichen werden kann, daß gleichzeitig an anderer Stelle ein Rechtszuwachs eintritt.

4. Argument
Zum Begriff des Vermögens gehört die Rechtsbeziehung, in der der Vermögensträger zum Vermögensbestandteil steht. Damit scheiden aus dem Vermögensbegriff alle Bestandteile aus, über die der Geschädigte nur eine tatsächliche, aber keine rechtliche Verfügungsfähigkeit bzw. zu denen er eine Beziehung besitzt, die rechtlich nicht anerkannt ist.

II. (hier sog.) Wirtschaftlicher Vermögensbegriff

Vermögen i. S. d. § 263 StGB ist die Gesamtheit der wirtschaftlichen (geldwerten) Güter einer Person ohne Rücksicht auf ihre rechtliche Konkretisierung oder Anerkennung. Einen Schaden erleidet hiernach nur, wer wirtschaftlich im Ergebnis tatsächlich ärmer wird.

Vertreten von:

Arzt, JR 1997, 11; Arzt-Weber, § 20 Rn. 15 (mit Modifikationen § 20 Rn. 115 ff.); Baier, JA 2001, 282; Fahl, JA 1995, 199, 205; Haft, 210 ff.; Hauf I, 95 f.; Hohmann-Sander I, Rn. 76; Krey-Hellmann, Rn. 433 ff.; Kunz, Jura 1997, 154; Maurach-Schroeder I (6. Aufl. 1977), § 46 II A 4 d; Preisendanz, § 263 Bem. V 1; Regge-Rose-Steffens, JuS 1999, 160; Roxin-Schünemann-Haffke, 291 ff.; Schmoller, ZStW 103 (1991), 132; ders., JZ 1991, 117 ff.; Schönke-Schröder (17. Aufl.), § 263 Rn. 58 ff.; Schröder, JR 1966, 472; Sonnen, JA 1982, 593; Tröndle-Fischer, § 263 Rn. 54 ff.; Wöhrmann, NStZ 1990, 343; grundsätzlich auch Eser IV, Fall 10 Rn. 26 ff.; ders., GA 1962, 293 ff.; Kargl, JA 2001, 719 f.; Mohrbotter, GA 1969, 227 ff.; RGSt 44, 230; 65, 3; OGHSt 2, 201; BGHSt 1, 264; 2, 365; 3, 102; 8, 256; 15, 85; 16, 220; 34, 203; 38, 186 (m. krit., dem personalen Begriff nahest. Bspr. Ranft, wistra 1994,

41 ff.); BGH NJW 1962, 973; NJW 1970, 1932; BGH Dall. MDR 1972, 17; BGH NStZ 2002, 33; BGH NJW 2002, 2117 mit Anm. Engländer, JR 2003, 164; Mitsch, JuS 2003, 122; OLG Düsseldorf MDR 1947, 267; OLG Hamburg NJW 1966, 1525; OLG Köln MDR 1972, 884; BayObLG NJW 1973, 633; OLG Köln MDR 1974, 157; OLG Düsseldorf NJW 1988, 922; OLG Düsseldorf NJW 1994, 3367; OLG Düsseldorf wistra 1995, 277; OLG Celle StV 1996, 155; KG NJW 2001, 86 f.; LG Frankfurt NStZ-RR 2003, 140.

1. Argument
Der Begriff des Vermögens ist nur durch eine wirtschaftliche Betrachtungsweise erfaßbar, weil der materielle Kern des Rechtsgutes Vermögen im wirtschaftlichen Bereich wurzelt: Vermögen ist wirtschaftliche Macht, ist die Summe der geldwerten Güter einer Person.

2. Argument
Nur ein wirtschaftlicher Vermögensbegriff kann gewährleisten, daß es kein strafrechtlich ungeschütztes Vermögen gibt und die Strafrechtsordnung auch für und gegen Verbrecher untereinander gilt. Die Verfolgung verbotener Zwecke durch den Getäuschten kann kein Freibrief für den Schädiger sein, sich die Vermögenswerte, die der Betrogene zu unerlaubten Zwecken riskiert, zu eigenem Nutzen zu verschaffen.

3. Argument
Der juristische Vermögensbegriff ist

a) einerseits zu eng, da er Angriffe auf das Vermögen als Ganzes wie auf all die am Wirtschaftsverkehr in großem Umfang teilnehmenden und schutzwürdigen Güter, die sich nicht auf Rechte oder Pflichten reduzieren lassen, wie Besitz, Arbeitskraft, Geschäftsgeheimnis, Exspektanz straflos lassen muß und auch die Vermögensgefährdung nicht als Schaden erfassen kann,

b) andererseits zu weit, weil er zum einen auch den Verlust wirtschaftlich wertloser Rechte einbezieht, zum anderen durch das Abstellen auf die isolierte Rechtseinbuße die entscheidende Frage, ob das Opfer im Ergebnis ärmer geworden ist und damit das gesamte Institut der Schadenskompensation nicht in den Blick bekommt, wodurch der Schadensbegriff subjektiviert und der Betrug von einem Vermögensdelikt in ein Delikt zum Schutze der Dispositionsfreiheit verkehrt wird.

4. Argument
Gegen den juristisch-ökonomischen Vermögensbegriff spricht, daß er

a) sachlich unbegründete Widersprüche in die Strafrechtsordnung trägt: Während der Dieb oder die Dirne in ihrem durch verbotene bzw. unsittliche Handlung erlangten Gewahrsam an Beute bzw. Dirnenlohn gegen Wegnahme durch §§ 242, 249 StGB geschützt sind, sollen sie gegenüber betrügerischen oder erpresserischen Angriffen schutzlos bleiben,

b) die Nichtzugehörigkeit eines Wertes zum Vermögen daraus herleitet, daß § 817 S. 2 BGB dem zu gesetz- oder sittenwidrigen Zwecken Leistenden das Rückforderungsrecht versagt. Damit ist aber weder die Tatsache des Verlustes aus der Welt geschafft, noch die strafrechtliche Schadensfrage überhaupt berührt. Vielmehr wird nur die rechtliche Hilfe zur Rückabwicklung des verbotenen Geschäfts verwehrt.

c) kriminalpolitisch verfehlt ist, weil er im Verhältnis von Rechtsbrechern untereinander Betrug und Erpressung zuläßt und Inhaber nichtiger Forderungen – wie z. B. vormals Dirnen – weitgehend schutzlos stellt, was insgesamt zu einer nicht unbedenklichen Bedrohung des Rechtsfriedens durch einen strafrechtsfreien Ganovenraum führt.

III. (hier sog.) **Juristisch-ökonomischer Vermögensbegriff**

Vermögen i. S. d. § 263 StGB ist die Gesamtheit aller wirtschaftlichen Güter einer Person, die ihrer rechtlich gebilligten und geschützten Verfügungsgewalt unterliegen. Geschädigt ist danach nur, wessen Ärmerwerden nicht gerade im Verlust einer ohnehin rechtlich nicht geschützten oder mißbilligten Position besteht.

Vertreten von:

Berger, Der Schutz öffentlichen Vermögens durch § 263 StGB (2000), 63 f., 84 ff.; Bergmann/Freund, JR 1988, 189; dies., JR 1991, 357; Blei, § 60 III 2 b; Cramer, Vermögensbegriff und Vermögensschaden im Strafrecht (1968), 100 ff.; ders., JuS 1966, 475; Foth, GA 1966, 40; Franzheim, GA 1960, 277; Gallas, Eb.-Schmidt-Festschr. (1961), 408; Geppert, JK 8/03, StGB § 253/8; Gössel II, 363 f.; Gutmann, MDR 1963, 5; Hecker, JuS 2001, 231; Kohlrausch-Lange, § 263 Bem. V 1; Lackner-Kühl, § 263 Rn. 33 ff.; Lenckner, JZ 1967, 105 ff.; ders., NStZ 1983, 410; LK-Lackner (10. Aufl. 1979), § 263 Rn. 123, 132 ff.; LK-Schünemann, § 266 Rn. 134; LK-Tiedemann, § 263 Vorb. Rn. 31; § 263 Rn. 132; Maurach-Schroeder-Maiwald I, § 41 Rn. 99; Mitsch II/1, § 7 Rn. 84, 93; Neumann, JuS 1993, 749; Rengier I, § 13 Rn. 55 ff.; Renzikowski, GA 1992, 174 f.; Riemann, Vermögensgefährdung und Vermögensschaden (1989), 17; Schmidt-Priebe II, 211 ff.; Schönke-Schröder-Cramer, § 263 Rn. 82 f.; SK-Samson/Günther, § 263 Rn. 112 ff.; Tenckhoff, JR 1988, 126; Welzel, § 54 I 4 a; Wessels-Hillenkamp, Rn. 534 f.; Ziethen, NStZ 2003, 189; BGHSt 31, 178; BGH StV 1987, 484 m. zust. Anm. Barton; OLG Hamm NStZ 1990, 342; nahest, RGSt 16, 1; 65, 100; 66, 285; BGHSt 4, 373; 20, 136; BGH NStZ-RR 2000, 140; BGH NStZ 2001, 534; i. E. nahest. Nelles, a. a. O. 347 ff., 426; enger Zieschang, Hirsch-Festschr. (1999), 837.

1. Argument
Das Strafrecht kann seinen Vermögensbegriff nicht völlig unabhängig von den rechtlichen Normen bilden, die über die Güterzuteilung entscheiden und deshalb insbesondere nicht Güter in das Vermögen einer Person einbeziehen, zu denen sie eine faktisch vielleicht realisierbare, aber vom Recht nicht anerkannte oder mißbilligte Beziehung hat. Nur mit dieser Modifikation führt der für das Strafrecht grundsätzlich richtige wirtschaftliche Ansatz zu einer mit der Gesamtrechtsordnung widerspruchsfreien Lösung.

2. Argument
Wem die (zivil- oder öffentlich-)rechtliche Zuteilungsordnung untersagt, über ein Gut zu verfügen und seiner faktischen Position zu diesem Gut auch keinen Schutz gewährt, der kann für die Rechtsordnung auch nicht Inhaber dieses Gutes sein.

3. Argument
Gegen einen rein wirtschaftlichen Vermögensbegriff spricht,

a) daß er mangels jeder rechtlichen Fixierung so konturenlos ist, daß er dem Bestimmtheitsgebot nicht mehr entspricht und

b) Wertungswidersprüche in der Rechtsordnung heraufbeschwört, wenn er die Zuteilung von Gütern zum Vermögen eines Subjekts ohne Rücksicht auf die rechtlichen Zuteilungsordnungen des Zivil- oder öffentlichen Rechts rein wirtschaftlich vornehmen will.

4. Argument
Gegen einen personalen Vermögensbegriff spricht,

a) daß die Lehre die ohnehin schon unbestimmte Methode der auch von den wirtschaftlichen Lehren im Prinzip anerkannten individuellen Schadensberechnung um zahlreiche Unsicherheitsfaktoren vermehrt und damit ihre Resultate weitgehend unvorhersehbar macht,

b) die durch jahrzehntelange Rechtsprechung gewonnene Rechtssicherheit durch einen neuen Begriff in Frage stellt, ohne durch hinreichende Konkretisierung dieses Begriffes eine äquivalente Bestimmtheit bieten zu können,

c) durch ihren auf die Person abstellenden subjektiven Ausgangspunkt den Schutzbereich des § 263 StGB über den Vermögensschutz auf den Schutz der Dispositionsfreiheit auszudehnen droht und

d) weitgehend überflüssig ist, weil auch der wirtschaftliche Vermögensbegriff anerkennt, daß ein Vermögensgegenstand nicht überall und immer den gleichen Wert hat.

IV. (hier sog.) **Personaler Vermögensbegriff**

Vermögen ist die wirtschaftliche Potenz des Vermögensträgers, die auf der Herrschaft über solche Objekte beruht, die in der Rechtsgemeinschaft als Objekte des Wirtschaftsverkehrs angesehen werden. Ein Vermögensschaden liegt hiernach in der Verminderung der wirtschaftlichen Potenz des Vermögensträgers.

Vertreten von:

Alwart, JZ 1986, 564 f.; Bockelmann I, § 11 II 3 e, cc; ders., Kohlrausch-Festschr. (1944), 226, 247 ff.; ders., JZ 1952, 464 f.; D. Geerds, Jura 1994, 320; Hansen, Jura 1990, 510 ff., 513; Hardwig, GA 1956, 17 ff.; Heinitz, JR 1968, 387 f.; Labsch, JuS 1981, 47; ders., Jura 1987, 416; Otto, § 38 Rn. 3 ff., § 51 Rn. 59 ff.; ders., Die Struktur des strafrechtlichen Vermögensschutzes (1970), 26 ff.; ders., JZ 1993, 656; ders., Jura 1993, 425; ders., JK 95, StGB § 263/43; ders., ZRP 1996, 305; Schmidhäuser, 11/1–4; i. E. nahest. Jakobs, JuS 1977, 230 f.; Weidemann, MDR 1973, 992 f. Im Ausgangspunkt übereinst., dann aber – ähnlich der juristisch-ökonomischen Theorie – nur den Sachverhalt zum Vermögen rechnend, in dem »eine Person über mit der Rechtsordnung vereinbare Potentiale nach ihrem Belieben verfügen und externen Störfaktoren begegnen kann«, Hefendehl, Vermögensgefährdung und Exspektanzen, 1994, 93 ff.; ders., in: Schünemann, Strafrechtssystem und Betrug (2002), 228 ff.; LK-Schünemann, § 266 Rn. 134 = sog. **normativ-ökonomischer Vermögensbegriff**; nahest. Hagenbucher, in: Schünemann, Strafrechtssystem und Betrug (2002), 180 ff.

1. Argument
Es ist nicht Aufgabe des § 263 StGB, das Vermögen als persongelöste Sachgesamtheit zu schützen, sondern den Schutz der wirtschaftlichen Entfaltungsmöglichkeit des Individuums zu gewährleisten. Das aber kann nur ein Vermögensbegriff leisten, der von den personalen Interessen des einzelnen Vermögensträgers und dem Gebrauchswert der Güter für ihn, nicht aber von dem in allen denkbaren Fallgestaltungen gleichbleibenden objektiven Geldwert ausgeht.

2. Argument
Nur ein personaler Vermögensbegriff, der das Vermögen nicht als abstrakte Geldsumme behandelt, kann die Person in ihrer Befugnis, über die Zusammensetzung ihres Vermögens allein zu entscheiden, wirksam schützen und damit zwanglos die wirtschaftliche Zweckverfehlung einer Leistung unter den Schadensbegriff subsumieren. Wenn sich auch die Vertreter der Gegenmeinungen in Fällen einseitiger Leistungsverhältnisse, wie insbesondere bei Subventionen, auf die wirtschaftliche Fehlleitung der Mittel zur Schadensbegründung berufen, bedienen sie sich des personalen Begriffes, ohne dies zuzugestehen.

3. Argument
Gegen den wirtschaftlichen Vermögensbegriff spricht, daß er seine objektive Bestimmung des Schadens als geldwerte Einbuße selbst durch Anerkennung eines individuellen Schadenseinschlages korrigieren und dabei in der Rechtssicherheit abträglicher Weise weitgehend offenlassen muß, wann der Richter die individuellen Interessen des Opfers nun berücksichtigen soll und wann nicht.

4. Argument
Das Vermögen mit der Reichweite seiner Wirkungsmacht gleichzusetzen und damit eine Herrschaftsposition zu beschreiben, ist der (von personaler und normativ-ökonomischer Lehre gemeinsam anerkannte) zutreffende Ansatz zur Erfassung des Vermögensbegriffs. Der (durch die personale Vermögenslehre nicht gebannten) Gefahr, nur die Dispositionsfreiheit zu schützen, muß (nach der normativ-ökonomischen Lehre) durch eine Integration von Wirtschaft und Recht im Vermögensbegriff dadurch begegnet werden, daß die in Frage stehenden Potentiale nach den Maßstäben des Bilanzrechts als vermögenswert eingestuft werden können.

Beispiele:

1. Im Ausgangsfall hat T den O um dessen durch Diebstahl erworbenen und daher unrechtmäßigen Besitz »betrogen«. Für die Vertreter des juristischen Vermögensbegriffes hat O schon deshalb keinen Vermögensbestandteil eingebüßt, weil der Besitz kein subjektives Recht, sondern nur eine tatsächliche Vermögensposition ist, die nach dieser Lehre von § 263 StGB nicht erfaßt wird. Für den wirtschaftlichen Vermögensbegriff hat dagegen auch der unredliche Besitz Vermögensqualität, weil er bereits als bloßes Faktum einen wirtschaftlichen Wert verkörpert. Die juristisch-ökonomische Vermögenstheorie erkennt zwar den Besitz als Vermögensbestandteil an, meint aber überwiegend, den unredlichen Besitzer aus dem Schutzbereich des § 263 StGB ausschließen zu sollen, weil die Rechtsordnung seinen Besitz mißbilligt (auf dem Boden der juristisch-ökonomischen Vermögenslehre abw. aber z. B. LK-Lackner, 10. Aufl. 1979, § 263 Rn. 133; zu diesem »internen« Streit s. Küper, 347 f. m. w. N.). Schließlich ist auch für die Anhänger des per-

sonalen Vermögensbegriffes der Besitz Vermögensbestandteil, wobei es nach überwiegender Auffassung gleichgültig sein soll, ob es sich um unrechtmäßigen oder rechtmäßigen Besitz handelt, s. Schmidhäuser, 11/27 (zu Fällen, in denen Drogenhändler um den Besitz des Rauschgifts gebracht werden, BGH NStZ 2004, 37 m. w. N.).

2. T bietet in seinem Bekleidungsgeschäft »rein wollene« Anzüge zu einem sehr niedrigen Einführungspreis an, die in Wahrheit aus weniger wertvoller Zellwolle bestehen, den »Einführungspreis« aber durchaus wert sind. O, der schon immer gerne einen rein wollenen Anzug haben wollte, ihn aber bislang nicht bezahlen konnte, nimmt das günstige Angebot wahr, nachdem er sich die Eigenschaft von T nochmals ausdrücklich hat zusichern lassen (vgl. BGHSt 16, 220). – Nach der juristischen Vermögenslehre liegt der Schaden O's darin, daß er nicht bekommen hat, worauf er Anspruch hatte. Auf den Wert des tatsächlich erhaltenen Anzuges kommt es hiernach nicht an. Auch die personale Vermögenslehre dürfte hier Betrug bejahen, weil O seinen persönlichen wirtschaftlichen Zweck, einen rein wollenen Anzug zu besonders günstigem Preis zu erwerben, nicht erreicht hat. Für die rein wirtschaftliche und die juristisch-ökonomische Betrachtungsweise scheidet ein Vermögensschaden an sich deshalb aus, weil O eine Ware bekommen hat, die ihren Preis wert ist. Insbesondere von Vertretern des juristisch-ökonomischen Vermögensbegriffes wird aber teilweise Betrug in Fällen ausdrücklich zugesicherter – dann aber fehlender – Eigenschaften gleichwohl bejaht (s. hierzu LK-Lackner, 10. Aufl. 1979, § 263 Rn. 232 f.; SK-Samson/Günther, § 263 Rn. 174 ff.; zum Fall Roxin-Schünemann-Haffke, 293 ff.; zur Schadenskonstruktion bei einem solchen »unechten« Erfüllungsbetrug s. Küper, 366 f.; LK-Tiedemann, § 263 Rn. 202).

3. Berufskiller T verspricht O, der seiner Frau überdrüssig ist, diese gegen Zahlung von 20.000,– € zu töten, obwohl er nicht gewillt ist, dies tatsächlich zu tun. Beim letzten Treffen, auf dem beide die Details der Tatausführung besprechen, übergibt O dem T die geforderte »Anzahlung« von 5.000,– €, die T im Laufe der nächsten Tage für sich verbraucht. Hat T sich wegen Betrugs strafbar gemacht? – In der Hingabe der 5.000,– € liegt eine irrtumsbedingte Vermögensverfügung (a. A. Kindhäuser / Wallau, NStZ 2003, 153: kein rechtserheblicher Irrtum; Mitsch, JuS 2003, 125 f.: keine betrugsrelevante Täuschung; s. a. Gröseling, NStZ 2001, 515 ff.; Hecker, JuS 2001, 231 f.). Zweifel daran, daß in dem Verlust des »guten« Geldes ohne ausgleichendes Äquivalent ein Schaden liegt, ergeben sich deshalb, weil O sein Geld zu verbotenen Zwecken eingesetzt hat. Ein Teil der Vertreter des juristisch-ökonomischen Vermögensbegriffs lehnt die Schutzwürdigkeit von zu verbotenen Zwecken eingesetzten Vermögenswerten ab: Wer zur Erfüllung eines verbotenen oder sittenwidrigen Geschäfts Vermögenswerte einsetze, leiste auf eigene Gefahr und verliere den Vermögensschutz, wie sich an § 817 S. 2 BGB zeige (dazu Schönke-Schröder-Cramer, § 263 Rn. 150). Die wohl überwiegende, aus Vertretern des wirtschaftlichen und des juristisch-ökonomischen Vermögensbegriffs bestehende Ansicht nimmt hingegen einen Vermögensschaden an, da die Verfolgung verbotener Zwecke durch den Getäuschten keinen Freibrief für den Schädiger bedeute, sich die Vermögenswerte, die der Getäuschte zu unerlaubten Zwecken riskiere, zu eigenem Nutzen zu verschaffen (KG NJW 2001, 86 f.). Aus der zivilrechtlich umstrittenen Versagung der rechtlichen Hilfe zur Rückabwicklung des Geschäfts sei ebenso wenig wie aus den strafrechtlichen Verfallsvorschriften für den geschützten Vermögensbestand im Tatzeitpunkt das Gegenteil herleitbar (vgl. z. B. Wessels-Hillenkamp, Rn. 564). Auch die Anhänger des personalen Vermögensbegriffs

bejahen einen Vermögensschaden, weil der Getäuschte den wirtschaftlichen Zweck, den er mit der Zahlung anstrebe, verfehle und daher einen Schaden erleide (Otto, JK 01, StGB § 263/59). Vgl. zum Ganzen die Fallösung von Hillenkamp, JuS 2003, 161 f. Dieselben Argumentationslinien finden sich in einem ähnlich gelagerten, vom BGH entschiedenen Fall, in dem der Angeklagte statt 35 kg nur 4 kg Marihuana und 31 kg Schokolade geliefert hatte (für Betrug BGH NJW 2002, 2117 m. Bspr. Engländer, JR 2003, 163).

4. T verkehrt in einem Bordell mit der Dirne O und bezahlt sie anschließend mit Falschgeld (BGHSt 4, 373). – Juristischer und juristisch-ökonomischer Vermögensbegriff verneinten einen Schaden der Dirne, weil ihr kein Rechtsanspruch auf den Dirnenlohn zustehe und der kommerzialisierte Geschlechtsverkehr von der Rechtsordnung mißbilligt werde. Nur einige Vertreter eines wirtschaftlichen Vermögensbegriffes waren bereit, auch in diesem Fall die Konsequenzen zu ziehen und einen Schaden der Dirne zu bejahen. Überwiegend wurde – mit unterschiedlicher Begründung – Betrug verneint (vgl. Krey II, 12. Aufl. 1999, Rn. 425 ff. m. w. N.). Dabei handelte es sich um eine »eindeutige Durchbrechung des rein wirtschaftlichen Vermögensbegriffs« (SK-Samson/Günther, § 263 Rn. 107). Die Anhänger des personalen Vermögensbegriffes neigten dagegen zur Bejahung eines Vermögensschadens. Heute ist der Fall durch das Prostitutionsgesetz vom 20. 12. 2001 (BGBl. I, 3983) entschieden. Da hiernach die Prostituierte einen rechtlichen Anspruch auf den Dirnenlohn hat, ist nach allen Vermögensbegriffen ein Schaden gegeben.

5. **Hinweis:**

Zur Bewertung von Erbaussichten als Vermögenswert nach den verschiedenen Vermögenslehren s. OLG Stuttgart NJW 1999, 1564 m. Anm. Thomas NStZ 1999, 622 u. Brand-Fett, JA 2000, 211. Von einer »wirtschaftlichen Betrachtungsweise« ist nach BGHSt 45, 1, 4 auch beim »Gefährdungsschaden« des Eingehungs- (hier: Anstellungs-)betruges auszugehen, s. dazu Geppert, Hirsch-Festschr. (1999), 528 ff.; Jahn, JA 1999, 628 ff.; krit. hierzu KG JR 1998, 434, 437 f.

32. Problem (§ 263 StGB)

Ist der gutgläubige Erwerber einer vom Veräußerer mittels strafbarer Handlung erlangten Sache i. S. d. § 263 StGB geschädigt?

Beispiel:

T leiht sich von X ein Moped für eine Fahrt nach auswärts. Als das Moped unterwegs versagt, schiebt T es zu der Reparaturwerkstatt des O, der ihn auf die Notwendigkeit einer umfangreichen Reparatur hinweist. Darauf bietet T dem O das Moped zum Kauf an. O geht darauf ein und läßt sich das Fahrzeug gegen Zahlung von 130,– € übereignen, nachdem T versprochen hat, die Papiere zu übersenden. Obwohl O den T für den Eigentümer gehalten hatte, gibt er später – als er den wahren Sachverhalt erfährt – das Moped an X zurück (vgl. BGHSt 15, 83; Tiedemann, 151). Ist T wegen Betruges strafbar?

Ausgangspunkt:

Wer eine gestohlene Sache veräußert, kann dem Erwerber kein Eigentum verschaffen und schädigt ihn deshalb. Ist die Sache dagegen durch eine Straftat erlangt, die gutgläubigen Erwerb nicht ausschließt, erhält der Erwerber mit dem Eigentum rechtlich, was ihm zusteht. Dann scheint eine Schädigung ausgeschlossen, wenn man nicht – wie es das RG noch wollte – einen der zuvor unredlich erworbenen Sache anhaftenden »sittlichen Makel« für eine Schadensbegründung ausreichen läßt. Obwohl dies heute niemand mehr will, ist die Lösung nach wie vor im Streit, denn der vermeintlich »sittliche« Makel kann sich als ein wirtschaftlicher erweisen, weil und wenn der ursprünglich Berechtigte den Erwerb angreift und die Sache herausverlangt. Diese über dem Erwerber schwebende Gefahr kommt als schadensbegründende konkrete Vermögensgefährdung denkbarerweise auch dort in Betracht, wo der Erwerber juristisch gesehen die sichere Karte des gutgläubigen Erwerbes hat (s. einführend auch Küper, 361 f.).

I. (hier sog.) **Modifizierte Makeltheorie**

Der gutgläubige Erwerber einer vom Veräußerer durch strafbare Handlung erlangten Sache kann trotz seines Eigentumserwerbs im Einzelfall durch die aus dem strafbaren Vorerwerb ihm konkret drohenden Gefahren geschädigt sein. Der dem gutgläubig erworbenen Gegenstand anhaftende »sittliche Makel« allein begründet einen solchen Schaden allerdings noch nicht.

Vertreten von:

Arzt-Weber, § 20 Rn. 98; Bockelmann I, § 11 II 3 b, dd; Eser IV, Fall 13 A 43; Geier, LM § 263 Nr. 51; Gössel II, 384; Haft, 99; Hauf I, 131; Kohlrausch-Lange, § 263 Bem. V 2 g; Kühl, HRR, 175; Mitsch II/1, § 7 Rn. 105; Pfeiffer-Maul-Schulte, § 263 Bem. 29; Preisendanz, § 263 Bem. V 3 e; Rengier I, § 13 Rn. 90 f.; Schmidt-Priebe II, 220 f.; Schönke-Schröder (17. Aufl.), § 263 Rn. 82; Tiedemann, JuS 1967, 27 f.; Tröndle, GA 1962, 243 f.; Tröndle-Fischer, § 263 Rn. 90, 95; Weigelin, ZStW 61 (1942), 291 ff.; Wessels-Hillenkamp, Rn. 575; RGSt 73, 61; RG DR 1940, 106; BGHSt 1, 92; 3, 370;15, 83; BGH GA 1956, 181; 1956, 182; BGH JR 1990, 517 (m. zust. Anm. Keller, JR 1990, 519; krit. Otto, JK 91, StGB § 263/33); BGH StV 2003, 447; OLG Hamburg NJW 1956, 392; OLG Köln MDR 1966, 253; weiter einschr. Bockelmann, JZ 1952, 463.

1. Argument
Im Wirtschaftsleben will der Käufer vom wirklichen Eigentümer makelfreies und ungefährdetes Eigentum erwerben. Mag der Verkäufer auch zivilrechtlich seiner Eigentumsverschaffungspflicht durch die §§ 932 ff. BGB nachkommen und juristisch nicht nur ein »Eigentum zweiter Klasse« vermitteln können, für die im Vermögensstrafrecht gebotene wirtschaftliche Betrachtungsweise hat der gutgläubige Erwerber nicht bekommen, was ihm zusteht.

2. Argument
Der gutgläubige Erwerber ist der Gefahr ausgesetzt, daß ihm sein erworbenes Recht bestritten wird. Im Wirtschaftsleben aber werden bestrittene Rechte regelmäßig geringer bewertet als unbestrittene.

3. Argument
War der Erwerbsvorgang objektiv nicht unverfänglich (z. B. Erwerb in einer Gaststätte), besteht schon im Zeitpunkt der Vermögensverfügung für den Erwerber die Gefahr, des bösgläubigen Erwerbs oder gar der Hehlerei bezichtigt, in Schwierigkeiten mit Aufsichtsbehörden oder Organen des Handelsstandes verstrickt oder sonst in seinem Ansehen geschmälert zu werden. Das alles kann eine Vermögensminderung darstellen.

4. Argument
Eine gewinnbringende Verwertung der angekauften Sache wird dem Erwerber wegen ihrer zweifelhaften Herkunft in aller Regel verwehrt sein. Der Erwerber kann sogar aus persönlichen oder wirtschaftlichen Rücksichtnahmen oder sonstigen Umständen gezwungen sein, die Sache dem früheren Eigentümer zurückzugeben. Das alles zeigt, daß im gutgläubigen Erwerb stets eine schadensgleiche Vermögensgefährdung des Erwerbers liegt.

5. Argument
Wenn auch der Erwerber im Prozeß seinen guten Glauben nicht beweisen muß, ist doch das Risiko, daß im Prozeß aufgrund objektiv suspekter Umstände auf Bösgläubigkeit geschlossen wird, angesichts der strengen Anforderungen an die Gutgläubigkeit groß und das Prozeßrisiko deshalb für den Erwerber eine weit konkretere Gefahr, als die Beweislastverteilung zunächst vermuten läßt.

II. (hier sog.) **Erfüllungstheorie**

Wer eine vom Veräußerer durch strafbare Handlung erlangte Sache gutgläubig zu Eigentum erwirbt, erleidet keinen Schaden i. S. d. § 263 StGB.

Vertreten von:

Blei, PdW I, Nr. 351; Cramer, Vermögensbegriff und Vermögensschaden im Strafrecht (1968), 127 ff.; Gutmann, MDR 1963, 94; Hommel, DRiZ 1963, 303; Maurach, NJW 1961, 629; Maurach-Schroeder-Maiwald I, § 41 Rn. 125; Maurer, NJW 1953, 1480; Mittelbach, JR 1961, 69; Müller-Webers, NJW 1954, 220; Naucke, Zur Lehre vom strafbaren Betrug (1964), 179 ff.; Oehler, GA 1956, 161 ff.; Riemann, Vermögensgefährdung und Vermögensschaden (1989), 106 ff.; Schmidhäuser, 11/23; Schönke-Schröder-Cramer, § 263 Rn. 111; Traub, NJW 1956, 450; Vogel, Jura 1996, 267; einschr. (bei hohem Rückgaberisiko aufgrund regelwidriger Erwerbsumstände oder wirtschaftlicher Rücksichtnahme) Hohmann-Sander I, § 11 Rn. 132; Krey-Hellmann, Rn. 476 ff.; Lackner-Kühl, § 263 Rn. 43; LK-Lackner (10. Aufl. 1979), § 263 Rn. 201; LK-Tiedemann, § 263 Rn. 209; NK-Kindhäuser, § 263 Rn. 365; Otto, § 51 Rn. 78; ders., Jura 1991, 496, 498; SK-Samson/Günther, § 263 Rn. 180; RGSt 49, 16; RG JW 1934, 1973; RG LZ 1921, 383; OLG Hamburg NJW 1952, 439. Mit eigenst. Begründung i. E. übereinst. Hefendehl, Vermögensgefährdung und Exspektanzen (1994), 353 ff.

1. Argument
Der Veräußerer hat seine vertragsmäßige Pflicht, dem Erwerber Eigentum zu verschaffen, erfüllt, der Erwerber das ihm für sein Geld geschuldete Äquivalent erhalten: Für einen Vermögensschaden ist daher kein Raum.

2. Argument
Die Gefahr prozessualer Auseinandersetzungen mit dem Altberechtigten kann keine schadensgleiche Vermögensgefährdung begründen, weil

a) der Erwerber unanfechtbares, durch einen Vindikationsprozeß objektiv nicht zu gefährdendes Eigentum erlangt hat und durch die Beweislastverteilung, die dem Kläger den Beweis für die – ja nicht vorhandene – Bösgläubigkeit (und nicht dem Beklagten die für seine Gutgläubigkeit) aufbürdet, in seiner Rechtsstellung auch prozessual abgesichert ist,

b) das gleiche Risiko bei jedem Rechtsgeschäft besteht, da die Fehlerhaftigkeit der Einigung oder das Fehlen der Verfügungsbefugnis des Veräußerers auch dann behauptet werden kann, wenn kein Erwerb nach §§ 932 ff. BGB vorliegt und

c) der frühere Eigentümer den Prozeß überhaupt scheuen wird, da seine Aussichten wegen der Beweislastverteilung minimal und der von ihm zu betreibende Aufwand demgegenüber unverhältnismäßig groß ist.

3. Argument
Wenn der Vermögensschaden aus einem »sittlichen Makel«, der »Gefahr der Bezichtigung der Hehlerei« oder dem »Verlust an Ansehen« hergeleitet wird, wird der Betrug zu einem Delikt gegen Ehre und Ansehen verfälscht.

4. Argument
Da eine moralische oder im Wirtschaftsverkehr allgemein anerkannte Pflicht zur Rückgabe gutgläubig erworbener Güter an den Altberechtigten nicht existiert, läßt sich ein Schaden nicht damit begründen, daß sich ein Erwerber im Einzelfall einmal aus Anstandsgefühlen bereitfinden wird, die Sache zurückzugeben.

5. Argument
Die Makeltheorie schafft ein dem Zivilrecht unbekanntes Eigentum minderen Wertes und setzt sich dadurch in Widerspruch zum zivilrechtlichen Gutglaubensschutz, der das gutgläubig erworbene Eigentum dem normal erworbenen in jeder Beziehung gleichstellt.

Beispiele:

1. T hat im Ausgangsfall (s. dazu auch Kühl, HRR, 173) eine Unterschlagung am Moped des X begangen. Ob auch ein Betrug gegenüber O vorliegt, hängt davon ab, ob O trotz seines gutgläubigen Eigentumserwerbes einen Schaden erlitten hat. Der BGH hat auf dem Boden der modifizierten Makeltheorie eine schadensgleiche Vermögensgefährdung bejaht, weil bei den vorliegenden Verkaufsumständen – Verkäufer war dem Käufer unbekannt, Fahrzeugpapiere fehlten – die konkrete Gefahr bestand, daß X von O das Moped herausverlangen und O möglicherweise in Hehlereiverdacht geraten könnte. Die Erfüllungstheorie verneint dagegen einen Vermögensschaden und damit Betrug. Daß der Mopedfahrer dem Käufer nicht bekannt war und seine Papiere nicht dabei hatte, dürfte »regelwidrige Erwerbsumstände« i. S. d. einschränkenden Erfüllungstheorie wohl noch nicht begründen (in Fällen wie diesen ist die Vorfrage des gutgläubigen Erwerbes stets sorgfältig zu prüfen: Erwirbt der Käufer nämlich schon kein Eigentum, weil die Sache dem Eigentümer gestohlen, verlorengegangen oder abhanden gekommen ist – § 935 I BGB – oder weil der Erwerber grob fahrlässig handelt – § 932 II

BGB –, ist mangels Eigentumserwerbes ein Schaden unstreitig gegeben; ist andererseits der Käufer bösgläubig, liegt schon kein Irrtum vor, so daß nur versuchter Betrug in Betracht kommt, falls der Verkäufer den Erwerber für gutgläubig hält: Nur dann und in der Konstellation des Ausgangsfalles tritt das erörterte Problem auf; s. zur Bedeutung der Vorlage von Kfz-Schein und Kfz-Brief für den Gutglaubenserwerb und einen gleichwohl möglichen Schaden BGH StV 2003, 447).

2. T – Inhaber eines Radio- und Fernsehfachgeschäftes – droht die Insolvenz. Er holt deshalb einen vor zwei Tagen an X verkauften und übereigneten fabrikneuen Farbfernseher bei diesem unter dem Vorwand wieder ab, aus sicherheitstechnischen Gründen müsse nach Mitteilung der Herstellerfirma bei den Geräten dieses Fabrikats eine kleine kostenlose Reparatur vorgenommen werden. Noch am selben Tag verkauft T wie beabsichtigt das Gerät in seinem Geschäft an den ahnungslosen O. – Hier hat T das Gerät durch Besitzbetrug erlangt. Da O als Gutgläubiger Eigentum erwirbt, liegt nach der Erfüllungstheorie kein Betrug vor. Dem widersprechen hier die Anhänger der modifizierten Makeltheorie überwiegend nicht, weil der Ankauf eines fabrikneuen Gerätes in einem Fachgeschäft von keinerlei Umständen begleitet ist, die eine Gefahr für das Eigentum begründen könnten. Zur Schadensbegründung bliebe hier allein der von RGSt 73, 61 noch, heute aber von niemandem mehr für ausreichend gehaltene sittliche Makel.

33. Problem (§§ 253, 255, 249 StGB)
Setzt der Tatbestand der Erpressung eine Vermögensverfügung voraus oder genügt es, daß dem Täter ermöglicht wird, die schädigende Handlung, insbesondere eine Wegnahmehandlung, selbst vorzunehmen?

Beispiel:

T fährt mit dem Taxi des O von X nach Y. Unterwegs bittet T den O anzuhalten, steigt aus und gibt aufgrund einer plötzlichen Eingebung auf O zwei Schüsse aus einer Gaspistole ab, wodurch O gezwungen wird, ebenfalls das Fahrzeug zu verlassen. Daraufhin setzt sich T ans Steuer, fährt eine Zeitlang umher und stellt sich anschließend samt Pkw der Polizei, der er glaubhaft erklärt, er habe nur einmal ein bißchen spazierenfahren und anschließend den Pkw zurückgeben wollen (vgl. BGHSt 14, 386). Ist T aus §§ 253, 255 StGB zu bestrafen?

Ausgangspunkt:

Geht es um die Abgrenzung von Diebstahl und Betrug, hilft die Einsicht, daß Diebstahl eine Fremdschädigung durch Wegnahme, Betrug dagegen eine Selbstschädigung durch die Verfügung des Betrugsopfers ist. Ob es sich bei der Abgrenzung von Raub und räuberischer Erpressung strukturell ähnlich verhält, ist umstritten. Während gewichtige Stimmen in der Literatur auch für die Erpressung eine dem Betrug zwar nicht in allen Einzelvoraussetzungen, wohl aber im Grundsatz angeglichene Vermögensverfügung verlangen, die der Erpressung wie dem Betrug den Charakter eines Selbstschädigungsdelikts verleiht, folgt eine wachsende Gegenmeinung der Rechtsprechung, die bei Erpressung eine »Handlung, Duldung oder Unterlassung« auch ohne jeden Verfügungscharakter ausreichen und – weil in jeder mit Raubmitteln durchgesetzten Wegnahme auch deren gleichzeitige

Duldung steckt – in jedem Raub daher eine Erpressung eingeschlossen sein läßt. Das hat in Fällen wie dem Ausgangsbeispiel den »Vorteil«, daß eine mit Raubmitteln erzwungene Wegnahme über § 255 StGB den Strafrahmen des (schweren) Raubes auch dort auslöst, wo es – den Raub ausschließend – an der Zueignungsabsicht fehlt (s. einf. Geppert/Kubitza, Jura 1985, 276; Küper, 384 ff.).

I. (hier sog.) **Verursachungstheorie**

§§ 253, 255 StGB setzen keine Vermögensverfügung des Opfers, sondern lediglich eine durch Nötigungsmittel verursachte Vermögensbeschädigung voraus. Danach genügt es, wenn der Täter sein Opfer zwingt, die vom Täter vorgenommene vermögensschädigende Handlung zu dulden. Auch die durch vis absoluta oder vis compulsiva erzwungene Duldung der Wegnahme erfüllt daher den Erpressungstatbestand (so daß mit jedem Raub zugleich der allgemeine Tatbestand der räuberischen Erpressung gegeben ist).

Vertreten von:

Arzt-Weber, § 17 Rn. 16, § 18 Rn. 25; Blei, § 64 I 1; ders., PdW I, Nr. 376; ders., JA 1975, 41, 100; Geilen, Jura 1980, 51; Graul, JuS 1999, 564 f.; Hauf I, 109; Hecker, JA 1998, 305; Kindhäuser II, § 17 Rn. 20; ders., LPK, § 253 Rn. 20 f.; Kohlrausch-Lange, § 253 Bem. IV; Krey-Hellmann, Rn. 305; Küper, Lenckner-Festschr. (1998), 500 ff.; LK-Herdegen, § 249 Rn. 24; Lüderssen, GA 1968, 257 ff.; Mitsch II/1, § 6 Rn. 40; ders., JA 1997, 664; Mohrbotter, GA 1968, 117 f.; NK-Kindhäuser, § 249 Vorb. Rn. 71; Ohr, JuS 1962, 318; Preisendanz, § 253 Bem. 3; Schünemann, JA 1980, 486 ff.; Seelmann, JuS 1982, 914; Seier, JA 1984, 441 f.; SK-Günther, § 249 Vorb. Rn. 13 ff.; Tausch, Die Vermögensverfügung des Genötigten (1995), 105 f.; RGSt 4, 432; 25, 435; 55, 239; BGHSt 7, 252; 14, 386; 25, 224; 32, 88 (m. Bspr. Joerden, JuS 1985, 24 f.); 41, 125; BGH Herlan MDR 1955, 17; BGH NJW 1967, 61; BGH MDR 1980, 106; BGH MDR 1992, 17; BGH Holtz MDR 1993, 1040; BGH NStZ-RR 1997, 321; 1998, 235; 1999, 103; BGH NStZ 1999, 350; 2002, 31; OLG Hamburg HESt 2, 318; OLG Hamm MDR 1972, 706; offengelassen in BGHSt 19, 342; nahest. Schmidhäuser, 11/56.

1. Argument
Für die Abgrenzung zwischen Betrug und Diebstahl kommt es auf das Vorliegen einer Vermögensverfügung an, für die das innere Verhalten des Getäuschten entscheidend ist. Für die Abgrenzung zwischen Raub und räuberischer Erpressung aber läßt das Gesetz das äußere Erscheinungsbild des vermögensschädigenden Verhaltens des Verletzten maßgebend sein: Wird jemand gezwungen, eine Sache herauszugeben, so spricht das Gesetz von Erpressung unabhängig davon, ob er dies »freiwillig« oder unter dem Druck der Vorstellung, Widerstand sei zwecklos, tut.

2. Argument
Nach dem Wortlaut der §§ 253, 255 StGB, nach dem eine Nötigung zu einer bloßen Duldung ausreicht, wird eine Vermögensverfügung nicht vorausgesetzt. Im Gegenteil spricht die bezüglich der Nötigung mit § 240 StGB wörtlich übereinstimmende Gesetzesformulierung dafür, die eine Vermögensverfügung ausschließende vis absoluta in den Erpressungstatbestand ebenso einzubeziehen, wie es in § 240 StGB unstreitig geschieht.

3. Argument
Nur unter Verzicht auf das Erfordernis der Vermögensverfügung und die Einbeziehung der vis absoluta in den Gewaltbegriff der §§ 253, 255 StGB kann ein durch das Vermögensstrafrecht gewährleisteter lückenloser Rechtsschutz gegen alle in Bereicherungsabsicht gewaltsam herbeigeführten Vermögensschädigungen erreicht werden.

4. Argument
Daß die ohne Zueignungsabsicht erfolgende Besitzverschaffung durch Wegnahme mit Raubmitteln nach der Verursachungstheorie über § 255 StGB den Raubstrafrahmen auslöst, ist entgegen dem Vorwurf der Gegenmeinung kein Wertungswiderspruch, weil die ohne Zueignungsabsicht erfolgende Besitzverschaffung durch mit denselben Mitteln abgenötigte Vermögensverfügung unstreitig § 255 StGB erfüllt: Wer beide Fälle gleich behandelt, vermeidet gerade einen Wertungswiderspruch zwischen diesen beiden im Unrechtsgehalt nicht differierenden Konstellationen.

5. Argument
Da § 255 StGB die Raubstrafen im gesamten Bereich der mit Raubmitteln erzwungenen Bereicherung eintreten läßt, kann insoweit von einer Privilegierung des ohne Zueignungs-, aber mit Bereicherungsabsicht handelnden Täters, die unterlaufen werden könnte, gar nicht die Rede sein.

6. Argument
Hat der Täter mit unfreiwilliger Herausgabe gerechnet, das Opfer aber freiwillig herausgegeben, liegt nach der Gegenauffassung objektiv § 255 StGB, subjektiv aber § 249 StGB vor. Das Ergebnis – §§ 249, 22 StGB – ist offensichtlich verfehlt, weil das Gesetz dem Unterschied zwischen Freiwilligkeit und Unfreiwilligkeit keine Bedeutung beimißt, wie die Bestrafung des räuberischen Erpressers »gleich einem Räuber« belegt.

II. (hier sog.) **Selbstschädigungstheorie**

Das dem Erpreßten abgenötigte vermögensschädigende Verhalten muß sich als eine Vermögensverfügung darstellen.

Vertreten von:

Biletzki, Jura 1995, 637; Bockelmann I, § 16 II 1 a, bb; Eifert, JuS 1993, 1036; Eser IV, Fall 16 A 64; Geppert/Kubitza, Jura 1985, 276; Gössel II, 599; ders., 29; Haft, 162 f.; Hohmann, JuS 1994, 864; Hohmann-Sander I, § 13 Rn. 14 ff.; Joecks, § 255 Rn. 4; Krack, JuS 1996, 497; ders., NStZ 1999, 135; Krey II (12. Aufl. 1999), Rn. 304 ff.; Kühl, HRR, 145; Lackner-Kühl, § 253 Rn. 3; LK-Lackner (10. Aufl. 1982), § 253 Rn. 7 ff.; Maurach-Schroeder-Maiwald I, § 42 Rn. 5 ff.; Meister, MDR 1947, 251; Meurer-Dietmeier, Jura 1999, 644; MK-Sander, § 253 Rn. 13 ff.; Niese, JZ 1960, 361; Otto, § 53 Rn. 4; ders., ZStW 79 (1967), 85 f.; ders., JZ 1984, 144; Ranft, Jura 1993, 490; Rengier I, § 11 Rn. 10; ders., JuS 1981, 659 f.; Samson II, 114 f.; Schmidt-Priebe II, 273; Schnellenbach, NJW 1960, 2154; Schönke-Schröder-Eser, § 253 Rn. 8; Schott, GA 2002, 678 f.; Schröder, ZStW 60 (1941), 87 ff.; Tag, JuS 1996, 909; Tenckhoff, JR 1974, 492; Tröndle-Fischer, § 253 Rn. 2, 9; § 255 Rn. 3; Wagner, 44 f.; Welzel, § 55 I 3; Wessels-Hillenkamp, Rn. 711 ff., 731; nahest. Wolf, JR

1997, 74; RG JW 1934, 488; OLG Braunschweig, NdsRpfl. 1948, 183; HESt 2, 29; ob die Verfügung hier – wie beim Betrug – den Schaden unmittelbar herbeiführen muß, oder ob es ausreicht, daß das Opfer durch seine Mitwirkung dem Täter die Schädigung ermöglicht, ist innerhalb dieser Lehre umstritten, s. Küper, 392; Wessels-Hillenkamp, Rn. 713 m. w. N.

1. Argument
Zu einer dogmatisch sauberen und der Gesetzessystematik adäquaten Grenzziehung zwischen Vermögens- und Eigentumsdelikten gelangt man nur, wenn man Diebstahl und Raub als durch Wegnahme geprägte Fremdschädigungsdelikte, Betrug und Erpressung dagegen als durch die Vermögensverfügung charakterisierte Selbstschädigungsdelikte bestimmt.

2. Argument
Der Erpresser erreicht die beabsichtigte Selbstschädigung des Opfers durch Nötigung, so wie der Betrüger sie durch Täuschung herbeiführt. An diesen Strukturmerkmalen geht vorbei, wer auch die erzwungene Duldung der Wegnahme und damit eine Fremdschädigung dem Erpressungstatbestand subsumieren will.

3. Argument
Die Gegenmeinung führt zu einer weitgehenden Überschneidung der Erpressung mit anderen Vermögensdelikten, weil nach ihr z. B. Diebstahl, Wilderei und unbefugter Fahrzeuggebrauch bei Anwendung von Zwangsmitteln, die hinter denen des Raubes zurückbleiben, zugleich Erpressung, jedes Wegnahmedelikt ohne Zueignungsabsicht (z. B. §§ 289, 248 b StGB) bei Anwendung qualifizierter Zwangsmittel wie auch jeder Raub zugleich eine räuberische Erpressung ist: Damit wird der gesetzgeberische Wille, im Bereich der Vermögensdelikte durch verschiedene Strafrahmen bestimmte Wertungsstufen zu bilden, weitgehend unterlaufen.

4. Argument
Daß nach der Gegenansicht die räuberische Erpressung auch den Raub als Spezialdelikt mitumfassen soll, ist wenig einleuchtend, da § 249 StGB dann im Grunde überflüssig und im übrigen unerklärlich ist, warum von zwei Delikten mit gleichem Strafrahmen eines das »speziellere« sein kann, auf dessen Strafrahmen auch noch das allgemeinere verweisen soll.

5. Argument
Die Gegenmeinung bestraft über § 255 StGB auch den »wie einen Räuber«, der mit Raubmitteln Sachen wegnimmt, aber keine Zueignungs-, sondern nur Bereicherungsabsicht hat. Damit macht sie die Erpressung zum Auffangtatbestand aller in Bereicherungsabsicht begangener, gewaltsamer Vermögensschädigungen und mißachtet dabei die in § 249 StGB zum Ausdruck kommende gesetzgeberische Wertung, nach der die mit Raubmitteln erzwungene bloße Gebrauchsanmaßung gerade nicht die Raubstrafen auslösen soll.

6. Argument
Wenn auch die Selbstschädigungstheorie aus § 255 StGB bestraft, wenn der Täter das Opfer zu einer Verfügung nur in Bereicherungsabsicht nötigt, ist das kein Wertungswiderspruch zur Verneinung des § 255 StGB bei einer Wegnahme in bloßer Bereicherungsabsicht, sondern nur die Konsequenz aus dem System der Eigentums- und Vermögensdelikte: Denn der nur in Bereicherungsabsicht erfolgende

Besitzentzug ist auch im Bereich Betrug/Diebstahl nur strafbar, wenn er durch Selbstschädigung des Opfers (§ 263 StGB), nicht aber, wenn er durch Wegnahme (furtum usus) geschieht.

7. Argument
Der Anwendungsbereich des Gewaltmerkmals wird in § 253 StGB gegenüber § 240 StGB nicht schon begrifflich anders zugeschnitten, was man als widersprüchlich empfinden könnte, sondern nur mit Blick auf die Verfügung eingeschränkt: Formen der Zwangsausübung, die keine Verfügung mehr zulassen, sind auszuscheiden.

Beispiele:

1. Da T im Ausgangsfall (s. dazu auch Kühl, HRR, 143) dem O den Pkw nicht auf Dauer entziehen, sondern ihn nach kurzer Spazierfahrt wieder abliefern wollte, entfällt Raub mangels Zueignungsabsicht. Nach der Verursachungstheorie liegt eine räuberische Erpressung (§§ 253, 255 StGB) vor. T hat X mit Gewalt genötigt, das Taxi zu verlassen und die Wegnahme zu dulden, wodurch bei X ein Vermögensnachteil in Form des Besitzverlustes eingetreten ist. Das reicht nach dieser Auffassung für § 253 StGB aus. Mit der Gaspistole hat T eine Waffe (s. dazu Wessels-Hillenkamp, Rn. 255) verwendet, so daß er nach § 250 II Nr. 1 StGB zu bestrafen ist. Die Selbstschädigungstheorie muß dagegen eine Erpressung verneinen, weil O keine Vermögensverfügung getroffen, sondern T das Auto weggenommen hat. Sie kann T deshalb nur aus §§ 248 b, 240, 224 I Nr. 2 StGB bestrafen, so daß der Streit hier auch i. E. relevant wird (gleiches gilt bei gewaltsamem »Mieterrücken« im Hotel, dazu und zum Verhältnis §§ 289, 255 StGB s. BGHSt 32, 88 m. Bspr. Joerden, JuS 1985, 20 ff.).

2. T fordert in einem abgelegenen Park mit vorgehaltener Pistole die Rentnerin O mit den Worten »Geld oder Leben« auf, ihre Geldbörse herauszurücken. O übergibt – vom Ernst der Worte überzeugt – T ihr Portemonnaie. – Nach der Selbstschädigungstheorie ist hier Raub, nicht räuberische Erpressung gegeben, weil trotz der Weggabe der Geldbörse durch O keine Vermögensverfügung vorliegt. Wer sein Einverständnis mit der Vermögensverschiebung in dem Bewußtsein erklärt, er werde den preisgegebenen Gewahrsam so oder so verlieren, verfügt nicht. Es fehlt an jeder (Rest-)Freiwilligkeit. Auch stellt sich O ihre Mitwirkung nicht als notwendig in dem Sinne vor, daß ohne sie T erfolglos bliebe. O fungiert vielmehr gleichsam als Werkzeug (s. zu diesen – untereinander differierenden und vom Verfügungsbegriff beim Betrug teilweise abweichenden – Anforderungen an die Verfügung Küper, 391 ff.; Schlehofer, Einwilligung und Einverständnis, 1985, 59 ff.; Wessels-Hillenkamp, Rn. 713. Rengier, JuS 1981, 654, 661 verzichtet auf diese Anforderungen und wertet jede äußere Weggabe als Verfügung, es sei denn, sie erfolgt aufgrund von vis absoluta). Für die Verursachungstheorie ist die innere Einstellung O's dagegen unerheblich. Da sie keine Vermögensverfügung verlangt, soll in Fällen, in denen sich der Täter die Sache in Zueignungsabsicht mit Raubmitteln verschafft, das äußere Erscheinungsbild darüber entscheiden, ob Raub als Spezialfall des § 255 StGB oder nur § 255 StGB vorliegt. Hier hat O die Geldbörse nach dem äußeren Bilde weggegeben, folglich liegt nach der Verursachungstheorie § 255 StGB vor (s. Samson II, 108 ff.; Krey-Hellmann, Rn. 301).

3. T betritt das Juweliergeschäft des J, läßt sich dort mehrere wertvolle Ringe vorlegen, zieht dann eine geladene Pistole und hält sie mit dem Ausruf »Überfall,

keine Bewegung« J an die Schläfe. Alsdann rafft T die Ringe an sich und eilt davon. – Hier hat T nach beiden Auffassungen einen schweren Raub (§§ 249, 250 II Nr. 1 StGB) begangen. Ob auch § 239 a StGB in der Alternative des Sich-Bemächtigens vorliegt, hängt einerseits vom in solchen Fällen eher zu verneinenden Eintritt einer stabilisierten Bemächtigungslage (BGHSt 40, 350) und andererseits davon ab, ob T eine Erpressung beabsichtigte. Das ist nach den gegebenen Umständen nach der Selbstschädigungstheorie ausgeschlossen. Da nach dem äußeren Erscheinungsbild eine Wegnahme geplant war, scheint auch nach der Verursachungstheorie mit Raub § 239 a StGB nicht vorzuliegen. Da hiernach in jedem Raub aber zugleich eine Erpressung auch dort stecken soll, wo nach dem äußeren Erscheinungsbild Raub anzunehmen ist, will der BGH (NStZ 2002, 31) § 239 a StGB bejahen (s. zum Fall auch Wessels-Hillenkamp, Rn. 739, 745).

4. Zu den Konsequenzen des Streits bei einer Dreieckserpressung s. Ingelfinger, JuS 1998, 537 f.; BGHSt 41, 123; BGH NStZ-RR 1997, 321 sowie Wessels-Hillenkamp, Rn. 714 m. w. N. und Fallösung in Rn. 726, 734.

34. Problem (§ 266 StGB)
Setzt auch der Mißbrauchstatbestand die für den Treubruchstatbestand allgemein geforderte besondere Vermögensbetreuungspflicht voraus?

Beispiel:

T kauft einen Pkw für 20.000,– €. Den Kaufpreis finanziert er über ein Darlehen von der O-Bank, der er den Pkw sicherungsübereignet. Im Darlehensvertrag heißt es: »Jede Beschädigung des Pkw ist der O-Bank unverzüglich zu melden. Alle abtretbaren Ansprüche gegen Dritte aus einer Beschädigung werden im voraus an die O-Bank abgetreten. Der Darlehensnehmer ist berechtigt und verpflichtet, die Ansprüche für die O-Bank geltend zu machen, wenn die O-Bank nichts anderes bestimmt.« Als T bald darauf einen fremdverschuldeten Totalschaden erleidet, macht er ohne Benachrichtigung der O-Bank den Schaden geltend, erhält von der Versicherung des Schädigers 15.000,– € und verbraucht dieses Geld für sich. Ist T einer Untreue schuldig? (s. OLG Köln NJW 1988, 3219)

Ausgangspunkt:

§ 266 StGB enthält den sog. Mißbrauchs- und den sog. Treubruchstatbestand, die man in dieser Reihenfolge – wo der Mißbrauchstatbestand ernsthaft in Betracht kommt – zu prüfen pflegt. Der Treubruchstatbestand setzt die Verletzung einer »Pflicht, fremde Vermögensinteressen wahrzunehmen« und damit die Verletzung einer spezifischen Vermögensbetreuungspflicht voraus, deren – angesichts der Weite des Treubruchstatbestandes für notwendig gehaltene – tatbestandseinschränkende Funktion in den (mehr oder weniger) hohen Anforderungen (»Hauptpflicht«, »eigene Dispositionsbefugnis« etc., s. Küper, 352 ff.) an die die Pflicht begründende Beziehung des Täters zum geschützten Vermögen erreicht werden soll. Daß eine solche Vermögensbetreuungspflicht auch für den Mißbrauchstatbestand zu verlangen ist, versteht sich nach dem Standort des eben zitierten Satzteiles nicht von selbst, ist seit dem Scheckkarten-Urteil BGHSt 24, 386 aber die von weiten Teilen der Literatur geteilte Auffassung der Rechtsprechung, die diese Forderung daraus herleitet, daß der folgende Passus »dem, dessen Vermögensinteressen er zu betreuen hat« sich auf beide Alternativen beziehe und daß zudem der speziellere Mißbrauchstatbestand nicht geringere Anforderungen stellen könne als der allgemeine Treubruch. Diese Auffassung läßt sich anzweifeln, wenn man den Mißbrauchs- und den Treubruchstatbestand als selbständige Alternativen ansieht. Auch sprechen Wortlaut und Satzbau wie auch die Tatsache, daß der präziser umschriebene Mißbrauchstatbestand einer Einschränkung weniger bedarf als der sonst »uferlose« Treubruch, für eine die Gleichschaltung ablehnende Auslegung. Verlangt man eine Vermögensbetreuungspflicht auch für den Mißbrauchstatbestand, ist zudem nicht ausgefochten, ob sie inhaltlich mit der beim Treubruchstatbestand identisch ist (s. Küper, 340 f.). In einem Fall wie dem Ausgangsbeispiel können diese Fragen fallentscheidend werden.

I. (hier sog.) **Selbständigkeitstheorie**

Mißbrauchs- und Treubruchstatbestand sind zwei einander selbständig gegenüberstehende Tatbestände. Eine Vermögensbetreuungspflicht wird im Mißbrauchstatbestand nicht vorausgesetzt.

Vertreten von:

Arzt, Bruns-Festschr. (1978), 382; Blei, JA 1972, 791; ders., JA 1973, 605; ders., JA 1976, 737; Bockelmann I, § 18 III 1; Freund, JuS 1993,735 Fn. 47; Heimann-Trosien, JZ 1976, 549 ff.; Kargl, ZStW 133 (2001), 589 f.; Labsch, Untreue (1983), 76 ff., 83 ff., 173 ff.; ders., NJW 1986, 107; ders., Jura 1987, 345; LK-Schünemann, § 266 Rn. 11 ff.; Miehe, JuS 1980, 262; Otto, § 54 Rn. 7 ff.; ders., Bargeldloser Zahlungsverkehr und Strafrecht (1978), 100 f.; ders., JR 1985, 30; ders., JZ 1985, 1009; ders., JR 1989, 210; ders., Jura 1991, 49; Preisendanz, § 266 Bem. II 2; Roxin-Schünemann-Haffke, 281 f.; Samson II, 157; Schlüchter, JuS 1984, 675; Schönke-Schröder-Cramer (18. Aufl. 1976), § 266 Rn. 2, 4; Schröder, JZ 1972, 707 f.; Sieber, Computerkriminalität (2. Aufl. 1980), 264 f.; RGSt 68, 372; 69, 59; RG JW 1938, 2336; BGH NJW 1953, 1601; BGH NJW 1954, 1616; OLG Braunschweig NJW 1947, 71; LG Dortmund NJW 1971, 443; OLG Hamm NJW 1972, 299; im Ausgangspunkt auch Schönke-Schröder-Lenckner-Perron, § 266 Rn. 2, 4, die aber vom Boden der Selbständigkeitstheorie – ähnl. wie Eser IV, Fall 17 A 41 von der Spezialitätstheorie her – auch für den Mißbrauchstatbestand nicht auf eine – eigenst. (vgl. Rn. 11, 12) – Betreuungspflicht verzichten; Lenckner zust. Seelmann, JuS 1982, 917; Steinhilper, Jura 1983, 408; s. auch Wegenast, Mißbrauch und Treubruch (1994), 134 ff.

1. Argument
Das Gesetz geht – wie ein Umkehrschluß aus dem Treubruchstatbestand ergibt – in der 1. Alt. des § 266 StGB davon aus, daß schon der Mißbrauch des in der Einräumung der Befugnis, mit Wirkung für andere Verfügungen vorzunehmen oder Verpflichtungen einzugehen, liegenden Vertrauensbeweises – und nicht erst ein zusätzlicher Verstoß gegen eine besondere Vermögensfürsorgepflicht – strafwürdig ist.

2. Argument
Die Vermögensbetreuungspflicht mag einer sachgerechten Restriktion des zu weit geratenen Treubruchstatbestandes dienen. Bei dem in seinen Grenzen sehr viel klarer umrissenen und bestimmteren Mißbrauchstatbestand bedarf es eines zusätzlichen Instrumentes zur Einschränkung und Präzisierung nicht.

3. Argument
Die Vermögensbetreuungspflicht ist in ihren Voraussetzungen und Grenzen so unbestimmt, daß sie den Treubruchstatbestand in die Nähe der Verfassungswidrigkeit rückt. Dehnt man diese Pflicht auf den Mißbrauchstatbestand aus, nimmt er ohne sachlichen Zwang an dieser zweifelhaften Eigenschaft teil.

4. Argument
Die Formulierung »... und dadurch dem, dessen Vermögensinteressen er zu betreuen hat...« postuliert kein Treueverhältnis auch für die 1. Alt. des § 266 StGB, sondern ist lediglich eine plausible Umschreibung der durch beide Alternativen geschädigten Person.

5. Argument
Die Gegenmeinung erklärt durch die Identifikation der Pflichtenstellung in beiden Alternativen des § 266 StGB die 1. Alt. der Sache nach für überflüssig.

6. Argument
Die Gegenmeinung führt jedenfalls dann, wenn man mit dem BGH eine Vermögensbetreuungspflicht des Bankkunden verneint, beim Scheckkartenmißbrauch entweder zu einer unnötigen Strafbarkeitslücke oder – um das als ungerecht empfundene Ergebnis einer Straflosigkeit zu kompensieren – zu einer verfehlten Überdehnung des Betrugstatbestandes.

II. (hier sog.) **Spezialitätstheorie**

Der Mißbrauchstatbestand ist ein speziell geregelter Unterfall des Treubruchstatbestandes. Er setzt wie dieser eine Vermögensbetreuungspflicht voraus.

Vertreten von:

Arzt-Weber, § 22 Rn. 68; Birnbaum, wistra 1991, 255; Dunkel, Erfordernis und Ausgestaltung des Merkmals »Vermögensbetreuungspflicht« im Rahmen des Mißbrauchstatbestandes der Untreue (1976), 17 ff., 127 f.; ders., GA 1977, 329 ff.; Fabricius, NStZ 1993, 415; Gössel II, 489, 494; ders., 173; Gribbohm, JuS 1965, 390; Haft, 224; Hohmann-Sander I, § 16 Rn. 3; Hübner, JZ 1973, 410 f.; Joecks, § 266 Rn. 23; Kohlmann, JA 1980, 229; Krey-Hellmann, Rn. 542; Küper, 339 f.; Lackner-Kühl, § 266 Rn. 4; LK-Hübner (10. Aufl. 1979), § 266 Rn. 7, 9, 16; Maurach-Gössel, 91; Maurach-Schroeder-Maiwald I, § 45 Rn. 11, 18; Meier, Jura 1991, 146 f.; Meyer, JuS 1973, 215; Nelles, Untreue zum Nachteil von Gesellschaften (1991), 218, 220, 510 f.; NK-Kindhäuser, § 266 Rn. 34 ff.; Offermann, wistra 1986, 56; Rengier I, § 18 Rn. 2, 8; Schmidhäuser, 11/60; Schmidt-Priebe II, 262 f.; Schreiber/Beulke, JuS 1977, 657; Schulz/Tscherwinka, JA 1991, 124; Seebode, JR 1973, 119; SK-Samson-Günther, § 266 Rn. 5; Sonnen, JA 1995, 627; Tröndle-Fischer, § 266 Rn. 6, 18; Vormbaum, JuS 1981, 20; Wagner, 35 ff.; Wessels-Hillenkamp, Rn. 750; Wittig/Reinhart, NStZ 1996, 471; Wolff-Deinert, Jura 1998, 260; BGHSt 24, 386; 33, 250; BGH NJW 1984, 2539; BGH wistra 1991, 307; OLG Hamm NJW 1968, 1940; 1977, 1834; OLG Köln JR 1978, 467 m. insoweit zust. Anm. Gössel, 473; OLG Hamburg NJW 1983, 768; OLG Hamm NJW 1984, 1633; OLG Köln NJW 1988, 3219; grundsätzlich auch Eser IV, Fall 17 Rn. 41, der aber an die Betreuungspflicht **für beide Alternativen unterschiedliche Anforderungen** stellt und für den Mißbrauchstatbestand bloßes »Anvertrautsein« des Vermögens ausreichen läßt (für den Scheckkartenmißbrauch zust. Blei, § 65 III 1 c); ähnl. Bringewat, GA 1973, 362 ff.; ders., NStZ 1983, 458; JA 1984, 347; wistra 1984, 194; NStZ 1985, 535; Eisele, GA 2001, 380 f.; Hauf I, 114; Mitsch II/1, § 8 Rn. 19; Sax, JZ 1977, 702; offen Müller-Christmann-Schnauder, JuS 1998, 1080; Schramm, NStZ 2000, 398.

1. Argument
Der Mißbrauchstatbestand ist nur eine präzisierte Erscheinungsform, nicht aber ein selbständiger Tatbestand gegenüber dem Treubruchstatbestand. Die für den Treubruchstatbestand aus dem Merkmal der »Wahrnehmung fremder Vermögensinteressen« herausdestillierte besondere Vermögensbetreuungspflicht begrenzt deshalb den Mißbrauchstatbestand über den inhaltsgleichen Begriff der »Betreuung fremder Vermögensinteressen« in gleicher Weise.

2. Argument
Der allgemein anerkannten Notwendigkeit, einer Ausuferung des insgesamt zu weit gefaßten Tatbestandes des § 266 StGB entgegen zu wirken, kann nur gerecht werden, wer auch den Mißbrauchstatbestand über die Vermögensbetreuungspflicht restriktiv begrenzt.

3. Argument
Daß durch die Anreicherung des Mißbrauchstatbestandes um die Vermögensbetreuungspflicht auch dieser Tatbestand an der Unbestimmtheit jener Pflicht teilhat, ist zwar richtig, angesichts der tatbestandseinschränkenden Funktion dieses Merkmals aber unbedenklich.

4. Argument
Die Gesetzesformulierung »... und dadurch dem, dessen Vermögensinteressen er zu betreuen hat ...« bezieht sich unmißverständlich auf beide Tatbestandsalternativen des § 266 StGB und setzt daher für beide eine Vermögensbetreuungspflicht voraus.

5. Argument
§ 266 StGB bedroht beide Untreuealternativen mit demselben Strafrahmen. Dann aber geht es nicht an, den bloßen Befugnismißbrauch der Verletzung einer durch die Treuepflicht bestehenden Sonderbeziehung gleichzusetzen. Der Strafrahmen ist – wie auch ein Blick auf § 246 II StGB zeigt – erst angemessen, wenn die Treuepflichtverletzung hinzutritt.

6. Argument
Die Auffassung, daß auch der Mißbrauchstatbestand eine Vermögensbetreuungspflicht verlangt, war gesetzgeberisches Motiv für die 1986 eingefügte Sondervorschrift des § 266 b StGB. In dieser Vorschrift hat der Gesetzgeber eine spezielle Mißbrauchsuntreue ohne Vermögensbetreuungspflicht normiert. Dies läßt die Wertung des Gesetzes erkennen, daß der allgemeine Mißbrauchstatbestand des § 266 I StGB umgekehrt eine solche Pflicht verlangt.

Beispiele:

1. Der Darlehensvertrag ist nach OLG Köln a. a. O. so auszulegen, daß T gem. § 185 BGB befugt war, die der O-Bank zustehenden Schadensersatzansprüche aus dem Unfallereignis im eigenen Namen geltend zu machen und einzuziehen. Diese Be-

fugnis habe T mißbraucht, weil er bereits beim Einziehen der Forderung beabsichtigte, das Geld für sich zu behalten. Mit dieser Auffassung folgt das OLG der bisherigen Rechtsprechung, die freilich nicht unwidersprochen geblieben ist. So sehen z. B. Schönke-Schröder-Lenckner-Perron, § 266 Rn. 19 nicht schon das auftragsgemäße Inkasso als Mißbrauch, sondern erst das anschließende vereinbarungswidrige Verfahren mit dem Geld als Treuebruch an. Für Lenckner-Perron ist also in diesen Fällen stets, bei der Interpretation des OLG Köln dagegen die Vermögensbetreuungspflicht nur dann weitere Voraussetzung der Untreue, wenn diese auch beim Mißbrauchstatbestand zu verlangen ist. Der dieses fordernden Spezialitätstheorie schließt sich das OLG Köln an, verneint dann aber mangels ausreichender »Bewegungsfreiheit und Selbständigkeit« des im Innenverhältnis an die Weisungen der Bank gebundenen T eine in dergleichen Sicherungsvereinbarungen ohnehin kaum einmal zu sehende, auf Wahrung der Vermögensinteressen gerichtete vertragliche Hauptpflicht. Damit scheitern Mißbrauchs- und Treubruchstatbestand. Untreue kann daher nur bejahen, wer mit der Selbständigkeitstheorie im Mißbrauchstatbestand auf die besondere Vermögensbetreuungspflicht verzichtet (s. zur Prüfungsreihenfolge Kindhäuser, § 266 Rn. 11).

2. O – der sein Jurastudium abzubrechen gedenkt – macht im Seminar einen Anschlag, in dem er seinen weiterstudierenden Kommilitonen T bevollmächtigt, das einzige von ihm erworbene Kurzlehrbuch zu verkaufen. Dem T trägt er auf, das unbenutzte Buch, das einen Neuwert von 20,– € hat und antiquarisch zwischen 12,– € und 15,– € gehandelt wird, nicht unter 12,– € abzugeben. Als T ein Angebot für 8,– € erhält, verkauft er das Buch, weil ihm zu weiteren Verhandlungen die Lust fehlt. – T war aufgrund der nach außen unbeschränkten Vollmacht befugt, das Buch für 8,– € zu übereignen, durfte dies nach der wirksamen Beschränkung des Innenverhältnisses aber nicht. Nach der Selbständigkeitstheorie hat T damit den Mißbrauchstatbestand erfüllt, denn er hat O – dessen Buch einen Marktwert von 12,– € bis 15,– € hatte – auch einen Schaden von (mindestens) 4,– € zugefügt. Nach der Spezialitätstheorie dürfte dagegen der Mißbrauchstatbestand und damit Untreue überhaupt zu verneinen sein, weil T die nach dieser Lehre auch für den Mißbrauchstatbestand erforderliche Vermögensbetreuungspflicht nicht traf: Es fehlt an jedem Raum für eigenverantwortliche Entscheidungen bei diesem im Grunde weitgehend bedeutungslosen und ungewichtigen Alltagsgeschäft.

3. T kauft in dem Elektrofachgeschäft E ein Fernsehgerät für 300,– € und bezahlt mittels seiner Kreditkarte, obwohl er weiß, daß sein Konto bei der Bank, von dem die Kreditkartengesellschaft K einmal monatlich die Umsätze abbucht, bereits erheblich über das von der Bank festgelegte Limit überzogen ist und deshalb seine Bank die nächste Kreditkartenabrechnung nicht ausgleichen wird. K erstattet E den Kaufpreis abzüglich einer Gebühr in Höhe von 7 % für den Einsatz der Kreditkarte. – T besitzt durch die Kreditkarte die rechtliche Befugnis, K zu verpflichten (s. zum Kreditkartenverfahren Krey-Hellmann, Rn. 550 d). Von dieser Befugnis hat er gegenüber E wirksam Gebrauch gemacht, ohne dies im Innenverhältnis zu dürfen. Nach der Selbständigkeitstheorie genügt dies, um den Mißbrauchstatbestand zu bejahen. Nach der Spezialitätstheorie ist dagegen weiter zu prüfen, ob T durch den Einsatz der Kreditkarte in dem Wissen, seine Bank werde die Kreditkartenabrechnung der K nicht ausgleichen, eine Vermögensbetreuungspflicht verletzt hat. Ob den Kreditkartennehmer gegenüber dem Kreditkartenaussteller eine Vermögensbetreuungspflicht trifft, ist streitig. Verlangt man für die Betreuungspflicht beim Mißbrauchstatbestand weniger als beim Treuebruchstatbestand, wird man die Frage eher bejahen als bei Zugrundelegung der

These, die Pflichtenstellung sei in beiden Alternativen identisch (auf dem Boden dieser strengen Spezialitätstheorie verneinend BGHSt 33, 244, 250 f., vgl. auch die Ablehnung einer Vermögensbetreuungspflicht des Scheckkarteninhabers im Verhältnis zum kartenausgebenden Institut durch BGHSt 24, 387 f. vor der Abschaffung des garantierten Euroscheckverkehrs zum 31. 12. 2001). Die in diesem Streitstand sichtbar werdende Unsicherheit hat den Gesetzgeber veranlaßt, mit § 266 b StGB einen Tatbestand zu schaffen, der den Fall erfaßt und die §§ 266, 263 StGB – soweit man sie für gegeben hält (im Kreditkartenfall beide verneinend BGHSt 33, 244) – verdrängt (s. zu dieser Entwicklung Wessels-Hillenkamp, Rn. 789 ff.; zur Konkurrenzfrage s. Lackner-Kühl, § 266 b Rn. 9; Stein, JuS 1990, 919; BGH wistra 1987, 64). In einer Fallösung ist daher § 266 b StGB zunächst zu erörtern. Bejaht man einen strafbaren Kreditkartenmißbrauch, wird es für zulässig gehalten, dahingestellt sein zu lassen, ob §§ 266, 263 StGB gegeben sind, da sie jedenfalls hinter § 266 b StGB zurücktreten würden (Krey-Hellmann, Rn. 550 f.). So wird man bei Zeitnot verfahren können. Da nur gegenüber der lex specialis zurücktreten kann, was tatbestandlich vorliegt, ist es aber eher zu empfehlen, beide Tatbestände in der angesichts der Konkurrenzentscheidung gebotenen Kürze zu erörtern.

35. Problem (§ 266 StGB)
Kann im Rahmen gesetzes- oder sittenwidriger Verhältnisse Untreue begangen werden?

Beispiel:

T erhält von O 2.500,– € mit dem Auftrag, für O von diesem Geld »Blüten« zu besorgen. T sagt das zu, verbraucht das Geld aufgrund eines später gefaßten Entschlusses dann aber für sich (vgl. BGH NJW 1954, 889). Hat er sich gem. § 266 StGB strafbar gemacht?

Ausgangspunkt:

Ähnlich wie beim Betrug ist auch bei der Untreue umstritten, wie weit die Reichweite der Norm bei rechts- oder sittenwidrigen Geschäften oder Verhältnissen geht. Während eine Ansicht bei einem wegen rechts- oder sittenwidriger Zwecke nichtigen Innenverhältnis eine Vermögensbetreuungspflicht auch aus dem dann nur übrigbleibenden »faktischen Treueverhältnis« verneint, weil die Einheit der Rechtsordnung den Schutz des Vermögens in einer eben dieser Rechtsordnung widerstreitenden Sonderbeziehung zu dem Vermögen verbiete, wollen andere einen rechtsfreien Raum für die sog. »Ganovenuntreue« nicht zulassen. Einig ist man sich nur, daß sich aus der Nichtausführung des gesetz- oder sittenwidrigen Auftrages natürlich keine Strafbarkeit ergeben kann (s. Küper, 355).

I. (hier sog.) **Juristische Treuepflichttheorie**

Im Rahmen gesetzes- oder sittenwidriger Verhältnisse findet § 266 StGB keine Anwendung.

Vertreten von:

Eser IV, Fall 17 A 54; Freund, JA 1995, 667 f.; Freund/Bergmann, JuS 1991, 223; Joecks, § 266 Rn. 29; Kindhäuser II, § 34 Rn. 36; ders., LPK, § 266 Rn. 41; Labsch, Untreue (1983), 343 f.; Maurach-Schroeder-Maiwald I, § 45 Rn. 27; Mitsch II/1, § 8 Rn. 30; Neumann, JuS 1993, 749; NK-Kindhäuser, § 266 Rn. 66; Schmidhäuser, 11/66; Schönke-Schröder-Cramer (18. Aufl. 1976), § 266 Rn. 32 f.; Schönke-Schröder-Lenckner-Perron, § 266 Rn. 31; Seelmann, JuS 1983, 32; SK-Samson-Günther, § 266 Rn. 36; Tröndle-Fischer, § 266 Rn. 9 (s. aber auch Rn. 34 mit § 263 Rn. 69); RGSt 70, 7; RG HRR 1942, 612; BGH NJW 1954, 889; OLG Braunschweig NJW 1950, 656; AG Siegen wistra 1985, 196 (dazu Achenbach, NStZ 1988, 100); i. E. auch: Otto, § 54 Rn. 28, wenn wegen Rechts- oder Sittenwidrigkeit kein rechtswirksames Vermögensfürsorgeverhältnis vorliegt; Welzel, § 57 B 1 b: zwar Treuebruch, aber kein Schaden.

1. Argument
Das Strafrecht verfehlt seine Aufgabe, wenn es gesetzes- oder sittenwidrige Verhältnisse schützt, indem es den Partner verbotener Rechtsverhältnisse zur »Ganoventreue« anhält.

2. Argument
Die Rechtsordnung würde sich selbst aufheben, wenn sie eine den Vermögensschutz auslösende Treuebeziehung auch dort annähme, wo die diesem Treueverhältnis zugrunde liegende Abmachung sich gegen den Bestand der Rechtsordnung richtet.

3. Argument
Unterliegt das zu verbotenen Zwecken eingesetzte »gute« Geld den Vorschriften über Einziehung oder Verfall, zeigt die Strafrechtsordnung selbst, daß es dem so mißbrauchten Vermögen seinen Schutz entzieht.

4. Argument
Die für eine sitten- oder gesetzeswidrige Handlung (nur) zur Verfügung gestellten (nicht übereigneten) Mittel muß der Empfänger bereicherungsrechtlich zurückgeben, da er sie ohne Rechtsgrund empfangen hat. Das durch diese Rückgabepflicht entstandene Rechtsverhältnis entbehrt jeder Selbständigkeit oder Bewegungsfreiheit, die für eine Treuepflicht i. S. d. § 266 StGB vorausgesetzt ist.

5. Argument
Die Gegenmeinung müßte folgerichtig den reuigen Hehler, der die Sache abredewidrig dem Berechtigten wiederbringt oder bei der Polizei abliefert, wegen Untreue gegenüber dem Dieb bestrafen: eine unsinnige Konsequenz, die die Gegenansicht nur unter Bruch mit ihrer eigenen Prämisse umgehen kann.

6. Argument
Die Behauptung, strafrechtlich ungeschütztes Vermögen gebe es nicht und dem alten Unrecht dürfe nicht noch straflos neues hinzugefügt werden, ist eine petitio principii: es geht ja gerade um die Frage, ob es nicht doch ungeschütztes Vermögen und damit strafrechtlich irrelevantes »Unrecht« geben kann.

II. (hier sog.) **Faktische Treuepflichttheorie**

Untreue kann auch im Rahmen sitten- oder gesetzeswidriger Verhältnisse begangen werden.

Vertreten von:

Arzt-Weber, § 22 Rn. 55 (diff.: der Schaden kann fehlen); Blei, § 65 IV 2; ders., PdW I, Nr. 385; Bockelmann I, § 18 III 3; Bruns, Mezger-Festschr. (1954), 344 ff.; ders., NJW 1954, 857 ff.; ders., NJW 1956, 151; Franke, JuS 1981, 446; Gössel II, 505; Haft, 230 f.; Hartung, JZ 1956, 572; Hilgendorf, 109; Hohmann-Sander I, § 16 Rn. 26; Kohlrausch-Lange, § 266 Bem. III 1; Krey-Hellmann, Rn. 563; Lackner-Kühl, § 266 Rn. 10; LK-Hübner (10. Aufl. 1979), § 266 Rn. 79; LK-Schünemann, § 266 Rn. 65; Maurach-Schroeder I (6. Aufl. 1981), § 47 I A und II A 2 a; Pfeiffer-Maul-Schulte, § 266 Bem. 8, 20; Preisendanz, § 266 Bem. III 1 b; Rengier I, § 18 Rn. 19; Schmidt-Priebe II, 265; Schroth, 174; Wessels-Hillenkamp, Rn. 774; RGSt 41, 265; 73, 157; BGHSt 8, 254; BGH NJW 1984, 800; OLG Kiel NJW 1949, 797; einschr. Luthmann, NJW 1960, 419; i. E. auch Sax, JZ 1977, 706 Fn. 64.

1. Argument
Im Interesse eines lückenlosen Vermögensschutzes darf es kein wegen seiner Herkunft, Entstehung oder seines Verwendungszweckes strafrechtlich ungeschütztes Vermögen geben.

2. Argument
Auch untereinander darf es für Verbrecher keinen straffreien Raum geben, im Vermögensstrafrecht ebensowenig wie sonst. Wer das Gegenteil befürwortet, vernachlässigt die auch und gerade unter Gesetzesbrechern notwendige Befriedungsfunktion des Strafrechts und propagiert einen Freiraum, in dem es durch Faustrecht und Selbstjustiz zu einem für die öffentliche Ordnung gefährlichen Zustand kommen muß.

3. Argument
Da sich eine Treuepflicht auch aus einem rein tatsächlichen Treueverhältnis ergeben kann, kann es auf die rechtliche Bewertung von Grund und Zweck dieses Verhältnisses nicht ankommen.

4. Argument
Die Bestrafung wegen Untreue bei gesetzes- oder sittenwidrigen Verhältnissen bedeutet keinen Schutz nicht integrer Treueverhältnisse, sondern allein den von § 266 StGB angestrebten Vermögensschutz und ermöglicht die Bestrafung eines Täters, der mit seiner vermögensschädigenden Handlung den allgemeinen Geltungsanspruch der Rechtsordnung in gleicher Weise gestört hat, wie wenn er das Vermögen eines integren Treugebers verletzt hätte.

5. Argument
Die in § 817 S. 2 BGB enthaltene Verweigerung des Staates, die Rückgewähr zu gesetz- oder sittenwidrigen Zwecken eingesetzten Vermögens mit seinen Mitteln zu unterstützen, beweist ebensowenig wie die Anordnung von Einziehung oder Verfall, daß der an sich geschützte Vermögensbestandteil von vornherein schutzlos oder dem straflosen Zugriff Dritter anheim gegeben sein soll. Diese Vorschriften

stehen in einem ganz anderen Regelungszusammenhang und sagen über die Möglichkeit einer Untreue im Rahmen gesetz- oder sittenwidriger Verhältnisse deshalb nichts aus.

6. Argument
Es handelt sich beim Treueverhältnis nicht um ein eigenes, bei Sittenwidrigkeit dann in der Tat nicht schutzwürdiges Rechtsgut, sondern nur um die Beschreibung der Obhutsposition, die dem Täter gerade auch in sittenwidrigen Verhältnissen den Angriff auf das Vermögen »von innen heraus« gestattet. Hierfür spielt das »Prinzip der Einheit der Rechtsordnung« keinerlei Rolle. Dieser Aspekt kommt erst bei der Frage ins Spiel, ob es um die Verletzung eines unter dem Schutz der Rechtsordnung stehenden Vermögens geht, also beim Schaden.

Beispiele:

1. Im Ausgangsfall (zur Lösung s. auch Kühl, JuS 1989, 512 f.; ders., HRR, 182) ist die Vereinbarung zwischen T und O wegen ihres Verstoßes gegen §§ 146 ff. StGB gesetzes- und sittenwidrig und daher nichtig, §§ 134, 138 BGB. Die Frage, ob das damit auf ein Verhältnis rein tatsächlicher Art reduzierte Band zwischen T und O trotz der Gesetz- und Sittenwidrigkeit der Abmachung eine Vermögensfürsorgepflicht T's bezüglich des erhaltenen Geldes entstehen läßt, wird von der juristischen Treuepflichttheorie verneint, von der faktischen Treuepflichttheorie dagegen bejaht. Für die Vertreter der letztgenannten Theorie ist T also aus § 266 StGB zu bestrafen, wenn man auch das zu rechtswidrigen Zwecken eingesetzte Geld zum geschützen Vermögen zählt (s. dazu Wessels-Hillenkamp, Rn. 562 ff.). Die Anhänger der juristischen Theorie verweisen dagegen – wenn das Geld wie hier nicht dem T übereignet worden ist – auf § 246 StGB. Ob Unterschlagung dann in Form der Veruntreuung anzunehmen ist, hängt von der parallelen – aber sachlich nicht zwangsläufig gleich zu entscheidenden – Frage ab, ob bei gesetzes- oder sittenwidrigen Beziehungen wenigstens von einem »Anvertraut«-Sein i. S. d. § 246 II StGB gesprochen werden kann (s. dazu Schönke-Schröder-Eser, § 246 Rn. 30 m. w. N.).

2. O übergibt seine gestohlene Beute wie stets dem Hehler T zum Weiterverkauf. Vereinbarungsgemäß soll O den Erlös erhalten. Als T jedoch erfährt, wer der Bestohlene ist, gibt er diesem die Beute zurück. – Die juristische Treuepflichttheorie verneint auch hier die Vermögensfürsorgepflicht und damit § 266 StGB. Zu diesem Ergebnis gelangen aber auch die Anhänger der Gegenmeinung, weil sie nur die Bereicherung auf Kosten des unredlichen Treuegebers unterbinden, natürlich aber nicht dem Nehmer die Verpflichtung zur Ausführung der strafbaren Handlung auferlegen wollen (vgl. BGHSt 20, 146; Bruns, NJW 1954, 858; Haft, 230; Wessels-Hillenkamp, Rn. 774; s. auch Hillenkamp, JuS 2003, 162). Im übrigen wäre zweifelhaft, ob bei O ein Vermögensnachteil entsteht, wenn er lediglich um gestohlene Beute gebracht wird (s. dazu Maurach-Schroeder-Maiwald I, § 45 Rn. 28). Im Ausgangsbeispiel bejahen die Anhänger der faktischen Treuepflichttheorie folglich nicht etwa deshalb die Untreue, weil T den Auftrag, Falschgeld zu besorgen, nicht ausgeführt, sondern, weil er das empfangene Geld nicht zurückgegeben hat.

36. Problem (§§ 263 a, 266 b StGB)

Begeht der Inhaber einer ec-Karte einen Computerbetrug gem. § 263 a StGB oder einen Mißbrauch von Scheck- und Kreditkarten gem. § 266 b StGB, wenn er mittels der codierten Karte einen institutsfremden Geldautomaten mißbräuchlich benutzt?

Beispiel:

T hat den Dispositionskredit ihres Girokontos bei der B-Bank voll ausgeschöpft und ist zum Ausgleich nicht imstande. Dennoch hebt sie unter Verwendung ihrer noch nicht gesperrten, codierten ec-Karte an Geldautomaten verschiedener Banken 1.600,– € ab. Aufgrund der »Vereinbarungen und Richtlinien für das Deutsche Geldautomatensystem« ersetzt die B-Bank den Banken die verauslagten Beträge. Wie ist T zu bestrafen?

Ausgangspunkt:

Durch das Zweite Gesetz zur Bekämpfung der Wirtschaftskriminalität – in Kraft seit dem 1. 8. 1986 – wurden mit § 263 a StGB der Computerbetrug und mit § 266 b StGB der Scheck- und Kreditkartenmißbrauch eingefügt. Zweifel an der Anwendbarkeit dieser Normen auf den Ausgangsfall ergeben sich zu beiden Tatbeständen. Zu § 263 a StGB stellt sich (neben dem vom OLG Köln JR 1992, 250 wohl zurecht überwundenen, z. B. von Kleb/Braun, JA 1986, 259 und Ranft, wistra 1987, 83; ders., NJW 1994, 2576 erhobenen Bedenken gegen eine »Einwirkung auf den Ablauf«) die Frage, ob nicht die rechtmäßige Inhaberschaft des T an der Karte eine »unbefugte« Verwendung durch ihn selbst ausschließt. Hinsichtlich § 266 b StGB ist fraglich, ob trotz der Verwendung als Code- bzw. Geldautomatenkarte noch von einer Zahlungsveranlassung durch eine Scheck- oder Kreditkarte gesprochen werden kann. Diese letzteren Bedenken haben sich mit der Aufhebung des Euroschecksystems zum 31. 12. 2001 (s. dazu Baier, ZRP 2001, 454) weiter verstärkt, weil die ec-Karte seitdem nicht mehr als Scheckkarte eingesetzt und deshalb auch kaum noch so bezeichnet werden kann. Auf diesem Hintergrund wird zunehmend die These vertreten, die vertragswidrige Kontoüberziehung mittels einer codierten ec-Karte sei – jedenfalls de lege lata – weder ein Fall des § 263 a StGB noch des § 266 b StGB (so bereits zum Rechtszustand vor dem 1. 1. 2002 Berghaus, JuS 1990, 982; Bieber, WM 1987 Beil. 6, 28; SK-Günther, § 263 a Rn. 19; nun auch Heinz, Maurer-Festschr. (2001), 1129 f.; Krey-Hellmann, Rn. 513 c; Rengier I, § 14 Rn. 12 a; § 19 Rn. 1, 8; wohl auch Beckemper, JA 2002, 546; Hauf, 122). Überwiegend will man eine solche mit einem Vermögens- oder Eigentumsdelikt nur schwer schließbare Strafbarkeitslücke (s. hierzu Wessels-Hillenkamp, Rn. 168 ff., für den Fall des Codekartenmißbrauchs durch einen Dritten) aber nicht hinnehmen. Der zentrale Streit geht daher um die richtige Zuordnung zu einem der beiden Tatbestände.

I. (hier sog.) **Betrugslösung**

Neben dem nichtberechtigten erfüllt auch der berechtigte Karteninhaber den Tatbestand des § 263 a StGB, wenn er abredewidrig bei der Abhebung aus institutsfremden Geldautomaten die ihm eingeräumte Kreditgrenze überschreitet.

Vertreten von:

Noch zum Rechtszustand **vor dem 1. 1. 2002:** Bandekow, Strafbarer Mißbrauch des elektronischen Zahlungsverkehrs (1989), 234 ff., 252, 284 ff.; Bernsau, Der Scheck- oder Kreditkartenmißbrauch durch den berechtigten Karteninhaber (1990), 154 ff.; zsfsd. 191 f.: mit Beschränkung auf das Strafmaß des § 266 b StGB; Flöge, Zur Kriminalisierung von Mißbräuchen im Scheck- und Kreditkartenverfahren nach § 266 b StGB (1989), 26 ff.; Gössel II, 422 f., 523; Granderath, DB 1986 Beil. 18, 9; Haß, in: Lehmann [Hrsg.], Rechtsschutz und Verwertung von Computer-Programmen (1988), 308 Rn. 15; Jerouschek-Kölbel, JuS 2001, 781; Kindhäuser, Grünwald-Festschr. (1999), 303 f.; Lackner, Tröndle-Festschr. (1989), 53; Lackner-Kühl, § 263 a Rn. 14; § 266 b Rn. 3; LK-Gribbohm, § 266 b Rn. 10 ff.; LK-Tiedemann, § 263 a Rn. 51; Möhrenschlager, wistra 1986, 133; ders., wistra 1991, 325; Otto, § 54 Rn. 48; ders., JR 1987, 225 Fn. 34; ders., wistra 1986, 153; ders., JK 88, StGB § 266 b/1; ders., JK 98, StGB § 266 b/4; ders., Übungen, 125 f.; Richter, CR 1989, 307; Schlüchter, Zweites Gesetz zur Bekämpfung der Wirtschaftskriminalität (1987), 91; Tiedemann, JZ 1986, 869. **Nach dem 1. 1. 2002:** Eisele-Fad, Jura 2002, 311, Otto, JK 9/02, StGB § 266 b/5; Wessels-Hillenkamp, Rn. 610 a.

1. Argument
Der Mißbrauch von Codekarten an Geldautomaten verwirklicht Betrugsunrecht und fällt damit unter § 263 a StGB. Weil die Befugnis des Kontoinhabers zur Geldabhebung bei der Bankomatengeschäftsbeziehung selbstverständliche Geschäftsgrundlage ist, hat die Handlung insofern Täuschungswert, als sie die schlüssige Erklärung über die Befugnis enthält. Hierin liegt das betrugsspezifische Verhalten.

2. Argument
§ 263 a StGB schützt das Vermögen des kontoführenden Kreditinstituts. Da dieses aber gerade beim Befugnismißbrauch durch den Kontoinhaber beeinträchtigt wird, muß bei der Auslegung des Merkmals »unbefugt« auf die materiell-vertragsgemäße Verwendung und darf nicht lediglich auf die formelle Befugnis aus rechtmäßiger Inhaberschaft der Karte abgestellt werden.

3. Argument
Die Geldautomatenbenutzung stellt eine normale Barverfügung des Kunden über sein Konto dar, wobei die menschliche Leistung (des Bankangestellten) durch den Computer ersetzt wird. Dieser Vorgang ist für § 266 b StGB untypisch, da vom Schutzbereich dieser Vorschrift nur der unbare Zahlungsverkehr erfaßt wird. Einschlägig ist vielmehr der zur Lückenfüllung im Betrugsbereich für die »Täuschung von Automaten« erlassene § 263 a StGB.

4. Argument
Ein zusätzlicher, über § 266 b StGB hinausreichender Handlungsunwert, der die höhere Strafdrohung gegenüber dem Scheck- und Kreditkartenmißbrauch rechtfertigt, ist im Mißbrauch der Codekarte durch den berechtigten Inhaber insofern zu sehen, als er einen Angriff auf die Sicherungseinrichtungen enthält, mit denen die Banken oder Sparkassen den automatisierten Geldauszahlungsverkehr zu schützen suchen. Mit § 263 a StGB ist dann auch das Untergraben des allgemeinen Vertrauens in die Zuverlässigkeit der entsprechenden technischen Einrichtungen abgegolten.

5. Argument
Die ec-Karte wird bei der Abhebung von Bargeld nicht als Scheckkarte mit der für sie vormals wesentlichen Garantiefunktion, sondern lediglich als »Automatenschlüssel« verwendet. Das zeigt sich seit der Aufhebung des Euroschecksystems noch deutlicher, weil die ec-Karte seitdem nicht mehr als Scheckkarte, sondern nur noch als Geldautomaten- oder electronic-cash-Karte einsetzbar ist. Das steht einer Anwendung des § 266 b StGB ebenso wie die daraus ableitbare Folgerung entgegen, daß eine solche Karte nicht einmal mehr als Scheckkarte zu bezeichnen ist.

6. Argument
Die Gegenansicht macht häufig das aus Gründen der Gleichbestrafung von Scheck- und Codekartenmißbrauch gewünschte Ergebnis zur Argumentationsgrundlage. Sie argumentiert darüber hinaus widersprüchlich, wenn sie auch Abhebungen an institutseigenen Geldautomaten unter § 266 b StGB subsumiert, obwohl sie in dieser Vorschrift einen Untreuetatbestand erblickt. Charakteristisch für den Mißbrauchstatbestand ist ein Dreipersonenverhältnis, an dem es bei institutseigenen Automaten jedoch gerade fehlt.

7. Argument
Auch wenn man das Merkmal »unbefugt« nicht betrugsspezifisch, sondern im Sinne einer unberechtigten Verwendung deutet, besteht die Gefahr einer Ausdehnung des Computerbetruges auf strafunwürdige Verhaltensweisen nicht, weil die im Tatbestand verlangte Absicht rechtswidriger Bereicherung für die nötige Einschränkung sorgt.

8. Argument
Da ein Mißbrauch reiner, mit einer ec- oder Kreditkarte nicht verbundener Automatenkarten durch den berechtigten Karteninhaber schon vom Wortlaut her nicht unter § 266 b StGB fallen kann, ist die Untreuelösung gezwungen, in diesen Fällen gem. § 263 a StGB zu verurteilen, ohne erklären zu können, warum diese Fälle schärfer bestraft werden sollen als der Mißbrauch einer codierten ec-Karte.

9. Argument
Weil die codierte Automatenkarte trotz ihrer räumlichen Verbindung mit der ec-Karte eine von dieser unabhängige Existenz führt und deshalb nicht per se unter § 266 b StGB fällt, hat der Gesetzgeber, der § 263 a StGB als die den Geldautomatenmißbrauch sachgerecht erfassende Norm ansah, die ursprüngliche Fassung des § 263 a StGB um die »unbefugte Verwendung von Daten« ergänzt, ohne zwischen der Benutzung durch den berechtigten oder unberechtigten Kartenbesitzer zu differenzieren. Nach dem gesetzgeberischen Willen fallen deshalb beide Möglichkeiten unter § 263 a StGB.

II. (hier sog.) **Untreuelösung**

Auch wenn die ec-Karte als Codekarte zur Abhebung an institutsfremden Geldautomaten verwandt wird, fällt die mißbräuchlich schädigende Verfügung des berechtigten Karteninhabers unter § 266 b StGB.

Vertreten von:

Noch zum Rechtszustand **vor dem 1. 1. 2002:** Arzt-Weber, § 21 Rn. 43; § 23 Rn. 49; Baumbach-Hefermehl, Wechsel- und Scheckgesetz, 18. Aufl. 1993, SchG Art. 4 Anh. Rn. 64; Blei, PdW I, Nr. 395; Huff, NJW 1987, 818; Labsch, Jura 1987, 351; Löhnig, JR 1999, 362 ff.; Meier, JuS 1992, 1021; Müller-Wabnitz, Wirtschaftskriminalität (1986), 17; Rossa, CR 1997, 221 f.; Schönke-Schröder-Cramer, § 263 a Rn. 11, 19; Schönke-Schröder-Lenckner-Perron, § 266 b Rn. 8; Schulz/Tscherwinka, JA 1991, 124 f.; Thoss, JA 2000, 673 f.; Weber, NStZ 1986, 484; ders., JZ 1987, 217; ders., Küchenhoff-Gedächtnisschr. (1987), 491; Zielinski, CR 1992, 227 f.; LG Köln NJW 1987, 669; LG Göttingen NJW 1988, 2489; OLG Stuttgart NJW 1988, 982; Bay ObLG NJW 1997, 3039. Nach Bühler, MDR 1989, 23 f. und Ehrlicher, Der Bankomatenmißbrauch – seine Erscheinungsformen und seine Bekämpfung (1989), 90, 96 liegt **neben § 266 b StGB auch § 263 a StGB** vor; § 266 b StGB soll aber § 263 a StGB vorgehen, so auch Hilgendorf, JuS 1997, 135 f.; Kindhäuser, LPK § 263 a Rn. 62; § 266 b Rn. 21, 23; Mitsch, JZ 1994, 881; NK-Kindhäuser, § 263 a Rn. 45; dagegen z. B. Schulz/Tscherwinka, a. a. O. 125. Gegen § 263 a StGB sprechen sich – ohne Bekenntnis zu § 266 b StGB – ferner Lenckner/Winkelbauer, CR 1986, 657 f. aus. **Nach dem 1. 1. 2002:** Joecks, § 263 a Rn. 23; § 266 b Rn. 14; Kudlich, JuS 2003, 538; Maurach-Schroeder-Maiwald I, § 45 Rn. 78; Mühlbauer, wistra 2003, 252; Schmidt-Priebe II, 244 f.; Tröndle-Fischer, § 263 a Rn. 14; § 266 b Rn. 9; BGHSt 47, 160 (allerdings noch bezogen auf den alten Rechtszustand). Unter ausdrücklicher **Beschränkung** auf den Fall des **Offline-Betriebs** (da es im Online-Betrieb trotz Abhebung am institutsfremden Automaten praktisch an einem Drei-Personen-Verhältnis fehle) Zielinski, JR 2002, 343; Zöller, Jura 2003, 641 mit Fn. 28; s. auch Tröndle-Fischer, § 266 b Rn. 6 a, 9.

1. Argument
Mit der Einfügung des Scheck- und Kreditkartenmißbrauchs in das StGB hat der Gesetzgeber unmißverständlich zum Ausdruck gebracht, daß es sich hierbei um Untreue- und nicht um Betrugsunrecht handelt. Strafgrund dieses Verhaltens ist der Mißbrauch des dem Karteninhaber vom Kreditinstitut entgegengebrachten Vertrauens. Dieses Vertrauen aber wird dem Kunden nicht nur mit der Aushändigung der Karte zum Gebrauch als Kreditkarte, sondern auch mit der Überlassung zur Bargeldabhebung am Geldautomaten entgegengebracht. Durch einen Mißbrauch wird das Vertrauen gleichermaßen enttäuscht und auch der tatbestandsmäßige Schaden – die Zahlung trotz der Gefahr des Forderungsausfalls – ist in beiden Fällen gleich.

2. Argument
Zwar ist richtig, daß sich der codierte Teil gedanklich von der mit ihm verbundenen Kreditkarte trennen läßt. Die Karte verliert aber doch dadurch nicht ihre Eigenschaft als Kreditkarte, daß sie auch als Codekarte wie ein Schlüssel verwendet wird.

3. Argument
Da § 263 a StGB lediglich die Funktion hat, Lücken der Betrugsstrafbarkeit zu schließen, ist sein Anwendungsbereich beschränkt auf Codekarten-Mißbräuche, die betrugsähnlichen Charakter aufweisen. Das ist nur dann der Fall, wenn ein Nichtberechtigter eine beispielsweise entwendete Karte zur Geldabhebung an ei-

nem Automaten benutzt, nicht aber dann, wenn ein berechtigter Karteninhaber nur das ihm eingeräumte Kreditlimit überzieht.

4. Argument
Nach der Gegenmeinung bewirkt die lediglich andersartige technische Verwendung der Karte, daß der Codekartenmißbrauch des Kontoinhabers über § 263 a StGB schon als Versuch und im Vollendungsfall mit einer höheren Strafe (bis zu 5 Jahren) als der Mißbrauch im Scheck- und Kreditkartenverfahren (bis zu 3 Jahren) bestraft werden kann. Aufgrund der Gleichartigkeit des in beiden Fällen verwirklichten Unrechts und des im Gegensatz zum unberechtigten Karteninhaber nur begrenzten Schadens, den der berechtigte Karteninhaber anrichten kann, ist es deshalb geboten, einheitlich § 266 b StGB anzuwenden.

5. Argument
Nicht nur bei dem Gebrauch der ec-Karte als Kreditkarte, sondern auch bei ihrer Verwendung als »Schlüssel« zur Barabhebung erlangt der Dritte durch eine Handlung des Karteninhabers einen Anspruch gegenüber dem kartenausgebenden Institut, der dem aus einem Garantievertrag vergleichbar ist und das ausgebende Institut im Sinne des § 266 b StGB zu einer Zahlung »veranlaßt«. Es besteht daher kein Grund, nur den ersten Fall mit § 266 b StGB zu erfassen.

6. Argument
Das fragliche Verhalten kann nicht unter § 263 a StGB subsumiert werden. Zum einen setzt nach dem allgemeinen Sprachgebrauch die »Beeinflussung des Ergebnisses eines Datenverarbeitungsvorganges« voraus, daß der Täter auf einen bereits in Gang befindlichen Datenverarbeitungsvorgang einwirkt, während er ihn bei der Geldabhebung erst in Gang setzt. Um nicht schon jede zivilrechtliche Vertragswidrigkeit – gleichgültig ob Haupt- oder Nebenpflicht – zu pönalisieren, ist zum anderen das Merkmal »unbefugt« einschränkend auszulegen. Im Bereich der Geldautomatennutzung ist der Kontoinhaber deshalb solange als befugt anzusehen, bis diese Befugnis wirksam und ausdrücklich widerrufen ist.

Beispiele:

1. Nach den Vereinbarungen der Kreditinstitute zieht das automatenbetreibende Kreditinstitut den von seinem Geldautomaten ausgezahlten Betrag bei institutsübergreifenden Verfügungen beleglos per Lastschrift bei dem kreditkartenausgebenden Institut ein; eine Rückgabe der Lastschrift wegen fehlender Deckung oder wegen Widerspruchs des Kontoinhabers ist unter den beteiligten Kreditinstituten abbedungen. Hebt also ein ec-Karteninhaber, dessen Konto bereits überzogen ist, mit seiner ec-Karte unter Eingabe der PIN Geld am Automaten eines fremden Kreditinstituts ab, liegt der Schaden stets beim kartenausgebenden Kreditinstitut. Auf diesem Hintergrund bestraft im Ausgangsfall die Untreuelösung – der sich BGHSt 47, 161 angeschlossen hat – aus § 266 b StGB. Zwar werde die ec-Karte nur noch in ihrer Funktion als Codekarte (quasi als »Schlüssel«) zur Abhebung von Geld an Automaten verwendet, doch folge eine mit der (nun weggefallenen) Bareinlösung eines vormaligen ec-Schecks vergleichbare Zahlungsverpflichtung des kartenausgebenden Instituts aus den »Vereinbarungen über das Deutsche ec-Geldautomatensystem« (vgl. BGHSt 47, 166). Die Leistung der B-Bank – stelle eine »Zahlung« dar (zur Subsumtion der Freigabe des Geldes aus dem Automaten als »Zahlung« vgl. Beispiel 2). Zu demselben Ergebnis gelangen Bühler (a. a. O. 23), Kindhäuser

(NK-Kindhäuser, § 263 a Rn. 45; ders. II, § 28 Rn. 46; § 36 Rn. 20) und Mitsch (a. a. O.), die zwar § 263 a StGB bejahen, diesen aber über die Sperrwirkung des milderen § 266 b StGB zurücktreten lassen. Abgelehnt wird die Anwendbarkeit des § 266 b StGB teilweise jedoch dann, wenn der betreffende Geldautomat im sog. Online-Verbund steht, die kartenausstellende Bank die Auszahlung also unmittelbar autorisiert: sie werde dann nicht vom Karteninhaber verpflichtet, sondern verpflichte sich – wie im Zwei-Partner-System – selbst (so Zielinski, JR 2002, 343; Zöller, Jura 2003, 640 f. m. Fn. 28; vgl. auch Tröndle-Fischer, § 266 b Rn. 9). Die Vertreter der Betrugslösung kommen zu einer Strafbarkeit gem. § 263 a StGB, da T seine Kreditgrenze überschritten und deshalb durch unbefugte Datenverwendung das Vermögen der B-Bank geschädigt hat. Nach Auffassung von Bernsau (a. a. O. 181 ff.) bestimmt sich das Strafmaß im Wege einer »Rechtsfolgenbeschränkung« trotz Eingreifens des § 263 a StGB allerdings nach dem milderen § 266 b StGB. Bejaht man über § 263 a StGB oder § 266 b StGB hinaus das Vorliegen von §§ 242, 246 StGB (s. dazu vor Inkrafttreten des § 263 a StGB diff. BGHSt 35, 152; nach Inkrafttreten abl. BGHSt 38, 120; dazu Cramer, JZ 1992, 1032 und Zielinski, CR 1992, 223 ff.) oder § 266 StGB (vgl. Krey II, 12. Aufl. 1999, Rn. 513 d ff., 550 e ff.), ist gleichwohl nach h. M. (krit. Ranft, NJW 1994, 2577 ff.) nur nach § 263 a StGB oder § 266 b StGB zu bestrafen (s. Krey II, a. a. O.; Lackner-Kühl, § 263 a Rn. 28, § 266 b Rn. 9; Schönke-Schröder-Cramer, § 263 a Rn. 41). Nach Berghaus u. a. (s. die Nachw. unter Ausgangspunkt) entfallen im Ausgangsfall sowohl § 263 a StGB als auch § 266 b StGB, so daß sich die Strafbarkeit T's nach dieser Auffassung auch weiterhin wie vor dem Zweiten Gesetz zur Bekämpfung der Wirtschaftskriminalität allein nach §§ 242, 246, 266, 263 StGB beurteilt; nach SK-Günther, § 263 a Rn. 19 folgt hieraus Straflosigkeit.

2. T ist berechtigter Inhaber einer codierten ec-Karte der B-Bank. Er hebt, obwohl seine Kreditgrenze überschritten ist, am Geldautomaten dieser B-Bank 400,– € ab. – Durch Sicherungsmöglichkeiten am Geldautomaten – keine Auszahlung bei Überschreitung des Kreditrahmens – wird diese absprachewidrige (vertragswidrige) Abhebung an institutseigenen Automaten zwar i. d. R. ausgeschlossen. Die Sicherungen können aber auch (noch) nicht installiert oder nicht intakt sein, so daß eine solche Abhebung praktisch einmal möglich wird (s. zu einem solchen Fall BGHSt 38, 120). Geschieht sie, weicht der Fall insoweit vom Ausgangsfall ab, als die Abhebung am institutseigenen Automaten und damit nicht in einem Drei-, sondern in einem Zwei-Partner-System erfolgt. Für die Betrugslösung ist dieser Unterschied an sich irrelevant, da § 263 a StGB kein Drei-Personen-Verhältnis voraussetzt (für § 263 a StGB auch in diesem Fall daher z. B. Bernsau, a. a. O. 193 ff., 200; Lackner-Kühl, § 263 a Rn. 14; Wessels-Hillenkamp, Rn. 610 a. Kindhäuser II, § 36 Rn. 21 f. will auch hier den Strafrahmen dann allerdings § 266 b StGB entnehmen). Die damit angenommene Betrugsäquivalenz wird freilich von Gegnern der Betrugslösung bestritten, weil es sich um eine bloße Vertragswidrigkeit ohne Täuschungsunwert handele (s. z. B. Schönke-Schröder-Cramer, § 263 a Rn. 19; Zielinski, CR 1992, 227). Die Vertreter der Untreuelösung stehen in dieser Fallkonstellation vor dem Problem, ob auch in der Freigabe des Geldes aus dem institutseigenen Automaten eine Zahlung i. S. d. § 266 b StGB gesehen werden kann. Während das OLG Stuttgart a. a. O. die letztere Frage ausdrücklich offen läßt, bejahen sie Bieber (a. a. O. 27), Bühler (a. a. O. 24), Ehrlicher (a. a. O. 90) und Weber (JZ 1987, 215) ausdrücklich. Andere Autoren wie z. B. Schönke-Schröder-Lenckner-Perron, § 266 b Rn. 8 und Zielinski, CR 1992, 227 f. ziehen aus der mangelnden Garantiefunktion der Karte bei Abhebung an einem institutseigenen Automaten (kein

Drei-Personen-Verhältnis) dagegen die Konsequenz, daß auch § 266 b StGB nicht greife und es deshalb in diesen Fällen bei der Frage nach der Strafbarkeit solcher Konstellationen nach §§ 242, 246, 265 a StGB bleibe. Dem korrespondiert die mittlerweile auch vom BGH (St 38, 281; 47, 165 ff.; zust. Tröndle-Fischer, § 263 a Rn. 14; krit. dazu Otto, JZ 1992, 1139 f.; Ranft, NStZ 1993, 186 f.) geteilte Meinung, daß § 266 b StGB nur die mißbräuchliche Benutzung einer Scheck- oder Kreditkarte im Drei-, nicht im Zwei-Partner-System erfasse. Angeführt werden hierfür vor allem der Wille des Gesetzgebers, Fälle zu erfassen, in denen der Täter durch den Gebrauch der Karte eine Zahlungsverpflichtung herbeiführt, sowie Sinn und Zweck der Vorschrift: die Funktionsfähigkeit des Zahlungsverkehrs sei bei Abhebungen am Geldautomaten der Hausbank, wo die Karte lediglich zur technischen Erleichterung des Auszahlungsvorgangs verwendet werde, ohne daß eine Zahlungsverpflichtung entstehe, nicht gefährdet; das kartenausgebende Institut habe es vielmehr selbst in der Hand, die Bonität seiner Kunden durch geeignete technische Maßnahmen zu überprüfen und eine Auszahlung des Geldes zu verweigern (vgl. BGHSt 47, 166 f.).

37. Problem (§ 257 StGB)
Muß die Hilfeleistung objektiv oder nur nach der Vorstellung des Täters geeignet sein, dem Vortäter die Vorteile der Tat zu sichern?

Beispiel:

T sieht in einem Kaufhaus, wie D Kosmetikartikel in ihrer Tasche verschwinden läßt und bemerkt, daß auch der Warenhausdetektiv W die D beobachtet. Als W auf D zugehen will, verwickelt T ihn in ein Gespräch, um D Gelegenheit zu geben, sich mit den Kosmetika zu entfernen. Auch D hatte wahrgenommen, daß sie beobachtet wurde und – von T und W unbemerkt – die Artikel zurückgelegt, noch bevor W auf sie zuging. Hat sich T einer Begünstigung schuldig gemacht?

Ausgangspunkt:

Hat ein Täter eine rechtswidrige Tat begangen und daraus einen Vorteil erlangt, hat der Geschädigte ein Interesse an der Wiederherstellung des gesetzmäßigen Zustandes. Dieses Interesse verletzt unbestreitbar, wer durch seine Hilfe zugunsten des Vortäters eine solche Restitution vereitelt, mit seiner Hilfeleistung also Erfolg hat. Da § 257 StGB nun aber ausreichen läßt, daß dem Vortäter lediglich mit Vorteilssicherungsabsicht Hilfe geleistet wird und damit einen objektiv eingetretenen Sicherungserfolg nicht voraussetzt, ist umstritten, ob die Hilfeleistung in Fällen des Ausbleibens des Erfolges den Vortäter wenigstens objektiv bessergestellt, die Restitution also wenigstens erschwert haben, ob sie hierzu nur geeignet, oder ob der Täter lediglich von der Eignung überzeugt gewesen sein muß. Die Antwort hängt davon ab, ob man § 257 StGB als ein Teilerfolgs-, ein Gefährdungs- oder ein Unternehmensdelikt deutet, das auch den untauglichen Versuch in die Reichweite der Norm einbeziehen könnte (s. einf. auch Küper, 192 f.).

I. (hier sog.) **Effektivitätstheorie**

Das Hilfeleisten muß objektiv geeignet sein, den Vortäter besserzustellen und seine Lage auch tatsächlich verbessern, wenn auch nicht den Sicherungserfolg endgültig herstellen.

Vertreten von:

Frank, Das Strafgesetzbuch für das Deutsche Reich (18. Aufl. 1931), § 257 Bem. V; Liszt-Schmidt, Lehrbuch des Deutschen Strafrechts (25. Aufl. 1927), 845; RGSt 16, 157; 55, 178; 63, 241; 76, 34; BGHSt 2, 376; OGHSt 2, 224; wohl auch LK-Jagusch (8. Aufl. 1958), § 257 Bem. 2b, zurückhaltender Bem. 3b.; nahest. SK-Hoyer, § 257 Rn. 18: die Durchsetzung des Restitutionsanspruchs muß »konkret erschwert und insofern der Vortäter jedenfalls graduell besser« gestellt werden.

1. Argument
Der Begriff des Hilfeleistens setzt voraus, daß der Täter eine tatsächliche Bedingung zum Erfolg gesetzt, dem Vortäter eine wirkliche Förderung in Form einer tatsächlich günstigeren Gestaltung seiner Lage gewährt hat.

2. Argument
Bleibt eine tatsächliche Besserstellung aus, liegt typisches Versuchsunrecht vor. Wer in diesem Fall bei bloßer Geeignetheit oder sogar nur subjektiv vorgestellter Geeignetheit der Tathandlung gleichwohl aus § 257 StGB bestraft, vermengt Vollendung und Versuch und umgeht die vom Gesetzgeber angeordnete Straflosigkeit des Versuchs.

3. Argument
Läßt man eine Handlung ausreichen, mit der der Begünstigende nur nach seiner Vorstellung von der Tat zur Vorteilssicherung unmittelbar ansetzt, verstößt man mit einer solchen an § 22 StGB angelehnten, vorwiegend subjektiven Auslegung des Begriffs »Hilfeleisten« gegen Art. 103 II GG, denn wenn das Gesetz zwischen objektiver Hilfeleistung und Vorteilssicherungsabsicht unterscheidet, kann das Vorliegen des einen nicht allein mit dem anderen begründet werden.

II. (hier sog.) **Objektive Eignungstheorie**

Hilfeleisten ist jede mit subjektiver Begünstigungstendenz vorgenommene Handlung, die objektiv geeignet ist, die Vorteilssicherung zu fördern, ohne daß es auf eine tatsächliche Besserstellung des Vortäters ankommt.

Vertreten von:

Blei, § 109 III 1 c; Geerds, v. Hentig-Festschr. (1967), 137; ders., GA 1988, 259; Geppert, Jura 1980, 274 f.; Haft, 167; Hauf I, 128; Hohmann-Sander I, § 18 Rn. 11 f.; Joecks, § 257 Rn. 5; Kindhäuser II, § 46 Rn. 6; ders.; LPK, § 257 Rn. 12; Kohlrausch-Lange, § 257 Bem. IV; Krey, Rn. 631; Küper, 192 f.; Lackner-Kühl, § 257 Rn. 3; LK-Ruß, § 257 Rn. 13; Maurach-Schroeder-Maiwald II, § 101 Rn. 6; Mitsch II/1, § 9 Rn. 32 f.; ders., JuS 1999, 376; MK-Cramer, § 257 Rn. 16 f.; NK-Altenhain, § 257 Rn. 21; Otto, § 57 Rn. 6 (mit Tendenz zu Theorie I); Pfeiffer-Maul-Schulte, § 257 Bem. 4; Rengier I, § 20 Rn. 10; Schmidhäuser, 23/24 f.; Schmidt-Priebe I, 287; Schönke-Schröder-Stree, § 257 Rn. 15; Stoffers, Jura 1995, 122; Tröndle-

Fischer, § 257 Rn. 7; Vogler, Dreher-Festschr. (1977), 411 ff.; Wagner, 49; Wessels-Hillenkamp, Rn. 806; Zieschang, Die Gefährdungsdelikte (1998), 333 ff.; Zipf, JuS 1980, 27; RGSt 9, 244; 20, 234; 26, 119; 35, 130; 36, 77; 46, 75 f.; 50, 366; 58, 15; 76, 123; BGHSt 4, 224 f.; 24, 166; BGH MDR 1971, 231; BGH JZ 1985, 299 (dazu Küper, JuS 1986, 862); KG HESt 2, 37.

1. Argument
Der Gesetzgeber verlangt im objektiven Tatbestand des § 257 StGB eine Hilfeleistung: In dieser Beschreibung der Tathandlung liegt der Verzicht auf den Eintritt eines Erfolges ebenso wie die Bedingung der objektiven Geeignetheit der Tathandlung, denn Hilfe in ihrem Wortsinne erhält der Vortäter bereits aber auch erst durch eine Handlung, die objektiv geeignet ist, seine Lage zu verbessern.

2. Argument
Nur aber auch schon die objektive Eignung der Hilfeleistung verleiht ihr die objektive Gefährlichkeit für die in § 257 StGB geschützten Rechtsgüter, die eine Bestrafung kriminalpolitisch erforderlich macht.

3. Argument
Wer mit der Effektivitätstheorie eine tatsächliche Vorteilssicherung verlangt, verkennt, daß § 257 StGB nicht zu einem Erfolgsdelikt ausgestaltet ist und nimmt dem Tatbestand einen großen Teil seiner praktischen Bedeutung.

4. Argument
Die subjektive Theorie verdient keine Zustimmung, weil sie

a) § 257 StGB in ein dem Wortlaut und Sinn der Vorschrift nicht entsprechendes Unternehmensdelikt umdeutet, wodurch die vom Gesetzgeber angeordnete Straflosigkeit des Versuchs praktisch umgangen wird,

b) den Tatbestand überdehnt, indem sie bei objektiv völlig ungefährlichen Handlungen die bloß subjektive Tendenz bestraft,

c) sich in Wertungswidersprüche verwickelt, wenn sie bei bloß angenommener Vortat auch Straflosigkeit bejaht, obwohl in einem solchen Fall die Hilfeleistung ebenso ungefährlich ist, wie im Falle bloß angenommener Geeignetheit der Tathandlung,

d) den Begriff des Hilfeleistens in § 257 StGB anders interpretiert als den der Beihilfe in § 27 StGB, obwohl beide inhaltlich übereinstimmen und bei § 27 StGB niemand die bloße Handlung mit Hilfstendenz ausreichen läßt.

III. (hier sog.) Subjektive Eignungstheorie

Für den Begriff des Hilfeleistens reicht es aus, wenn die Tathandlung lediglich nach der Vorstellung des Täters geeignet ist, den Vortäter sachlich zu begünstigen. Auf objektive Eignung oder einen Sicherungserfolg kommt es nicht an.

Vertreten von:

Arzt-Weber, § 27 Rn. 6 ff.; Bockelmann I, § 23 II 3; ders., NJW 1951, 622 f.; Dreher (38. Aufl.), § 257 Rn. 1; Jescheck-Weigend, Strafrecht AT (5. Aufl. 1996), § 49 VIII 2; Preisendanz, § 257 Bem. 4; Schröder, NJW 1962, 1038; ders., Kern-Festschr.

(1968), 466; Seelmann, JuS 1983, 34 (mit analoger Anwendung des § 23 III StGB); Welzel, § 58 I 1 b; nahest. RGSt 50, 366; zur Wiederbelebung der Interessenförderungstheorie s. Weisert, Der Hilfeleistungsbegriff bei der Begünstigung (1999), 74 ff.; 210 ff.: Hilfeleistung ist das, was dem Vortäter »für die Vorteilssicherung günstig erscheinen muß« (270).

1. Argument
Wenn der Gesetzgeber als Tathandlung jede Hilfeleistung in der Absicht, die Vorteile der Tat zu sichern, genügen läßt, so ist damit ausgedrückt, daß die Sicherung nur versucht, aber nicht erreicht und daß auf der Grundlage der – im Ausgangspunkt auch dem heutigen Recht zugrunde liegenden – subjektiven Versuchstheorie die Tathandlung dann auch nicht objektiv geeignet sein muß.

2. Argument
Wer einen untauglichen Versuch der Strafvereitelung begeht, ist gem. § 258 I, IV StGB strafbar, wer einen untauglichen Begünstigungsversuch begeht, müßte nach der Gegenmeinung straflos bleiben. Dieses ungereimte Ergebnis läßt sich nur vermeiden, wenn man die vom Gesetzgeber in § 257 StGB unterlassene Anordnung der Versuchsstrafbarkeit als Indiz dafür wertet, daß der Gesetzgeber selbst § 257 StGB als unechtes Unternehmensdelikt konzipiert und aufgefaßt hat.

3. Argument
Der Gefahr, daß sich § 257 StGB durch die subjektive Theorie zu einem allgemeinen Unternehmensdelikt ausweitet, wird dadurch entgegengesteuert, daß die in § 257 StGB verlangte Vortat tatsächlich begangen sein muß, die irrige Annahme insoweit also nur – straflosen – Versuch begründen kann.

4. Argument
Mit der von den objektiven Theorien geforderten Unterscheidung von geeigneten und ungeeigneten Hilfeleistungen wird die Unterscheidung zwischen tauglichem und untauglichem Versuch in den Tatbestand der Begünstigung getragen, die – jedenfalls vom Standpunkt der subjektiven Versuchstheorie her – undurchführbar und – wie die Praxis zeigt – durch eindeutige Kriterien auch nicht bestimmbar ist.

Beispiele:

1. Ob sich im Ausgangsfall das behandelte Problem stellt, hängt zunächst davon ab, ob im Zeitpunkt der Hilfeleistung T's eine abgeschlossene Vortat vorgelegen hat. War sie lediglich versucht, bleibt nur Raum für eine Beihilfe zum Diebstahl. Legt man den faktischen Gewahrsamsbegriff zugrunde, wird man nur dann zum vollendeten Diebstahl D's gelangen, wenn sie – etwa aufgrund großen Menschenandranges – durch W an der Ausübung der Herrschaftsgewalt nicht mehr hätte gehindert werden können. Mit dem sozial-normativen Gewahrsamsbegriff genügt dagegen das Verbringen der Beute in die Personsphäre, um Vollendung anzunehmen (s. o. 19. Problem; Wessels-Hillenkamp, Rn. 114). Auch dann befindet sich die Tat freilich noch im Zustand zwischen Vollendung und Beendigung, in dem nach einer Mindermeinung nur Beihilfe, nach einer anderen nur Begünstigung in Betracht kommt, während die noch h. M. nach der inneren Willensrichtung des Täters entscheiden will (s. Schönke-Schröder-Stree, § 257 Rn. 8 m. w. N.). Entscheidet man sich grundsätzlich oder wegen der inneren Willensrichtung T's für Begünstigung, kann man diese nur mit der subjektiven Eignungs-

theorie bejahen, weil T sein Ablenkungsmanöver für geeignet hielt, D die Vorteile zu sichern. Da D aber gar nicht mehr im Besitz des erlangten Vorteils war, verneinen Effektivitäts- und objektive Eignungstheorie die Hilfeleistung, weil T's Handlung die Sicherung eines nicht mehr in der Hand des Vortäters befindlichen Vorteils weder tatsächlich fördern noch hierzu objektiv geeignet sein kann. (Eine ganz ähnliche Konstellation liegt BGH NJW 1985, 814 zugrunde: Hilfeleistung der Ehefrau durch vermeintliches Holen der vom Ehemann nach einem Raub versteckten Beute? Die Polizei hatte vor Eintreffen der E die Beute bereits sichergestellt. BGH: beendeter Raub, dazu Küper, JuS 1986, 862: mangels objektiver Eignung keine Begünstigung; s. ferner BGH NStZ 1994, 187.)

2. T sieht, wie der Räuber R mit seiner Beute in ein nahe gelegenes Waldgrundstück flüchtet. Es gelingt T, den wenig später von der Polizei eingesetzten Spürhund durch eine Wurst vom Weitersuchen abzuhalten. Die Absicht, dem R die Beute dadurch zu sichern, erfüllt sich aber nicht, weil R am entgegengesetzten Waldrand gefaßt wird, noch bevor der Spürhund ihn hätte erreichen können. – Hier liegt ein beendeter Raub vor, es kommt also nur Begünstigung in Betracht, die in diesem Fall nicht nur von der subjektiven, sondern auch von der objektiven Eignungstheorie bejaht wird, denn die generelle objektive Geeignetheit einer solchen Handlung zur Vorteilssicherung läßt sich nicht leugnen. Da das Ablenkungsmanöver R aber tatsächlich nicht bessergestellt hat, liegt nach der älteren Effektivitätstheorie keine Begünstigung vor (weitere Beispiele bei Arzt-Weber, § 27 Rn. 5; Mitsch II/1, § 9 Rn. 33).

38. Problem (§ 259 StGB)
Verlangt § 259 StGB eine abgeschlossene Vortat oder genügt es, wenn die Vortat erst mit der Übertragung der Sache auf den Hehler begangen wird?

Beispiel:

X bietet dem eingeweihten T ein ihm von O geliehenes Buch zum Kauf an. T kauft das Buch für 20,– € und nimmt es mit. Hat T sich nach § 259 StGB strafbar gemacht?

Ausgangspunkt:

Nach dem Wortlaut des § 259 StGB kann Tatobjekt der Hehlerei nur eine Sache sein, die der Vortäter durch eine gegen fremdes Vermögen gerichtete rechtswidrige Tat bereits »erlangt hat«. Hierin kommt das Wesen der Hehlerei als Anschlußtat zum Ausdruck: Durch sie wird eine vom Vortäter bereits geschaffene rechtswidrige Besitzlage perpetuiert, d. h. zum Nachteil des Vortatgeschädigten aufrechterhalten und verfestigt. Das hat an sich zur logischen Voraussetzung, daß man die Worte »erlangt hat« so begreift, daß die rechtswidrige Besitzlage bereits besteht, bevor der Hehler sich die Sache verschafft, m. a. W. die Besitzerlangung durch die Vortat abgeschlossen ist, was regelmäßig deren Vollendung voraussetzt. Wer früher eingreift, begeht keine sich an die Vortat anschließende Tat, sondern beteiligt sich – etwa als Gehilfe – an der Vortat. Die dadurch i. d. R. eintretende geringere Strafbarkeit läßt freilich Zweifel an diesen Prämissen aufkommen. Auch wo Vortatvollendung durch Besitzverschaffung und hehlerischer Erwerb zeitlich zusammenfallen, läßt sich möglicherweise noch von zwei Lagern sprechen, zwischen denen der Besitz verschoben und damit Hehlereiunrecht verwirklicht wird. Mit solchen Erwägungen kann man den unbestreitbaren Kernbereich der Hehlerei auf Fälle der Koinzidenz erweitern.

I. (hier sog.) **Sukzessivitätstheorie**

Hehlerei setzt eine in bezug auf die Sacherlangung tatsächlich und rechtlich abgeschlossene und damit regelmäßig vollendete Vortat voraus, an die die Hehlerhandlung zeitlich nachfolgend anknüpfen kann. Fallen Vortat und Hehlerhandlung zeitlich zusammen, ist nur Beteiligung an der Vortat gegeben.

Vertreten von:

Arzt-Weber, § 28 Rn. 13; Berz, Jura 1980, 59; Bockelmann I, § 22 II 2 c; Geppert, Jura 1994, 101 f.; Gössel II, 531 f.; Hohmann-Sander I, § 19 Rn. 23; Joecks, § 259 Rn. 16; Kindhäuser II, § 47 Rn. 7; ders., § 259 Rn. 15; Kohlrausch-Lange, § 259 Bem. III b; Krey-Hellmann, Rn. 581 ff.; Lackner (20. Aufl. 1993), § 259 Rn. 6; Lenz, Die Vortat der Hehlerei (1994), 267 ff.; LK-Ruß, § 259 Rn. 11; Martens, JA 1996, 248; Maurach, JZ 1960, 290 f.; Maurach-Schroeder-Maiwald I, § 39 Rn. 21 f.; MK-Lauer, § 259 Rn. 40, 42; Pfeiffer-Maul-Schulte, § 259 Bem. 3; Preisendanz, § 259 Bem. III 3; Rengier I, § 22 Rn. 6; Roesen, NJW 1950, 715; Roth, JA 1988, 199 f.; Roxin-Schünemann-Haffke, 324; Schmidhäuser, 11/72; Schmidt-Priebe II, 289; Seelmann, JuS 1988, 39; SK-Hoyer, § 259 Rn. 15 f.; Tröndle-Fischer, § 259 Rn. 10; Wagner, 19 f.; Wessels-Hillenkamp, Rn. 835; Zöller-Frohn, Jura 1999, 380; RGSt 55, 146; 58, 230; 59, 129; 67, 72; RG HRR 1939, 351; 595; BGHSt 13, 405; 22, 208; BGH NJW 1959, 1377; BGH GA 1977, 145; BGH Holtz MDR 1989, 493; BGH Holtz MDR 1990, 98; BGH NStZ 1994, 486; BGH StV 2002, 542 mit Anm. Geppert, JK 3/03, StGB § 259/21; OLG Braunschweig NJW 1949, 477; OLG Düsseldorf NJW 1950, 715; OLG Karlsruhe Justiz 1972, 319; OLG Düsseldorf NJW 1990, 1492; OLG Stuttgart NStZ 1991, 285; s. auch BT-DS 7/550, S. 252; sogar **Beendigung** der Vortat verlangen: Tröndle (48. Aufl. 1997), § 259 Rn. 10; OLG Hamburg NJW 1966, 2227 unter Hinweis auf BGHSt 3, 44; vgl. auch BGH StV 1981, 127 (da eine Begründung für diese Abweichung von der Vollendungstheorie nicht gegeben wird, wird hier auf die Aufführung einer selbständigen »**Beendigungstheorie**« verzichtet).

1. Argument
Tatobjekt der Hehlerei kann nur eine Sache sein, die den Makel strafrechtswidrigen Erwerbs im Zeitpunkt der Hehlerhandlung bereits trägt, denn die Hehlerei ist nach ihrer klaren Gesetzesfassung eine Anschlußtat, der die rechtswidrige Sacherlangung durch den Vortäter vorausgegangen sein muß.

2. Argument
Die in § 259 StGB gewählte Formulierung »gestohlen ... hat« setzt eindeutig einen vollendeten Diebstahl voraus. Sachlich gleich ist dann die Formulierung »erlangt hat« zu interpretieren: Durch die Vortat muß – ob sie nun Diebstahl oder eine andere gegen das Vermögen gerichtete Tat ist – der Vortäter die Sache bereits an sich gebracht, d. h. aber, er muß die Tat in bezug auf die Sacherlangung vollendet haben.

3. Argument
Von dem von § 259 StGB mit Strafe bedrohten Aufrechterhalten oder Vertiefen des durch die Vortat geschaffenen rechtswidrigen Vermögenszustandes läßt sich nur sprechen, wo dieser Zustand bereits besteht.

4. Argument
Die Annahme, Hehlerei sei auch möglich, wo die Vortat noch nicht abgeschlossen ist, verwischt die Grenze zwischen Beihilfe und Hehlerei und führt zu einer kriminalpolitisch überflüssigen und sachlich unangemessenen Tateinheit zwischen diesen zeitlich hintereinander geschalteten Beteiligungsdelikten.

5. Argument
Daß namentlich in Fällen der Unterschlagung die Tatvollendung und der Erwerbsakt nur durch eine »logische Sekunde« getrennt sind, ist zwar richtig, aber kein ernsthaftes Gegenargument, da auch in diesen Fällen die Grenze zwischen Vor- und Anschlußtat nicht etwa verschwimmt, sondern denkgesetzlich exakt zu bestimmen ist.

II. (hier sog.) **Gleichzeitigkeitstheorie**

Für Hehlerei genügt es, wenn die Übertragung der Sache auf den Hehler gleichzeitig die in § 259 StGB vorausgesetzte Vortat darstellt.

Vertreten von:

Blei, § 72 VI 1 b; Eser IV, Fall 18 A 31 ff.; Haft, 184; Küper, Stree- u. Wessels-Festschr. (1993), 467 ff.; Lackner-Kühl, § 259 Rn. 6; NK-Nelles, § 259 Rn. 13; Otto, § 58 Rn. 8; ders., Die Struktur des strafrechtlichen Vermögensschutzes (1970), 327 ff.; ders., Jura 1985, 151; ders., JK 90, StGB § 259/10; ders., JZ 1993, 663; Rudolphi, JA 1981, 7; Schönke-Schröder-Stree, § 259 Rn. 15; Stree, NStZ 1991, 285 ff.; Welzel, § 58 II 5 d; OLG Stuttgart JZ 1960, 289; nahest. Mittelbach, JR 1959, 469; ebenso wohl Mitsch II/1, § 10 Rn. 20; B. Wolff, Begünstigung, Strafvereitelung und Hehlerei (2002), 133.

1. Argument
Für § 259 StGB kann es nur darauf ankommen, daß ein durch ein Vermögensdelikt begründeter rechtswidriger Vermögenszustand durch den Hehler aufrechterhalten wird. Das aber ist auch dort gegeben, wo der Perpetuierungsakt mit der Begründung des rechtswidrigen Vermögenszustandes zusammenfällt.

2. Argument
Vortäter und Hehler handeln im Normalfall in entgegengesetztem Interesse: Der Hehler will nur sein Geschäft, nicht aber die Vortat fördern. Ihn in Fällen, wo der Vortäter die Sache erst durch die verbotene Verfügung zugunsten des Hehlers erlangt, nur wegen Beihilfe zu bestrafen, hieße, die Förderung seines eigenen hehlerischen Erwerbsgeschäftes unter den Tisch kehren.

3. Argument
Die Gegenmeinung nimmt die Prämisse in zahlreichen Entscheidungen selbst nicht ernst, indem sie den zeitlichen Zwischenraum zwischen Sacherlangung und Hehlerhandlung auf annähernd Null schrumpfen läßt (z. B. in BGHSt 13,

403; BGH NJW 1959, 1377) und die Vortat für abgeschlossen erklärt, wo die Sacherlangung im Grunde noch im Versuchsstadium steckt (z. B. in RGSt 58, 230).

4. Argument
Man darf nicht nach spitzfindigen Differenzierungen zu der Frage, wann die Sacherlangung gerade schon oder gerade noch nicht abgeschlossen ist, eine im Unrechtsgehalt immer gleiche und von einem immer gleichgesinnten und gleichhandelnden Täter begangene Handlung einmal als Hehlerei, ein anderes Mal aber als Beihilfe bestrafen.

5. Argument
Die in der Zeitperspektive einheitliche Unterschlagung durch Veräußerung an den Abnehmer enthält substantiell zwei trennbare Elemente: Sie begründet Zueignungsunrecht durch eigenmächtigen Zugriff auf die fremde Sache und sie perpetuiert zugleich dieses Unrecht durch die kollusive Verschiebung der Sache an den Erwerber. Für diese dem Hehlereiunrecht genügende Ambivalenz ein sie sichtbar machendes Nacheinander zu fordern, besteht daher kein sachlicher Grund.

Beispiele:

1. Im Ausgangsbeispiel ist – wie stets in derartigen Fällen (s. z. B. Park, JuS 1999, 890) – zunächst zu prüfen, ob die Vortat – genauer die rechtswidrige Sacherlangung – zeitlich und rechtlich abgeschlossen war, als T das Buch ankaufte (auch die Sukzessivitätslösung verlangt nicht notwendig die Vollendung der Vortat, sondern nur die abgeschlossene Sacherlangung, s. Eser IV, Fall 18 A 27, die – freilich ausnahmsweise – auch schon im Versuchsstadium der Vortat gegeben sein kann, s. RG GA Bd. 61, 126; OLG Braunschweig NJW 1949, 477; BGH StV 1996, 81; z. B. kann bei einer sog. Diebesfalle der Vortäter weder § 242 StGB noch § 246 StGB vollenden – s. dazu Hillenkamp, JR 1987, 254 ff. –, sich aber Besitz an der Sache verschaffen). Ist die Vortat wie hier eine Unterschlagung und hat der Täter die Sache bereits im Besitz, besteht das »Erlangen« der Sache in einer von einer Besitzergreifung unterschiedenen rechtswidrigen Zueignungshandlung. Ist man mit den Manifestationstheorien der Ansicht, daß schon im Verkaufsangebot eine Zueignungshandlung liegt, war die Unterschlagung des X bereits abgeschlossen, als T das Buch ankaufte, so daß sich ein Eingehen auf den Streit erübrigt. Stellt man dagegen bei der Zueignungshandlung auf deren inhaltliche Komponenten, die Aneignung oder gar Enteignung (s. dazu das 23. Problem sowie Wessels-Hillenkamp, Rn. 279) ab, ist das bloße Verkaufsangebot noch keine Zueignung, sondern erst die mit dem Verschaffungsakt des T zusammenfallende Übereignung. Für die Sukzessivitätstheorie entfällt bei dieser Vorentscheidung Hehlerei. Sie kann nur Beihilfe zur Unterschlagung annehmen. Die Gleichzeitigkeitstheorie bejaht dagegen Hehlerei (ob daneben Beihilfe zur Unterschlagung zu bejahen ist, wird von den Vertretern der Gleichzeitigkeitstheorie nicht einheitlich beurteilt; jedenfalls ist nach heute h. M. – abw. und diff. nur noch Schönke-Schröder-Stree, § 259 Rn. 16, 54 ff. – die Teilnahme i. e. S. an der Vortat kein Hinderungsgrund mehr, Hehlerei zu bejahen; eine Variante des Ausgangsbeispiels – T stiftet X zum Verkauf des Buches an – findet sich bei Geppert, Jura 1994, 102 f.).

2. X ist Verkaufsfahrer einer Mineralölfirma. Von den 10 000 l Öl, die sich in seinem Tankfahrzeug befinden, verkauft er eigenmächtig 2000 l an den ihm befreundeten Tankstellenpächter T zu einem stark reduzierten Preis und füllt diese Menge in T's

Tank. – Auch hier ist zunächst problematisch, wann die rechtswidrige Sacherlangung in Form der Unterschlagung – der Verkaufsfahrer dürfte an dem Inhalt seines Tankfahrzeugs unterwegs Alleingewahrsam haben – vollendet ist. Der Kaufvertrag über eine noch nicht ausgesonderte Teilmenge einer Gattung reicht nach einhelliger Meinung für eine Zueignungshandlung noch nicht aus. Die Rechtsprechung tendiert dahin, Zueignung im Augenblick des Austritts des Öls aus dem Fahrzeugtank zu bejahen und den Abschluß dieser Vortat wenige Sekunden vor der Verschaffungshandlung des Hehlers als ausreichende Zäsur zu deklarieren, so daß der Streit umgangen wird (vgl. BGH NJW 1959, 1377; zur – hinreichenden – »logischen Sekunde« s. auch Maurach-Schroeder-Maiwald I, § 39 Rn. 22). Betrachtet man dagegen den Vorgang einheitlich als gleichzeitige Sacherlangung und Verschaffungshandlung, muß der Streit entschieden werden, da dann nur die Gleichzeitigkeitstheorie zu einer Hehlerei gelangen würde. Gleiches würde gelten, wenn X dem T die Aussonderung überlassen hätte (vgl. zum Fall MK-Lauer, § 259 Rn. 43 und zur Fallösung Roxin-Schünemann-Haffke, 315, 324 ff.; zu einem Fall mit Diebstahl als Vortat vgl. Baumann-Arzt-Weber, 182 f.; Wagner, 19 f.; zu einem Fall mit Vollstreckungsvereitelung – § 288 StGB – als Vortat vgl. Geppert, Jura 1994, 101 f.; zu einem Fall, in dem zwar nicht die Hehlereihandlung, wohl aber der Hehlereierfolg nach Abschluß der Vortat liegt, s. Küper, Jura 1996, 211 f.).

3. Die T will ihrem Verlobten H ein Motorrad schenken. Nach einer Probefahrt des H erreichte T bei der Lieferfirma unter dem Vorwand, ihr Verlobter brauche das Motorrad sofort, die Zusage der Aushändigung an H; dabei sicherte T wahrheitswidrig zu, sie werde den Betrag überweisen. H, der wußte, daß T vermögenslos war, übernahm das Motorrad, um es zu benutzen (BGH Holtz MDR 1989, 493). – Der BGH hat hier die Verurteilung des H wegen Hehlerei beanstandet, weil T durch ihren Betrug zu keinem Zeitpunkt das Motorrad erlangt habe, ein solcher durch die Vortat vermittelter Eigenbesitz aber Voraussetzung sei. Zu diesem Ergebnis dürften hier – da nur der Zeitpunkt, nicht aber die Tatsache des Erlangens streitig ist – beide Auffassungen führen. H kommt aber als Mittäter oder Gehilfe des Betruges der T in Betracht.

39. Problem (§ 259 StGB) Verschafft sich die im Gewahrsam eines Pfandleihers befindliche Sache, wer den Pfandschein erwirbt?

Beispiel:

X hat eine goldene Uhr gestohlen und beim Pfandleiher P gegen Hingabe eines Darlehens versetzt. Den Pfandschein verkauft er zu einem günstigen Preis an den gewerbsmäßigen Hehler T, der ihn gewinnbringend einzulösen gedenkt, aber kurz nach Erwerb des Pfandscheines verhaftet wird (vgl. RGSt 23, 27). Ist T einer Hehlerei schuldig?

Ausgangspunkt:

Gerät eine gestohlene oder sonst durch eine gegen fremdes Vermögen gerichtete Tat dem Eigentümer entzogene Sache aus der Hand des Vortäters einvernehmlich in die eines Dritten, erschwert das die Wiederherstellung des rechtmäßigen Zustandes. Der durch die Vortat Geschädigte verliert die Möglichkeit, die Sache bei dem, der ihn unmittelbar geschädigt und deshalb vielleicht zu ihm führende Spuren hinterlassen hat, wieder aufzufinden. Deshalb verbietet der Hehlereitatbestand das Verschieben der Vortatbeute in die zweite Hand. Hiervon ist sicher auszugehen, wo der Vortäter den unmittelbaren Besitz an der Sache auf den Hehler übertragen und damit seine Verfügungsgewalt abgegeben, der Erwerber also unmittelbare Sachherrschaft erworben hat. Weniger klar sind die Verhältnisse aber dann, wenn schon der Vortäter die Sache nicht in seinem unmittelbaren Besitz behalten, sondern sie z. B. in einem Lagerhaus eingelagert, an der Gepäckaufbewahrung abgegeben oder einem Pfandleiher zum Pfand überlassen und die Sache dann ohne Veränderung dieser unmittelbaren Besitzverhältnisse durch Übertragung nur des erhaltenen Auslösungspapiers dem bösgläubigen Erwerber veräußert hat. Auch hier hat sich zwar die Lage des Vortatgeschädigten verschlechtert, weil er ohne Auffinden des Legitimationspapiers die Spur zur Sache verliert. Er hat aber vor Auslösung durch den Erwerber keine gegenüber der Situation nach der Vortat nachhaltig veränderte Herrschaftslage vor sich: Die Sache befindet sich noch dort, wo sie der Vortäter verborgen hat. Daher läßt sich darüber streiten, ob die bloße Weitergabe eines zur Auslösung erst berechtigenden Papiers für den Erwerber schon eine (vollendete) Hehlerei begründet oder ob hierfür die Auslösung der Sache abzuwarten ist (s. einf. auch Küper, 262 f.).

I. (hier sog.) **Lehre von der potentiell-rechtlichen Verfügungsmacht**

Wer einen Pfandschein erwirbt, verschafft sich dadurch bereits das Pfand und begeht an diesem eine vollendete Hehlerei.

Vertreten von:

Berz, Jura 1980, 63; Gössel II, 538; Haft, 187; Hohmann-Sander I, § 19 Rn. 34; Kindhäuser II, § 47 Rn. 17; ders., LPK, § 259 Rn. 20; Lackner-Kühl, § 259 Rn. 11; LK-Ruß, § 259 Rn. 2, 19; Maurach-Schroeder-Maiwald I, § 39 Rn. 30; Meyer, JR 1978, 252; MK-Lauer, § 259 Rn. 70; Otto, § 58 Rn. 15; ders., Jura 1985, 153; Preisendanz, § 259 Bem. IV 1 d; Rengier I, § 22 Rn. 25; Roth, JA 1988, 202 f.; Rudolphi, JA 1981, 91; Schönke-Schröder-Stree, § 259 Rn. 21; Schmidt-Priebe II, 293; Seelmann, JuS 1988, 41; SK-Hoyer, § 259 Rn. 24; Sonnen, JA 1977, 483; Tröndle-Fischer, § 259 Rn. 14; Welzel, § 59 II b; RGSt 70, 37; BGHSt 27, 160; wohl auch Arzt-Weber, § 28 Rn. 11; Mitsch II/1, § 10 Rn. 40; NK-Nelles, § 259 Rn. 20 f.; einschr. Wessels-Hillenkamp, Rn. 855.

1. Argument
Mit dem Erwerb des Pfandscheins wird dem Pfandscheininhaber die endgültige Verfügungsgewalt über das Pfand übertragen. In dieser Übernahme der Verfügungsgewalt liegt die von § 259 StGB verbotene Erschwerung der Rückgewinnung der Sache durch den Berechtigten. Hierauf – auf die Erschwerung der Rückgewinnung – und nicht auf die Form, in der sie sich vollzieht – sei es nun durch äußerliches Weiterschieben des unmittelbaren Besitzes, sei es durch Einräumung der Verfügungsgewalt in Form nur mittelbaren Besitzes –, ist abzustellen.

2. Argument
Mit dem Erwerb eines Pfandscheines ist in aller Regel die Abtretung des durch den Verpfändungsvertrag begründeten Anspruchs auf Herausgabe der verpfändeten

Sache verbunden. Durch diese Zession erlangt der Erwerber mittelbaren Besitz und alle aus diesem Besitzmittlungsverhältnis resultierenden rechtlichen und tatsächlichen Einwirkungsmöglichkeiten, insbesondere das Recht auf Auslösung, Abholung oder Weiterveräußerung. Damit aber hat er vom Vortäter die alleinige rechtliche und tatsächliche, lediglich durch die Bedingung der Auslösung beschränkte Verfügungsgewalt über das Pfand übernommen.

3. Argument
Nach Wortlaut und Sinn des § 259 StGB ist anzunehmen, daß der Gesetzgeber die im Wirtschaftsleben besonders häufig vorkommende Annahme von Verfügungen über verwahrte, eingelagerte, verpfändete oder sonstwie in mittelbarem Besitz befindliche Sachen bei der Beurteilung von Verschaffungsdelikten genauso behandeln wollte wie die Annahme der Sache selbst. Auch das Zivilrecht macht keinen wesensmäßigen Unterschied zwischen mittelbarem und unmittelbarem Besitz bei Übertragungsgeschäften. Die Einbeziehung des Erwerbs mittelbaren Besitzes ist daher gebotene Auslegung, nicht verbotene Analogie.

4. Argument
Der Einwand, die Lehre von der potentiell-rechtlichen Verfügungsmacht bestrafe eine Ersatzhehlerei, verfängt nicht, weil Pfandscheine keine Ersatzstücke für ursprünglich vorhandene andere Gegenstände, sondern Urkunden sind, die gerade das Weiterbestehen der Verfügungsgewalt über die ursprüngliche Beute belegen.

II. (hier sog.) **Lehre von der aktuell-faktischen Verfügungsmacht**

Wer einen Pfandschein erwirbt, verschafft sich noch nicht das Pfand und begeht zu diesem Zeitpunkt in der Regel auch noch keinen Versuch der Hehlerei am Pfand. Wohl aber kommt eine Hehlerei bzgl. des Pfandscheines in Betracht.

Vertreten von:

Blei, § 72 IV 1; ders., PdW I, Nr. 428; ders., JA 1976, 34 f.; Bockelmann I, § 22 II 3 a; Eser IV, Fall 18 A 44; Maurach-Schroeder I (6. Aufl. 1981), § 50 II 1 e, aa; Schall, JuS 1977, 180; ders., NJW 1977, 2221; SK-Samson (5. Aufl.), § 259 Rn. 20; RGSt 23, 27; OLG Schleswig NJW 1975, 2217; offen Joecks, § 259 Rn. 22.

1. Argument
Sich-Verschaffen setzt die Erlangung einer tatsächlichen Herrschaftsgewalt voraus. Es muß also eine Position entstehen, die dem Gewahrsam vergleichbar ist, den sich der Dieb eigenmächtig verschafft. Eine Einigung über die Übernahme, ohne die Sache zu haben, begründet keine derartige Position.

2. Argument
Sich-Verschaffen setzt Begründung einer unmittelbaren Verfügungsgewalt voraus. Hiervon kann beim Pfandscheinerwerber weder tatsächlich noch rechtlich die Rede sein,

a) tatsächlich nicht, weil das Pfand wegen des deliktischen Vorerwerbs ständig dem möglichen Zugriff von Polizei oder Eigentümer ausgesetzt und die Auslösung von der Herausgabebereitschaft des Pfandinhabers und der Einlösung des Darlehens abhängig ist,

b) rechtlich nicht, da der Pfandschein selbst keinen Herausgabeanspruch verschafft (§ 808 I 2 BGB) und der mitabgetretene Einlösungsanspruch (§ 1223 II BGB) nicht durchsetzbar ist, weil der Pfandgläubiger gem. §§ 1207, 935 BGB kein Pfandrecht erworben hat und deshalb nur dem Eigentümer gem. § 985 BGB zur Herausgabe verpflichtet ist.

3. Argument
Erst das tatsächliche Weiterschieben des Pfandes, die Veränderung des unmittelbaren Besitzes, nicht aber schon die bloße Eröffnung der Möglichkeit hierzu durch Verschaffung des mittelbaren Besitzes kann die Wiederherstellung der rechtmäßigen Besitzerposition erschweren und damit das Rechtsgut der Hehlerei verletzen.

4. Argument
Wer den Erwerb des Pfandscheines und damit die bloße Möglichkeit des Sich-Verschaffens mit dem tatsächlichen Sich-Verschaffen gleichstellt, befürwortet eine verbotene Analogie ebenso wie im Ergebnis die Strafbarkeit der nach einhelliger Meinung straflosen Ersatzhehlerei, weil der Pfandschein zusammen mit dem Darlehen an die Stelle des durch die Vortat erworbenen Pfandes getreten ist.

Beispiele:

1. Im Ausgangsbeispiel genügt der Lehre von der potentiell-rechtlichen Verfügungsmacht die von T erworbene Möglichkeit, das Pfand einzulösen und abzuholen, um von einem Sich-Verschaffen der Uhr selbst und damit von vollendeter Hehlerei zu sprechen. Die Lehre von der aktuell-faktischen Verfügungsmacht meint dagegen, T habe sich die Uhr noch nicht verschafft und auch solange keinen Versuch hierzu unternommen, als er zum Einlösen und Abholen noch nicht unmittelbar angesetzt hat. Insoweit entfällt daher die Strafbarkeit ganz. Da durch Verpfändung gestohlener Sachen regelmäßig ein Betrug begangen wird, kommt aber der Pfandschein selbst als Hehlereiobjekt in Betracht. Während z. B. Schall, JuS 1977, 180 und OLG Schleswig NJW 1975, 2217 Hehlerei in bezug auf den Pfandschein bejahen, zieht Blei, JA 1976, 35 f. und PdW I, Nr. 429 diese Konsequenz nicht, weil er nur das Darlehen, nicht aber den Pfandschein für unrechtmäßig erworben und den Pfandleiher durch Weitergabe des Pfandscheines nicht für geschädigt hält.

2. X hat einen Pelzmantel gestohlen, in einem Koffer verstaut und den Koffer erst einmal zur Sicherheit bei der Gepäckaufbewahrungsstelle des Bahnhofs abgegeben. Den Hinterlegungsschein verkauft X am nächsten Tag für 20,– € an T, der sich den Mantel zu diesem Preis nicht entgehenlassen will. Wenig später verliert T den Gepäckschein und holt deshalb den Koffer nicht ab. – Für die Lehre von der potentiell-rechtlichen Verfügungsmacht hat T eine vollendete Hehlerei am Pelzmantel begangen. Die Vertreter der Lehre von der aktuell-faktischen Verfügungsmacht zögern, die beim Pfandschein für die Sache selbst (der Gepäckschein ist nicht durch Betrug erworben und kann schon deshalb kein Hehlereiobjekt sein) vertretene Lösung auf Hinterlegungsscheine – wie den Gepäckschein, die Garderobenmarke – (oder gar auf die Übergabe eines Schließfachschlüssels) zu übertragen: Je ungefährdeter der (nur) mittelbare Besitz (keine Gefahr des Zugriffs der Polizei oder des Eigentümers), je einfacher die Realisierung der Verfügungsmacht (schlichtes Abholen), je intensiver die Gewahrsamsbeziehung (Schließfachschlüssel) ist, desto eher läßt sich auch bei nur mittelbarer Besitzposition von aktuell-fak-

tischer Verfügungsmacht sprechen. Im Gepäckscheinfall wird deshalb auch von dieser Lehre in der Regel vollendete Hehlerei an der Sache selbst bejaht, s. Blei, PdW I, Nr. 427 m. w. N.; Wessels-Hillenkamp, Rn. 855; das gilt z. B. auch bei Übergabe des Schlüssels zu einer Wohnung, in der das Diebesgut lagert, s. BGH GA 1983, 472.

40. Problem (§ 259 StGB)
Setzt eine vollendete Hehlerei in Form des Absetzens oder Absetzenhelfens einen Absatzerfolg voraus?

Beispiel:

D hat eine wertvolle Bronzestatue gestohlen und sie dem Hehler T mit der Bitte, sie gegen einen Hehlerlohn von 1.000,– € auf D's Rechnung zu verkaufen, »in Kommission« gegeben. T bietet die Statue dem Kunsthändler K zum Kauf an, der aber nach kurzer Überlegungsfrist ablehnt. Der eingeweihte G hatte die schwere Statue auf Bitten des T zum Geschäft des K gefahren. Sind T und G einer vollendeten Hehlerei schuldig?

Ausgangspunkt:

§ 259 StGB a. F. stellte das Mitwirken zum Absatz bei anderen unter Strafe. Dazu genügte nach gefestigter Rechtsprechung jede auf Absatz der Sache gerichtete Tätigkeit. Der Gesetzgeber hat durch die Neufassung »absetzt oder absetzen hilft« sachlich insoweit an sich nichts ändern, sondern mit dem Wort »absetzt« nur klarstellen wollen, daß auch Hehler ist, wer die Sache zwar im Einverständnis mit dem Vortäter, aber sonst völlig selbständig absetzt (s. BT-DS 7/550, S. 253). Da die Formulierung »absetzt« nun aber sprachlich nahelegt, daß es zum Absatzerfolg gekommen sein muß, ist streitig geworden, ob nicht wenigstens für dieses Merkmal – und dann möglicherweise auch für die Absatzhilfe – doch ein Absatzerfolg zu verlangen ist (s. einf. auch Küper, 8 ff. mit Erörterung der Auswirkungen der verschiedenen Auffassungen auf den Versuch).

I. (hier sog.) Erfolgstendenztheorie

Die Hehlereihandlungen Absetzen und Absetzenhelfen sind mit einer auf den Absatzerfolg zielenden Handlung vollendet. Der Eintritt eines solchen Erfolges ist nicht vorausgesetzt.

Vertreten von:

Arzt-Weber, § 28 Rn. 19; Blei, PdW I, Nr. 430; Gössel II, 542; ders., 149 f.; Meyer, MDR 1975, 721; ders., JR 1977, 80; Rosenau, NStZ 1999, 352 f.; Roxin-Schünemann-Haffke, 237 f.; Weisert, Der Hilfeleistungsbegriff bei der Begünstigung (1999), 195 f.; Wessels-Hillenkamp, Rn. 866 f.; BGHSt 26, 358 verlangt »jedenfalls bei der Begehungsform des Absetzenhelfens« keinen vollzogenen Absatz, läßt aber die Entscheidung für das Absetzen noch offen und ist deshalb auch mit der differenzierenden Theorie vereinbar; erst in BGHSt 27, 45 ist – gegen BGH NJW 1976, 1698 – auch die diff. Theorie verworfen und die Erfolgstendenztheorie für beide Alternativen begründet worden; ebenso BGH NJW 1978, 2042; BGH GA 1983, 472; BGH JR 1985, 211 m. Anm. Arzt; BGH NStZ 1989, 319; BGH NJW 1990, 2897; BGH NStZ 1994, 395 u. BGHSt 29, 239 (für die Steuerhehlerei); BGHSt 43, 110; BGH NStZ-RR 2000, 266; i. E. wohl auch Fezer, NJW 1975, 1982; Schroth, Theorie und Praxis subjektiver Auslegung im Strafrecht (1983), 145 ff.

1. Argument
Das Wesen der Hehlerei besteht in der Perpetuierung der durch die Vortat geschaffenen rechtswidrigen Vermögenslage durch ein einverständliches Zusammenwirken mit dem Vortäter. Hiervon ist bereits dann auszugehen, wenn der Absetzende sich eigenständig um den Absatz bemüht bzw. der Absatzhelfer geeignete Maßnahmen einleitet, um den Absatz zu befördern. Schon das trägt auch vor dem Absatzerfolg dazu bei, die rechtswidrige Vermögensposition zum Schaden des durch die Vortat Verletzten aufrecht zu erhalten.

2. Argument
Die Verben »Absetzen« bzw. »Absetzenhelfen« umfassen beide sprachlich nicht nur die Herbeiführung des Absatzerfolges, sondern jede auf den Absatz zielende Handlung, jedes Tätigwerden zum Zwecke des Absatzes. Das Absetzen wird auch im allgemeinen Sprachgebrauch vom erfolgsgekrönten Verkauf unterschieden.

3. Argument
Da der Wortlaut beide Interpretationsmöglichkeiten – Absatzerfolg oder auf Absatz zielende Tätigkeit – deckt, muß für die Auslegung der Wille des Gesetzgebers ausschlaggebend sein. Der Gesetzgeber wollte aber sachlich an dem Zustand des alten Rechts, das für die Mitwirkung beim Absatz die hierauf zielende Tätigkeit nach so gut wie einhelliger Auffassung ausreichen ließ, nichts ändern, wie sich aus BT-DS 7/550, S. 253 unbestreitbar ergibt. Wer das mißachtet, befürwortet vom Gesetzgeber unbeabsichtigte Änderungen, ohne durch den Wortlaut hierzu gezwungen zu sein.

4. Argument
Für das weitere Verständnis spricht im System des Hehlereitatbestandes, daß anderenfalls die Absatzalternativen neben dem altruistischen Verschaffungsmerkmal weitgehend überflüssig würden.

5. Argument
Für eine differenzierende Behandlung beider neu eingefügten Merkmale ist kein Raum, weil der Gesetzgeber aus sprachlichen und Gerechtigkeitserwägungen das Absetzen in beiden Merkmalen entweder nur als abgeschlossene Tätigkeit oder als Tätigwerden dazu verstanden haben kann.

6. Argument
Die Vorverlegung der Vollendungsstrafe ist insbesondere bei der Absatzhilfe gerechtfertigt, weil es hier zahlreiche Handlungen gibt, die ihrem Schuldgehalt und ihrer Gefährlichkeit nach andere, sei es auch erfolgreiche Hehlereihandlungen erheblich übertreffen können, wie z. B. das Fälschen von Kfz-Papieren, das Frisieren gestohlener Kfz's oder das Zerlegen und Umschleifen unersetzlicher Schmuckstücke.

7. Argument
Der Strafgrund der Hehlerei liegt auch in dem Anreiz, der von ihr für weitere Vermögensdelikte ausgeht. Dieser Anreiz besteht aber schon dann, wenn der Hehler durch die Bemühungen um den Absatz der Beute seinen Willen zur Aufrechterhaltung der rechtswidrigen Besitzposition deutlich macht.

II. (hier sog.) **Erfolgstheorie**

Die Tatmodalitäten des Absetzens und des Absetzenhelfens sind erst dann vollendet, wenn der Absatzerfolg eintritt. Vorher kommt nur versuchte Hehlerei in Betracht.

Vertreten von:

Bergmann/Freund, JuS 1991, 224; Berz, Jura 1980, 65 f.; Blei, § 72 IV 2 (zw.); ders., JA 1974, 527; 1975, 450; 727; 799; Eser IV, Fall 18 A 66; Haft, 189; Hohmann-Sander I, § 19 Rn. 65; Joecks, § 259 Rn. 26; Kindhäuser II, § 47 Rn. 26 f., 29; ders., LPK, § 259 Rn. 27 f.; Krack, NStZ 1998, 462; ders., JR 1999, 473 f.; Krey-Hellmann, Rn. 589 ff.; Krey, ZStW 101 (1989), 849; Kühl, HRR, 154; ders., JuS 1982, 111 f.; Küper, JuS 1975, 633 ff.; ders., NJW 1977, 58; Kunz, Jura 1997, 155; Lackner-Kühl, § 259 Rn. 13; ders., Heidelberg-Festschr. (1986), 39 f., 61; LK-Ruß, § 259 Rn. 26; Maurach-Schroeder-Maiwald I, § 39 Rn. 34; Mitsch, JuS 1999, 375; MK-Lauer, § 259 Rn. 82 f.; NK-Nelles, § 259 Rn. 28, 33; Otto, § 58 Rn. 21 f.; ders., Jura 1985, 154; ders., JK 98 § 259/18; Paeffgen, JR 1996, 348; Rengier I, § 22 Rn. 35; Roth, JA 1988, 204 f.; Rudolphi, JA 1981, 92 f.; Schall, JuS 1977, 181 f.; Schmidhäuser, 11/73; Schmidt-Priebe I, 295 f.; Schönke-Schröder-Stree, § 259 Rn. 32, 38; Seelmann, JuS 1988, 41; ders., JR 1998, 342 f.; SK-Hoyer, § 259 Rn. 20; Stree, JuS 1976, 143; ders., JR 1989, 386; Tröndle-Fischer, § 259 Rn. 18 f.; Wagner, 51 f.; Zieschang, Schlüchter-Gedächtnisschr. (2002), 411, 414; Zöller-Frohn, Jura 1999, 383; OLG Köln NJW 1975, 987. Im Ausgangspunkt auch Mitsch II/1, § 10 Rn. 52, der als Erfolg aber »die Erlangung eines wirtschaftlichen Vorteils durch den Vortäter« ausreichen lassen will.

1. Argument
Das Wesen der Hehlerei besteht in der Aufrechterhaltung der durch die Vortat geschaffenen rechtswidrigen Vermögenslage durch die einverständliche Verschiebung des Tatobjektes in die zweite Hand. Erst durch die Herbeiführung dieses Zustandes ist das Schutzgut verletzt. Dieser Zustand tritt aber erst ein, wenn die Absatzbemühungen zum Erfolg geführt haben.

2. Argument
Das Wort »Absetzen« kann seinem Wortsinn nach nur heißen, daß es zur Verschiebung der Sache gekommen sein muß, nicht aber, daß es bei einer auf den Absatzerfolg gerichteten Tätigkeit verbleiben kann. An dieser klaren Wortsinngrenze scheitert die Erfolgstendenztheorie, die eine verbotene Analogie zuungunsten des Täters befürwortet.

3. Argument
Der Gesetzgeber hat die Absatzhilfe dem Absetzen bezüglich der Rechtsfolge gleichgestellt. Dann ist es nicht gerechtfertigt, den Vollendungszeitpunkt der Absatzhilfe gegenüber dem des Absetzens vorzuverlegen: Auch bezüglich der

Voraussetzungen der Vollendung müssen beide Modalitäten gleichbehandelt werden. Das verkennt die differenzierende Theorie.

4. Argument
Die Tatmodalitäten des Ankaufens und des Sich-Verschaffens setzen – dem Wesensgehalt der Hehlerei entsprechend – unbestritten die erfolgreiche Verschiebung der Sache in die zweite Hand voraus. Dann ist nicht einzusehen, warum bei gleicher Strafandrohung die beiden übrigen Tathandlungen bezüglich der Vollendung geringeren Anforderungen unterliegen sollen.

5. Argument
Zwischen dem erfolglosen Versuch, eine Sache für den Vortäter selbständig abzusetzen und der Hilfestellung bei erfolglosem Absatzversuch durch den Vortäter besteht keine Unrechtsdifferenz. Deshalb bleibt unerfindlich, weshalb man im ersten Fall nur wegen versuchter, im zweiten dagegen wegen vollendeter Hehlerei strafen soll.

6. Argument
Wer bei einem gescheiterten Absatzversuch durch den Vortäter auf dessen Seite geholfen hat, müßte nach den Gegenmeinungen wegen vollendeter Hehlerei bestraft werden, wer hierbei auf der Erwerberseite assistiert hat, könnte dagegen unbestritten als Gehilfe zum Versuch des Ankaufs mit doppelter Strafmilderung (§§ 27 II, 49 I; §§ 23 II, 49 I StGB) rechnen: ein ungereimtes Ergebnis.

7. Argument
Wenn die Erfolgstendenztheorie sich auf den Willen des Gesetzgebers, den früheren Zustand nicht ändern zu wollen, beruft, ist dem entgegenzuhalten, daß dieser Wille im Gesetz keinen Niederschlag gefunden hat.

III. (hier sog.) Differenzierende Theorie

Vollendung setzt beim Absetzen einen Absatzerfolg voraus, beim Absetzenhelfen dagegen nicht.

Vertreten von:

Bockelmann I, § 22 II 3 b; Dreher (37. Aufl. 1977), § 259 Rn. 18, 19; Geerds, GA 1988, 256; BGH NJW 1976, 1698.

1. Argument
Absetzen einer Sache bedeutet dem Wortsinn nach etwas anderes als Absetzenhelfen, nämlich Veräußern der Sache, erfolgreiches Weiterschieben, nicht aber bloßes Anbahnen der Veräußerung. Helfen tut demgegenüber schon jeder, der zum Zwecke des Absatzes tätig wird, ohne daß es zu diesem Erfolg gekommen sein muß. Schon der Wortlaut verlangt deshalb nach einer differenzierenden Lösung.

2. Argument
Verlangt man für Absetzen den Absatzerfolg, muß man diesen nicht auch für die Absatzhilfe fordern, denn es ist nicht so, daß die Absatzhilfe eine Beihilfe zum Absetzen ist, die natürlich nicht eher in das Vollendungsstadium gelangen dürfte

als die Tätertätigkeit, sondern so, daß der Absatzhelfer den Vortäter – der selbst tatbestandslos handelt – unterstützt. Folglich ist die Absatzhilfe eine tatbestandlich verselbständigte Unterstützungshandlung, die gleichgeordnet neben den anderen Handlungsmodalitäten steht und daher nach eigenen Kriterien zu bestimmen ist.

Beispiele:

1. Im Ausgangsfall hat T sich die Statue nicht verschafft, weil er als »Kommissionär« keine Verfügungsgewalt zu eigenen Zwecken begründet hat. In Betracht kommt nur ein Absetzen. Trotz ausgebliebenen Absatzerfolges bejaht die Erfolgstendenztheorie diese Modalität in vollendeter Form, während Erfolgs- und differenzierende Theorie nur versuchte Hehlerei annehmen. Auf die Absatzhilfe darf bei T nicht zurückgegriffen werden, weil Absatzhilfe nur die unselbständige Unterstützung des insoweit tatbestandslos handelnden Vortäters, nicht aber das selbständige Absetzen erfaßt. G hat weder selbst abgesetzt, noch (dem Vortäter!) Absatzhilfe geleistet, sondern T beim Absetzen unterstützt. Das ist (fast unstreitig) Beihilfe zur – je nach Vorentscheidung – versuchten oder vollendeten Hehlerei des T (zum Fall s. auch Wessels-Hillenkamp, Rn. 861, 869, 873).

2. D hat eine Kollektion Pelzmäntel gestohlen. T nennt ihm den Hehler H und verschafft ihm dessen Adresse. Es kommt zu Verkaufsverhandlungen, bei denen der Begleiter G des H diesem zusagt, er werde ihm den Kaufpreis vorschießen, falls H ihn nicht bezahlen könne. Die Verhandlungen zwischen D und H scheitern. – T hat dem Vortäter D Absatzhilfe geleistet. Nach der Erfolgstendenz- und der differenzierenden Theorie ist er der vollendeten Hehlerei schuldig, die Erfolgstheorie bestraft ihn dagegen nur wegen versuchter Hehlerei. H hat versuchte Hehlerei in Form des Ankaufens begangen, zu der G Beihilfe geleistet hat. Hier zeigt sich die von der Erfolgstheorie gerügte Diskrepanz: Wer den Ankäufer bei dessen Versuch unterstützt, erhält doppelte Strafmilderung, wer beim gleichen Vorgang auf der Seite des Vortäters steht, den soll die Vollendungsstrafe treffen (zur Abgrenzung Absatzhilfe/Beihilfe zum Ankauf s. Schönke-Schröder-Stree, § 259 Rn. 36 f.).

3. D bittet H, ihm bei der Suche nach Abnehmern für die bei einem Einbruch entwendeten Gegenstände zu helfen. Ohne es zu wissen, gerät H bei seinen Absatzbemühungen an den verdeckten Ermittler E, dem er das Diebesgut verkauft und übergibt. Im Anschluß hieran wird H festgenommen. – In diesem BGHSt 43, 110 nachgebildeten Fall scheint nach allen vertretenen Auffassungen eine vollendete Hehlerei vorzuliegen, weil der Besitz auf E übergegangen, der Absatz also auf den ersten Blick gelungen ist. In Wahrheit ist aber die Verschiebung in die zweite Hand gescheitert, da es sich beim Abnehmer um eine Person handelt, die den rechtmäßigen Besitzzustand wiederherstellt. Nach der Erfolgstheorie und der differenzierenden Lehre ist daher nur wegen versuchter Hehlerei zu bestrafen. Das ist entgegen dem ersten Anschein auch das Ergebnis der Erfolgstendenztheorie. Sie läßt zwar grundsätzlich die auf ein Absetzen gerichtete Tätigkeit genügen, fordert jedoch einschränkend, daß diese Tätigkeit konkret geeignet sein muß, die rechtswidrige Vermögenslage aufrechtzuerhalten bzw. zu vertiefen, das heißt den Absatzerfolg herbeizuführen. Übergibt der Täter das Diebesgut an einen V-Mann, ist das nicht der Fall. Auch nach dieser Lehre ist daher nur wegen versuchten Absetzens zu bestrafen (s. BGHSt 43, 110; BGH NStZ-RR 2000, 352; Kinzig-Luczak, Jura 2002, 494; Krack, NStZ 1998, 462; ders., JR 1999, 473;

Otto, JK 98 § 259/18; Rosenau, NStZ 1999, 352; Seelmann, JR 1998, 342; Zieschang, JuS 1999, 53; Zöller-Frohn, Jura 1999, 383 f.; zur Übertragung dieser Überlegung auf das Handeltreiben nach § 29 BtMG s. Endriß, NStZ 1998, 463; auf die Begünstigung und die Geldwäsche s. Wessels-Hillenkamp, Rn. 806 f., 870, 898 (Fall Zlof).